Um milagre chamado perdão

Um milagre chamado perdão

Pelo espírito Margarida da Cunha

Psicografia de Sulamita Santos

Um milagre chamado perdão
pelo espírito Margarida da Cunha
psicografia de Sulamita Santos

Copyright @ 2014 by Lúmen Editorial Ltda.

2ª edição – agosto de 2016

Direção editorial: Celso Maiellari
Direção comercial: Ricardo Carrijo
Coordenação editorial: Sandra Regina Fernandes
Preparação: Alessandra Miranda de Sá
Revisão: Sandra Regina Fernandes
Projeto gráfico e arte da capa: Vivá Comunicare
Impressão e acabamento: Gráfica Paym

DADOS INTERNACIONAIS DE CATALOGAÇÃO NA PUBLICAÇÃO (CIP)
(CÂMARA BRASILEIRA DO LIVRO, SP, BRASIL)

Cunha, Margarida da (Espírito).
  Um milagre chamado perdão / pelo espírito Margarida da Cunha ;
psicografia de Sulamita Santos. -- São Paulo : Lúmen Editorial, 2014.

ISBN 978-85-7813-151-7

1. Espiritismo 2. Psicografia 3. Romance espírita
I. Santos, Sulamita. II. Título.

14-05242   CDD-133.93

Índices para catálogo sistemático:
  1. Romances espíritas psicografados : Espiritismo   133.93

Rua Javari, 668 - São Paulo – SP - CEP 03112-100
Tel./Fax (0xx11) 3207-1353

visite nosso site: www.lumeneditorial.com.br
fale com a Lúmen: atendimento@lumeneditorial.com.br
departamento de vendas: comercial@lumeneditorial.com.br
contato editorial: editorial@lumeneditorial.com.br
siga-nos nas redes sociais:
twitter: @lumeneditorial | facebook.com/lumen.editorial1

2016
Proibida a reprodução total ou parcial desta obra sem prévia autorização da editora
Impresso no Brasil – Printed in Brazil

Sumário

Capítulo 1 - Teotônio, um homem da política 7
Capítulo 2 - Fidelidade colocada à prova 20
Capítulo 3 - A chegada de Leôncio 32
Capítulo 4 - Libertação 47
Capítulo 5 - O retorno de Alice 69
Capítulo 6 - Um sonho revelador 87
Capítulo 7 - A construção da escola 105
Capítulo 8 - A bondade de doutor Frederico 141
Capítulo 9 - Corações enamorados 166
Capítulo 10 - Novo administrador da fazenda 190
Capítulo 11 - O casamento 227
Capítulo 12 - Uma outra realidade 258
Capítulo 13 - Difíceis decisões 282
Capítulo 14 - Corrupção 313
Capítulo 15 - Trabalho espiritual 325
Capítulo 16 - Sarah 349
Capítulo 17 - Mais uma morte na família 386
Capítulo 18 - A nova realidade de Alice 408

CAPÍTULO 1

Teotônio, um homem da política

Coronel Teotônio entrou em casa muito irritado; afinal, as eleições se aproximavam e seu candidato não estava à altura de sua nomeação.

Ao encontrar a esposa, disse-lhe:

– Clementina, não quero almoçar; mande o menino Juca ir até a fazenda de Galdério chamá-lo até aqui, preciso ter uma conversa com aquele inútil.

Clementina sabia que, quando o marido estava irritado, o melhor era não contrariá-lo.

Ao entrar na cozinha, a esposa do coronel disse a Almerinda:

– Hoje seu patrão está com um humor do cão; tudo por causa dessa maldita política.

Almerinda, que mexia em uma panela de feijão, respondeu:

– Dona Clementina, o patrão sempre foi assim, a política é a única coisa que o faz perder a fome.

Clementina, olhando para Almerinda, comentou:

– Quando me casei, Teotônio vivia dizendo que não gostava de política, pois os coronéis sempre colocavam no poder quem eles bem entendessem. Quando criança, observava o quanto minha mãe odiava o fato de meu pai viver metido em política e principalmente a maneira tresloucada de enriquecer, monopolizando os eleitores. Papai vivia fazendo discursos políticos inflamados e convencia os amigos a votarem sempre em quem ele queria. Ao conhecer Teotônio, pensei que comigo as coisas seriam diferentes, pois ele me parecia diferente. Mas, com a convivência com meu pai, ele aprendeu não só a gostar de política como também a fazer política na venda dele. Com o passar do tempo, descobri que meu marido saíra a meu pai, pois até mesmo suas palavras ele usava nos discursos para envolver os eleitores, fazendo-os votar em quem ele queria.

Soltando um suspiro, continuou:

– Faz dez anos que meu pai se foi, e as coisas nesta casa continuam na mesma: só se fala em política no café da manhã, na hora do almoço e no jantar, isso quando ele não chama Januário, Fabrício e Mariano para suas conversas.

Almerinda era uma mulata encorpada de pouco mais de cinquenta anos. Sua beleza era de chamar a atenção.

– A patroa não devia apoquentar as ideias com a política do coronel Teotônio – falou ela –, pois ele nasceu político e nada o fará mudar.

Clementina, irritada, retrucou:

– É isso que me preocupa, pois Teotônio, ao pensar só em política, mandou nossa filha para a capital, para ser professora, mesmo contra a vontade dela. E, como ele só pensa em política e nesses malditos candidatos, ele esquece que tem uma família. Desde que nossa filha foi embora, estou me sentindo completamente sozinha nesta casa. Graças a Deus que tive uma filha mulher, pois, se fosse homem, o pai certamente o obrigaria a se tornar político, assim como ele.

Almerinda, ao se lembrar do nascimento de Alice, comentou:

– A casa não é mais a mesma desde que Alice foi embora; já não se ouvem mais as gargalhadas da menina e de Antonia, que corriam pela casa e por esses pastos sem fim.

Clementina, alterada, falou:

– Qualquer dia desses vou ter uma conversa muito séria com Teotônio e dizer a ele o quanto sinto falta de minha filha.

Almerinda, sorrindo, aconselhou:

– Dona Clementina, não diga nada ao coronel. A senhora sabe como ele fica bravo quando alguém vai contra as ordens dele.

Clementina, que via em Almerinda uma amiga, disse com amargura:

– Teotônio mandou nossa filha à capital para ser professora, esse é o sonho dele...

– Pense por outro lado: aqui na fazenda a maioria não sabe ler nem escrever. Com isso ele ajudará as pessoas a conhecerem as letras.

Clementina pensou um pouco, então disse:

– Você tem razão. E, além do mais, minha filha logo voltará para casa e será uma professora, tal como o pai dela quer.

Clementina logo se lembrou das ordens do marido sobre chamar Galdério, então perguntou:

– Onde está Juca?

Almerinda pensou por alguns instantes antes de falar:

– Ele estava aqui ainda há pouco, acho que está na horta.

Clementina, olhando para a jovem Olinda, falou:

– Olinda, procure Juca e diga que preciso falar com ele.

Sem dizer nada, a moça foi atrás de Juca. Ao chegar à horta, ela encontrou Juca molhando o canteiro e, de cenho fechado, avisou:

– Juca, dona Clementina o aguarda na cozinha.

Juca, irritado, perguntou:

– O que eu fiz desta vez? O coronel e dona Clementina só me chamam quando querem me dar bronca.

Olinda, com um olhar matreiro, comentou:

– Você é quem deve saber... E, se receber broncas, bem feito para você, que não sabe ficar com a língua fechada dentro da boca!

Juca, temendo uma reprimenda, deixou a lata de água ao lado do canteiro de alfaces e rapidamente se dirigiu à casa-grande.

Ao entrar na cozinha, o rapazote viu a patroa à sua espera e, com voz trêmula, perguntou:

– A senhora mandou me chamar?

Clementina, em tom sério, disse:

– O patrão quer que você vá à fazenda de Galdério e diga a ele que o coronel o aguarda aqui antes do almoço.

– Mas quem vai terminar de aguar a horta? – Juca indagou. – Como sabe, o calor costuma judiar das hortaliças.

Clementina, fingindo contrariedade, tornou:

– Você. Quando chegar, termine o que estava fazendo.

– Dona Clementina, não vou conseguir chegar à fazenda de Galdério antes do almoço – Juca argumentou. – Uma légua é muito chão.

Clementina, percebendo que o menino tinha razão, respondeu:

– Atrele o cavalo Ventania e volte logo, pois, se o almoço for servido e o senhor Galdério não estiver aqui, o coronel vai ficar muito bravo, e você o conhece muito bem quando está irritado.

Juca, sem nem pedir licença, foi atrelar o cavalo Ventania, para chegar logo a seu destino.

Clementina, ao ver Juca sair correndo, comentou com um sorriso:

– Todos nós gostamos muito de Juca; ele é obediente e honesto.

– E fofoqueiro também... – Almerinda ajuntou. – Se quiser saber de alguma coisa é só perguntar a Juca, que ele sabe tudo o que acontece, tanto aqui na fazenda como na vila.

Clementina, com voz mansa, contrapôs:

– Almerinda, aprenda uma coisa: ninguém é perfeito... – Voltando a atenção para seus afazeres, perguntou: – O almoço já está pronto?

– Está quase pronto; Olinda até já arrumou a mesa.

– Ótimo. Vou avisar ao Teotônio que Juca foi chamar Galdério.

Clementina bateu levemente à porta do gabinete de Teotônio e sorrateiramente foi entrando.

Teotônio, apesar de ser o homem mais rico da região, não tinha bons modos, e de maneira grosseira perguntou:

– O que faz aqui, Tina?

Clementina, acostumada aos modos do marido, ignorou a pergunta e apenas comentou:

– Por que não vem almoçar até que Galdério chegue? Mandei Juca ir a cavalo para que voltasse logo, afinal o menino tem muito que fazer.

Teotônio pensou por alguns instantes.

– Galdério está me tirando o apetite. Em seu último comício, ele disse que vai consertar a ponte do Riacho Vermelho, mas onde ele conseguirá verba para isso? Embora a maioria costume mentir para se eleger, não aprovo tal tipo de coisa.

Clementina, irritada, respondeu:

– Você foi prefeito e sabe muito bem que o governo não libera verba para determinados fins. Por que não disse isso a ele?

O coronel, transtornado, gritou:

– Mas eu disse isso para aquela mula! Ele acha que iludindo o povo vai conseguir se eleger como prefeito. Meu mandato está chegando ao fim, e para que eu continue a enfrentar Matias, que também está dizendo a mesma coisa, não posso permitir que Galdério faça promessas que não poderá cumprir. Quantas vezes fui à capital da província mendigar dinheiro para melhorar a cidade, mas nada consegui? O deputado Romão, quando foi para se eleger, veio procurar ajuda, mas, agora que preciso da ajuda dele para fazer algo por essa gente, ele não me recebe.

– Deixe para pensar nisso depois; vamos almoçar – falou Clementina.

Teotônio pensou por alguns instantes, então decidiu que iria almoçar e conversar com Galdério assim que ele chegasse. Levantou-se e acompanhou a esposa até a mesa.

Teotônio, como sempre fazia, colocou o guardanapo na camisa, fazendo-o de babador, e não parava de falar, mesmo estando com a boca cheia de comida. Ele comentava:

– Matias está se aproveitando das mentiras de Galdério para jogar o povo contra mim. Quando eu me encontrar com Galdério, vou esganá-lo!

Clementina, que não aguentava mais aquele assunto, disse:

– Teotônio, deixe a política para depois, agora vamos comer em paz.

Alterando a voz, o coronel retrucou:

– Como posso comer em paz se Galdério está jogando minha reputação na lama? Você acha que ainda vou conseguir comer em paz? Clementina, você também está contra mim?

A mulher, irritada em ser obrigada a ouvir sobre política à mesa, respondeu:

– Teotônio, temos tantas coisas para falar, e você só pensa em política! Mamãe foi obrigada a conviver com isso sua vida inteira, e agora vejo que seguirei os passos dela.

O coronel, meneando a cabeça em um gesto de descontentamento, perguntou:

– Então, sobre o que pretende conversar?

Clementina tornou:

– Por que não começar por nossa filha?

O coronel, irritado, retrucou:

– Você já vai falar sobre Alice... Nossa filha está estudando para ser professora, e isso é o que importa.

– Você quer que nossa filha se torne professora somente para alfabetizar esses pobres coitados e angariar mais votos em sua próxima campanha.

O coronel, irado, replicou:

– Isso não é verdade! Todo pai sonha que a filha se torne professora e, além do mais, aqui na fazenda há muita gente para ela ensinar.

Clementina, com lágrimas nos olhos, queixou-se:

– Faz três anos que Alice foi embora para a capital da província, mas você nunca me perguntou o que eu achava de sua ausência. Você é egoísta e não pensa em meus sentimentos de mãe. Desde que nossa filha nasceu, nunca havíamos nos separado. Ela estudou em casa quando dona Georgina vinha lhe dar aulas, mas para você não bastava que nossa filha soubesse ler, escrever e tivesse boas maneiras. Você a quer como professora somente porque a filha do senhor Matias também é professora.

Teotônio não gostava de discutir com Clementina, afinal, sabia que logo ela começaria a chorar, e ele não suportava ver lágrimas escorrendo no rosto da esposa. Tentando contemporizar a situação, falou:

– Logo nossa filha se formará professora, portanto acalme seu coração que, assim que ela voltar, só sairá desta casa casada com um rapaz de bem.

Clementina sabia que, embora seu marido fosse grosseiro por natureza, uma de suas qualidades era honrar a palavra, e, desse modo, abriu um largo sorriso.

– Teotônio, você é um bom homem. Só tem um defeito, que é viver metido em política.

Teotônio era um homem de estatura mediana, glutão por natureza, tendo uma pança imensa e farto bigode. Sempre usava calças largas com suspensórios e camisa branca, além das botas de cano longo que reluziam ao sol, pois fazia questão de que Juca as engraxasse todas as noites.

Embora Teotônio não fosse um homem de atrativos físicos, Clementina aprendera a amar imensamente o marido, pois, ao mesmo tempo em que demonstrava ser grosseiro e durão, emocionava-se facilmente com algumas coisas. Não era incomum ver os olhos dele úmidos, ora de alegria, ora de raiva.

Para o coronel, nada era mais importante que sua família, embora na maioria das vezes ele colocasse os interesses políticos à frente dela.

Alice nascera três anos depois que Teotônio e Clementina haviam se casado, o que fizera o coronel espalhar em sua venda que logo nasceria seu filho homem e herdeiro, mas para sua surpresa nascera uma menina.

O coronel sentiu-se frustrado com o nascimento da filha, pois ansiava imensamente por um menino. Porém, como a vida costuma surpreender a todos, fizera-o com ele, ofertando-lhe uma linda menina.

Alice recebera o nome da mãe do coronel, e foi com alegria que ele, juntamente com a esposa, a batizara.

Teotônio, ao pensar em como a filha sempre fora carinhosa com ele, e peralta nos tempos de criança, logo se emocionou.

– Tina, logo nossa filha voltará para casa. Confesso que também não suporto sua ausência.

Clementina, ao ver os olhos úmidos do marido, beijou-o ternamente no rosto sem nada dizer.

Juca entrou na copa e, com uma postura humilde, anunciou:

– Coronel, o senhor Galdério disse que virá logo depois do almoço prosear com o senhor.

Irritado, Teotônio gritou:

– Quando mandei que chamasse aquela mula vestida era para vir no mesmo instante, e olha, Clementina, ele ainda vai almoçar, mesmo depois das besteiras que anda fazendo!

Clementina, controlando a própria irritação, respondeu:

– Melhor assim; não gosto que fique sem comer. Depois você conversa com o compadre.

Teotônio, tirando o guardanapo do colarinho da camisa, declarou:

– Perdi a fome!

Clementina, com seu jeito manso, contemporizou:

– Por favor, vamos comer em paz. Depois você fala com o compadre.

Teotônio voltou a colocar o guardanapo no colarinho e passou a comer rapidamente, a fim de sair logo da mesa.

Depois do almoço, já em seu gabinete, o coronel ouviu uma leve batida à porta. Gritando, falou:

– Entre!

Pensou que fosse Galdério, mas, para sua surpresa, era Terêncio, seu capataz, que, com o chapéu nas mãos, falou:

– Coronel, o senhor Matias está mudando a cerca de lugar, entrando um pouco mais em suas terras.

Indignado, o coronel berrou:

– Não acredito que aquele desavergonhado do Matias esteja mudando a cerca de lugar! Vou lá agora mesmo, e mandarei que voltem a cerca no lugar. Ele quer o pedaço da minha fazenda porque tem água! Pegue cinco homens e diga para me esperarem em frente à casa-grande. Diga para trazerem os rifles, pois essa questão só será resolvida a bala.

Terêncio, sem nada retrucar, fez exatamente o que o coronel havia lhe ordenado e, em menos de dez minutos, os capangas do coronel já estavam a postos esperando que ele saísse.

O coronel, ao ver os homens já à sua espera, pegou sua garrucha e rapidamente montou em seu cavalo, enquanto os capatazes o seguiam.

O coronel ia à frente dizendo:

– Se for preciso, atire, que eu arco com as consequências!

O coronel sabia que, mesmo que ordenasse um assassinato, não iria preso, pois contava com sua imunidade política e seu prestígio.

Ao chegarem à divisa da fazenda, encontraram quatro homens derrubando a cerca.

– O que estão fazendo? – o coronel gritou.

Um dos homens de Matias respondeu:

– Estamos apenas cumprindo ordens, coronel. O senhor Matias mandou que derrubássemos a cerca e a fizéssemos cinco metros à frente.

Irritado, o coronel gritou:

– Ninguém vai mudar um centímetro da cerca para entrar em minhas terras. Onde está o cachorro do seu patrão?

Um dos homens respondeu:

– Está na casa-grande.

– Devolvam a cerca em seu lugar que eu mesmo vou falar com Matias – o coronel berrou.

Os homens decidiram obedecer as ordens do coronel, pois viram que seus capatazes estavam armados até os dentes e temiam um tiroteio.

O coronel observou por algum tempo os homens de Matias reconstruírem a cerca e, olhando para seus jagunços, instruiu:

– Vamos até a fazenda daquele desavergonhado do Matias, pois tenho umas pendengas para resolver.

Os homens, que estavam montados, obedeceram o coronel, seguindo-o até a fazenda do inimigo político e vizinho de fazenda.

Ao chegarem lá, a esposa de Matias estremeceu, afinal sabia que quando os dois homens se aproximavam não raro discutiam.

O coronel, entrando na sala da casa-grande, falou:

– Dona Rosa, preciso ter um dedo de prosa com seu marido. Por favor, vá chamá-lo.

A mulher, de maneira submissa, perguntou:

– O coronel aceita uma limonada ou mesmo água?

Teotônio simpatizava com Rosa, porém odiava imensamente Matias e, com seus modos grosseiros, respondeu apenas:

– Muito obrigado, não quero nada!

A mulher se retirou e em pouco mais de dois minutos Matias entrou na sala. Ao ver Teotônio, perguntou de maneira cínica:

– O que o amigo quer em minha casa?

Teotônio, ao ver o sorriso de deboche no rosto de Matias, retrucou:

– Estou aqui para informá-lo que mandei seus homens colocarem a cerca no lugar, afinal, você está invadindo as minhas terras.

Matias, lançando um olhar atrevido ao coronel, disse:

– Quem invadiu minhas terras foi você. Se quiser vou pegar a escritura da fazenda para que veja com seus próprios olhos.

Irritado, Teotônio tornou bruscamente:

– Não quero ver escritura alguma! Não sei o que você fez, mas essa escritura está errada!

Matias, para não ficar para trás, sugeriu:

– Vamos resolver isso na justiça!

Teotônio perdeu por completo a compostura.

– Não sei o que fez, mas há maracutaia nessa sua escritura. Porém, se quiser ir à justiça, então iremos. E, enquanto não resolvermos essa pendenga, a cerca ficará onde estava antes, pois dei ordens para meus homens atirarem no primeiro que voltar a mexer na cerca!

Teotônio deixou a sala a passos firmes, sem nem mesmo se despedir de Matias. Ao sair, disse a seus homens:

– Vamos embora! Terêncio, coloque cinco homens para vigiar a cerca!

O dia, para o coronel Teotônio, já não estava sendo um dos melhores, e, com a história da cerca, o que já estava ruim ficou ainda pior.

Irritado, Teotônio chegou em casa e encontrou Galdério sentado à sua espera.

– Por que o compadre demorou tanto a chegar? – perguntou.

Galdério, sentado com as mãos no joelho, respondeu:

– O compadre há de convir que não posso deixar minhas obrigações e vir correndo só porque quer. Tenho uma fazenda para cuidar e, além do mais, as eleições se aproximam.

Indignado, Teotônio retrucou:

– Não quero saber; o compadre está fazendo promessas de campanha que não poderá cumprir, pois o governo não libera verba facilmente. Quanto à sua promessa de consertar a ponte, ficará apenas nas palavras. Quantas vezes fui à capital da província para pedir auxílio ao amigo Romão, porém ele está envergonhado por nada poder fazer, tanto que na última vez que estive lá ele mandou dizer que havia viajado para o Paraná.

Evidenciando descontentamento, Teotônio continuou:

– A política deve ser feita com verdade; jamais podemos prometer o que sabemos que não poderemos cumprir, a menos que o compadre venda todas as suas cabeças de gado e reconstrua a ponte com o próprio dinheiro.

Galdério, com olhar enigmático, respondeu:

– Teotônio, você é o único político que procura cumprir suas promessas de campanha. Como o amigo sabe, o povo tem memória curta e logo se esquece delas. Confie em mim, pois sei o que estou fazendo.

Indignado, Teotônio gritou:

– O compadre não está pensando no bem-estar do povo, mas, antes, está pensando em si mesmo! Como pode prometer algo que sabe que não vai cumprir? Promessas não enchem a barriga desses miseráveis! Um homem, para ser um bom político, tem que ver o que é bom para o povo. Todas as promessas que fiz em campanha eu cumpri, só não consegui cumprir o conserto da ponte, pois o governo não liberou verba para isso; quisera ter podido fazer muito mais por minha gente.

Galdério olhou para Teotônio como se o visse pela primeira vez.

– Mas o amigo há de convir que, se não houver promessas, não há vitória.

Teotônio, mexendo no farto bigode, falou:

– Prefiro perder uma eleição dizendo a verdade a ganhar dando falsas esperanças para o povo.

Galdério, franzindo a testa, retrucou:

– O compadre tem uma maneira de fazer política e eu tenho outra; procurarei cumprir as promessas em campanha, embora seja impossível fazê-lo.

Teotônio, levantando e andando de um canto a outro, queixava-se:

– Sabe quantas vezes procurei por Romão em busca de verba? Quinze vezes, e, destas, só consegui verba em duas ocasiões. Para não passar por mentiroso, muitas vezes vendi cabeças de gado a fim de cumprir algumas das promessas que fiz! E olha que não fiz muitas... Agora o compadre faz promessas de má-fé, apenas para ganhar votos! Sinceramente, não esperava isso do amigo.

Galdério pensou por alguns instantes, decidindo depois mudar de posição.

– Está bem, vou retirar as promessas que fiz e dizer ao povo que farei o que me for permitido pelo governo; mas saiba que, se eu perder a eleição, a culpa é do amigo.

Teotônio, franzindo o cenho, respondeu grosseiramente:

– Se o amigo perder a eleição, perca com dignidade, pois a verdade é sempre o melhor caminho.

Galdério não apoiava a maneira de Teotônio pensar, porém decidiu fazer o que ele pedia, afinal, tinha pretensão de comprar a fazenda ao lado da sua e para isso contava com a ajuda do coronel.

Galdério, dissimulando sua contrariedade, respondeu:

– O amigo tem razão; não vou fazer promessas que sei que jamais poderei cumprir, mas o amigo não deve se esquecer de que o povo gosta de ouvir promessas, e eu só estava falando o que queriam ouvir.

Irritado com as colocações de Galdério, o coronel completou:

– O povo não sabe o que quer, pois os ricos fazendeiros têm seus currais eleitorais, e isso impede que se faça uma política limpa e justa. A melhor arma que o candidato tem a seu favor é a verdade. Falando a verdade, o povo pode muito bem votar em quem quiser, independentemente da vontade dos patrões. A política é limpa, porém os políticos são sujos e desonestos, e, enquanto alguns fazendeiros têm alguns privilégios materiais recebidos de alguns políticos corruptos, o povo está definhando na miséria, e isso me enoja. Quando apresentei o amigo para ser meu candidato, confiei que fosse continuar com meu trabalho honesto, portanto não me decepcione.

Galdério sabia que o coronel Teotônio era um homem digno, mas pela primeira vez o viu como um idealista e, sendo assim, comentou:

– O amigo é um sonhador; a política é suja, assim como os políticos.

– Faço o que acredito ser certo e, se um dia perceber que esse cenário não mudará, eu abandono a política – tornou Teotônio.

Galdério, tirando o relógio de bolso do colete, disse:

– Já se faz tarde; preciso voltar para a fazenda, pois tenho muitos assuntos a resolver.

Teotônio, sem mais delongas, falou:

– Eu também tenho muitas coisas para resolver, mas à noite quero o amigo aqui, para continuar o assunto.

Galdério levantou-se, prometendo que voltaria logo mais à noite.

Clementina estava na cozinha quando o marido entrou, quase aos gritos.

– Clementina, mandei chamar Januário, Fabrício e Mariano para conversarmos sobre as próximas eleições, portanto coloque mais água no feijão, pois eles jantarão conosco.

Clementina, apesar de ter um temperamento ácido, era passiva no que tangia às decisões do marido, de modo que respondeu:

– Teotônio, gosto de Januário e Mariano, porém tem algo em Fabrício que não me inspira confiança.

O coronel, falando alto como de costume, passou a dizer:

– Não compreendo essa implicância que você tem com o amigo Fabrício. Na eleição passada, foi o que mais me apoiou e, além do mais, sempre esteve do meu lado.

Clementina, irritada, respondeu:

– Em todo meio há sempre um traidor; Fabrício não é diferente. E olha que não costumo me enganar com as pessoas... Se quer acariciar a cabeça de uma cobra, é com você, mas depois não me venha dizer que não o avisei.

Descontente, o coronel saiu pisando duro e fazendo barulho no assoalho.

– Faça o que eu mandei e pronto!

Clementina, trocando um olhar com Almerinda, disse:

– Fabrício não me inspira confiança. Teotônio não parou para pensar que tudo que se comenta nessas reuniões o coronel Matias sempre fica sabendo. Como ele poderia saber, se não houvesse quem lhe contasse?

– Que há um traidor, disso não há dúvida, mas não se pode acusar o doutor Fabrício, afinal a senhora não tem provas que o incriminem – ponderou Almerinda, mexendo as panelas.

Clementina, fechando o cenho, retrucou:

– Januário e Mariano são fiéis a Teotônio. O único que se impõe diante das ideias de meu marido é Fabrício, e, pelo que fiquei sabendo, ele sempre traz notícias da fazenda do coronel Matias.

Almerinda, com seu jeito manso de falar, acrescentou:

– Quem traz notícias, leva!

– É exatamente isso o que penso, pois como ele poderia saber tanto da vida política de Matias se não participasse das reuniões?

Almerinda, sorrindo, respondeu:

– Não apoquente as ideias, dona Clementina. Se o doutor Fabrício for um traidor, um dia isso virá à tona.

– Assim espero.

Clementina, sem querer falar mais sobre o assunto, mudou de conversa.

– Almerinda, hoje coloque mais três pratos à mesa.

Esta, com um sorriso, meneou a cabeça sem nada dizer.

CAPÍTULO 2

Fidelidade colocada à prova

Teotônio era um homem irritadiço por natureza, e seus modos rudes o faziam parecer um homem ainda mais grosseiro do que realmente era.

Entrando em casa, disse abruptamente à esposa:

– Clementina, vou me lavar. Apenas depois que meus amigos chegarem é que jantaremos.

A mulher, olhando séria para o marido, respondeu:

– O quê? Você sempre foi rigoroso com o horário das refeições e agora vem me dizer que só iremos jantar depois que seus amigos de política chegarem? Acho isso um desrespeito muito grande.

– Ora, mulher, não se zangue, é para uma boa causa.

Clementina, sentindo o coração descompassar, falou sem medo:

– Boa causa? Todos querem um cargo político, porém ninguém está preocupado com o bem-estar dessa gente. Os que são ricos estão cada vez mais ricos, e, quanto ao povo, vive na mais completa miséria. É boa causa os políticos pensarem somente em si?

Teotônio não gostava de conversar sobre política com a esposa, de modo que foi logo dizendo:

– Há pessoas inescrupulosas a bem da verdade, porém meus candidatos são pessoas sérias, que visam apenas o bem do povo.

Clementina, soltando uma gargalhada, acrescentou:

– Você se lembra do coronel José Valdêncio? Você o colocou na prefeitura, e o que ele fez para o povo? Nada! Não bastasse isso, ainda roubava a verba que vinha para o município, e quando saiu deixou os cofres da prefeitura sem um vintém sequer.

Teotônio, ao se lembrar de José Valdêncio, sentiu uma raiva imensa tomar conta de si. Porém, tentou contemporizar:

– Aquele infeliz comprou uma fazenda com o dinheiro que desviou da prefeitura, e foi por esse motivo que nossa amizade acabou. Mas, depois de seu mandato, ele nunca mais se reelegeu, afinal, não tinha apadrinhamento político para isso.

Clementina, olhando para o marido e percebendo sua ingenuidade, acrescentou:

– Não confio no compadre Galdério. Ele vai sujar seu nome, assim como José fez quinze anos atrás.

– Isso não vai mesmo! Não permitirei que essa história se repita – Teotônio retrucou aos berros.

– Teotônio, você é um idealista, porém nem todos os que você apadrinha pensam como você – falou Clementina, aproximando-se do marido. – Nesse mundo de política não há honestidade, e os que são honestos acabam se corrompendo com o dinheiro que vem do governo. Pare de apadrinhar pessoas que você julga serem boas. Meu pai sempre dizia que, se alguém quisesse conhecer uma pessoa, deveria dar a ela poder, e fatalmente ela se revelaria. O compadre Galdério é um bom homem, mas mesmo assim não confio nele.

Teotônio, atordoado com os comentários da esposa, colocou fim na conversa:

– Política não é assunto para mulher! Portanto, deixe que eu cuide disso.

Clementina, assustada com o machismo do marido, replicou:

– Como assim, política não é assunto para mulher? Haverá o dia em que os votos das mulheres serão maioria.

– Enquanto esse dia não chega, peço que não se meta nos meus assuntos políticos, afinal sou o chefe desta casa e tenho o direito de escolher os assuntos que deverão ser tratados ou não aqui dentro.

Clementina, embora amasse o marido, detestava quando ele não dava ouvidos a seus conselhos.

Enquanto o coronel Teotônio se retirava para se lavar no quarto e mudar de roupa, Clementina entrou na cozinha furiosa, comentando com Almerinda:

– Amo Teotônio, mas não gosto de seu jeito machista. Ele pensa que política é assunto só para homem, mas se esquece de que as mulheres sofrem com as decisões tomadas nas urnas.

– Dona Clementina, ele não gosta de falar de política com a senhora, porque é mulher; portanto, não dê importância a isso – falou Almerinda.

Clementina, respirando fundo, queixou-se:

– Teotônio é muito turrão!

Almerinda sorriu sem nada dizer. Depois, indagou:

– Virá alguém para o jantar?

Clementina sentiu a raiva aumentar dentro do peito.

– Virão Januário, Mariano e Fabrício para o jantar. Esse Fabrício não me inspira confiança.

Almerinda, sem querer colocar mais lenha na fogueira, tentou acalmar a patroa.

– Enquanto não há provas, não há culpados; portanto, acredite no tempo, e este será o dono da razão, mostrando se o doutor Fabrício é o culpado ou não.

Clementina gostava imensamente de Almerinda, e com isso não pôde deixar de concordar com aquela senhora simples e lúcida.

Clementina, sorrindo, perguntou:

– O que temos para a sobremesa?

– Preparei doce de abóbora em pedaços, pois sei que o coronel gosta – Almerinda respondeu.

– Almerinda, você gosta muito de Teotônio, afinal, só faz o que ele gosta.

Almerinda discordou.

– Não seja injusta, sinhá, eu também faço tudo o que a senhora gosta.

Clementina, olhando para Almerinda, sentiu o carinho tomar conta de seu ser e, com brandura, respondeu:

– Acho que tem razão... Não tenho do que reclamar.

Almerinda, sorrindo, voltou a mexer a panela.

– E a menina Alice, quando voltará para casa?

Nesse momento, o rosto de Clementina iluminou-se ao dizer:

– No mês que vem ela voltará para casa e não retornará mais à capital da província.

Almerinda, sorrindo, respondeu:

– A alegria voltará a esta casa.

– Alice só sairá daqui casada – Clementina acrescentou.

Almerinda, mudando de assunto, indagou:

– Dona Clementina, a senhora viu que começou a trabalhar um rapaz novo na fazenda?

Sem se preocupar com o assunto, Clementina confessou:

– Ainda não vi o rapaz, mas Teotônio me contou. Ele disse que, além de muito trabalhador, o rapaz é muito quieto.

– Hoje de manhã ele veio trazer leite. Sinceramente, nem parece que é peão; é lindo que só.

Clementina ajuntou com um sorriso:

– Almerinda, não há peões bonitos, pois os trabalhos que realizam os fazem demonstrar mais idade do que realmente têm.

A cozinheira completou:

– Mas esse rapaz é diferente. Ele é moreno claro, de olhos verdes, e é muito alto, diferente dos demais. É bem verdade que tem a pele bronzeada pelo sol, mas é o rapaz mais bonito que já vi trabalhar nesta fazenda.

Sem se preocupar com o assunto, Clementina brincou:

– Pelo jeito você está encantada com o rapaz.

Almerinda, sem se dar conta da tirada maldosa da patroa, continuou:

– Gaudêncio é um rapaz muito tranquilo e educado. Hoje, conversando com ele, percebi que nem parece peão de fazenda, pois é sempre calado e solícito.

Clementina comentou:

– Se tivesse trinta anos a menos, acho que já estaria apaixonada, Almerinda.

Almerinda não se fez de rogada e completou:

– Se eu tivesse quarenta anos a menos, certamente me casaria com ele.

– Almerinda, deixe o fogo por baixo da saia; você sempre foi uma viúva de respeito.

A cozinheira, olhando para um ponto indefinido, respondeu seriamente:

– Fui casada por mais de vinte anos, e sofri muito quando Genésio morreu. Esse casamento nem frutos me deixou.

Clementina, percebendo a tristeza na voz de Almerinda, consolou-a:

– Se você não teve filhos, foi porque Deus assim o quis. Pense que tem a nós, e, para mim e para Teotônio, você faz parte da família.

Almerinda, os olhos úmidos, tornou com amargura:

– Uma árvore, quando não produz frutos, deve ser cortada e lançada ao fogo. Assim também é uma mulher que não tem filhos: deve permanecer solteira e nunca se casar.

Clementina, sentindo pena da cozinheira, passou a dizer:

– Almerinda, uma moça, quando se casa, não sabe se será mãe ou não. Logicamente, isso não acontece com a maioria das moças, mas, se Deus não lhe deu filhos, é porque você tinha outra missão. Você não teve um filho seu, mas foi quem deu o primeiro banho em Alice, e é quem ela tem como mãe depois de mim. Deus lhe deu uma filha, e tenha certeza de que ela a ama como a uma mãe.

– Alice é uma filha para mim – Almerinda concordou. – Quando me lembro dos tempos de criança dela, sinto saudade daquela menina arteira que mentia que estava no quarto, quando na verdade subia nas árvores do pomar.

Clementina sabia o quanto aquela senhora gostava de sua filha.

– Alice sempre foi uma menina levada. Se não fosse você me ajudar, teria ficado louca com as estripulias dela.

Almerinda, mudando rapidamente de assunto, comentou:

– Vou chamar Olinda para que coloque a mesa. Logo o coronel descerá e vai querer jantar.

Ao se lembrar do jantar, a irritação de Clementina voltou.

– Hoje temos visitas. Só espero que esses amigos de política não se atrasem, pois detesto esperar.

Almerinda já quase finalizara o jantar quando chamou Olinda para colocar a mesa.

Os três convidados do coronel Teotônio chegaram pontualmente às dezenove horas, para alívio de Clementina.

Teotônio, como sempre fazia, colocou o guardanapo no colarinho e passou a conversar sobre política enquanto se servia.

Januário comentou:

– Política é como um jogo de xadrez: se mexer as peças certas, a eleição está garantida.

Irritado, Teotônio acrescentou:

– Mas o amigo Galdério não entende isso. Ele quer ganhar as eleições fazendo promessas que sabe que não poderá cumprir. Prefiro perder uma eleição com dignidade a ganhar com falsas esperanças.

– Fiquei sabendo que o senhor Matias está disposto a mexer em seu capital para cumprir suas promessas de campanha – Fabrício falou.

Teotônio, deixando a comida à mostra na boca, perguntou:

– Quem foi que disse isso?

Fabrício, remexendo-se na cadeira, passou a explicar:

– Ele estava fazendo política na venda do Crispim e disse que, se ganhasse as eleições e o governo não liberasse as verbas, ele venderia metade dos gados para arrumar a ponte.

Teotônio, irritado, gritou:

– Canalha! Todos sabem o quanto aquele homem é muquirana, mas o pior de tudo é que o povo acredita nessa mentira deslavada de um homem desonesto que mente para ganhar uma eleição!

Clementina fazia sua refeição em silêncio, porém ficou observando Fabrício, que sentiu imenso prazer em revelar tal notícia.

Clementina, não suportando ficar em silêncio, alfinetou Fabrício:

– Por acaso você estava na venda na hora em que Matias fez tal promessa?

Fabrício, percebendo o olhar da mulher, gaguejou:

– Fiquei sabendo da notícia pelo Tobias.

Clementina conhecia Tobias. Sorrindo, mencionou:

– Tobias não se envolve em política, pois, quando trabalhou conosco, sempre dizia que política era para os espertos e não para matutos como ele, de modo que acho estranho Tobias estar na venda ouvindo promessas de campanha do senhor Matias.

Fabrício voltou a gaguejar:

– Não foi Matias quem lhe disse pessoalmente, pelo menos até onde sei; ele ficou sabendo da boca de outros sobre esse boato.

Teotônio, percebendo algo estranho nas afirmações de Fabrício, perguntou:

– Mas, afinal, quem ouviu esse comentário foi Tobias ou não?

Fabrício, percebendo que se enroscava cada vez mais, finalizou a conversa:

– O que sei foi o que ouvi dizer do povo, portanto não sei até que ponto isso é verdade.

Clementina, percebendo ela também que Fabrício se enrolava a cada palavra, concluiu:

– O amigo está atento a todos os passos do coronel Matias, e isso me parece muito estranho.

Fabrício, sentindo-se ofendido, perguntou:

– Acaso a senhora acha que estou apoiando o coronel Matias? Se pensar dessa maneira, posso lhe garantir que está muito enganada.

Teotônio, ao se dar conta de que Fabrício irritava-se com sua esposa, interveio:

– Não permito que fale assim com minha esposa, e além do mais é muito estranho que o amigo saiba tanto dos passos de Matias, sendo que ando pelo vilarejo e pouco sei sobre sua candidatura.

Fabrício, sentindo-se mais uma vez ofendido, respondeu:

– Sempre fui fiel ao amigo, mas agora percebo uma ponta de desconfiança da parte de ambos, portanto peço que me deem licença para me retirar.

Januário, tentando contemporizar a situação, falou:

– Deixe disso, homem! O coronel Teotônio é nosso amigo e não está desconfiando de ninguém.

Teotônio, o olhar matreiro, disse com a boca cheia:

– Não compreendi por que o amigo sentiu-se tão ofendido. Não disse que estou desconfiado de ninguém, mas, se a carapuça serviu...

Fabrício, irritado com a observação de Teotônio, olhou com firmeza para o coronel.

– Você acabou de confirmar neste momento que desconfia da minha pessoa, portanto não tenho mais nada a fazer aqui. O jantar para mim acabou. Que os senhores me deem licença.

Januário, mais uma vez, tentou contemporizar:

– Fabrício, deixe de bobagem! O coronel fez apenas um comentário, que pode se aplicar a qualquer um de nós, mas lembre-se de que quem não deve não teme. Não cuspa no prato em que comeu tantas vezes. Se não fosse o coronel, você já teria perdido a fazenda que herdou de seus pais.

Fabrício sentiu o rosto ruborizar-se e voltou a se sentar.

– Por favor, vamos mudar de assunto, pois isso já está me aborrecendo.

Clementina ficou apenas observando o comportamento de Fabrício, de modo que não teve dúvidas que ele não era o que aparentava ser.

– O amigo é um homem de brios, mas às vezes se esquece dos favores que recebe, não é mesmo? – comentou o coronel.

Fabrício, sem poder conter sua indignação, levantou-se e, sem pedir licença, retirou-se da mesa enquanto o coronel sorria, dizendo aos demais:

– Deixe que vá. Amanhã estará de volta com nova fofoca... O dono conhece o gado que tem assim como um homem conhece os amigos que tem.

Clementina sorriu ao ver o bom humor do marido, e tranquilamente terminaram o jantar, enquanto falavam de política.

Fabrício saiu da casa-grande da fazenda do coronel Teotônio completamente irritado, afinal sentia-se ultrajado com as palavras do dono da casa e, ao entrar na charrete, disse:

– Nunca mais vou colocar meus pés nesta casa novamente. Hoje o coronel passou dos limites!

Enquanto o cocheiro se retirava das terras de Teotônio, Fabrício pensava: "Não posso abandonar o coronel Teotônio agora, compreendo que ele não confia em mim, pois sou eu quem sempre traz notícias da campanha de Matias, e isso está gerando desconfiança. Mas é melhor ter o coronel como amigo do que como inimigo..." E, com esses pensamentos, Fabrício deu ordem ao cocheiro para se dirigir à fazenda do coronel Matias.

Matias era um homem rico, porém o coronel Teotônio era ainda mais rico, pois sua fazenda era formada por duas propriedades, havendo em uma delas um cafezal a perder de vista e, na outra, cabeças de gado.

Pensando nas vantagens de ter o coronel Teotônio como amigo, Fabrício decidiu que se manteria longe do coronel Matias por uns tempos.

Com esses novos pensamentos, Fabrício novamente deu ordem ao cocheiro para que voltasse a sua fazenda, pois sentia-se cansado e ofendido.

Teotônio, ao ver Fabrício sair, soltou uma gargalhada irônica depois de dizer a Januário e Mariano:

– O amigo Fabrício ficou uma fera!

Januário, embora esboçasse um leve sorriso, comentou:

– O amigo desconfiou de Fabrício e certamente ele está se sentindo ofendido.

Teotônio, com seu jeito grosseiro de sempre, tornou:

– Não desconfiei de ninguém; apenas disse que, se a carapuça servisse, que ele a usasse.

Mariano, que até aquele momento estava calado, interveio:

– Fabrício é nosso amigo de muitos anos; talvez o amigo esteja sendo injusto com ele.

Irritado com a defesa de Mariano, Teotônio replicou:

– Os amigos não repararam que Fabrício é o único que traz notícias de Matias? Inclusive já venho percebendo isso há tempos, pois muitas vezes ele fala de coisas que só se confirmam algum tempo depois.

Mariano, que não havia prestado atenção ao comportamento de Fabrício, falou:

– Não havia reparado nisso, mas é verdade. Lembra quando Fabrício veio nos avisar de que o coronel Matias pagaria uma rodada de cachaça para todos na venda enquanto faria política? Ninguém sabia disso, mas dois dias depois foi o que Matias fez, e os homens ali presentes aplaudiram cada palavra dele.

Teotônio, estando a sós com Januário e Mariano, confessou:

– Não gosto quando Clementina fala de Fabrício, mas a verdade é que ela tem razão. Fabrício está com os pés em duas canoas...

– O amigo deve se conter ao falar sobre suas intenções políticas perto de Fabrício, pois ele tanto traz notícias de Matias quanto leva informações do amigo para o nosso rival político – concluiu Mariano com um sorriso.

Teotônio era severo quando o assunto era fidelidade, de modo que respondeu:

– Doravante vou prestar atenção em Fabrício, pois ele não é o que pensávamos que fosse.

– Tenho uma ideia para desmascarar Fabrício – Januário sugeriu.

Teotônio, remexendo-se na cadeira enquanto tomava uma taça de licor, perguntou:

– Que ideia?

Januário sorriu e passou a dizer:

– Quando estivermos todos reunidos, o amigo dirá que, se Galdério ganhar as eleições, o amigo irá arrumar a ponte do Barro Preto com dinheiro próprio. É claro que o amigo não fará isso, mas, se essa conversa chegar aos ouvidos de Matias, ficaremos sabendo na venda e então teremos certeza de que Fabrício não está totalmente do nosso lado.

Teotônio pensou por alguns instantes antes de dizer:

– Sabe que o amigo tem razão? Como essas palavras não sairão da minha boca, o povo jamais poderá me cobrar nada caso Galdério venha a ganhar as eleições.

Mariano acrescentou:

– Se esse boato se espalhar feito rastilho de pólvora, saberemos que foi Fabrício quem saiu com essa conversa.

Teotônio gostou da ideia, de modo que prosseguiu:

– Vou pegar Fabrício no pulo do gato! E somente então conversarei com ele.

Teotônio e os dois amigos conversaram sobre política por mais duas horas, quando enfim Mariano e Januário decidiram ir embora.

Assim que os dois amigos saíram, Teotônio foi se preparar para dormir. Sorrindo, contou à esposa:

– Tina, Mariano e Januário tiveram uma excelente ideia.

Clementina, fingindo interessar-se pelo assunto, perguntou:

– Que ideia, homem de Deus?

Teotônio passou a falar sobre a desconfiança que tinha de Fabrício e arrematou o assunto dizendo sobre a mentira que falaria em reunião.

Clementina respondeu:

– Essa sim foi uma boa ideia! Enfim vocês saberão quem é Fabrício Duarte; ele nunca me enganou com seu jeito educado, pois para mim ele não passa de um traidor. Já reparou que sempre que há um grupo de pessoas há também um traidor? Joaquim Silvério dos Reis traiu Tiradentes, Judas Iscariotes traiu Jesus, e Fabrício vai traí-lo, com certeza.

Teotônio, tomado de raiva, esbravejou:

– Se Fabrício me trair, ele se arrependerá de ter nascido! Vou cobrar tudo que me deve, afinal, se não fosse por mim, ele já teria perdido a fazenda dele.

Clementina, aguçando ainda mais a desconfiança de Teotônio, disse:

– Tenho certeza de que esse boato se espalhará na venda, partindo da boca de Matias.

Teotônio colocou a touca de dormir.

– Não me infernize ainda mais, Tina; sei bem o que faço com traidores.

– Ainda vai me falar que eu tinha razão! – tornou a esposa.

Teotônio, irritado, virou-se de lado e procurou dar o assunto por encerrado.

Clementina, sorrindo, virou para o outro lado, adormecendo em seguida, enquanto Teotônio pensava nos últimos acontecimentos. Depois de um tempo, disse baixinho, temendo acordar a esposa, que dormia a sono solto:

– Se Fabrício estiver me traindo, vai se arrepender amargamente por isso.

Com esses pensamentos, o coronel logo adormeceu, e seu ronco pôde ser ouvido pelo longo corredor da casa.

Fabrício chegou em casa decidido a se afastar do coronel Matias, pois sabia que devia muitos favores ao coronel Teotônio, e uma desavença com ele seria seu fim. Porém, pensou mais um pouco e decidiu que teria uma última conversa com o coronel Matias antes do afastamento.

Embora Fabrício mantivesse boa relação com o coronel Teotônio, não concordava com suas ideias políticas. Sempre dizia a sua esposa Carmosina que o coronel era um sonhador e que queria modificar o que não tinha jeito.

Com esses pensamentos, Fabrício chegou em casa sentindo-se completamente desanimado e, assim que entrou, encontrou a esposa bordando uma toalha, sentada com tranquilidade na imensa sala da casa da fazenda.

Carmosina era uma mulher bonita, apesar de seus quarenta e oito anos, porém não tinham filhos, embora ela tivesse ido a vários curandeiros, sem sucesso.

Fabrício passara muitos anos de sua vida sonhando com um filho varão. Dizia que, apesar de ter tido tudo na vida, Deus lhe negara o dom mais precioso, que era ser pai.

Carmosina tinha longos cabelos negros e silhueta esguia, sendo que tudo que vestia lhe caía bem.

Fabrício, ao ver a esposa, cumprimentou-a. Em seguida, comentou:

– Estou farto de ser o bicho de estimação do coronel Teotônio. Você acredita que ele anda desconfiando de minha fidelidade a ele?

Carmosina, embora soubesse de seu envolvimento com o coronel Matias, decidiu se calar, pois sabia que Fabrício era um homem irascível, de modo que respondeu:

– Não se preocupe, logo ele verá que está cometendo um engano.

Carmosina, apesar de gostar do marido, sabia que ele traía o coronel

Teotônio flagrantemente, mas só dizia o que ele queria ouvir.

Fabrício, ao ouvir a esposa, acrescentou, desanimado:

– Não sei não... O coronel está de olho em mim, preciso tomar cuidado. Ele não tem as mesmas convicções políticas que eu, e isso me preocupa.

Carmosina era uma mulher calma e passiva por natureza, por isso replicou:

– Não vale a pena perder a amizade de um amigo como o coronel por causa de política.

Fabrício irritou-se.

– O coronel Teotônio nunca me indicou ao cargo de prefeito, enquanto Matias me disse que, se eu me bandear para seu lado, serei indicado na próxima eleição.

Carmosina, conhecendo bem o gênio do marido, decidiu se calar a fim de não arranjar uma discussão desnecessária.

Fabrício tirou o relógio de bolso, que era preso ao colete por um cordão de ouro.

– Vamos dormir – convidou ele. – Já passa das dez horas, e amanhã preciso ter uma conversa com o coronel Matias logo pela manhã.

Carmosina cravou a agulha do bordado no tecido e colocou-o cuidadosamente no cesto. Obedecendo o marido, decidiu deitar-se, apesar de não sentir sono.

CAPÍTULO 3

A chegada de Leôncio

No dia seguinte, Fabrício acordou cedo e encontrou a mesa posta. Resolveu fazer seu desjejum e ir até a fazenda de Matias para uma conversa definitiva com o coronel, que era abertamente desafeto de Teotônio.

Ao chegar à fazenda de Matias, encontrou-o fazendo o desjejum com calma.

– O que faz tão cedo em minha casa, homem? – perguntou Matias com sua falta de modos.

Fabrício endireitou as costas e respondeu:

– Coronel, peço que me perdoe por ter vindo sem avisar, mas o assunto que tenho a tratar com o senhor é urgente.

O coronel, limpando a boca com um guardanapo à sua frente, indagou:

– Mas o que tem de tão urgente para tratar comigo? Acaso tem alguma notícia do infeliz do Teotônio?

– Não tenho nada a dizer sobre o coronel Teotônio, mas, antes, vou ser breve: não poderei mais ser seu informante, pois o coronel Teotônio está desconfiado de minha lealdade.

Matias, naquele momento, passou do rubor à palidez.

– Se o amigo quer continuar a servir Teotônio, isso é com você, mas saiba que ele jamais o indicará como prefeito, e seus dons políticos não passarão de sonhos irrealizados.

Fabrício era um homem interesseiro e desonesto, de modo que foi logo dizendo:

– O que devo fazer? Como farei o coronel confiar em mim novamente?

Matias, abrindo um largo sorriso que deixava à mostra suas presas, mais parecendo um lobo voraz, tornou:

– O amigo é quem deve saber o que fazer; quanto a mim, nunca deixei transparecer que o amigo mantém os pés em duas canoas.

Fabrício sentiu como se tivesse levado um tapa no rosto.

– Está bem, coronel, mas ninguém deve saber que venho lhe fazer visitas esporádicas, pois, se isso cair nos ouvidos do coronel Teotônio, ele me esmagará como uma pulga.

Matias soltou uma gargalhada irônica.

– O amigo está com medo do Teotônio? Que mal ele poderá lhe fazer?

Fabrício, ofendendo-se com o sorriso malicioso do coronel Matias, respondeu:

– Não tenho por que ter medo do coronel Teotônio. Mas somos amigos há muito tempo e não gostaria de perder sua amizade por nada.

Matias, indignado, perguntou:

– A política não é nada para você? Se não é nada, como quer ser prefeito?

Fabrício baixou os olhos, porém o coração sentia ódio de Matias e, dissimulando seus sentimentos, apenas comentou:

– Não foi isso o que eu disse, coronel.

– Mas foi isso o que entendi.

Fabrício, percebendo que não haveria jeito de se livrar das rédeas de Matias, acrescentou:

– Ter vindo aqui foi um erro. O senhor quer que eu continue a lhe trazer informações sobre o coronel Teotônio, mas isso não farei mais. O coronel me trata com dignidade, coisa que o senhor desconhece.

Levantando-se da mesa com raiva, o coronel vociferou:

– Todos os que me apoiam na política são homens de verdade, mas você não passa de borra-botas, por isso quem não quer mais sua presença nesta casa sou eu!

Fabrício pensou por mais alguns minutos, depois falou:

– Desculpe, coronel, estou nervoso; não foi isso que eu quis dizer. – Fabrício sentiu-se humilhado ao ter que pedir desculpas ao coronel Matias, por isso acrescentou: – Vou lhe provar que sou um homem de verdade e que mereço a cadeira da prefeitura.

Matias, percebendo que conseguira intimidar Fabrício, disse:

– Está bem, vamos esquecer essa prosa. Aliás, o amigo me provou que me é fiel; agora sente-se e tome café comigo.

Fabrício estava demasiadamente magoado com o coronel Matias para sentar-se à mesa com ele, de modo que foi logo dizendo:

– Desculpe, coronel, mas preciso ir. Hoje venderei algumas cabeças de gado, e o comprador logo estará na fazenda.

Matias, sorrindo, despediu-se de Fabrício. Ao vê-lo se retirar, pensou: "Esse sujeitinho é perigoso; se ele pensa que algum dia vou indicá-lo para prefeito, está muito enganado".

Matias perdera o apetite depois da conversa com Fabrício. Levantando-se, deu ordem para que atrelassem seu cavalo para percorrer a fazenda. Ele era um homem sem escrúpulos, e o administrador da fazenda tinha ainda menos escrúpulos que o patrão.

Matias aproximou-se de Bento, o administrador, e perguntou:

– E então, como estão as coisas?

Bento, como sempre bajulador, respondeu:

– Estou com problemas com um peão e já não sei mais o que fazer.

Surpreso, o coronel Matias indagou:

– Mas de quem você está falando, homem?

– Falo de Leôncio. Não posso negar que seja trabalhador, mas ele tem o grave defeito de não me respeitar como administrador da fazenda. Mando-o ao cafezal, e ele diz que ficará cuidando do gado. Quando mando cuidar do gado, ele diz que vai ao cafezal.

O coronel, irritado, gritou:

– Bento, você é homem ou não? Se o coloquei neste cargo é porque confio em você. Ademais, é a carroça que comanda o burro, não o contrário.

Bento perguntou:

– O que faço, coronel?

– Mande esse sujeitinho falar comigo na casa-grande.

Bento sabia que quando o coronel chamava alguém para uma conversa era para dispensar seus serviços. Com isso, sorriu, satisfeito.

O coronel deu algumas ordens para Bento e logo se retirou com seu cavalo, deixando o administrador se regozijar. Bento pensava: "Leôncio é um homem bem-apanhado, e Mariazinha está encantada por ele, mas o sujeito não ficará com ela, pois, antes que isso aconteça, ele pegará suas trouxas e sumirá daqui".

Bento gostava de uma moça que trabalhava na casa-grande, chamada Maria, uma moça que não costumava dar trela a ninguém. Apesar disso, a beleza da jovem donzela despertara a paixão em Bento, que logo percebera que Mariazinha estava apaixonada por Leôncio.

Porém, Bento desconhecia que Leôncio mal dava atenção a Mariazinha. Sendo assim, decidira articular um plano para fazer com que o rapaz fosse embora da fazenda.

Bento se aproximou de Leôncio, que colhia café.

– Leôncio, o coronel quer ter um dedo de prosa com você.

O rapaz, sem saber do que se tratava, perguntou:

– Mas o que o coronel quer comigo?

– Não sei; mas é melhor não deixá-lo esperando.

Leôncio, em sua simplicidade, falou:

– Diacho! Quando o coronel quer falar com alguém é para dispensar do trabalho.

Bento sorriu ao ouvir o comentário do rapaz.

– O que você andou fazendo?

– Ara! Não fiz nada. Faço meu trabalho e cumpro com minha obrigação.

Bento, abrindo a boca em um largo sorriso, comentou:

– Não se preocupe; quem não deve não teme.

Leôncio viu o administrador se afastar, porém ficou preocupado ao saber que o coronel queria lhe falar. Bento saiu imediatamente e, andando com rapidez, dirigiu-se à casa-grande, que ficava longe do cafezal.

Leôncio era um rapaz moreno, de costas largas, com um rosto de beleza singular e um corpo másculo que despertava os sonhos de todas as donzelas da fazenda.

Ao chegar à varanda da casa-grande, estava esbaforido, pois viera quase correndo conversar com o coronel Matias. Antes de procurar pelo patrão, no entanto, entrou na cozinha e encontrou com Mariazinha, que retirava a mesa.

A moça, ao ver o rapaz, abriu um largo sorriso e, em sua ingenuidade, perguntou:

– O que faz aqui a essa hora, Leôncio?

O rapaz respondeu, tímido:

– O coronel quer conversar comigo, mas antes peço que me sirva uma caneca de água, pois minha boca está seca.

Mariazinha não gostou de saber que o coronel queria conversar com Leôncio, pois tinha ciência de que, quando ele chamava algum peão era para despedir ou para colocar em um trabalho pior. Prontamente pegou uma caneca grande e a encheu com água da talha. Com um olhar desconfiado, falou:

– Leôncio, tome cuidado, pois quando o patrão chama não cheira a coisa boa.

O rapaz, depois de entornar a caneca, respondeu:

– Ara! Nada fiz para ser chamado à casa-grande.

Mariazinha, que antipatizava com Bento, tornou:

– Corto minha mão se Bento não tiver alguma coisa a ver com isso.

Leôncio, ignorando as palavras da moça, pediu que ela avisasse o patrão de que ele o aguardava.

– Enquanto espera, reze, pois só Deus para ajudá-lo – falou a moça, temendo o pior.

Leôncio, com seu jeito um tanto grosseiro, respondeu:

– Ara, Mariazinha, não vejo motivos para tanta preocupação. Se o coronel é homem, eu também sou, e meu pai me ensinou a nunca ter medo de homem nenhum.

A moça, ignorando a resposta do peão, saiu rapidamente a fim de informar Matias sobre a presença de Leôncio.

O coronel estava em seu gabinete, contando alguns contos de réis, e assim que foi informado de que o rapaz o esperava ordenou:

– Diga para esperar um pouco. Logo mando chamá-lo.

A moça saiu sem nada responder e, ao entrar na cozinha, viu Leôncio segurando firmemente o chapéu, a roupa toda suarenta.

Mariazinha lhe ofereceu limonada, porém o rapaz se recusou a tomar.

Passados vinte minutos, o coronel enfim entrou na cozinha e, com seu jeito grosseiro, disse:

– Então você é o homem que está desrespeitando as ordens de Bento?

Leôncio, naquele momento, percebeu que Bento havia mentido. Tentando se defender, falou:

– O coronel há de me perdoar, mas eu nunca desrespeitei Bento, afinal, ele não é o administrador da fazenda?

Matias achou o rapaz arrogante para um simples peão. Sem pensar muito, disse:

– Venha até meu gabinete. Vou acertar suas contas e quero que vá embora de minha fazenda ainda hoje.

Leôncio estremeceu, porém decidiu acatar mansamente as ordens de Matias. O coronel, no entanto, costumava trapacear os funcionários, de modo que deu somente doze réis pelos serviços prestados.

Leôncio pegou o dinheiro e, sem reclamar, saiu da casa-grande, despedindo-se apenas de Mariazinha.

A moça, ao saber que Leôncio havia sido dispensado do trabalho, perguntou:

– Bento inventou uma mentira, não é mesmo?

Leôncio, levando o velho chapéu de palha à cabeça, respondeu:

– Bento é uma cobra que age sorrateiramente e, quando percebemos, já fomos picados por ele.

O rapaz saiu e decidiu ir até a choupana pegar suas poucas roupas e sair imediatamente da propriedade de Matias. Estava indignado com a atitude de Bento, porém não sentia raiva do administrador. Cansado de andar, sentou-se sob a copa de uma árvore de ipê-roxo, pensando: "E agora, onde vou procurar trabalho? O dinheiro que aquele miserável do Matias me deu mal dá para uma semana".

Leôncio não viu, mas uma figura masculina se formou à sua frente e disse em pensamento:

– Procure pelo coronel Teotônio; ele lhe dará trabalho e uma choupana para morar.

Leôncio não ouviu as palavras proferidas por aquele espírito, porém logo registrou e repetiu em voz alta:

– Vou procurar o coronel Teotônio. Todos dizem que ele é um bom homem, quem sabe não me dá trabalho...

Leôncio levantou-se e, pegando sua pequena trouxa, dirigiu-se à fazenda de Teotônio, que ficava a cinco léguas da fazenda de seu antigo patrão. Andava vagarosamente, pois sabia que o coronel Teotônio não costumava empregar peões que haviam trabalhado para Matias, porém mesmo assim o rapaz aventurou-se em andar por um longo trajeto a fim de conseguir trabalho.

O tempo foi passando, e somente na metade da tarde Leôncio chegou à fazenda do coronel Teotônio. Estava sedento e suarento devido à longa caminhada. O rapaz encontrou Juca, que estava próximo à porteira, e, com voz sumida pelo cansaço, perguntou:

– Menino, você não poderia me arranjar uma caneca com água?

Juca olhou para Leôncio desconfiado, porém aprendera com Clementina que nunca deveria negar água a ninguém. Sendo assim, perguntou:

– Mas de onde você vem, homem?

Leôncio, introspectivo por natureza, tornou:

– Sigo andando por esse mundo de meu Deus.

Juca fixou o olhar nos olhos de Leôncio e, seguindo sua intuição, decidiu ajudar o rapaz, mas foi logo dizendo:

– Tome a água e siga seu rumo, pois o coronel não gosta de pessoas estranhas na fazenda.

Leôncio, sem pensar muito, acabou dizendo:

– Não estou aqui à toa, moleque! Quero conversar com seu patrão, pois estou precisando de trabalho.

Juca abriu um largo sorriso.

– Por que não disse logo, homem! Se tivesse me dito, já teria deixado você entrar.

Leôncio, pela primeira vez, esboçou um sorriso a Juca, e juntos seguiram até a cozinha da casa-grande. Ao entrarem, Leôncio estava acanhado e, segurando o velho chapéu, disse a Almerinda:

– Desculpe a ousadia, senhora, mas peço que me sirva uma caneca de água.

Pegando água da talha, a senhora a ofereceu ao rapaz em seguida. Depois de tomá-la, Leôncio disse:

– Preciso conversar com o coronel Teotônio, pois estou precisando de emprego.

Almerinda ordenou a Juca que fosse chamar dona Clementina, que se encontrava bordando na sala.

O rapazote obedeceu sem demora, e Clementina veio prontamente atender ao chamado de Almerinda, algo que raramente fazia.

Ao entrar na cozinha, Clementina viu Leôncio parado à soleira da porta, e Almerinda foi logo dizendo o motivo pelo qual o rapaz estava em sua casa.

Leôncio ficou calado por alguns momentos, quando foi interpelado por Clementina:

– O senhor quer trabalhar aqui na fazenda?

Com olhar cabisbaixo, Leôncio respondeu:

– Sim, senhora! Estou sem trabalho e não tenho onde ficar.

Clementina sentiu profunda simpatia pelo rapaz, de modo que disse a Juca:

– Vá chamar seu patrão. Diga que preciso conversar com ele em seu gabinete, mas não fale sobre o rapaz que veio procurar emprego, pois isso eu mesma farei.

Juca saiu rapidamente a fim de cumprir as ordens de Clementina; sabia que o coronel estava no terreiro de café. Aproximou-se de Teotônio e, com humildade, transmitiu o recado da esposa.

Teotônio, com seu temperamento explosivo, perguntou:

– O que Clementina quer comigo a essa hora do dia?

– Não sei, não senhor.

Teotônio, depois de esbravejar, decidiu ir até a casa-grande saber o motivo pelo qual fora chamado pela esposa. Como sempre fazia, entrou pela porta principal e foi logo gritando por Clementina, que estava na cozinha.

A esposa do coronel, ao ouvir os gritos do marido, foi a seu encontro e, com seu jeito persuasivo, preparou-se para explicar o motivo de tê-lo chamado.

– Você me tirou do trabalho somente porque um peão veio pedir trabalho? Por que não mandou que fosse conversar comigo no terreiro? – perguntou ele.

Clementina foi logo dizendo:

– Se fosse qualquer um, faria isso, mas se o fiz é porque sinto que se trata de um bom homem.

Teotônio pensou por alguns segundos antes de dizer:

– Está bem! Mande chamar o infeliz!

– Aceite o rapaz como trabalhador da fazenda, pois me parece uma boa pessoa – pediu Clementina.

Em seguida, ela foi rapidamente à cozinha, dizendo a Leôncio:

– O coronel quer conversar com o senhor.

Leôncio abriu um largo sorriso e, de imediato, foi ao encontro do coronel, que o esperava na sala. Assim que entrou no recinto, percebeu que o coronel o olhava examinando cada movimento seu, algo que o intimidou.

Teotônio perguntou:

– Qual foi seu último trabalho?

Leôncio era um rapaz simples, porém tinha orgulho em dizer que não costumava mentir e, dessa forma, contou toda a sua vida ao coronel, que o olhava curioso. O rapaz contou tudo o que fazia na fazenda de Matias, e Teotônio não teve dúvidas de que se tratava de um moço trabalhador. Com isso, ajuntou:

– Como sabe, não posso pagar muito. Pago quinze réis por semana e ofereço uma choupana na colônia dos trabalhadores. Você terá casa e comida, porém as roupas você mesmo terá que lavar aos domingos, pois costumo dar um dia de folga aos meus peões.

Leôncio gostou da proposta, afinal, Matias pagava doze réis semanais e não dava nenhum dia de folga.

Teotônio completou:

– Juca é quem leva comida aos peões, e você poderá ter acesso ao pomar, aproveitando as frutas de época.

Leôncio gostou do coronel, e pela primeira vez sentiu em seu coração que sua vida iria melhorar.

Teotônio, no entanto, advertiu:

– Belarmino é meu administrador; a única coisa que peço é que o obedeça e faça tudo o que lhe for ordenado. Se surgir qualquer dúvida, venha falar comigo. – Teotônio, percebendo que o rapaz transpirava sem parar, perguntou: – Você já comeu hoje?

Leôncio, baixando a cabeça, respondeu:

– Ainda não, senhor.

Intrigado, o coronel indagou:

– Por que foi dispensado da fazenda de Matias?

– Sinceramente não sei, mas desconfio que foi por causa de Mariazinha, a moça que trabalha na casa-grande. Bento nutre sentimentos por ela e talvez por ciúme tenha armado uma arapuca para mim.

Teotônio, irritado, acrescentou:

– Percebo que não é só Matias que não tem escrúpulos, mas também seu administrador. Agora, vá à cozinha comer alguma coisa, e depois pedirei a Juca que o leve à choupana onde irá morar. Se for um bom peão, ficará trabalhando comigo por muito tempo.

Nesse instante, o estômago de Leôncio roncou, e Teotônio, sorrindo, disse:

– Vá comer antes que suas próprias tripas se comam.

Leôncio era um rapaz tímido, por isso rapidamente pediu licença e se retirou. Em seguida, o coronel chamou Clementina e ordenou:

– Peça a Almerinda que faça um bom prato de comida ao rapaz, que está varado de fome.

– Não esperava outra coisa de você – respondeu Clementina.

– Ora, deixe de bobagem, mulher. Apenas contratei o rapaz porque estou precisando de gente para trabalhar no cafezal, afinal, meu pessoal não está dando conta do recado e uma mão a mais me dará mais lucro.

Clementina deixou a sala e se dirigiu à cozinha, ordenando a Almerinda que fizesse um bom prato de comida para Leôncio.

Enquanto o rapaz comia, a esposa do coronel tratou de conversar um pouco mais com ele a fim de conhecê-lo melhor.

– Você nasceu por essas bandas?

Leôncio, comendo timidamente diante da patroa, respondeu:

– Trabalho com o coronel Matias desde que me conheço por gente; meu pai morreu trabalhando para ele.

Clementina, assustada, perguntou:

– Como assim, morreu trabalhando para ele?

Leôncio, depois de engolir a comida que estava na boca, passou a relatar:

– Meu pai foi picado por uma cascavel no cafezal. Ele sempre trabalhou descalço, e, colhendo café, não viu nem ouviu o guizo da cobra. Só percebeu quando, de repente, ela lhe picou o pé. No começo, o pé do meu pai ficou muito inchado, depois ele começou a salivar sem parar, e o coronel pouco se importou. Em cinco dias, meu pai havia morrido.

Clementina olhou para o pé do rapaz e percebeu o que ele calçava.

– O coronel não dá botinas para seus trabalhadores? – indagou.

– Não, senhora; todos nós trabalhamos com sapato de corda, mas, se uma serpente se aproximar, de nada valerá este sapato.

Clementina voltou a perguntar:

– Quanto tempo faz que você perdeu seu pai?

– Meu pai morreu há doze anos; eu ainda era criança quando isso aconteceu.

– E sua mãe?

– Minha mãe eu nunca conheci, pois ela morreu quando me trouxe ao mundo. Quando perdi meu pai, fiquei sozinho neste mundo de meu Deus.

Clementina simpatizou logo com Leôncio. Por isso, disse-lhe:

– Pedirei ao coronel que providencie botinas para você antes de ir ao cafezal.

Leôncio esboçou um sorriso para Clementina.

– Deus abençoe a senhora e toda a sua família.

Logo depois do almoço, Clementina foi ao terreiro de café e perguntou ao marido:

– Quando o rapaz começará a trabalhar?

Teotônio, que estava vendo esparramarem o café no terreiro, respondeu, olhando para os trabalhadores:

– Deixe o rapaz descansar hoje. Amanhã ele começa a trabalhar.

Clementina continuou:

– Por favor, providencie um par de botinas para o rapaz. Ele está usando um sapato de cordas e, se houver alguma serpente no cafezal, não terá a mínima proteção.

Teotônio, que não havia reparado na vestimenta do moço, indagou:

– O quê? O rapaz não tem um par de botinas?

– O coronel Matias é um cretino. Se os trabalhadores soubessem que têm direito ao menos a um par de botinas, não ficariam se expondo a tantos perigos nos cafezais – comentou Clementina.

– Diga a Leôncio que venha até o terreiro para ter um dedo de prosa comigo, antes do descanso – o coronel disse à esposa.

Clementina foi saindo, lembrando-lhe:

– Por favor, chegue no horário para o almoço.

Teotônio meneou a cabeça ao dizer:

– Bernardino, esparrame os grãos mais para a direita!

A esposa do coronel se afastou do marido, indo para a casa-grande, e encontrou Leôncio sentado à soleira da porta da cozinha.

A mulher, sorrindo, falou:

– Leôncio, vá até o terreiro de café. O coronel quer ter um dedo de prosa com você.

O rapaz saiu rapidamente a fim de procurar o novo patrão no terreiro.

Clementina, ao se ver a sós com Almerinda, comentou:

– Pobre rapaz, passou a vida trabalhando para aquele calhorda do Matias sem ao menos saber sobre seus direitos.

Almerinda ajuntou:

– Em toda a minha vida nunca vi um rapaz tão bonito quanto Leôncio. Nem mesmo os filhos dos fazendeiros que vêm à fazenda são tão bonitos quanto ele.

Clementina, mesmo sorrindo, chamou a atenção de Almerinda:

– O que está havendo com você? Nunca foi de achar homem algum bonito; esqueceu da sua idade?

Almerinda, sentindo-se ofendida, falou:

– Dona Tina, eu apenas achei o rapaz bonito. Que mal há nisso?

– Não há nada de errado nisso, mas é estranho. Você nunca achou ninguém bonito... – comentou Clementina. Depois, ficou calada por alguns minutos, mas por fim disse: – Mas que esse rapaz é bonito, não há dúvida.

Almerinda sorriu satisfeita com a confissão da patroa.

Leôncio aproximou-se de Teotônio e, em sinal de respeito, foi logo tirando o chapéu.

Teotônio, com os modos rudes, falou:

– Não precisa tirar o chapéu; o sol está de estourar mamona.

Leôncio voltou a colocar o chapéu.

– O senhor mandou me chamar, coronel?

Teotônio então reparou no sapato de corda do rapaz.

– Você tem um par de botinas?

Leôncio, acanhado, respondeu:

– Nunca tive um par de botinas, pois o coronel Matias não dá botinas para ninguém.

Teotônio, ignorando a resposta do rapaz, ordenou:

– Sei que está cansado, mas quero que pegue a carroça e vá até a venda. Diga a Crispim que lhe venda um par de botinas e coloque em minha conta.

Leôncio, preocupado, tornou:

– Coronel, o Crispim não vai querer vender um par de botinas para mim, pois ele sabe que trabalho para o coronel Matias desde criança.

Teotônio pensou por alguns instantes, quando teve uma ideia.

– Vou escrever um bilhete, e Crispim lhe venderá o par de botinas.

– Mas com quem devo falar para arranjar a carroça para mim?

– Diga para o Juca preparar a carroça para você, mas antes pergunte a Clementina se ela precisa de alguma coisa da venda; se precisar, você já traz.

Leôncio, em um gesto respeitoso, abaixou a cabeça, tirando rapidamente o chapéu. Afastou-se em seguida a fim de cumprir as ordens do coronel. Chegando à casa-grande, transmitiu o recado a Clementina, palavra por palavra.

Clementina perguntou a Almerinda:

– Está faltando alguma coisa na cozinha?

Almerinda respondeu que não precisaria de nada, porém Clementina, ao olhar para o rapaz, viu que suas roupas eram esfarrapadas. Depois de pensar um pouco mais, disse:

– Vou precisar de uma fazenda de panos, afinal, você precisa se vestir melhor.

Leôncio respondeu um tanto sem jeito:

– Não precisa se preocupar, dona Clementina, tenho outras roupas que carreguei comigo.

Almerinda, que estava quieta, intrometeu-se na conversa:

– Se as roupas que tem na trouxa forem como esta, está na hora de fazer roupas novas para você, pois o coronel não gosta que os empregados pareçam mendigos.

Clementina, sorrindo, concordou com Almerinda.

– Faça o que mandei. Pedirei a Olinda que faça algumas roupas para você. Peça ao Crispim para mandar uma fazenda de pano branca ou bege, e outra fazenda de cor azul.

– Dona Tina – falou Almerinda –, não acha que uma fazenda inteira é muito pano para fazer algumas peças de roupa para o rapaz?

Clementina refletiu um pouco.

– Diga ao Crispim para mandar meia fazenda de cada tecido.

Leôncio ajuntou:

– Mas para isso é necessário que o coronel escreva tudo no bilhete que entregarei ao dono da venda.

Clementina perguntou:

– Onde está o coronel?

– Eu o deixei no terreiro, mas logo ele virá escrever o bilhete para que eu entregue ao velho Crispim.

– Você saber ler e escrever? – perguntou Clementina.

– Não, senhora! O coronel Matias sempre dizia que não precisávamos saber ler nem escrever, pois o importante era a força nos braços.

– Quanta ignorância! Vá chamar Juca para que eu mande atrelar o cavalo à carroça.

Leôncio saiu da cozinha e encontrou Juca trazendo algumas latas de água. Com humildade, falou:

– Juca, o coronel mandou que você atrelasse um cavalo à carroça, para que eu possa ir à vila.

Juca era rapazote, porém sempre fora xereta. Por isso, indagou:

– O que vai fazer na vila, homem de Deus?

– O coronel mandou eu comprar botinas, e dona Clementina me mandou comprar alguns tecidos.

Juca, olhando para o rapaz, disse:

– Dona Tina é uma mulher muito boa; levante as mãos para o céu e agradeça a Deus por vir parar aqui na fazenda do coronel Teotônio. Ele é meio estúpido, mas tem bom coração.

Leôncio abriu um largo sorriso, deixando à mostra seus belos dentes perfeitamente enfileirados.

Juca levou a lata de água à cozinha e com rapidez fez o que o coronel havia ordenado.

Enquanto isso, Clementina ouviu os passos de Teotônio entrando em seu gabinete. Foi então atrás do marido, para pedir que escrevesse no bilhete as fazendas de tecidos.

Teotônio escreveu o bilhete incluindo o pedido da esposa e, sem demora, entregou-o a Clementina. Naquele dia, o coronel encontrava-se atarefadíssimo, pois os grãos do terreiro já estavam quase prontos para serem ensacados.

Leôncio foi à vila e, ao entrar na venda de Crispim, disse:

– O coronel Teotônio mandou que enviasse isso que está na lista.

Crispim, ao ver que se tratava realmente da letra do coronel Teotônio, perguntou:

– Não está mais trabalhando para o coronel Matias?

– Não – tornou o rapaz timidamente –; agora trabalho para o coronel Teotônio.

Crispim gostava imensamente de Teotônio, com isso comentou:

– Você acertou na troca, pois o coronel Matias vem à venda somente para fazer política e pouco se importa com os empregados.

Leôncio procurou ficar em silêncio, pois sabia que a venda era um antro de fofocas. Apenas esboçou um sorriso tímido. A timidez de Leôncio, aliás, era algo visível a qualquer um que o conhecesse, de modo que o dono da venda não estranhou seu silêncio.

Crispim continuou:

– O coronel Teotônio é o melhor coronel da região, por isso vou votar em Galdério, assim teremos um bom governo.

Leôncio não entendia nada de política. Votava em quem Matias ordenava, pois na época ainda vigorava o voto de cabresto.

Crispim ajuntou:

– O curral eleitoral do coronel Matias tem menos um, o que é bom para o coronel Teotônio.

Leôncio permaneceu calado, enquanto o dono da venda pegava a mercadoria e continuava a falar:

– O coronel Matias tem algo que não aprovo: quando chega no momento do voto, ele envia seus capangas para fiscalizar os votos dos colonos. Para mim, isso é um absurdo.

Leôncio respondeu com simplicidade:

– Sempre foi assim, e isso nunca mudará.

Crispim, que era fiel a Teotônio, completou:

– Sempre foi assim na fazenda do coronel Matias, mas com o coronel Teotônio as coisas são bem diferentes. Ele não abusa do poder, e nunca soube que houve fraudes da parte dele nas eleições. Trata-se de um homem honrado.

Leôncio permaneceu calado. Após experimentar o par de botinas, falou:

– Estas aqui ficaram boas, vou ficar com elas.

Crispim aproveitou para fazer uma defesa aberta a Teotônio:

– O coronel é homem de valor. Enquanto os capangas de Matias usam sapatos de corda, o coronel Teotônio dá botinas para os empregados.

Leôncio, que estava com os sapatos rasgados, calçou o par de botinas e ali mesmo na venda jogou os sapatos fora. Depois de pegar o grande embrulho, despediu-se de Crispim e colocou a encomenda na carroça, rumando em seguida para a fazenda.

CAPÍTULO 4

Libertação

Leôncio chegou com o grande pacote que Crispim fizera e entregou o valor da compra para a esposa do coronel. Como o moço não sabia ler nem escrever, não sabia o valor exato da compra, por isso permaneceu em silêncio.

Olinda, que ainda não havia visto Leôncio, ao deparar com ele sentiu o coração bater mais forte, ficando mais calada que o habitual.

Clementina ordenou:

– Olinda, tire as medidas de Leôncio e faça algumas calças e camisas para ele. Do que restar de fazenda, faça ceroulas também.

Havia na casa-grande um cômodo que se chamava sala de costura, e Olinda era quem cuidava das roupas dos patrões, principalmente em pregar botões nas camisas e calças do coronel.

A moça, olhando para Leôncio, falou:

– Venha, vou lhe tirar as medidas. Em poucos dias, suas roupas estarão prontas.

Leôncio sentiu-se acanhado por deixar Olinda tocar levemente seu corpo, porém manteve-se com os olhos baixos o tempo todo. Assim que as medidas foram tiradas, o rapaz pediu licença para a moça e se retirou, afinal estava exausto, sendo que não tivera um só momento de descanso.

Juca foi encarregado de levar o rapaz para a nova morada: era um pequeno quarto onde só havia uma velha cama e uma pequena mesa com uma cadeira. Mas Leôncio, ao olhar para o lugar onde passaria a morar, sentiu-se feliz, pois na fazenda do coronel Matias era obrigado a dividir uma pequena casa de pau a pique com mais três homens.

O rapaz pensou: "Ainda bem que de hoje em diante morarei sozinho; não serei obrigado a ouvir a conversa do Benedito, do Palmiro e do Chico...".

Juca levou para ele um travesseiro, um cobertor e roupas de cama.

Leôncio percebeu que o pequeno quarto estava sujo. Sendo assim, decidiu limpá-lo antes do merecido descanso. Olhando para o menino Juca, perguntou:

– Onde posso arrumar capim para fazer uma vassoura?

Juca respondeu:

– Vassoura é o que não falta no mato; se quiser, posso ir com você.

Os dois então saíram e foram buscar capim para fazer a vassoura. O chão era de terra batida, e as paredes, de madeira, porém o rapaz não se importou com a simplicidade do local. Varreu a casa e foi à casa-grande emprestar uma bacia e um jarro para colocar água, caso viesse a sentir sede.

Clementina, ao ficar sabendo o quanto o rapaz era limpo, elogiou-o a Almerinda.

– Esse rapaz é um bom sujeito. Mande Juca levar a janta para ele todas as noites. Durante o dia, Juca levará o almoço, e, quando fizer pão, dê-lhe também para que não sinta fome à noite. Você sabe o quanto é pesado o trabalho na roça.

Almerinda ajuntou com um sorriso:

– A senhora gostou mesmo desse rapaz, pois nunca a vi tão entusiasmada com ninguém.

– Conheço gente boa de longe – Clementina respondeu.

Almerinda, que também simpatizara com o rapaz, obedeceu com gosto as ordens da patroa.

Depois do pequeno quarto limpo, Leôncio perguntou a Juca:

– Onde poderei fazer minhas necessidades?

Juca, compreendendo que o rapaz se referia ao banheiro, explicou:

– Está falando da casinha?

Leôncio sorriu ao ver a simplicidade do rapazote e, meneando a cabeça em concordância, ficou esperando uma resposta.

Juca esclareceu que perto da casa-grande havia um banheiro que ninguém usava; ele poderia usar.

Leôncio ficou satisfeito em saber que nada lhe faltaria na fazenda de seu novo patrão.

No dia seguinte, Leôncio acordou perto das quatro da manhã e foi até o terreiro esperar as ordens de Belarmino, o administrador da fazenda.

Ao chegar lá, não viu ninguém e, por um momento, sentiu vontade de voltar ao pequeno quarto, porém decidiu esperar que alguém aparecesse.

A noite ainda estava alta, e foi somente quando o dia clareava que Belarmino apareceu junto com os homens que trabalhariam no cafezal. O administrador da fazenda, ao ver Leôncio sentado na pequena mureta do terreiro de café, perguntou com curiosidade:

– Você dormiu no terreiro de café?

– Não, senhor; estou aqui desde o primeiro canto do galo.

Belarmino sabia que o cantar do galo era quase no final da madrugada. Sendo assim, comentou:

– O coronel Teotônio não manda os caboclos para o cafezal tão cedo, mesmo porque está escuro para a colheita.

Leôncio timidamente respondeu:

– Segui as ordens do coronel Matias... Lá se levanta com o primeiro cantar do galo.

Belarmino, assustado com o que ouvia, disse:

– Mas aqui não é a fazenda do coronel Matias.

Leôncio baixou a cabeça e, sentindo-se envergonhado, nada respondeu. Belarmino continuou:

– Você está morando no quarto que era do velho Firmino, não é?

– Quem morava lá eu não sei não, senhor.

Depois de alguns minutos, Belarmino perguntou:

– Mas você não vai tomar café?

Leôncio, com voz quase sumida, tornou:

– Onde estou morando não tem lugar para fazer fogão. Estava pensando em fazer um fogão de lenha do lado de fora do quarto.

Belarmino sentiu pena do rapaz, de modo que acrescentou:

– Aqui na fazenda do coronel Teotônio ninguém vai para o cafezal com fome, portanto vá até a cozinha e peça a Almerinda que lhe sirva café com leite e pão.

Leôncio estava estranhando a atitude bondosa de Belarmino, porém decidiu seguir as orientações que lhe foram dadas. Ao chegar à cozinha, o rapaz encontrou Almerinda terminando de preparar o café. Um pouco sem jeito, ele perguntou:

– Dona Almerinda, o Belarmino mandou que eu viesse até aqui para tomar café, pois como sabe em minha casa não há fogão e também não tenho mantimentos.

Almerinda respondeu:

– Não se preocupe com isso, pois dona Clementina deu ordens para que tomasse café na casa-grande e para que, todas as noites, Juca levasse a janta para você. Quanto ao almoço, Juca também levará para você no cafezal.

Leôncio nada disse. Viu a mulher despejar café e leite em uma caneca e lhe entregar um grande pedaço de pão que ela havia feito na noite anterior. O rapaz pegou a caneca e o pão, e foi sentar-se lá fora para fazer o desjejum.

Almerinda nada disse, procurando deixar o rapaz à vontade.

Assim que terminou o desjejum, Leôncio levantou-se e foi à cozinha, entregando a caneca à cozinheira, que, por um momento, sentiu pena daquele pobre sujeito.

Leôncio voltou ao terreiro de café e viu Belarmino se aproximando.

– Seu Belarmino, posso ir ao cafezal agora? – indagou.

Belarmino soltou uma gargalhada ao ouvir a maneira como o rapaz o chamara. Contendo-se, respondeu:

– Não me chame de seu Belarmino; antes, me chame apenas de Belarmino, pois aqui o único que chamamos de senhor é o coronel Teotônio.

Leôncio sentiu o rosto corar e, baixando os olhos, repetiu:

– Posso ir ao cafezal agora?

Belarmino pensou por alguns instantes, depois falou:

– Já cuidou de gado antes?

– Sim, senhor.

Belarmino voltou a dizer:

– Não me chame de senhor, pode me chamar de você.

O rapaz sentiu novamente o rosto corar e em poucas palavras explicou:

– Na fazenda do coronel Matias, eu fazia de tudo um pouco: cuidava do gado, ia ao cafezal, ia à vila; enfim, fazia tudo o que me mandavam.

– Ótimo. Hoje você irá ao cafezal, mas depois veremos uma outra função para você.

Pela primeira vez, Leôncio atreveu-se a fazer uma pergunta:

– Mas o coronel não me contratou para ir ao cafezal?

– Sim. Porém, temos pessoal sobrando na colheita, portanto acho que o coronel lhe dará uma nova incumbência.

Leôncio ficou sem entender nada do que acontecia, e refletiu: "Por que o coronel me contratou se ele não está precisando de mão de obra?". O rapaz acompanhou os demais ao cafezal e, chegando lá, logo se entregou ao trabalho sem pensar em mais nada.

Naquela manhã, o coronel acordou cedo e, após tomar seu desjejum, decidiu procurar Belarmino. Assim que começou a ver alguns homens esparramando os grãos no terreiro, aproximou-se do administrador.

– Onde você colocou o rapaz para trabalhar?

Belarmino respondeu com simplicidade:

– Mandei-o ao cafezal.

Teotônio refletiu por um momento.

– Vou até o cafezal para ver se o caboclo é bom de lida – decidiu.

Belarmino ajuntou:

– Pelo jeito, trata-se de um homem trabalhador, pois ele se levantou no primeiro canto do galo.

– Melhor assim... pois eu só o contratei porque sabia que o infeliz não tinha onde ficar.

– O coronel Matias é um homem sem coração; jogou na estrada um rapaz que nasceu em sua fazenda sem se preocupar com a sorte do pobre coitado – comentou Belarmino.

– Matias é um homem desprezível... Por isso eu o odeio tanto.

Belarmino percebeu então que não era só por causa de política que Teotônio não gostava de Matias; era, principalmente, devido às suas atitudes.

O coronel se afastou e mandou que selassem seu cavalo a fim de ir ao cafezal. Ao chegar lá, procurou por Ondino, o homem que cuidava dos trabalhadores na lavoura, e logo ficou sabendo que Leôncio estava mais à frente dos outros.

Teotônio perguntou:

– Ondino, o rapaz é bom de lida?

O homem, sem demora, respondeu:

– Ele é mais ligeiro que os outros e não deixa nenhum grão no pé; é trabalhador que só vendo.

Teotônio sorriu satisfeito em saber que havia feito uma boa contratação. Aproximou-se de Leôncio e ficou observando a maneira rápida de o rapaz trabalhar, pois ele passava a mão e tirava todos os grãos com rapidez. O coronel pensou: "Vou ficar de olho no rapaz por alguns dias; se ele for realmente trabalhador como parece ser, vou tirá-lo do cafezal e colocá-lo para cuidar do gado e fazer alguns serviços na vila".

Depois de algum tempo, o coronel voltou ao terreiro, pois para ele o que estava sendo esparramado por lá era um verdadeiro tesouro.

E assim o dia transcorreu tranquilamente, pois naquele ano a produção do coronel Teotônio fora a maior de todos os tempos.

Leôncio não compreendia por que o coronel o tinha contratado se havia pessoas demais no cafezal, porém decidiu não pensar mais no assunto e, à medida que o tempo foi passando, o rapaz conquistou a amizade de todos os empregados da fazenda.

Quando a colheita acabou, o coronel o colocou para cuidar do gado.

Leôncio era um rapaz pacífico e obediente. Vez por outra o coronel o mandava à vila para buscar algumas coisas e, tempos depois, passou a levá-lo para a comercialização de seus produtos.

Leôncio gostava de trabalhar para o coronel Teotônio, pois ele o tratava como ser humano e não tinha a arrogância de Matias.

Quem não gostou de saber que Leôncio estava trabalhando para Teotônio foi Matias, que teve a audácia de mandar uma missiva dizendo que faria uma visita a Teotônio.

Assim que leu a missiva, Teotônio ficou enraivecido, afinal nunca havia tomado aquele tipo de liberdade com Matias. Com raiva, disse à esposa:

– Matias teve a petulância de me mandar uma missiva dizendo que virá aqui em nossa casa esta noite.

Assustada, Clementina indagou:

– Mas o que esse infeliz quer em nossa casa?

Descontente, e quase aos berros, o coronel tornou:

– Como vou saber, mulher? Ele não mencionou o motivo da visita.

Clementina, ignorando a resposta malcriada do marido, continuou:

– Você respondeu à missiva do coronel Matias?

– Ainda não, mas vou lhe mandar outra missiva perguntando o motivo da visita. Afinal, ele nunca foi meu amigo!

– Faça isso – falou Clementina, também intrigada com a missiva de Matias.

Juca foi incumbido de levar a missiva de resposta ao coronel Matias, que respondeu com insolência:

– Diga a seu patrão que vou para tratar de negócios...

Juca, ao ouvir as palavras do coronel, saiu imediatamente a fim de levar o recado verbal a Teotônio.

Ao ouvir o recado que Juca trouxera, Teotônio vociferou:

– Não tenho negócio algum para tratar com aquele infeliz! Não vou recebê-lo em minha casa.

Clementina, ao ouvir as palavras do marido, disse de maneira ponderada:

– Você só saberá o que Matias quer se recebê-lo em nossa casa; caso contrário, ficará sempre na dúvida.

Teotônio pensou por alguns instantes e então falou:

– Você está certa; ele só entrará nesta casa uma única vez.

Com isso, o coronel Teotônio escreveu outra missiva informando o horário que Matias deveria chegar em sua casa.

O dia transcorreu normalmente, porém a cabeça de Teotônio girava como um redemoinho ao pensar que Matias iria até ali naquela noite.

Enfim, o horário estipulado para Matias ir à fazenda de Teotônio chegou, e o coronel mal-afamado fez questão de aparecer pontualmente.

Ao chegar, encontrou o coronel esperando na varanda, e Matias, ao ver a prosperidade de Teotônio, sentiu-se incomodado.

– Bonita a fazenda do amigo – foi logo dizendo.

Teotônio, percebendo a falsidade de Matias, respondeu com grosseria:

– Deixe de conversa e vamos logo ao assunto. Afinal de contas, nunca fomos amigos.

Matias sentiu o sangue ferver, porém controlou-se na resposta, indo direto ao assunto:

– O que me traz aqui nesta noite é Leôncio, um rapaz que você contratou tempos atrás.

Teotônio, com sua língua ferina, retrucou:

– O rapaz que você jogou na estrada para virar andarilho?

– O que fiz ou deixei de fazer é problema meu; estou aqui porque quero meu empregado de volta – Matias esclareceu.

Teotônio, já quase gritando, replicou:

– Quando você dispensou o rapaz, não pensou que ele não tinha para onde ir. Graças a Deus, ele veio me pedir emprego, e é um dos melhores homens que tenho em minha fazenda.

Matias, perdendo a paciência, falou:

– Quanto você quer para liberar o rapaz?

Teotônio desatou a rir sem pudor.

– Graças a Deus não preciso de dinheiro, e o rapaz continuará a trabalhar para mim.

Matias, perdendo de uma vez a paciência, respondeu:

– Não quero saber; vim buscar Leôncio e ponto-final.

Teotônio refletiu por um momento antes de responder:

– Vou mandar chamar o rapaz. Se ele quiser voltar a trabalhar para você, aí é com ele.

Teotônio, aos berros, chamou por Juca, que prontamente apareceu na sala.

– Vá chamar Leôncio. Diga que o coronel Matias está aqui para levá-lo de volta a sua fazenda.

Juca fez o que o patrão havia ordenado. Saiu correndo para chamar Leôncio, que se encontrava jantando.

Assim que foi informado de que Matias o queria de volta, Leôncio resolveu ir conversar com os dois coronéis imediatamente.

Ao entrar na casa-grande, Clementina foi logo dizendo:

– Matias quer levá-lo de volta a sua fazenda. Você quer ir?

– Não vou voltar, dona Clementina, pois quando ele me despediu não pensou que eu não tinha aonde ir.

Clementina comentou sorrindo:

– Não esperava outra coisa de você, meu filho.

Leôncio, emocionado, continuou:

– Dona Clementina, uma coisa que meu pai me ensinou é que um homem deve ter brios, e para a fazenda do coronel Matias eu não volto nem amarrado.

Clementina apressou o rapaz para que se apresentasse aos dois coronéis, o que Leôncio fez com rapidez.

Ao entrar na sala da casa-grande, o rapaz, chapéu nas mãos, encontrou os dois coronéis sentados um em frente ao outro, e foi Teotônio quem disse:

– Leôncio, o coronel Matias o quer de volta como empregado de sua fazenda. Como você é um homem e não posso decidir por você, deixei que escolhesse.

Matias, esboçando um falso sorriso, disse:

– Se voltar a trabalhar para mim, ganhará duas vezes mais e morará sozinho.

Leôncio, olhando para Teotônio permaneceu em silêncio por alguns instantes antes de se manifestar:

– O coronel Matias há de me perdoar, mas eu não vou voltar a trabalhar para o senhor. Estou feliz trabalhando para o coronel Teotônio.

Teotônio esboçou um sorriso irônico para Matias, que insistiu:

– Se você voltar, eu o colocarei como administrador de minha fazenda.

Leôncio tornou:

– O coronel há de me perdoar, mas um homem deve ter brios. Quando o senhor me expulsou de sua fazenda, não se preocupou com meu bem-estar. Acreditou nas mentiras de Bento, e eu passei uma noite inteira andando a esmo pela estrada sem saber para onde ir. Agora o senhor me quer de volta?

Matias retrucou:

– Mandarei Bento embora amanhã mesmo, e você assumirá o lugar dele.

Leôncio gostava imensamente do coronel Teotônio. Mesmo sabendo que ele era grosseiro, tinha ciência de que o coronel possuía um bom coração. Reforçando sua convicção, respondeu:

– Agradeço sua oferta, mas não voltarei com o senhor; gosto de trabalhar para o coronel Teotônio.

Indignado, Matias retrucou:

– Ingrato! Você nasceu em minha fazenda, seus pais morreram e foram enterrados em minha fazenda, e agora você me lança esses desaforos?

Teotônio sorria satisfeito com a resposta de Leôncio e, olhando para Matias, disse com ironia:

– Não sou eu quem o está impedindo. A decisão foi dele, que por sinal mostrou ter mais caráter que seu ex-patrão.

Matias passou a gritar:

– Você o influenciou de alguma maneira; sempre soube que não prestava, Teotônio, mas jamais imaginei que fosse descer tão baixo.

Irritado, Teotônio começou a berrar:

– Matias, você está em minha casa, e aqui quem manda sou eu; portanto, não permito ouvir desaforos dentro do meu lar.

Matias olhou com raiva para Leôncio.

– Um dia você vai precisar de mim, pode me aguardar. Vingança é um prato que se come frio e bem devagar, para que o sabor seja mais prazeroso...

Leôncio olhou para Teotônio, que falou:

– Leôncio, volte a seu descanso e não se importe com as ameaças deste infeliz!

Leôncio saiu sorrateiramente da sala e não ouviu quando Teotônio disse em alto e bom tom:

– O seu tempo de visita acabou; agora peço licença para descansar, pois hoje meu dia foi muito puxado.

Indignado, Matias vociferou:

– Nunca fui enxotado da casa de ninguém. Sou um homem respeitado, e quem não quer mais ficar neste pardieiro sou eu!

Nesse momento, Matias levantou-se e, sem olhar para trás, já ia saindo, quando Teotônio gritou:

– Você só esqueceu que esse pardieiro dá duas da sua fazenda, seu infeliz!

Matias, olhando para trás, gritou:

– Vou acabar com você nas urnas! Lá você verá que mexeu em vespeiro!

Teotônio soltou uma gargalhada, vendo quando Matias desceu rapidamente as escadas e montou em seu cavalo, saindo em disparada.

Assim que Matias saiu, Teotônio soltou uma gargalhada. Nesse momento, Clementina entrou na sala assustada.

– Teotônio, que gritaria é essa?

Matias, ainda gargalhando, passou a contar o que havia acontecido e arrematou a conversa dizendo:

– O infeliz saiu daqui com o rabo entre as pernas.

Preocupada, Clementina comentou:

– Matias não é homem de levar desaforos para casa. Aguarde, pois isso terá uma resposta.

Sem se preocupar, o coronel disse à esposa:

– Que mal ele poderá me fazer? Matar-me? Ele jamais faria isso, pois sou o coronel mais rico dessas redondezas. – Teotônio sentia-se vitorioso naquela situação, de modo que continuou: – Matias nunca encontrou um homem que o peitasse da maneira que fiz; ele sempre foi um cão de ladrar por trás, mas na frente ele não passa de um covarde. Tina, sou um homem, e comigo não há meias palavras. Embora, é claro, não contarei a ninguém que esse maldito foi escorraçado de minha casa.

Clementina, olhando para o marido, advertiu:

– É bom tomar cuidado. Matias é um homem traiçoeiro, não se esqueça disso.

Nesse momento, Teotônio parou de rir, porém acrescentou:

– Matias não presta, e isto não é novidade para ninguém. Portanto, não tenho medo de suas ameaças. – Cansado da conversa, Teotônio falou: – Mulher, vamos dormir, pois estou cansado e amanhã terei de ir à vila vender os grãos de café.

Clementina prontamente o obedeceu e, assim que se deitaram, a esposa comentou:

– Teotônio, quando Alice voltará para casa?

O homem pensou por um tempo e respondeu:

– Pretendo deixá-la na capital até que termine seus estudos.

Não aguentando mais a situação, Clementina levantou-se e tirou uma carta da gaveta, entregando-a ao marido, que, devido à pouca luz, teve dificuldade em ler. Aos poucos, foi lendo a carta em voz alta:

"Mamãe, não aguento mais ficar neste colégio. As professoras são severas, e a comida é horrível; já emagreci tanto que minhas roupas estão folgadas no meu corpo. Sinto saudade de casa, do meu cachorro Leão, do leite quente fumegando na leiteira, das conversas de Almerinda, até das brigas da senhora com Juca. Meu pai está bem? Sinto saudade dele também, gritando pela casa, das brigas com o coronel Matias, enfim, sinto saudade de tudo e de todos. Todas as noites eu choro de saudade de vocês, e não compreendo por que papai me enviou a este lugar, mesmo sabendo que eu não queria vir. Durante todo esse tempo, só fiz uma amizade aqui no colégio: a moça se chama Maria do Carmo

e é filha de um juiz. Somos excluídas, e isto me faz sentir muito mal. Por favor, minha mãe, diga a meu pai que me tire daqui, pois não posso mais com esta situação. Papai é turrão, nós sabemos muito bem disso, mas já tenho conhecimento suficiente para dar aulas na fazenda, como ele quer. Às vezes, penso que devo pegar este diploma para acalmar o coração do meu pai, mas meu coração grita em desespero por estar longe de vocês. Mande lembranças minhas a papai e a todos aí de casa. Com carinho, Alice."

Teotônio, após ler a carta da filha, sentiu uma lágrima banhar-lhe o rosto e, assim, falou em tom embargado pela emoção:

– Pensa que gosto de ver nossa filha longe de casa? Mas toda moça de família deve ser professora, e ela só voltará no final do ano, assim que se diplomar.

Clementina, percebendo que o marido não voltaria atrás, comentou:

– A pobrezinha está sofrendo, e você pouco se importa com isso.

Teotônio, levantando-se da cama, respondeu:

– Não seja tão injusta comigo. Sinto falta de nossa filha, mas ela logo terminará o colégio e vai se diplomar professora. Esse sempre foi meu desejo. E ela aguentou todo esse tempo; jamais permitirei agora que, na reta final para pegar o tão sonhado diploma, ela desista. Alice sempre foi uma menina mimada, e a culpa é sua. Não é porque ela diz chorar todas as noites que eu vou tirá-la do colégio.

Clementina sabia que, quando o marido colocava algo na cabeça, ninguém tirava. Sendo assim, disse ressentida:

– Está bem, Teotônio, faça como quiser. Meu pai fez a mesma coisa comigo: eu me diplomei professora e hoje esse diploma para mim não serve de nada.

Irritado, o coronel retrucou:

– Esse diploma pode não lhe servir de nada, mas pelo menos tenho orgulho em dizer que minha esposa é professora. Se Deus tivesse me dado um filho macho, ele teria que ser bacharel em Direito. Sempre tive esse sonho, mas infelizmente não pude ser, pois quando era jovem mal tinha como sobreviver e, graças a meu esforço e trabalho, consegui conquistar tudo o que tenho.

Clementina, que já conhecia bem aquela história, resumiu a conversa:

– Não precisa falar mais nada; já está decidido que Alice só virá no final do ano. Não estou pedindo mais nada.

Teotônio tinha a mania de ficar repetindo as mesmas coisas quando se sentia acuado, por isso repetiu:

– Tina, compreenda: eu quero o bem de nossa filha e agora falta pouco para ela voltar para casa com um diploma de professora na mão. Não me faça sentir culpado por apenas querer o bem de nossa menina.

Irritada, Clementina disse:

– Coronel Teotônio, por favor, vamos esquecer essa prosa e dormir, pois estou cansada!

Teotônio sabia que, quando Clementina o chamava de coronel, era por estar demasiadamente descontente com ele. Por isso, decidiu virar para o lado e ficar quieto até o sono chegar.

Embora Teotônio estivesse quieto, sua cabeça não parava de pensar em Alice, pois seu coração de pai não via a hora de abraçar a filha única. Mas pensar que ela poderia alfabetizar as crianças dos colonos o fazia pensar nos votos que teria quando precisasse. E foi pensando dessa maneira que enfim, vencido pelo cansaço, o coronel dormiu um sono tranquilo e sem sonhos.

Matias saiu da casa de Teotônio sentindo verdadeiro ódio em seu coração.

– Maldito! Ele me escorraçou de sua casa, mas isso não vai ficar assim, ou não me chamo Matias Azevedo do Amaral.

Matias, além de não ser um bom patrão para os colonos, tinha outro grave defeito: não perdoava ofensa alguma. Por isso, pensou: "Juro por Deus que está no céu que Teotônio vai pagar muito caro pela desfeita que me fez!" E, quanto mais raiva sentia, mais surrava o cavalo, pois de sua cabeça não saía o riso irônico de Teotônio.

Ao chegar em casa, Matias entrou gritando pela esposa:

– Maria, chame o moleque Malaquias para que venha aqui.

Maria era uma mulher passiva e calada, de modo que obedeceu prontamente a ordem do marido, sem fazer qualquer indagação. Ao contrário de Teotônio, Matias não tinha o costume de conversar com a esposa, a não ser para lhe dar ordens. Para o coronel Matias, sua esposa era inútil, pois, segundo dizia:

– Casei-me para ter filhos e nem para isso esta criatura serviu...

Dona Maria era querida pelos colonos, pois, se algum deles ficava doente, ela prontamente fazia uma visita, e, se alguém precisasse de roupas ou comida, ela ajudava escondido do marido. Não era incomum alguém dizer:

– Dona Maria é uma santa; não sei como aguenta esse capeta do coronel Matias!

Mas dona Maria continuava a temer o marido e a se transformar quando ele estava por perto.

Filomena, a cozinheira de dona Maria, certo dia comentou:

– Dona Maria, a senhora é uma mulher tão boa, porém o coronel Matias não lhe dá o devido valor.

A mulher, com sofreguidão, olhou para a boa amiga e comentou:

– Isso é o que se chama casamento; enquanto os homens olharem para nós como seres inferiores, as coisas serão sempre assim.

Revoltada, a cozinheira respondeu:

– Mas não são todos os homens que veem as mulheres como seres inferiores. Altino não faz isso comigo, pois, se o fizer, ele sabe que panelas voam na cabeça dele.

Sorrindo, dona Maria continuou:

– Os homens são prepotentes quando têm dinheiro e poder. Matias pensa que só porque ele tem dinheiro e o título de coronel, ele é soberano; porém, se esquece de que metade da fortuna me veio como herança. – A pobre mulher, olhando para Filomena, disse com resignação: – A vida é assim; quando não há remédio, remediado está.

Filomena, indignada, continuou:

– O problema é que a senhora é muito mansa, pois se fosse comigo a história seria bem diferente.

Dona Maria, com lágrimas nos olhos, falou:

– Não adianta brigar, pois os homens sempre têm razão e, além do mais, eu não fui uma boa mulher, pois nem filhos eu dei a ele. Talvez seja por isso que ele me trate dessa maneira.

A cozinheira, discordando da patroa, respondeu:

– O coronel a culpa por não lhe dar filhos, mas já parou para pensar que talvez ele seja o problema? – Dona Maria, esboçando um triste sorriso, nada disse, enquanto a cozinheira continuou: – A senhora sabe de suas traições, principalmente quando vai à capital. Lembra a madame Salomé, que ele trouxe para ficar uns tempos aqui na fazenda? Pois bem: na verdade ela era sua amante. Por que ela não engravidou? Como é sabido por todos, ele a trai com qualquer rameira que aparece na frente, mas nunca houve um só relato de gravidez.

Dona Maria, ao lembrar das traições do marido, ficou ainda mais triste, pois quando se casara com Matias ela tinha sincera afeição por ele. Porém, com o passar do tempo, a afeição acabara, diante de tantas mágoas e ofensas. Pensar nas traições do marido doía-lhe como um espinho sendo enfiado em sua carne, de modo que disse em voz baixa:

– Matias errou muito, mas agora não tenho o que fazer, a não ser aceitar esse destino desditoso que a vida me impôs.

Filomena, percebendo que a patroa já estava por demais emocionada, tentou contemporizar a situação:

– Não fique triste, dona Maria, pois, como meu pai sempre dizia, para tudo nesta vida há um começo e um fim; a senhora se casou, mas esse casamento não vai durar para sempre...

Dona Maria sentiu certo conforto nas palavras de Filomena, com isso ajuntou:

– Graças a Deus, o sofrimento não é eterno. – Neste momento, dona Maria mudou o rumo da conversa: – Filomena, hoje vamos preparar batatas assadas com lombo de porco e muita salada.

Filomena, percebendo o desgaste emocional da pobre mulher, decidiu mudar de assunto a fim de não aborrecê-la ainda mais.

Dona Maria passava a maior parte do tempo na cozinha, pois era o lugar de que mais gostava na casa, afinal, Filomena não era somente cozinheira, e sim uma amiga.

As duas mulheres prepararam o almoço, quando então Matias entrou em casa batendo os pés com firmeza no assoalho. Sentou-se à mesa, berrando:

– Maria, estou com fome! E, pelo que sei, não como pratos vazios.

Dona Maria, aterrorizada, respondeu:

– Matias, hoje você voltou um pouco mais cedo, portanto aguarde que já vou mandar servir o almoço.

Matias, que havia passado a noite em claro depois da ofensa de Teotônio, estava mais mal-humorado que o habitual. Ele gritou em resposta:

– Que diabos! Agora tenho que comer na hora que você quer? Ouça: você está aqui para me obedecer, e dentro da minha casa faço as refeições na hora em que bem entender.

Maria, trêmula, saiu da presença do coronel Matias e mandou que Filomena servisse rapidamente a refeição do marido.

Filomena ouviu com clareza as palavras do coronel, e naquele momento pensou: "Maldito! Tanta gente morre, e essa coisa ruim fica aqui para fazer a vida de todo mundo um inferno. Coitada de dona Maria... Não merecia passar por isso!" Ao saber que teria de servir rapidamente o almoço, a cozinheira pegou algumas tigelas e, com agilidade, dirigiu-se à sala de jantar.

Maria, com lágrimas nos olhos, disse:

– Obrigada, Filomena, ainda bem que tenho você.

A cozinheira estava de cenho fechado e nada respondeu à patroa.

Ao terminar de arrumar a mesa, ouviu do coronel Matias:

– Chame sua patroa para vir almoçar comigo. Odeio fazer minhas refeições sozinho.

Filomena deixou a sala prontamente e, em monossílabos, transmitiu as palavras do coronel.

Maria, ajeitando a saia, adentrou a sala de jantar, embora estivesse completamente sem apetite. Foi quando o marido começou a dizer:

– Para que uma mesa tão grande se a maioria das cadeiras ficam vazias? Sinto falta de filhos. Se tivéssemos tido filhos, nossa mesa seria mais alegre.

Maria estremeceu ao ouvir aquela conversa de novo. Sendo assim, preferiu ficar calada a fim de pôr um ponto-final em um assunto tão doloroso. O marido, percebendo o mutismo da mulher, passou a falar de outra coisa.

– Teotônio é um desgraçado. Você acredita que ele só faltou me pôr a pontapés de sua casa? Fui conversar com ele amigavelmente, mas ele, com sua ignorância, me insultou e ainda me convidou a sair.

Maria, ao ouvir, logo descobriu o motivo de tamanho mau humor, mas mesmo assim permaneceu calada. O marido, no entanto, irritou-se com o silêncio da esposa.

– Maria, você me parece invisível. Quando falo alguma coisa, você não diz nada, e anda pela casa como se fosse uma assombração!

Maria, munindo-se de coragem, respondeu:

– O que quer que eu diga? Se disser que não deveria ter ido à casa do coronel Teotônio, você vai ralhar comigo. Se eu disser que sua visita foi inoportuna, também. Sendo assim, prefiro me calar a ir contra suas palavras.

O coronel, tirando o guardanapo do colarinho, gritou:

– Então você acha que fiz mal em pedir meu empregado de volta àquele miserável?

Maria voltou a falar:

– Matias, compreenda: Leôncio já não é mais seu empregado desde que você o colocou daqui para fora.

Irritado, o coronel vociferou:

– Está do lado de Teotônio, não é isso?

Sem tentar contemporizar, Maria retrucou:

– Não estou do lado de ninguém; apenas estou tentando lhe mostrar que cometeu um grande erro quando mandou embora o rapaz que sempre foi muito querido por todos nós.

– Cale a boca! Não quero ouvir mais nada. Quer saber? É melhor que fique calada, pois quando fala me deixa ainda mais nervoso.

Maria obedeceu prontamente o marido e voltou a seu mutismo natural. Porém, olhando-a com raiva, Matias indagou:

– Por que se casou comigo? Pois uma mulher de verdade dá filhos ao marido, e nem para isso você foi capaz!

Maria continuou calada, embora lágrimas vertessem de seus olhos.

Querendo ferir a esposa ainda mais, Matias acrescentou:

– Qualquer homem que se preze, quando casa, quer ter filhos, e você é como uma árvore seca que não dá frutos. Como o padre Ananias falou, uma árvore seca deve ser lançada ao fogo. Acho que vou terminar esse maldito casamento e arrumar uma moça que possa me dar filhos.

Maria, não se contendo, respondeu:

– Já parou para pensar que talvez o problema não seja eu? Sei de suas escapulidas e dos muitos envolvimentos com mulheres pelas redondezas, e nenhuma delas lhe deu filhos.

Sem pensar, Matias esbofeteou Maria, que passou a chorar copiosamente.

– Sou homem e faço o que bem entender de minha vida. Você não é nada; é apenas uma mulher com quem me arrependi amargamente de ter casado.

Maria, estando no limite de sua ira, retrucou:

– Você perguntou por que me casei com você. Posso dizer que apenas obedeci às ordens de meu pai. Quanto a você, sei perfeitamente bem por que se casou comigo: porque sabia que eu seria a única herdeira destas terras, e graças a esse fato você se tornou coronel.

Matias ergueu a mão para esbofetear novamente a esposa, que gritou:

– Nunca mais faça isso! Não sou um de seus empregados, que o obedecem como a um cão. Quer saber? Da próxima vez que colocar a mão em mim, arrumarei minhas coisas e irei embora, e ainda reclamarei a herança de meu pai.

Matias sorriu sarcasticamente.

– Sou seu marido; ninguém vai lhe dar créditos, afinal, você é mulher.

– Sou mulher, mas sou tão capaz como qualquer homem, e saiba que de hoje em diante você não vai mais dormir em meu quarto e muito menos colocará as mãos em mim novamente. Se quiser, arrume alguma rameira para satisfazer suas necessidades, pois eu não me importo; para falar a verdade, sempre soube, mas nunca dei importância ao fato. Você não é nada para mim!

Naquele momento, Matias ficou sem palavras, pois jamais vira a esposa responder à altura suas ofensas.

– Você é minha mulher e vai me servir quando eu bem entender.

– Prefiro a morte a sentir esse mau cheiro que exala de sua pele e o fedor que vem de sua boca. Prefiro me trancar num convento a ter que me sujeitar a você de novo.

Sem pedir licença, Maria levantou-se e se retirou da mesa, enquanto Matias gritava:

– Volte aqui; não lhe dei permissão para sair da mesa.

Maria, lançando um sorriso atrevido para o marido, respondeu:

– De hoje em diante, você não tem nenhum poder sobre mim, pois o resto de respeito que eu tinha por você acabou naquele tapa.

Matias puxou a toalha de mesa e jogou tudo o que estava sobre ela no chão. Enquanto isso, pensou: "Tudo isso é culpa de Teotônio, mas ele vai me pagar caro... Não vai ser só nas urnas; vou arranjar um jeito de dar fim no infeliz sem deixar pistas de que fui o mandante".

Maria entrou na cozinha aos prantos, e Filomena, que havia ouvido a discussão, disse:

– Acalme-se, sinhá. Hoje a senhora se libertou do capeta! Vou lhe fazer um chá de camomila e depois a senhora vai se deitar a fim de descansar um pouco.

Maria, chorando, falou:

– Nunca pensei que um dia pudesse enfrentar Matias, mas sinto que alguma coisa mudou dentro de mim, pois estamos casados há treze anos e eu nunca havia levantado a voz para ele; mas de hoje em diante não vou permitir que ele me trate como um peão da fazenda. Cheguei ao meu limite.

Filomena sentia-se feliz com a atitude de Maria.

– Meu pai sempre dizia que para tudo havia um tempo destinado por Deus: tempo para plantar e tempo para colher, tempo para calar e tempo para falar...

O momento de a senhora falar chegou, e confesso que o patrão não vai mais se meter a besta com a senhora, pois ele viu que a senhora não é tão boba como ele pensou.

Maria, com os olhos marejados, fitou Filomena e disse resoluta:

– Não permitirei mais que Matias me humilhe, pois de hoje em diante me portarei como a dona desta casa. Afinal, esta casa é minha mesmo; meu pai me deixou como herança.

Revoltado, Matias pegou seu cavalo e saiu a galope, indo diretamente para a casa de madame Clotilde, uma mulher da vida com quem o coronel mantinha relações esporadicamente.

Ao chegar à velha casa, o cenho fechado, disse:

– Clotilde, estou cansado. Para completar, Maria me desafiou pela primeira vez na vida.

Madame Clotilde era uma cafetina que mantinha em sua casa algumas moças que se prostituíam para ganhar a vida. Era uma mulher de 42 anos, mas ainda mantinha a mesma beleza de outrora, porém só tinha relações com os homens ricos da região, e as moças atendiam o restante da clientela. Clotilde era também uma mulher ardilosa e completamente sem escrúpulos. Sorrindo, respondeu:

– Não dê atenção a sua esposa. Ela não sabe o homem maravilhoso que você é e desconhece suas qualidades. Vamos até meu quarto que vou acalmá-lo.

Desgostoso com a situação em casa, o coronel comentou:

– Não estou com cabeça para isso. O que preciso é de alguém que me ouça, pois no momento é disso que estou necessitando.

Clotilde, sorrindo cinicamente, falou:

– Como quiser. Estou aqui para ouvi-lo, mas cobrarei pelo serviço.

Matias, indignado com Clotilde, respondeu:

– Eu sempre soube que você era uma mercenária, mas jamais pensei que chegasse a tanto...

Madame Clotilde passou a mão pelo rosto do coronel.

– Para tudo há um preço nesta vida; nada sai inteiramente de graça.

Pela primeira vez, Matias sentiu aversão por aquela mulher.

– Você é insuportável quando quer...

A mulher, voltando a sorrir, replicou:

– Todo ser humano sabe ser insuportável quando quer. Pense um pouco: enquanto converso com você, perco a oportunidade de ganhar o pão de cada dia. Você acha isso justo?

Matias, levando a mão ao bolso, tirou um maço de notas e, separando algumas, perguntou:

– Isto basta para você?

Clotilde, sorrindo, respondeu:

– Gosto de você, porque sempre foi generoso comigo.

Matias pediu uma dose de aguardente e, depois de se acalmar, indagou:

– Clotilde, quando suas meninas ficam grávidas, o que você faz?

A mulher ficou séria ao falar:

– Se a gravidez estiver no início, eu as levo para uma abortadeira; porém, quando a gravidez já está adiantada, eu as mando embora, pois em minha casa não há espaço para crianças.

Matias se lembrou de Ana, uma moça que trabalhava com Clotilde.

– Foi por isso que Ana foi embora?

Clotilde, respirando profundamente, respondeu:

– Ana era uma bela rameira, mas ela se apaixonou por Fabrício e, quando engravidou, não quis tirar a criança. Com dor no coração, fui obrigada a mandá-la embora de minha casa.

O coronel coçou levemente a cabeça.

– Eu saí com várias de suas moças. Você sabe se alguma delas engravidou?

Sem saber o que se passava pela cabeça do coronel, a mulher respondeu:

– Não que eu saiba!

Neste instante, veio à mente de Matias as palavras de Maria: "Já parou para pensar que talvez o problema não seja eu? Sei de suas escapulidas e dos muitos envolvimentos com mulheres pelas redondezas, e nenhuma delas lhe deu filhos". Nervoso, o coronel disse bruscamente:

– Não tenho nada a fazer aqui e, além do mais, há muito trabalho na fazenda. Aproveite bem o dinheiro fácil que acabou de ganhar.

Madame Clotilde respondeu com um sorriso:

– Fique tranquilo; usarei bem o dinheiro.

Ainda mais irritado, o coronel colocou seu chapéu e saiu sem nem mesmo olhar para trás.

Enquanto galopava em seu cavalo, a mente de Matias rodopiava feito um redemoinho. Pela primeira vez, concebeu o pensamento: "Talvez Maria esteja certa. Eu nunca engravidei nenhuma mulher, quem sabe o problema não esteja mesmo comigo?". E, com os pensamentos em torvelinho, o coronel chegou à fazenda sem nem mesmo sentir a poeira da estrada.

Ao entrar no celeiro, perguntou a Bento:

– Quantas sacas de café já rendeu hoje?

Bento, percebendo que o coronel não estava de bom humor, falou:

– Já foram recolhidas vinte sacas de café.

Descontente, Matias ordenou:

– Faça com que os roceiros produzam mais, pois vou andar pelo cafezal ainda hoje e, se encontrar um grão de café no pé, vou mandar embora sem direito a nada!

Bento sabia que o coronel Matias não era nada piedoso, por isso montou em seu cavalo e foi andar pelo cafezal. Tinha ciência de que, na maioria das vezes, os roceiros deixavam nos pés alguns grãos maduros.

Matias, na verdade, não estava preocupado com as sacas de café, e sim por achar que era um "eunuco", incapaz de engravidar uma mulher. Ele pensava: "Sou um homem saudável e forte; certamente o problema não está comigo, mas sim com Maria".

E, tentando acalmar as ideias, continuou a pensar que o problema estivesse com a esposa, e não com ele.

Maria chorava sem parar, pois não lhe saía da mente a bofetada que levara de Matias. Com os olhos inchados, fitou-se no espelho e viu o quanto era bonita. Assim, decidiu:

– É um filho que Matias quer? Pois um filho terá! Vou me envolver com um peão da fazenda e engravidar. Ele terá um filho bastardo, pois isso é tudo o que ele merece.

Após tomar essa decisão, Maria chamou Filomena até o quarto e, chorando, passou a lhe contar sobre seus planos.

Filomena, ao ouvir as palavras da patroa, retrucou:

– Não faça isso, sinhá. A senhora não é rameira para se deitar com qualquer homem apenas para se vingar do coronel. Sabemos que o problema é dele, mas, se for para se deitar com qualquer peão da fazenda só para provar a ele que é capaz, estará se comportando como uma mulher da vida. Um filho deve ser feito com amor, e não como meio de se vingar de seu marido. Todos na fazenda gostam muito da senhora; não manche sua reputação por nada.

Maria pensou por alguns instantes, depois falou:

– Filomena, você está certa, mas uma coisa juro a você: se Matias morrer, rapidamente me casarei de novo.

Filomena respondeu:

– É assim que se pensa... Lave o rosto e enxugue as lágrimas, pois aquele maldito não merece nenhuma lágrima da senhora.

Maria fez o que Filomena sugeriu e, pensando no jantar, disse:

– Quando Matias entrar para jantar, deixe tudo preparado, pois eu não me sentarei mais com ele para fazer as refeições.

Filomena, preocupada, ponderou:

– Sinhá, o coronel vai virar uma onça se a senhora fizer isso!

– Pouco me importo com se ele vai gostar ou não; já não suporto mais olhar para ele.

Filomena, apesar da apreensão, acabou por concordar com a patroa.

– O que faço para o jantar? – perguntou a cozinheira e amiga.

– Faça pernil com batatas e muita salada, e como sobremesa faça arroz-doce.

Filomena saiu e, pela primeira vez, sentiu orgulho da patroa, que sempre recebera ofensas sem retrucar.

CAPÍTULO 5

O retorno de Alice

Teotônio conversava alegremente com Januário e Mariano sobre a proeza de mandar o coronel Matias embora de sua casa.

Mariano era o mais fervoroso e, gargalhando, comentou:

– Gostaria de ser uma mosca para ver a cara do coronel Matias...

Quanto mais gargalhadas tirava dos amigos, com mais entusiasmo o coronel narrava sua história. Porém, Januário disse com certa cautela:

– O amigo deixou o bicho atordoado, mas ainda não o matou. Pelo que conheço do Matias, ele não é homem de levar desaforos para casa.

Com seu jeito debochado, o coronel Teotônio respondeu:

– Agora posso ter apenas atordoado Matias, mas vou matar o bicho nas urnas.

Januário, como homem sensato que era, retrucou:

– Uma coisa é brigar nas urnas; outra coisa é brigar na vida. O amigo enfrentou o leão fora das urnas, portanto tome cuidado, pois ele poderá lhe aprontar alguma.

Mariano, que até aquele momento estava rindo, parou de rir e, com certa preocupação, acrescentou:

– Não é bom que o amigo saia sozinho, pois o coronel Matias é traiçoeiro feito uma serpente. Aconselho o amigo a sair sempre acompanhado e armado até os dentes.

Teotônio, sem dar muita importância, respondeu:

– Matias não é homem para tanto, e mesmo porque, se alguma coisa me acontecer, todos ficarão sabendo que foi ele, uma vez que Matias é o único inimigo que tenho por essas bandas.

Januário pensou por alguns instantes antes de dizer:

– Matias é um homem esperto. Ele saberá esconder qualquer rastro que possa deixar. E não se esqueça de que ele é um homem rico; o delegado de polícia o deixará acima de qualquer suspeita.

Teotônio, pela primeira vez, deu-se conta de que fora imprudente ao subestimar o coronel Matias.

– Os amigos têm razão, não posso dar as costas para Matias, pois ele poderá fazer qualquer coisa e jogar um de seus jagunços na cadeira para se safar, afinal, ele não tem escrúpulo algum.

Januário ajuntou:

– Tenho um homem em minha fazenda muito forte e que mexe com uma arma como ninguém. Se quiser, posso deixá-lo com você por algum tempo.

– Como chama esse homem? – perguntou Teotônio.

– O nome dele é Teodoro, muito obediente e fiel como um cão.

Teotônio relutou a princípio, mas depois decidiu aceitar. Não era bom ficar andando em suas terras sem proteção.

Logo as gargalhadas de Teotônio se transformaram em preocupação, de modo que disse a Januário:

– Por favor, traga logo esse rapaz aqui para que eu possa conhecê-lo.

Nesse instante, quem entrou com uma bandeja de café foi Clementina, que ouvira parte da conversa e, ao contrário de Maria, esposa de Matias, já adquirira certa liberdade de expressão. A mulher perguntou:

– Teotônio, você vai contratar outro rapaz para trabalhar na fazenda?

Foi Mariano quem respondeu:

– Não se trata disso, dona Clementina. Januário e eu achamos prudente o coronel se proteger de Matias, afinal ele é um homem perigoso como uma serpente.

Clementina, ao ouvir a conversa, acabou também por se preocupar, e argumentou:

– Teotônio, não vejo necessidade de tirar Teodoro da fazenda de Januário. Aqui temos Leôncio, que é forte e fiel.

Teotônio, com seu modo rude, concordou com a esposa.

– É isso o que estava tentando dizer a esses dois, mas eles acham que Matias poderá me armar uma tocaia.

Clementina sugeriu:

– Dê uma arma a Leôncio, pois, pelo que fiquei sabendo de Juca, ele atira como ninguém e, além do mais, preza muito a sua pessoa.

O coronel Teotônio, ao ouvir as palavras de Clementina, decidiu:

– Clementina tem razão. Não é preciso tirar o rapaz do trabalho para ficar a meu lado. Tenho Leôncio e, para minha sorte, ele odeia Matias tanto quanto eu.

Januário, sorrindo, concluiu a conversa:

– O amigo sabe: se precisar, é só falar, que no dia seguinte Teodoro estará aqui para ajudá-lo.

O coronel Teotônio, mudando os pensamentos, passou a falar de política, de modo que foi logo dizendo:

– Vou pedir ajuda a meu amigo Romão nessas eleições. Quando ele precisou de ajuda, eu lhe estendi a mão.

Januário completou:

– Romão é um grande homem e um grande amigo; tenho certeza de que poderá contar com ele.

– Romão é um grande homem e também um grande amigo; nunca me faltou, e não será agora que o fará – completou Teotônio.

Clementina comentou:

– Para Teotônio, é Deus no céu e Romão na Terra.

Teotônio, percebendo a ironia na voz da esposa, respondeu:

– Tina, agora me diga: qual foi o dia que Romão deixou de me ajudar nas eleições?

– Acho que quando ele era deputado estadual era mais presente, mas agora, como deputado federal, tem muitos compromissos. Além do mais, foi você mesmo que disse que está cada vez mais difícil falar com ele.

Teotônio, ignorando as palavras da esposa, disse:

– Galdério tem como obrigação ganhar estas eleições, mas para isso terá que falar a verdade, pois é preferível perder uma eleição dizendo a verdade a ganhar iludindo esses pobres-diabos.

– O coronel é o político mais honesto que conheci, pois sempre cumpriu com suas promessas, mesmo tendo que vender os bois dos seus pastos – disse Mariano.

Teotônio, entornando um gole de licor, respondeu:

– Um homem que se preze tem que ter palavra, pois que valor tem um homem que mente?

Os dois amigos do coronel concordaram com ele, e foi Januário quem disse:
– Já delongamos muito a nossa visita; está na hora de irmos embora.
Teotônio, com sua franqueza, brincou:
– Concordo plenamente com vocês. Pensei que teria de pedir para Clementina preparar uma bacia para que pudessem lavar os pés.
Mariano conhecia bem o lado debochado do amigo, e com isso ajuntou:
– Não precisamos só de bacia para lavar os pés; não se esqueça do pijama também...
Os três homens caíram na gargalhada, e nem mesmo Clementina conseguiu conter o riso.
Assim que os dois homens foram embora, no entanto, Clementina perguntou:
– Teotônio, por onde anda Fabrício? Ele não acompanha mais Januário e Mariano?
O coronel, sorrindo, tornou:
– Fabrício deve estar com Matias ouvindo suas lamentações de como foi enxotado de minha casa.
– Teotônio, o amigo Januário tem razão: acho bom amanhã mesmo você conversar com Leôncio e pedir que ele o acompanhe sempre em suas visitas pela fazenda.
Teotônio, levando a mão ao ombro da esposa, respondeu:
– Farei isso, minha querida, não se preocupe. Agora vamos dormir, porque amanhã quero ver como estão espalhando o café no terreiro. Alguns grãos não estão ficando completamente secos.

Leôncio era um rapaz trabalhador e muito respeitador em relação às mulheres da fazenda, porém sua beleza chamava a atenção das filhas dos colonos e, não raro, ele ficava sabendo por meio de Juca que alguma mocinha suspirava por ele.
Numa noite chuvosa, Juca foi levar o jantar para Leôncio, que estava deitado, olhando para o nada. Na tentativa de se esquivar da chuva, Juca entrou rapidamente, fazendo com que Leôncio levasse um susto com a entrada abrupta do rapaz. Depois, com um sorriso, comentou:

– Que susto! Pensei que fosse algum desconhecido.

Juca respondeu com raiva:

– Vim lhe trazer a janta. Almerinda não permitiu que eu esperasse a chuva passar para vir até sua casa.

Leôncio respondeu:

– Não estou com tanta fome assim; ela poderia esperar a chuva passar.

Juca, de cenho fechado, respondeu:

– Você é o queridinho dela.

– Não tenho muitas roupas, mas tenho uma camisa seca – sugeriu Leôncio, querendo mudar o rumo da conversa.

Juca olhou surpreso para o rapaz.

– Não precisa; voltarei para a casa-grande, e lá tenho roupas secas.

Leôncio, com seu jeito simples, tornou:

– Você não vai sair na chuva, portanto vista esta camisa para não ficar doente.

O rapazote obedeceu e rapidamente tirou a camisa molhada, vestindo uma de Leôncio. Este abriu a marmita, que estava enrolada em um pano, e perguntou a Juca:

– Você já jantou?

– Ainda não; primeiro Almerinda faz sua marmita e depois serve os patrões, e só depois eu janto.

Leôncio, observando a marmita, decidiu:

– Hoje você jantará comigo; dona Almerinda sempre manda muita comida.

– Desculpe, não posso aceitar, pois se Almerinda souber que eu comi da sua comida ela vai ralhar comigo.

– Não se preocupe com dona Almerinda. Se ela ralhar com você, conversarei com ela.

Juca, que estava com fome, não se fez de rogado. Após abrir um largo sorriso, esperou Leôncio dividir a comida.

Na casa de Leôncio, havia somente um prato, uma caneca e uma colher. O rapaz, sorrindo, colocou uma boa porção no prato e entregou a colher para que Juca jantasse. O rapazote, ao ver que Leôncio o olhava sem comer, perguntou:

– Você não vai jantar?

– Vou esperar você jantar, depois eu janto.

– Mas por que vai me esperar jantar? Por que não jantamos juntos?

Leôncio respondeu:

– Porque só tenho uma colher; portanto, jante primeiro que depois eu janto. Como disse, não estou com muita fome.

Juca observou Leôncio, curioso, e em sua simplicidade disse:

– Leôncio, você é um homem bom.

Intrigado, o rapaz olhou para Juca e falou:

– Juca, entenda uma coisa: ninguém é bom. Penso que, se fôssemos bons, estaríamos no céu, e não nesta terra de sofrimento.

Juca sorriu ao ouvir o comentário de Leôncio, e tratou de comer rapidamente a fim de entregar a colher a Leôncio.

Depois, Leôncio jantou e, nesse ínterim, a chuva passou. O rapaz lavou a marmita e a entregou a Juca, que partiu com rapidez.

Almerinda, ao ver o Juca entrando, disse irritada:

– Por que demorou tanto? Olinda e eu já jantamos; o seu prato está feito em cima do fogão.

Juca respondeu:

– Não vou jantar, pois comi com Leôncio.

Indignada, Almerinda falou:

– Como pôde ter coragem de jantar com Leôncio se a comida que mando é pouco para um homem daquele tamanho?

Juca contou toda a história para Almerinda, que, de cenho fechado, comentou:

– Esse rapaz é bom, pois, se fosse eu, teria mandado você embora para vir jantar em casa.

Juca, movido pelo ciúme, respondeu:

– Acho que vocês paparicam demais o Leôncio; ele é apenas um colono.

Almerinda, percebendo o ciúme do rapazote, tornou ironicamente:

– Acho que você está com ciúme de Leôncio.

Irritado, Juca respondeu:

– Nasci nesta fazenda e nunca ninguém me deu a atenção que estão dando a Leôncio, que chegou agora.

Almerinda, franzindo a testa, respondeu:

– Você nasceu aqui, porém tanto dona Clementina quanto o coronel o tratam como filho, tanto que querem que você conheça as letras quando Alice voltar como professora. Acaso lhe falta alguma coisa? Mora num quarto da casa-grande, e tudo que os patrões comem você também come. O que mais você quer? Leôncio, esse pobre rapaz, nasceu na fazenda do infeliz do Matias e, mesmo sendo bom moço, foi escorraçado como cão de suas terras. Nós gostamos de Leôncio por ser trabalhador e honesto, e, para dona Clementina, você é tratado como um filho.

Juca, ao pensar na atitude de Leôncio, sentiu-se envergonhado por ter sentido ciúme, de modo que disse:

– Leôncio é um bom rapaz.

Almerinda, percebendo que Juca compreendera plenamente aonde ela queria chegar, disse em tom autoritário:

– Agora vá se lavar e coloque roupas limpas; a camisa de Leôncio você deixa que Olinda lava amanhã.

Juca obedeceu prontamente. Almerinda ficou observando o rapaz se afastar rapidamente, sem nem mesmo olhar pra trás.

Sentada em uma cadeira, Almerinda começou a se lembrar do passado, de quando começara a trabalhar na casa do coronel Teotônio. Com tristeza, lembrou-se de Anastácia, uma negra sorridente que trabalhava como cozinheira na casa-grande. Anastácia era uma boa mulher, embora fosse casada com Sebastião, um homem rude e de péssimo caráter. Ela cozinhava muito bem e fora quem ensinara tudo sobre cozinha a Almerinda.

Depois de dois anos que Almerinda trabalhava para Clementina, a cozinheira engravidou, e quem não gostou foi Sebastião. Este surrava Anastácia com frequência, sendo que até mesmo o coronel chegara a chamar sua atenção sobre o fato.

Certa noite, Anastácia chegou em casa e Sebastião esperava a comida que sempre sobrava da casa-grande. Bêbado e com voz pastosa, ele disse:

– Cadê a comida?

– Tião, hoje não sobrou, vieram alguns convidados do coronel. Vou preparar sua janta.

O homem, revoltado, disse:

– Que janta? Arroz e feijão?

– Melhor isso que nada – respondeu Anastácia, pegando uma panela.

Sebastião, com ódio, avançou na mulher, passando a surrá-la. Anastácia, que estava com a panela em uma das mãos, acertou a cabeça do marido para se defender, e, num momento de ira, o homem pegou uma faca e começou a golpeá-la sem piedade.

Juca tinha apenas três anos e, chorando, saiu de casa, indo até a casa-grande.

Clementina, ao ver a criança chorando, preocupou-se com o fato de o menino estar sozinho àquela hora da noite. Chamou o coronel, e foram até a casa de Anastácia. Porém, já era tarde demais: a mulher estava morta, caída perto de uma lata de água.

Sebastião tentou fugir, porém o coronel mandou que seus homens fizessem uma varredura na fazenda e o achassem.

Os homens só o encontraram dois dias depois; ele estava escondido no mato, o que dificultara sua captura.

Sebastião estava sujo e faminto, e, assim que ficou diante do coronel, começou a tremer qual vara verde.

O enterro de Anastácia havia ocorrido no dia anterior, e o coronel, antes de levar Sebastião à chefatura de polícia da cidade, mandou que seus homens lhe dessem uma boa surra. O próprio coronel entregou Sebastião, que ficou preso sob acusação de assassinato.

Sebastião ficou preso por doze anos, porém nos últimos tempos ele dizia ver Anastácia. Segundo contava, ela dizia que iria se vingar, e, certo dia, logo depois do café, ele amarrou um lençol na grade da cela e acabou se enforcando.

Almerinda desde então ficara no lugar de Anastácia, e fora ela quem criara Juca. Seu amor pelo menino era amor de mãe, embora brigasse constantemente com ele.

Quando Juca tinha feito oito anos, Almerinda contara toda a história a ele, que em sua tenra idade mal compreendera a profundidade do drama.

Clementina aprendera também a amar Juca, apesar de achá-lo um menino demasiadamente peralta.

E foi com esses pensamentos que Almerinda enfim disse em voz alta:

– Se Juca soubesse o amor que tenho por ele, não sentiria ciúme de Leôncio. – Levando a mão à testa, como a afastar maus pensamentos, Almerinda acrescentou: – Talvez eu goste de Leôncio por sua história não ser tão diferente da de Juca.

A cozinheira levantou-se devagar e passou a limpar a cozinha.

Almerinda e Juca dormiam na casa-grande, uma vez que o coronel sabia que tanto a mulher como o menino não podiam morar sozinhos.

Juca, após se trocar, decidiu deitar-se a fim de dormir, mas, ao pensar em Leôncio, seus pensamentos rodopiavam feito um torvelinho. O rapazote não deixou de perceber que a comida mal dera para Leôncio e, mesmo assim, ele dividira a janta com ele. Com esses pensamentos, pensou: "Preciso deixar de implicar com Leôncio, ele é um bom homem, e Almerinda tem razão quando diz que tenho ciúme". Vencido pelo cansaço, enfim adormeceu, e seu sono foi tranquilo e sem sonhos.

Foi com alegria esfuziante que Clementina entrou com uma carta na mão e, sorrindo, disse a Almerinda:

– Dinda, nossa menina mandou-nos uma carta.

Almerinda, feliz, perguntou:

– O coronel já viu a carta?

– Certamente que sim; foi ele mesmo que me entregou. Ele foi à vila e pegou a missiva com o carteiro.

Almerinda, sem poder se conter, perguntou:

– O que está escrito na carta, dona Clementina?

A mulher, que já havia lido a carta por duas vezes, passou a ler em voz alta:

Papai e mamãe, as coisas no colégio estão indo bem, continuo tirando boas notas, mas as saudades de todos aí ainda me incomodam, por isso resolvi escrever essas poucas linhas para dizer o quanto os amo e respeito. O colégio é muito bom, tenho aprendido muitas coisas, principalmente artes, que afinal é a aula de que mais gosto. Para ser sincera, não gosto muito das refeições preparadas aqui, mas para não morrer de fome sou obrigada a comer a comida ruim que é feita. A única coisa boa nesse lugar foram as boas amizades que fiz, mas, para minha alegria, o curso está terminando e no próximo dia vinte de novembro estarei chegando em casa. Papai havia me dito que iria construir uma escola na fazenda; como andam as obras? Não vejo a hora de colocar em prática tudo o que aprendi aqui, e diga a papai para providenciar uma moldura bem bonita para que eu possa colocar o meu diploma na parede. Mas agora me fale como estão todos: Almerinda, Juca, Olinda? Diga a Dinda que não vejo a hora de comer feijão-branco com dobradinha, que só ela sabe fazer. Já estou com sono, por isso me des-

peço de todos com muitas saudades no coração. Não se esqueçam de que eu os amo muito. Com carinho, Alice.

Clementina tinha lágrimas nos olhos quando disse:
– Nossa menina estará voltando para casa em menos de um mês! Quando ela chegar, prepararemos somente os pratos de que ela gosta.

Almerinda sorriu, feliz em saber que a jovem Alice sentia sua falta. Com um largo sorriso, começou a falar o que prepararia no dia da chegada de Alice.

Naquele dia, Clementina sorria por tudo, e pouco implicou com as peripécias de Juca.

Naquela noite, Juca, ao levar a janta de Leôncio, comentou:
– A sinhazinha Alice está voltando para casa.

Intrigado, Leôncio perguntou:
– Quem é essa moça?

– Ara... Alice é a única filha do coronel e está na capital se formando professora.

Leôncio, ao saber da existência de Alice, não soube explicar o que sentiu, pois jamais soubera que o coronel tinha uma filha. Por alguns instantes, sentiu-se atordoado.

– Por que ficou tão calado, Leôncio? – perguntou Juca.

– Não fiquei calado, moleque. Apenas fiquei surpreso ao saber que o coronel tinha uma filha.

Juca continuou:
– Mas não é novidade para ninguém que o coronel tem essa filha; até o coronel Matias sabe disso.

Leôncio, ao pensar em Matias, resumiu a conversa:
– O coronel Matias nunca conversou comigo, a não ser para me despedir.

Juca, sentindo a compaixão tomar conta de seu coração, falou:
– O coronel Teotônio é um santo; ele conversa com todo mundo. Às vezes é bravo, mas o importante é que ele tem um bom coração.

Leôncio concordou com Juca, e acrescentou:
– Agradeço a Deus pelo fato de o coronel ter me despedido da fazenda.

Aquilo não era vida, pois para o coronel Matias os colonos não passam de escravos. Principalmente quando chega a época de eleição, ele vira um verdadeiro demônio.

Juca mudou o rumo da conversa, perguntando se ele gostava de cuidar do gado, e Leôncio passou a falar sobre o nascimento de dois bezerros que ele teve que ajudar a trazer ao mundo.

Juca ficou por mais algum tempo, depois disse que precisava voltar para a casa-grande, pois Almerinda já devia estar esperando por ele para jantar.

Assim que Juca saiu, Leôncio fico pensando em Alice, embora não soubesse nem mesmo como a moça era fisicamente. Em seu coração, sentiu algo indefinido e, com isso, jantou e deitou-se, a fim de levantar cedo no dia seguinte.

Um mês havia se passado desde que Clementina lera a carta de Alice, porém a ânsia de ver a filha era tanta, que a pobre mãe passava os dias sentada na varanda para ver se a filha chegava.

Teotônio, ao perceber que a esposa estava à espera da filha, disse com suas maneiras grosseiras:

– O que faz sentada o dia todo nessa cadeira de balanço? Alice logo voltará, mas não sabemos nem o dia nem a hora; portanto, cuide de seus afazeres e espere com calma.

Clementina, irritada com as palavras do marido, replicou:

– Para um pai é fácil ficar longe dos filhos, mas para mim é muito difícil ficar longe de minha filha.

– Ah, mulher, deixe de fazer drama! Nossa filha só está fora por uns tempos, ela não morreu.

– Vire essa boca pra lá, homem. Alice é tudo o que tenho.

Teotônio, percebendo que não iria demover a esposa do lugar, decidiu entrar para tomar o café da tarde. Com cenho fechado, voltou e perguntou:

– Você não vai tomar café comigo?

– Estou sem fome.

Teotônio entrou e, ao ser servido por Olinda, comentou:

– Sua patroa está lá fora olhando para o nada.

Olinda tornou:

– Dona Clementina sente saudade de Alice.
– E eu não sei disso? Mas acho que Tina está exagerando, afinal, nossa filha está estudando para se formar professora; não está morta.
– Credo em cruz, coronel, não fale assim!
Teotônio respondeu:
– Perdi a fome; vou só tomar uma xícara de café e voltar ao terreiro, pois lá não vejo Clementina com o olhar perdido na estrada.

Olinda nada mais disse, pois sabia que, para o coronel, falar algo desagradável era fácil. Sendo assim, serviu-o e esperou que ele tomasse o café em silêncio.

Os dias se passaram. De repente, em um deles, um carro apareceu na estrada, e Clementina ficou esperando a filha, sem sucesso.

Naquela manhã, o coronel, ao ver a esposa sentada no mesmo lugar, disse:
– Por que ficar olhando para a estrada se nossa filha vem de trem?
Clementina fixou o olhar no marido e respondeu:
– O trem passa na vila, e nossa filha terá que aparecer aqui de carro.
– Deixe de bobagem, mulher. Quando for o momento certo para nossa filha retornar, com certeza ela mandará uma missiva.

Irritada com a despreocupação do marido, Clementina respondeu:
– Na última carta que nossa filha mandou para nós, ela disse que voltaria em um mês, mas já faz quase um mês e meio, e nada de ela chegar.

Teotônio, sorrindo, falou:
– Talvez ela tenha preferido ficar na capital para se despedir das amigas.

Clementina, percebendo que não havia como dialogar com o marido, resolveu se calar, ainda irritada com sua despreocupação. Ao ver Teotônio descer devagar as escadarias da casa-grande, comentou:
– Amor verdadeiro, só de mãe, pois os pais pouco se importam com a ausência de um filho.

A mulher passou boa parte da manhã sentada na cadeira de balanço na varanda da casa, quando enfim resolveu entrar para ir à cozinha ajudar Almerinda. De súbito, ouviu um velho carro que se fez anunciar por meio de uma buzina rouca.

Clementina, ao ouvir a buzina, disse a Almerinda:

– Tenho certeza de que Teotônio convidou alguns de seus amigos para almoçar em casa e sequer nos avisou.

De repente, uma gritaria se fez, e as duas mulheres logo perceberam que era Alice quem havia chegado.

A moça entrou gritando:

– Mamãe, estou de volta, e desta vez é para ficar!

Clementina mal pôde acreditar que sua filha unigênita estava de volta, e com lágrimas nos olhos correu ao encontro dela, que estava parada no centro da sala.

Almerinda, ao ouvir a voz de Alice, esqueceu do almoço e correu também para abraçar a mocinha. Ela era uma jovem com pouco mais de dezoito anos, a tez branca combinando bem com os olhos verdes, e seus modos eram mais discretos, de modo que chamaram atenção da mãe, que foi logo perguntando:

– Alice, você está diferente. Emagreceu?

Alice respondeu:

– Mamãe, não tinha como comer a comida do internato, por isso emagreci bem uns dez quilos.

Teotônio, ao ficar sabendo que a filha voltara, entrou em casa satisfeito, e foi com alegria que indagou:

– E então, minha filha, conseguiu o diploma de professora?

A moça, abrindo uma pequena maleta, entregou o diploma ao pai, que todo orgulhoso leu em voz alta: Alice Carvalho Ferreira, diplomada em Licenciatura.

Clementina pouco se importava com o diploma da filha, alegrando-se somente com sua presença.

– Por onde anda Juca? – perguntou a moça.

Almerinda adiantou-se em responder:

– Juca continua o mesmo menino travesso de sempre; se não me engano, ele está na horta.

Alice, sorridente, falou:

– Almerinda, peça a Juca que venha me ver; estou com saudades dele.

Alice passou a falar com a mãe, relatando tudo o que havia visto na capital.

Almerinda interrompeu:

– E você, Alice, arranjou algum namoradinho na capital?

Alice soltou uma imensa gargalhada quando respondeu:

– Qual nada! Pouco podíamos sair do colégio, e as freiras estavam sempre junto conosco.

Clementina ajuntou:

– Elas são responsáveis pelas moças. Se algo acontecer, elas serão as culpadas; portanto, estão cobertas de razão em preservar a pureza das moças.

Alice continuou:

– Papai, o senhor já fez a escola?

– Minha filha, está quase pronta. Acredito que em dois meses você poderá começar a dar suas aulas.

Alice pensou por alguns instantes antes de dizer:

– Não quero dar aulas somente aos filhos dos colonos, mas a todos os que quiserem aprender a ler e a escrever.

Teotônio, satisfeito, foi logo dizendo:

– Isso mesmo, minha filha! Quero que ensine a todos os adultos que se interessarem pelas letras, não importa se são nossos colonos ou não.

Alice ficou satisfeita com as palavras do pai, mas, conhecendo-o bem, indagou:

– De certo isso será muito bom para suas campanhas, não é, meu pai?

Clementina gostou da alfinetada da filha. Sorrindo, falou:

– Vamos deixar esse assunto para depois. Agora venha. Vamos colocar suas coisas em seu quarto.

Alice refletiu por um momento e então perguntou:

– Onde está Ritinha?

Clementina se adiantou em responder:

– Desde que você foi embora, Ritinha passou a trabalhar no cafezal, juntamente com sua mãe.

Indignada, Alice disse:

– Como puderam fazer isso com ela? Ritinha é minha melhor amiga e sempre foi, portanto não quero que ela continue a trabalhar no cafezal. Diga a Juca para chamá-la, afinal, preciso de companhia.

Clementina tentou contemporizar a situação.

– Alice, quando você foi embora para estudar na capital, não tinha trabalho para a Ritinha aqui em casa. Foi então que seu pai teve a ideia de mandá-la para o cafezal.

Alice se revoltou:

– Mamãe, como a senhora pôde permitir uma coisa dessas? Ritinha sempre foi como uma irmã para mim e, mal viro as costas, a senhora permite que meu pai a mande ao cafezal?

Clementina olhou com severidade para Teotônio, permanecendo em silêncio. Depois de alguns segundos, Clementina voltou a dizer:

– Alice, venha. Vou ajudá-la a colocar as coisas no armário.

Alice sempre fora uma menina voluntariosa e, com voz alterada, falou:

– Não! Ritinha sempre me ajudou em tudo, e não quero que isso mude por nada.

Clementina percebeu que a filha havia mudado fisicamente, porém seu temperamento continuava o mesmo de sempre. Ela era uma moça bonita e mimada, tanto pela mãe como por Almerinda, e o coronel era um bom pai, porém costumava ser severo com ela.

Desanimada, Clementina dirigiu-se à cozinha e pediu que Olinda chamasse Juca. Em poucos minutos, Juca entrou.

– A senhora mandou me chamar? – perguntou.

– Sim – respondeu Clementina. – Vá ao cafezal e avise Ritinha para vir à casa-grande, pois Alice está querendo vê-la.

Juca, que sempre gostara de Alice como uma irmã, exclamou:

– Alice voltou, sinhá?

Clementina respondeu:

– Graças a Deus minha filha está em casa.

– Eu gostaria de vê-la antes de chamar Ritinha.

Clementina, não querendo desagradar a filha, manteve-se firme em suas ordens.

– Primeiro vá chamar Ritinha, depois você mata as saudades de Alice.

O coronel já havia voltado ao terreiro enquanto Juca, desapontado, decidiu obedecer a patroa.

Levou pouco mais de meia hora quando enfim Juca e Ritinha entraram na cozinha, e foi então que Clementina percebeu que havia cometido um grande erro em tê-la mandado ao cafezal. A moça emagrecera muito, e sua pele morena estava quase negra devido ao sol escaldante que enfrentara durante todo aquele tempo. Ao observá-la, Clementina exclamou:

– Cruz-credo! Como você está judiada, Ritinha.

A moça baixou os olhos.

– Trabalhar na lavoura não é fácil. Primeiro o coronel mandou que eu ajudasse na plantação de batatas, e depois Belarmino mandou-me para o cafezal.

Clementina não deixou de perceber que a moça estava com as roupas surradas e sujas. Portanto, decidiu:

– De hoje em diante, você voltará a ficar na casa-grande para fazer companhia a Alice.

Juca já havia contado que Alice voltara da capital, porém estava ressentida com a patroa por ter permitido que o coronel a enviasse à lavoura.

Clementina comentou:

– Quero que vá se lavar. Também vou arranjar vestidos novos para você. Só depois você verá Alice, que está no quarto, impaciente.

A moça obedeceu cegamente a patroa e, sem nada dizer, fez o que dona Clementina pediu, enquanto lhe providenciavam um vestido apropriado para a ocasião.

Depois de uma hora e meia, Ritinha estava pronta, e foi com alegria que Clementina levou a moça até a filha. A esposa do coronel entrou no quarto e viu Alice revirando o baú que trouxera da capital. Ao ver a amiga, a jovem sorriu.

– Ritinha, que saudades senti de você. Em todas as cartas que enviei, perguntei por você, mas a única resposta era que você estava bem. Sinceramente, não sabia que estava trabalhando no cafezal junto com os colonos. – Ritinha permaneceu calada, e Alice, com deboche, perguntou: – O que há com você, Ritinha? O gato comeu sua língua?

Ritinha, esboçando um triste sorriso, respondeu:

– Estou feliz em vê-la, só isso.

Alice não deixou de perceber o quanto Ritinha havia mudado nos últimos dois anos. Com isso, falou para a mãe:

– Por favor, mamãe, deixe-me sozinha com Ritinha. Temos muito que conversar.

Clementina logo percebeu que as duas moças queriam conversar sozinhas. Sendo assim, decidiu se retirar.

Ao se ver a sós com Ritinha, Alice não segurou sua língua ferina:

– Ritinha, por que meus pais a colocaram para trabalhar na lavoura?

Ritinha, ressentida, respondeu:

– Foi o coronel quem disse que eu era mais útil na lavoura que em casa, afinal, Almerinda e Olinda davam conta do serviço.

– Sabia que tinha dedo de meu pai nisso; por isso eles quase nunca falavam sobre você. Mas não se preocupe. Agora que estou de volta as coisas irão melhorar; você continuará como minha pajem e não abrirei mão disso!

Ritinha riu, satisfeita, mas, mudando de humor com rapidez, comentou:

– Há cinco meses um dos peões do coronel Matias começou a trabalhar com o seu pai. Você precisa ver como ele é lindo...

– Não vá me dizer que está apaixonada.

Ritinha, desanimada, continuou:

– Leôncio é lindo, mas ele não dá a mínima para nenhuma moça da colônia, ele é muito sério e só pensa em trabalhar.

Alice, desdenhando, respondeu:

– Ritinha, onde já se viu um colono bonito? Aposto que é um matuto que foge de tudo e de todos.

– É aí que você se engana. Leôncio é um rapaz bonito e educado, nem parece um colono.

Alice pensou por alguns instantes, então respondeu:

– Quero conhecer esse rapaz, afinal nunca a vi apaixonada antes.

– Troque-se e vamos dar umas voltas. Seu pai o colocou para cuidar do gado.

Alice, abrindo um largo sorriso, concordou.

– Vou me trocar e depois fazer um bom lanche. Só depois disso sairemos para passear na fazenda e ver o tal peão.

Ritinha riu, satisfeita. Enquanto trabalhava na lavoura, pouco via Leôncio. Sendo assim, esperou que Alice se lavasse, pois ainda estava empoeirada da estrada. Após se trocar, as duas moças desceram até a cozinha.

Alice, ao ver a mãe, disse:

– Mamãe, estou com fome. O que temos para comer?

– Minha filha, o almoço já está quase pronto, espere um pouco.

Alice, olhando para Almerinda, indagou:

– Dinda, o que fez para o almoço?

– Fiz frango frito com batatas e salada.

– Hum... estava com uma saudade da sua comida. – E, olhando para Ritinha, falou: – Deixemos o passeio para depois do almoço, pois a minha fome é maior que a vontade de passear.

Ritinha não gostou da decisão de Alice, porém se calou e, olhando para as três mulheres, falou:

– Se é assim, vou para casa preparar o almoço. Assim que almoçar, eu voltarei.

– De maneira alguma! Você sempre fez as refeições aqui em casa e, para mim, nada mudou.

Clementina, surpresa, perguntou:

– Por que ir para sua casa preparar o almoço? Você sempre passou o dia aqui em casa.

Ritinha, em tom provocativo, respondeu:

– É que as coisas mudaram...

– Nada mudou – respondeu Alice de cenho fechado. – Enquanto estive fora, não pude protegê-la, mas de hoje em diante tudo voltará a ser como antes.

Ritinha deixou à mostra seus belos dentes enfileirados e, sendo assim, decidiu esperar o almoço.

Ritinha era uma moça morena com grandes olhos castanhos e cabelos cacheados. Era tida como a moça mais bonita da colônia, mas mesmo assim Leôncio não lhe dava atenção.

CAPÍTULO 6

Um sonho revelador

Teotônio estava feliz por fazer sua primeira refeição com a filha depois de dois anos e, sorrindo, abriu a melhor garrafa de vinho que tinha em sua adega.

Naquele dia, o coronel evitou falar sobre política, pois sabia que sua filha odiava esse assunto.

Alice falou sobre o colégio, sobre tudo o que aprendera, sobre algumas professoras de que gostava. Enfim, todos estavam felizes.

Ritinha almoçou com Almerinda e Juca na cozinha.

Logo depois do almoço, Alice levantou-se e disse ao pai:

– Vou matar a saudade da fazenda e sair um pouco com Ritinha.

Teotônio não gostou da ideia e adiantou-se em dizer:

– Deixe isso para outro dia, pois você deve estar cansada da viagem e precisa descansar.

– Não se preocupe, meu pai; estou ótima e quero ver o que mudou na fazenda.

O coronel Teotônio, apesar de sua habitual grosseria, decidiu concordar com a filha; sabia o quanto sua filha era irrequieta. Sendo assim, comentou:

– Alice não mudou nada! Pensei que fosse vir diferente, mas pelo jeito continua a mesma.

Clementina respondeu:

– Deixe-a, ela sempre foi assim e não mudará nunca.

O coronel, tirando o guardanapo do colarinho, perguntou:

– Agora você está feliz, não é mesmo, Tina?

– Como poderia não estar? Minha única filha voltou para casa, agora sinto que não me falta nada.

Não perdendo a soberba de sempre, ajuntou:

– Ela não só voltou para casa, mas trouxe um diploma junto com ela.

Clementina sorriu ao ouvir o comentário do marido, que continuou:

– O preço da saca de café está muito bom. Vou até a vila para vender nossa mercadoria.

Clementina, que não se metia nos negócios do marido, nada disse, levantando-se em seguida.

O coronel trancou-se em seu gabinete para fazer algumas anotações enquanto Clementina foi até a cozinha para conversar com Almerinda.

A mulher, ao chegar à cozinha, sentiu uma leve tontura, o que obrigou Almerinda a fazê-la se sentar a fim de melhorar. A cozinheira perguntou preocupada:

– A senhora sempre teve essa tontura, dona Clementina?

– Não! Estranho... Talvez seja a emoção de ver novamente minha filha.

Almerinda disse:

– Não há amor maior que amor de mãe...

Clementina, entornando um pouco de água, falou:

– Isso é verdade, agora vou me deitar, assim que melhorar me levanto.

Almerinda não deu muita importância ao assunto, de modo que ajudou Clementina a ir a seu quarto.

Alice estava feliz, afinal passeava pela fazenda como se estivesse vendo tudo pela primeira vez.

Ao se aproximar do velho carvalho, a moça logo viu o balanço que seu pai fizera para ela enquanto ainda era criança. Sentou-se e, depois de balançar um pouco, perguntou:

– Onde está o peão por quem você está apaixonada?

Ritinha, sorridente, disse:

– Está no curral cuidando dos bezerros.

– Vamos até lá! Quero ver de perto o homem por quem se apaixonou.

As duas saíram em direção ao curral e, não demorou, viram Leôncio prendendo um bezerro.

Leôncio estava suarento, sem camisa, deixando à mostra seu tórax perfeito. Usava apenas o chapéu.

Ao ver as duas moças, o rapaz tratou de colocar rapidamente a camisa, pois sabia que aquela moça era filha do coronel. Esperou que as duas moças se aproximassem.

Ritinha era mais falante e, sorrindo, disse:

– Leôncio, essa é Alice, filha do coronel Teotônio.

O rapaz, no mesmo instante, sentiu seu coração descompassar e, com o chapéu em punho, disse:

– Boa tarde.

Alice, naquele momento, sentiu o rosto enrubescer e, esforçando-se, perguntou:

– Por que está prendendo o bezerro?

Leôncio, em tom sério, respondeu:

– Está na hora de ele se afastar da mãe, pois se deixarmos ele continuará mamando e não sobrará leite para a casa-grande.

Alice sentiu-se embaraçada pela pergunta tola e, com isso, decidiu ficar calada.

Ritinha era a mais falante, e passou a perguntar quantos bezerros haviam nascido e coisas do gênero.

Leôncio respondia a todas as perguntas da mocinha, porém disfarçava o olhar, que se mantinha quase fixo em Alice.

Alice, ao perceber o olhar do rapaz, disse a Ritinha:

– Rita, estou cansada, vamos voltar à casa-grande.

Leôncio, embora fosse um belo rapaz, era muito tímido e, sendo assim, permaneceu em silêncio.

Rita, discordando de Alice, disse:

– Por que voltar para casa? Foi você mesma quem disse que não estava cansada.

Irritada, Alice respondeu:

– Mas agora quero voltar para casa, estou cansada da viagem.

Leôncio ficou olhando para Alice como se visse uma miragem, e o olhar do rapaz a deixou constrangida. Pegando Ritinha pela mão, puxou-a, seguindo em direção à casa-grande.

Enquanto caminhavam, Ritinha dizia:

– Você não o achou bonito?

Alice, mal-humorada, respondeu:

– Não vi nada de mais nele e, para falar a verdade, ele cheira a curral. Que nojo! Estava todo suarento...

Ritinha não compreendeu o súbito mau humor de Alice e, fechando o cenho, disse:

– O que foi? Você mudou de repente.

Alice, não querendo muito assunto, respondeu:

– Ritinha, não sei por que insisto em ir na sua conversa. Onde já se viu eu ir a um curral para ver um peão sujo e fedido, que além do mais estava sem camisa quando chegamos?

– Você nunca se importou com os peões da fazenda, Alice. Credo, como você voltou mudada... Só porque agora é professora se sente mais que os outros.

– Não me irrite, Rita, pois estou cansada e quero ficar sozinha em meu quarto. Sinta meu cheiro, estou cheirando a curral, terei que tomar outro banho.

Ritinha, desconhecendo o real motivo do mau humor de Alice, falou:

– Quer saber? Voltarei a trabalhar no cafezal, pois lá as pessoas são iguais a mim.

– Você não vai voltar ao cafezal, e isso é uma ordem.

– Chata! Você voltou falando como as moças da cidade. Se não queria sentir cheiro de curral ou de mato, ficasse na capital.

– Chega, Ritinha! Você está aqui para me obedecer, agora cale-se, pois quero ficar a sós com meus pensamentos.

Em pouco mais de dez minutos, as duas moças entraram na casa-grande, e foi Alice quem disse:

– Almerinda, sabe onde Ritinha me levou? No curral, para conhecer o tal peão do coronel Matias. Você acredita que estou sentindo o cheiro até agora em minhas narinas? Vou tomar um banho e descansar. Enquanto isso, dê trabalho para Ritinha, pois é o que ela está precisando.

Almerinda disse:

– Vocês mal se encontraram e já estão brigando?

Alice, de cenho fechado, respondeu:

– Ritinha às vezes tem ideia de jumento, por isso estou tão irritada.

Almerinda saiu em defesa de Leôncio:

– Esse rapaz é bom, caprichoso, e mora sozinho em uma casinha perto do rio. É respeitador e todos aqui gostam dele, inclusive sua mãe.

– Não tenho nada contra esse rapaz, mas você acredita que o vimos com o peito inteiramente nu? Achei isso uma falta de respeito!

Almerinda respondeu:

– Minha filha, ele trabalha praticamente sozinho no curral e, com o calor que está fazendo, ele não poderia fazer outra coisa, e ademais foram vocês que foram até ele, e não o contrário.

Alice não gostou nem um pouco da resposta de Almerinda e, com altivez, disse a Ritinha:

– Rita, prepare um banho, pois estou cheirando a curral e logo depois irei descansar.

Rita, irritada, fez o que Alice havia pedido, se retirando em seguida. Almerinda, ao ver as duas moças se afastarem, disse em voz alta:

– Quem muito desdenha é porque quer comprar... Ela desfez de Leôncio, mas tenho certeza de que ela também deve ter achado o rapaz bonito.

Almerinda começou a rir, mexendo uma panela de doce de abóbora.

Alice, depois de banhar-se, disse a Rita:

– Agora deixe-me sozinha, preciso descansar um pouco, pois a viagem foi cansativa, e além do mais o cheiro do curral ainda está em minhas narinas.

Rita, olhando para Alice, resmungou:

– Você não é mais a mesma que saiu daqui para ir estudar na capital. Antes você era simples, gostava do cheiro do mato, gostava de sentir a brisa de manhã, adorava ver o pôr do sol e agora tem nojo até do cheiro de curral. Quem te viu e quem te vê. Você se tornou tão irritante como qualquer moça da cidade.

Alice não respondeu e, mudando rapidamente de assunto, falou apenas:

– Feche a porta! Quero ficar sozinha.

Alice não havia comentado; porém, ao lembrar-se da figura de Leôncio, sentia um misto de sentimentos. "Tenho a impressão que já conheço aquele rapaz, só não sei dizer de onde nem quando o conheci...", pensou. Os pensamentos a arremessaram para o momento em que vira o peito nu de Leôncio, porém ela disse, para confortar a si mesma: "Que bobagem! Um peão bonito, a bem da verdade, mas fedorento e tímido".

Alice pensou por mais meia hora, quando enfim adormeceu e sonhou.

No sonho, estava em um lindo salão de festas, e as mulheres eram todas belas com longos vestidos, alguns decotados e com muitos babados. Olhou para todos os lados e viu um homem que tinha uma longa espada presa à cintura. Ele a olhava insistentemente, e ela não deixou de notar o quanto era belo. A seu lado, havia um outro homem, que também usava roupa semelhante, fazendo crer que era parte da guarda.

As mulheres estavam enfileiradas a um lado, e os homens do outro. Vez por outra, os braços se enganchavam, fazendo com que eles mudassem de posição.

De repente, uma voz disse:

– Judith, deixe de olhar para aquele homem. Ele faz parte da guarda real, portanto é um simples subalterno da coroa.

A moça, fixando o olhar no rapaz, comentou:

– Quero saber o nome daquele homem.

– Deixe de tolice, há tantos rapazes à sua altura nesse baile, que não lhe faltará pretendente.

Alice ficou olhando o rapaz que se mantinha em guarda, a mão na espada.

De repente, Alice se viu em outra cena, onde usava um longo vestido azul-turquesa. Ela estava em um barco a vela e chorava muito.

O mesmo homem lhe dizia:

– Judith, não deixarei que mal algum lhe aconteça, mesmo que para isso eu tenha que sacrificar minha vida.

A moça nesse momento estendeu a mão para o rapaz, mas foi impedida por outro homem que sorria sem parar.

Alice não viu quem eram as pessoas, mas viu apenas que Henry, o rapaz que fazia parte da guarda real, apanhava sem dó nem compaixão.

De repente, uma voz áspera disse:

– Terminaram o serviço? Tragam Judith para ver o que aconteceu com seu grande amor.

Judith foi levada ao convés da embarcação e viu Henry totalmente desfalecido. A moça começou a gritar em desespero, quando então viu a embarcação se aproximar de terra firme.

O mesmo homem perguntou:

– Ele está morto?

Um dos marujos disse:

– Ele ainda respira, mister Thomas.

O homem pensou por mais alguns instantes, depois ordenou:

– Façam uma cova funda e joguem esse restolho de homem!

Judith, ao ouvir tais palavras, entrou em desespero, afinal sabia que Henry seria enterrado vivo. Berrando, pediu:

– Não façam isso! Eu juro que me afasto dele.

Thomas, olhando com desprezo para a moça, disse:

– Agora é tarde; Henry terá o fim que merece.

A moça ficou olhando os marujos colocarem o corpo de Henry em uma pequena embarcação e levá-lo à terra firme.

Judith chorava copiosamente, pois sabia que aquele homem era o grande amor de sua vida.

Alice acordou, porém os olhos do rapaz do sonho não lhe saíam da cabeça. Sendo assim, começou a pensar onde vira olhos tão brilhantes e tão vivos.

Acordara suando, porém ficou um pouco mais na cama a fim de relembrar mais detalhes do que vivenciara no sonho. Lembrou-se então de Leôncio, e não entendia por que seu coração se enternecia ao se lembrar do rapaz.

Procurando não pensar mais no sonho, sorriu.

– Onde já se viu a filha do coronel mais rico dessas bandas pensando em um peão que fede a curral!

Alice se levantou e, ao descer, viu que a mesa do café da tarde já estava posta. Sorrindo, disse à mãe:

– Dormi e tive um sonho tão estranho...

– Que sonho, minha filha?

Alice começou a relatar o sonho com riqueza de detalhes, inclusive os nomes. Clementina perguntou:

– Minha filha, você aprendeu língua estrangeira no colégio?

– Aprendi alguma coisa, mamãe, por quê?

– Você chegou hoje da capital e as aulas ainda estão frescas em sua memória.

Alice sentou-se à mesa e serviu-se de um generoso pedaço de bolo de fubá que Almerinda havia feito.

Teotônio, ao ver a filha comer, foi logo dizendo:

– Na carta que nos enviou você disse que as roupas estavam sobrando, mas, se continuar a comer assim, logo suas roupas não entrarão mais em você, pois está parecendo boi na ceva.

Clementina, ao ouvir o comentário do marido, comentou:

– Isso é comentário que se faça, Teotônio? Deixe a menina comer em paz.

Alice estava pensando no sonho que tivera e mal prestara atenção ao comentário do pai, de modo que permaneceu em silêncio.

Logo depois do café da tarde, Alice perguntou:

– Mamãe, como papai foi aceitar um peão da fazenda do coronel Matias em nossas terras?

Clementina respondeu:

– Leôncio é um bom rapaz, mas foi escorraçado da fazenda por causa do administrador.

Alice, não acreditando nas palavras da mãe, falou:

– Se ele foi enxotado da fazenda do Matias, alguma coisa ele aprontou.

Clementina entrou logo em defesa de Leôncio:

– Minha filha, esse rapaz foi injustiçado ao extremo, o administrador da fazenda inventou mentiras sobre ele, tanto que o coronel Matias veio pesso-almente pedir que ele voltasse ao trabalho.

Alice espantou-se com a notícia, de modo que disse:

– E por que ele não voltou com o coronel Matias?

– Porque ele não é ingrato, minha filha; Leôncio aprendeu a gostar de nós com sinceridade.

Alice, incrédula, disse:

– Mamãe, acredite no que digo: os colonos não gostam dos patrões, eles gostam da casa onde moram e do dinheiro que recebem.

Clementina, olhando surpresa para a filha, comentou:

– Minha filha, por que você está implicando com o pobre rapaz?

Alice respondeu:

– Porque achei falta de respeito ele trabalhar sem camisa, e além do mais ele sabe que nesta fazenda há mulheres. A senhora não acha isso uma falta de modos?

– Não vejo nada de mais uma mulher ver o busto de um homem, e além do mais ele nunca apareceu em nossa casa sem camisa. Acho que você e a Ritinha foram duas oferecidas indo até o curral; ele estava quieto trabalhando lá.

Alice, ao pensar em Leôncio sem camisa, logo sentiu seu corpo estremecer, porém continuou:

– Esse rapaz entra em nossa casa, mamãe?

– Ele só vem até a cozinha quando é estritamente necessário, e posso lhe garantir que se trata de um homem de respeito.

Alice, olhando surpresa para a mãe, comentou:

– Não sei não... Acho que vocês estão acariciando cobra...

– Deixe de implicância, Alice! Leôncio é um bom rapaz, logo você me dará razão.

Ritinha, que ouvia a conversa, sentiu raiva de Alice por um momento. Pedindo licença, foi até a cozinha para ajudar Almerinda.

Depois do café e da mesa retirada, Alice se aproximou de Ritinha.

– Vamos passear um pouco pelos campos?

Ritinha, como estava brava, respondeu:

– Agora não posso! Almerinda mandou eu escolher o feijão. Alice, arregalando os olhos, perguntou:

– Rita, o que há com você? Acaso lhe fiz alguma coisa?

Rita, com desdém, respondeu:

– Você agora é moça da cidade e não vai gostar de sentir o cheiro do curral nem do chiqueiro da fazenda.

– Deixe de bobagem! Você sabe que não me importo com isso.

Irritada, Rita falou:

– Você mudou muito depois que chegou da capital. Antes você não implicava com o cheiro do curral, mas agora até mesmo o colono que trabalha lá fede para você.

Alice pensou por alguns instantes, depois disse:

– Rita, me desculpe. É que estava incomodada com o cheiro daquele rapaz. Você viu como ele estava suarento e fedido?

Rita, chispando de raiva, retrucou:

– Aquele rapaz fedorento ao qual você se refere é o homem mais honrado que já conheci. Ele nunca olhou diferente para nenhuma moça aqui da fazenda e trata a todos com muito respeito.

Alice pensou por alguns instantes.

– Se acaso quiser, posso pedir desculpas a ele.

– Não quero nada, pois, se fizer isso, estará mentindo para você mesma.

Alice tentou agradar Rita de todas as maneiras, e foi Almerinda quem disse:

– Rita, vá passear com Alice antes que caia a noite, depois você me ajuda.

Ritinha ficou com raiva de Almerinda e resolveu obedecer, pois sabia que, se Alice reclamasse dela para a mãe, fatalmente ela voltaria a trabalhar no cafezal.

As duas moças saíram e foram andar pela colônia.

A colônia da fazenda era composta por quinze casas simples, onde moravam os colonos, e tudo parecia igual para Alice.

A moça comentou com Ritinha:

– Há dois anos eu saí de casa para ir estudar na capital, mas nada aqui mudou; tudo continua na mesma.

Ritinha, mal-humorada, respondeu:

– O que você esperava? Que seu pai mandasse reformar as casas dos colonos?

Alice, sem perceber o tom agressivo de Ritinha, observou:

– Não! Vejo que as mulheres dos colonos continuam a se reunir ao cair da tarde, as crianças brincando no terreiro, enfim tudo está exatamente como deixei.

Ritinha nada disse e continuou andando ao lado de Alice, que subitamente perguntou:

– Onde mora o rapaz com cheiro de curral?

Ritinha, sem conter sua indignação, retrucou:

– Por que quer saber onde mora Leôncio? Afinal, não foi você mesma quem disse que ele fede a curral?

Alice fixou o olhar em Ritinha.

– Ritinha, o que há com você? Por que está me provocando?

Ritinha tentou se conter e, contemporizando, respondeu:

– Leôncio mora na casinha à beira do rio.

– Com quem mora esse rapaz?

– Mora sozinho.

– Mas e a família dele?

Ritinha, esquecendo a irritação, passou a falar:

– O pobrezinho mora sozinho; nasceu na fazenda do carrasco do coronel Matias e foi injustiçado pelo administrador da fazenda.

– Você não acha que ele está querendo se fazer de vítima?

Ritinha respondeu tranquilamente:

– Ele não precisa se fazer de vítima, pois as suas atitudes falam por ele, e podemos garantir que se trata de um homem bom.

Alice, não querendo discutir com Ritinha, decidiu se calar. Ela não compreendia, mas no fundo queria ver Leôncio, embora o orgulho a impedisse de ir caminhar pelo lado do rio.

Alice cumprimentou dona Genoveva, uma senhora que trabalhava com seu pai há mais de vinte anos, e, depois de conversar alguns minutos, continuou a caminhar, quando repentinamente encontrou com Leôncio, que vinha a seu encontro.

Ritinha comentou:

– Veja quem vem vindo ao longe...

Alice olhou e logo certificou-se de que se tratava de Leôncio. Com desdém, falou:

– Ainda bem que agora ele não está sem camisa.

Ritinha não gostou do comentário de Alice, de modo que perguntou:

– Alice, por que você implica tanto com o pobre rapaz? Em pouco tempo ele conseguiu conquistar a simpatia de todos os colonos, e, sempre que há um arrasta-pé, ele é convidado, porém nunca comparece. Trata-se de um rapaz calmo e sério; como pode julgar alguém que mal conhece?

Alice sentiu-se envergonhada com as palavras de Ritinha, de modo que se defendeu, dizendo:

– Eu não estou implicando com ninguém, apenas achei uma falta de respeito ele estar sem camisa no curral.

Ritinha discordou:

– O calor no curral é terrível e, além do mais, ele estava sozinho. Se o vimos sem camisa a culpa é nossa, pois não devíamos ter ido até lá.

Alice concordou, enquanto seus olhos estavam fixos em Leôncio, que vinha a seu encontro. Ao se aproximar, ele disse educadamente:

– Boa tarde.

Alice ficou muda, enquanto Ritinha o segurou em uma conversa. A moça perguntou:

– Por que saiu tão tarde do curral?

Leôncio respondeu:

– Não posso sair antes de prender os bezerros e de colocar sal para os gados.

Alice ficou observando Leôncio sem dizer nenhuma palavra, porém ela não sabia o motivo de suas mãos estarem úmidas e seu coração, disparado.

Leôncio olhava furtivamente para Alice, e, como sabia que se tratava da filha do patrão, disse:

– Peço perdão por estar sem camisa no curral, afinal quase ninguém vai lá durante o dia.

Alice, naquele momento, sentiu-se atraída por aquele rapaz, e, ao olhar para seus olhos, logo se lembrou do sonho que tivera à tarde.

A moça perturbou-se com a educação do rapaz e pela primeira vez dirigiu-se a ele.

– Você sabe ler e escrever?

Leôncio, esboçando um sorriso envergonhado, respondeu:

– Quando trabalhava com o coronel Matias, não tive tempo de aprender a ler, pois a única coisa que aprendi naquela fazenda foi a trabalhar.

Alice comoveu-se com a revelação do rapaz, de modo que disse:

– Meu pai irá construir uma escola e, se quiser aprender, poderá dar seu nome para frequentar as aulas.

Leôncio, segurando o chapéu com força, respondeu:

– Obrigado pela proposta, senhorita, mas trabalho o dia inteiro e não tenho tempo de estudar.

Alice pensou por alguns instantes.

– Não se preocupe, vou dar aulas de manhã e também à noite para aqueles que quiserem aprender a ler.

Leôncio ficou eufórico ao saber que poderia aprender a ler, afinal esse sempre fora seu sonho, desde menino.

O rapaz respondeu com entusiasmo:

– Se a senhorita der aulas à noite, sou o primeiro a me inscrever.

Alice percebeu que realmente Ritinha tinha razão: Leôncio era um rapaz transparente, e ela pôde notar que de fato se tratava de um bom rapaz.

Leôncio, ao olhar para os grandes olhos verdes de Alice, sentiu seu coração disparar e, sorrindo, agradeceu.

Alice, olhando para Ritinha, falou:

– Precisamos voltar; você sabe o quanto mamãe fica preocupada se atrasarmos para o jantar.

Ritinha não compreendeu a súbita mudança de comportamento de Alice, de modo que permaneceu calada.

Leôncio se despediu das duas moças e continuou andando em direção a sua casa.

Ritinha, ainda sem compreender, perguntou:

– Por que foi tão educada com um rapaz de quem não gostou à primeira vista?

Alice, dando de ombros, respondeu:

– Todos nós mudamos de opinião e, pelo fato de ele ter pedido desculpas me fez ver que vocês têm razão quando dizem que ele é uma boa pessoa.

– Alice, estou apaixonada por Leôncio, mas ele não me dá atenção – confessou Ritinha.

– Esse rapaz é muito sério e, pelo jeito, vai ficar solteiro, portanto não se iluda com ele.

Ritinha suspirou.

– Mas ele é tão lindo...

Alice riu, divertida, e falou:

– Ritinha, por que você só olha para rapazes que não lhe dão atenção? Ozório é apaixonado por você.

– Deus me livre! Ozório é um rapaz tolo que mal sabe conversar.

Alice voltou a dizer:

– Vamos embora, está quase na hora do jantar e, se me atrasar, papai ralhará comigo.

Ritinha perguntou:

– Por que você quer ensinar esses matutos a ler e a escrever? De que valia isso será para eles?

Alice pensou por alguns instantes.

– Só há um meio de acabar com a ignorância do povo, e isso se chama educação.

Ritinha não compreendeu o que Alice queria dizer, mas, enquanto caminhavam, a moça foi explicando.

– Hoje é muito comum os coronéis usarem o voto de cabresto.

Ritinha, embora tivesse ouvido falar muito no voto de cabresto, perguntou:

– Mas você não concorda com o voto de cabresto? Acho que está certo: uma vez que trabalhamos para os ricos fazendeiros, devemos ser fiéis a eles.

– É aí que você se engana, Ritinha. Muitos pensam que o voto de cabresto é sinônimo de fidelidade; mas, ao contrário do que muitos pensam, trata-se de um abuso de autoridade. Papai faz política baseando-se em seus ideais, mas jamais obrigou seus colonos a votarem em seus candidatos. O voto de cabresto nada mais é que um controle do poder político, através do abuso de autoridade, pois os coronéis desonestos como o Matias costumam comprar votos, ou obrigar seus colonos, ou, como eles mesmos se referem, seus currais eleitorais, a votarem nos candidatos que escolheram. Ou seja, a pessoa não pode votar no candidato que tem melhores propostas, pois quem decide isso são os coronéis desonestos, que acabam tirando vantagem disso. Quanto ao coronel Matias eu não sei; mas há coronéis que usam de violência para obrigarem o seu curral eleitoral a votar nos candidatos que eles escolherem, isso é um absurdo onde o livre-arbítrio das pessoas é desrespeitado flagrantemente.

Ritinha, pensando por alguns instantes, disse:

– Mas o voto é aberto, e os coronéis sabem para quem seu curral votou. Além do mais, colocam seus capangas para fiscalizar as eleições. E onde cabe a educação nisso tudo?

Alice continuou:

– Para os coronéis tiranos, os eleitores não passam de gado, pois acho um desrespeito eles se referirem aos eleitores como a currais, afinal o ser humano não é gado. Assim como você acha que está certa essa forma de governo, a maioria dos colonos, por falta de educação e orientação, acabam se submetendo à vontade dos coronéis. Minha mãe conta que meu avô tinha um grande curral eleitoral, pois ele era um dos homens mais ricos da região, mas papai pensa como eu, ou seja, cada um tem direito de escolher o próprio candidato e não fazer o que esses ditadores querem somente para tirar proveito dos candidatos eleitos. Um dia as pessoas se conscientizarão de que elas têm o direito de escolher os próprios candidatos, e não obedecer como gados que vão ao abate. Além dos votos de cabresto, há também as milícias, que obrigam os moradores a votar em quem eles querem, caso contrário há mortes ou eles deixam de ajudar a comunidade mais pobre. A educação tem o poder de transformar as pessoas e prepará-las para a vida.

Ritinha, que nunca pensara no assunto, perguntou:

– Mas, se os currais eleitorais dos coronéis se voltarem contra eles, haverá muitas mortes.

Alice pensou por alguns instantes antes de dizer:

– Tenho fé em Deus que um dia tudo isso mudará, pois a educação crescerá a tal ponto que o poder não ficará detido somente nas mãos de alguns poderosos.

Ritinha disse:

– Eu quero aprender a ler, pois quando vejo seus livros não compreendo nada.

Alice sorriu satisfeita.

– Assim que aprender a ler, quero emprestar a você um livro de Castro Alves. Você vai gostar de suas poesias.

– Você me emprestaria um livro seu?

– Certamente que sim, Ritinha, por que não o faria?

Ritinha enganchou o braço no de Alice. De repente, todo o seu mau humor havia passado.

As duas mocinhas, ao chegarem à casa-grande, encontraram Clementina na varanda. Em tom de repreensão, ela perguntou:

– Posso saber onde as duas molecas foram?

Alice foi quem começou a falar:

– Ritinha e eu fomos andar pela colônia, pois pensei que as coisas aqui houvessem mudado em minha ausência.

Clementina comentou:

– As coisas na fazenda não mudam, tudo continua igual, você conhece seu pai, sabe o quanto ele é conservador.

– A senhora tem razão; papai sempre foi muito conservador e metódico, pois para ele as coisas têm que ser como sempre foram.

Clementina, olhando para Ritinha, ordenou:

– Rita, vá até a cozinha e ajude Olinda a preparar a mesa para o jantar.

A moça obedeceu sem questionar, enquanto Alice permaneceu sentada junto à mãe na varanda.

– Mamãe, conheci o tal Leôncio de que todos falam. Confesso que a princípio eu não simpatizei muito com ele, mas agora percebi que é boa pessoa.

Clementina disse:

– Minha filha, não costumo me enganar com as pessoas; Leôncio é um bom rapaz, mora sozinho em uma tapera perto do rio, mas pelo que fiquei sabendo ele é limpo e organizado. Almerinda se prontificou a cuidar de suas roupas, mas ele faz questão de cuidar das coisas dele. Quando foi morar na casinha perto do rio, estava rodeada de mato, mas ele não só limpou, como plantou algumas flores em volta da casa. Pelo que Juca me disse, ele as molha todos os dias. Sua casa, apesar de simples, é muita limpa. A única coisa que ele aceita da casa-grande é a comida, pois, como sabe, ele não tem tempo para preparar.

Alice hesitou, mas acabou dizendo à mãe:

– Ritinha está perdidamente apaixonada por ele.

Clementina respondeu:

– Não é só Ritinha que está apaixonada por ele; há muitas moças que estão suspirando por esse rapaz. Porém, pelo que fiquei sabendo, ele não dá atenção a nenhuma, pois, segundo Juca, ele diz que só vai se casar quando realmente se apaixonar por alguém. Ele fala que não é homem de brincar com sentimento alheio.

Alice gostou do que ouviu, afinal logo percebeu que Leôncio não só era um bom rapaz, como principalmente respeitador.

Alice disse com desdém:

– Não vejo motivos para as moças se encantarem por ele, afinal, não é tão bonito assim...

Clementina, não percebendo as intenções da filha, discordou:

– Não concordo com você, Alice; Leôncio é um belo rapaz, e suas atitudes o deixam ainda mais bonito.

Alice abriu um largo sorriso.

– Até a senhora, mamãe? Deixe papai saber disso...

Clementina, sentindo-se ofendida, respondeu:

– Não diga besteira, Alice; embora eu ache Leôncio um belo rapaz, isso não quer dizer que eu esteja traindo seu pai em pensamento.

Alice riu, divertida.

– Deixe de ser boba! Estou brincando, agora vou me lavar para jantar.

– Melhor do que falar asneiras para sua mãe – disse Clementina, irritada.

Alice entrou em casa e rapidamente foi a seu quarto, porém seus pensamentos estavam em Leôncio. A moça disse a si mesma: "Estranho... O olhar de Leôncio é o mesmo olhar do rapaz que vi no sonho". Alice passou a se lembrar de Leôncio sem camisa e, naquele momento, começou a sentir algo que nem ela mesma sabia do que se tratava. "Se Leôncio fosse filho de algum fazendeiro e bacharel em Direito, eu namoraria com ele", refletiu.

Ela passou a se lembrar do rosto másculo daquele rapaz e do seu jeito tímido, e, tentando afastar seus pensamentos, disse em voz alta:

– Tenho que parar de pensar no peão, mas não sei por que ele não me sai da cabeça.

Despejando a água da jarra em uma bacia de porcelana, passou a lavar o rosto e as mãos. Não demorou muito, e logo a moça saía do quarto para jantar.

Ao entrar na sala de jantar, encontrou os pais esperando-a à mesa. Teotônio foi logo dizendo:

– Acho que a senhorita esqueceu de que não gosto de ficar esperando alguém para jantar.

Alice respondeu:

– Perdoe-me, papai; estava me lavando e esqueci do horário.

Teotônio, embora fosse um homem grosso, com a filha era amoroso.

– Que isso não volte a acontecer, mocinha; caso contrário, eu mesmo irei a seu quarto para chamá-la.

Alice, não se importando com o comentário do pai, foi logo dizendo:

– Papai, o senhor fez tanto empenho para que eu me tornasse professora, mas andei pela fazenda e não vi a construção da escola.

Teotônio, sentindo-se cobrado, respondeu com grosseria:

– Acaso você andou perto do rio? A escola já está quase pronta, e logo chegarão as carteiras e o quadro-negro que mandei vir da cidade.

– Quantas carteiras o senhor mandou comprar, meu pai? – perguntou Alice.

– Mandei que trouxessem vinte carteiras, pois a escola não é tão grande assim.

– Devo admitir que é um bom número para começar, mas vou dar aulas em dois turnos.

Teotônio, sem compreender, pensou: "Como assim?"

Alice continuou:

– No primeiro turno, que é da parte da manhã, vou dar aulas para os filhos dos colonos, e à noite darei aulas para todos os colonos que quiserem aprender.

Teotônio, resmungando, disse:

– Nada disso! Você vai dar aulas somente para as crianças, pois os marmanjos estão vivendo muito bem sem as letras.

Alice mal pôde acreditar no que ouvia, por isso argumentou:

– Papai, quantos adultos gostariam de saber ler e escrever para saberem tomar suas próprias decisões? Compreenda que a educação é a única maneira de mudar esse sistema no qual vivemos. Onde já se viu uma pessoa ser obrigada a votar nos candidatos dos coronéis praticamente à força, sem ter ao menos o direito de escolher seus candidatos? Não estou falando do senhor, mas os coronéis se aproveitam disso somente para tirar alguma vantagem depois dos candidatos eleitos. O senhor acha isso certo? Fiquei sabendo que o coronel Matias manda seus capangas fiscalizarem os votos dos colonos; isso é um abuso para com o ser humano. Esses pobres-diabos não sabem a força que têm; se soubessem, não se submeteriam a tamanha humilhação.

Teotônio foi logo se defendendo:

– Mas eu não uso o voto de cabresto para intimidar meus colonos.

– O senhor não faz isso, meu pai, mas a maioria dos coronéis faz.

Teotônio pensou por alguns instantes antes de responder:

– Meu amigo Romão, que é deputado e muito respeitado na câmara, sabe o quanto sou honesto e respeito meu eleitorado.

Alice tentou contemporizar a situação:

– Papai, eu não só quero dar aulas a nossos colonos, mas também aos colonos das fazendas vizinhas, pois somente a educação poderá mudar o rumo das coisas erradas neste país.

Teotônio refletiu um pouco e, naquele momento, sentiu orgulho da filha. Com isso, disse à esposa:

– Essa menina saiu a mim, pois somos idealistas, e são esses ideais que mudarão o país.

Clementina, que não gostava de assuntos políticos na hora do jantar, permaneceu calada. Alice prosseguiu:

– Papai, a educação é a ferramenta que o ser humano precisa para crescer como cidadão. Na escola, durante o processo de socialização, a pessoa tem a oportunidade de desenvolver sua identidade e autonomia.

– Você tem razão, mas no turno da noite pedirei que alguém a acompanhe até em casa, afinal não é bom ficar andando por esse mato.

Alice sorriu, pensando se Leôncio não poderia acompanhá-la. Mas achou melhor mudar de assunto:

– Estava morrendo de saudade da comida de Almerinda; a comida dela é incomparável.

O jantar terminou, e Alice ficou conversando com a mãe, que bordava tranquilamente em uma poltrona. Faltavam poucos minutos para as 22 horas, quando Alice disse que iria dormir.

A moça, depois de se arrumar para se deitar, ajeitou-se na cama e ficou pensando em Leôncio e em sua postura humilde.

Não demorou muito e Alice adormeceu. Desta vez, seu sono foi tranquilo e sem sonhos.

CAPÍTULO 7

A construção da escola

No dia seguinte, o coronel saiu cedo e mandou que Belarmino chamasse Leôncio.

Leôncio, ao saber que o coronel o esperava no terreiro, foi até lá, pois já havia ordenhado as vacas. Com seu chapéu nas mãos, perguntou:

– O coronel mandou me chamar?

Teotônio não sabia o porquê, mas sentia verdadeira simpatia por Leôncio.

– Como sabe, minha filha formou-se professora, e a construção da escola está quase parada, portanto quero que deixe o curral para Graciano cuidar. De hoje em diante, você estará encarregado da construção da escola. Quero que estude com minha filha à noite e faça companhia a ela na volta à casa-grande

Leôncio, sem expressar nenhuma emoção, respondeu:

– Sim, senhor! Cuidarei da construção da escola.

Embora Leôncio usasse de toda a descrição, gostou das ordens do patrão e, com o coração aos saltos, pensou: "Ah... Vou ficar perto dela".

Para Teotônio, perguntou:

– Quando devo começar, coronel?

– Agora mesmo! Começamos a construção e ainda não saímos do alicerce.

Leôncio pediu licença ao coronel Teotônio e se retirou, indo em direção à escola, que não ficava muito longe de sua casa. Ao chegar, encontrou o início da construção cercada de mato e, com disposição, pegou uma enxada e começou a capinar.

Leôncio gostava de trabalhar sozinho, pois não era dado a muita conversa, de modo que se esforçou bastante naquele dia. Embora o calor fosse escaldante, o rapaz decidiu não tirar a camisa, pois sabia que Alice poderia aparecer de surpresa.

Nos dias que se seguiram, a moça não foi ver o andamento da construção, embora Leôncio a esperasse todos os dias.

Em três dias, Leôncio limpou o terreno onde seria a escola e foi então que decidiu conversar com o coronel Teotônio. Humildemente, Leôncio se aproximou do coronel e disse:

– Coronel, o terreno já está limpo, e agora vou precisar de pelo menos três homens para recomeçar a construção.

O coronel pensou por alguns instantes antes de dizer:

– Não posso dispor de homens para a construção. Vá à cidade e recrute três ou quatro homens para o trabalho, mas você ficará encarregado da construção.

Leôncio se afastou dizendo que iria naquela mesma hora à vila para recrutar homens para o trabalho. Montou em um dos cavalos da fazenda e rapidamente partiu.

O rapaz sabia que os homens que frequentavam a venda do Crispim não eram homens dados a muito trabalho. Sendo assim, pensou: "Não posso levar qualquer homem para o trabalho. O melhor que tenho a fazer é ir à venda e dizer que o coronel está precisando de homens para a construção da escola. Certamente Crispim irá me ajudar a escolher os homens de que o coronel precisa".

Leôncio entrou na venda e, encostando no balcão, disse ao dono:

– Crispim, onde posso arrumar quatro peões que queiram trabalhar?

Crispim caiu na risada e, olhando para alguns que entornavam um copo de cachaça, disse:

– O amigo veio procurar trabalhadores no lugar errado, pois veja: os que estão aqui não gostam muito de pegar no batente.

Leôncio desanimou-se, pois os três homens que estavam na venda encontravam-se completamente bêbados, e a conversa desconexa deles o deixou enojado. Falou para eles:

– O que vocês esperam da vida? Como mantêm suas famílias bebendo desse jeito?

Um deles respondeu:

– O que você tem a ver com nossa vida? Se estamos aqui agora, tendo uma boa conversa e bebendo uma boa cachaça, é porque a vida nos permite isso.

Crispim disse:

– Não é bem assim, se vocês estão aqui agora é porque suas mulheres estão trabalhando para sustentar o vício de vocês.

Leôncio, não querendo arrumar confusão, perguntou:

– Crispim, onde posso arrumar homens para o trabalho?

Crispim pensou por alguns instantes e lembrou-se dos filhos do ferreiro Anacleto.

O dono da venda disse:

– Anacleto, o ferreiro, tem três filhos, Otelo, Samuel e Nestor, esses são bons rapazes, e muitas vezes saem à procura de trabalho, para capinar cercas e coisas assim.

– Onde posso encontrar esses rapazes?

– Procure por Anacleto, e ele lhe dirá.

Leôncio, ignorando completamente os homens bêbados da venda, montou em seu cavalo e saiu à procura de Anacleto.

Anacleto era um homem com mais de cinquenta anos, porém sua aparência mostrava mais idade do que realmente tinha.

Leôncio desceu de seu cavalo quando perguntou:

– Anacleto, você tem três filhos, não é verdade?

– Sim – respondeu Anacleto, curioso.

Leôncio continuou:

– Pois bem, o coronel Teotônio está precisando de três homens para ajudar na construção da escola, acaso seus filhos estão trabalhando?

Anacleto, abrindo um largo sorriso banguela, respondeu:

– Infelizmente não! Meus meninos não têm sorte para arranjar trabalho, vivem fazendo pequenos serviços cá e acolá.

Leôncio foi direto ao assunto:

– O coronel Teotônio está construindo uma escola para todos os colonos da região, mas está precisando de mão de obra para isso. Ele mandou que eu viesse procurar ajuda na vila.

Anacleto, feliz, gritou pelos três filhos, que estavam nos fundos:

– Otelo, Samuel, Nestor, venham até aqui. O coronel Teotônio está precisando de trabalhadores para a construção de uma escola em sua fazenda.

Otelo, o mais jovem, respondeu:

– Papai, não podemos deixá-lo sozinho para colocar ferradura nos cavalos.

O velho Anacleto respondeu:

– Meus filhos, vocês sabem o quanto o serviço está fraco e o que ganhamos mal dá para nosso sustento.

Samuel pensou por alguns instantes quando perguntou:

– E quanto ganharemos pelo trabalho?

Leôncio segurando o chapéu firme em uma das mãos respondeu:

– Ainda não sei, mas posso garantir que ele pagará bem.

O velho Anacleto olhando para os três filhos respondeu:

– Meus filhos, não há outra coisa a se fazer a não ser aceitar o trabalho que o coronel está oferecendo.

Otelo pensou melhor e respondeu:

– Eu aceito o trabalho.

Os outros dois logo decidiram aceitar, afinal não era sempre que aparecia trabalho para eles.

O velho Anacleto perguntou:

– Mas quando começará a construção da escola?

– O trabalho já começou, mas, como estamos na época de colheita, o coronel não pode disponibilizar nenhum homem para a construção.

Leôncio ressaltou:

– Talvez vocês possam vir à vila no final da semana, pois como sabem a fazenda fica a três léguas daqui impedindo que vocês venham embora todos os dias.

Otelo sorrindo correu para casa e rapidamente fez sua trouxa, e olhando para o pai disse:

– Papai, todo o dinheiro que eu ganhar na fazenda entregarei para o senhor; sabemos dos apuros que passa para nos manter.

Os outros dois nada disseram, e depois de uma hora e meia os quatro homens estavam saindo da cidade e indo em direção à fazenda do coronel Teotônio.

Ao chegarem, Leôncio foi logo atrás do coronel que se encontrava em seu gabinete no interior da casa-grande.

Leôncio sorrindo disse:

– Coronel, os únicos homens que consegui na vila foram os filhos do velho Anacleto.

Teotônio pensou por alguns instantes, depois falou:

– Anacleto é um homem bom, e seus dois filhos também, Otelo e Samuel, mas tenho receio de Nestor.

Leôncio permaneceu calado enquanto o coronel falava:

– Sempre gostei do velho Anacleto e dos seus dois filhos Samuel e Otelo, porém tem algo em Nestor que não me agrada, mas o que se há de fazer, preciso de mão de obra e não posso dispensá-lo; por favor, chame-os para que possamos conversar.

Leôncio obedientemente pediu licença e se retirou, indo até a varanda chamar os três rapazes para conversar com o coronel.

Não demorou muito e Clementina logo anunciou a presença dos rapazes.

O coronel, ao ver os três rapazes, olhou-os de cima a baixo e com isso foi dizendo:

– Leôncio já disse o motivo pelos quais os chamei até aqui.

– Sim senhor, responderam os três em uníssono.

– Pois bem, minha filha se formou professora e agora precisa da escola para ensinar a quem quiser. O trabalho não será fácil e é urgente. Leôncio comandará a obra, e quero que façam tudo que estiver a seu alcance para que a escola fique pronta no prazo de três meses. Pagarei cinco contos de réis a cada um e, se trabalharem bem, poderei arranjar um trabalho aqui mesmo na fazenda.

Nestor perguntou:

– Coronel, onde ficaremos hospedados? Como sabe a vila é longe da cidade.

– Não se preocupe, vou providenciar uma casa para vocês morarem juntos, durante esse tempo.

Otelo ficou eufórico ao saber que iria ganhar cinco contos de reis pelo trabalho e sorrindo disse:

– Quando podemos começar, coronel?

– Amanhã mesmo, mas agora vão até a cozinha e se alimentem bem. Em seguida, Leôncio os levará a uma casa vazia na colônia.

Os três rapazes saíram do gabinete do coronel Teotônio, e Otelo era o mais falante.

– Com o dinheiro que ganharemos aqui, poderemos ajudar nosso pai para que ele trabalhe menos.

Samuel também estava feliz, porém o único que não estava era Nestor, que disse:

– Não vejo motivos para tanta alegria, vamos morar no meio do nada, comermos de favor e ganhar apenas cinco contos de réis?

Otelo objetou dizendo:

– Onde ganharíamos cinco contos de réis em três meses? Nosso pai não ganha esse valor nem mesmo em um ano.

Nestor, olhando com desdém para os dois irmãos, falou:

– Vocês se contentam com pouca coisa; concordo que iremos ganhar cinco contos de réis cada um, mas pode ter certeza de que pelo trabalho que teremos que fazer, os cinco réis serão pouco diante da tarefa.

Samuel que até então estava calado disse:

– Estamos aqui para trabalhar e isso não vai nos intimidar.

Nestor, ao ouvir as palavras do irmão, desatou a rir dizendo:

– O trabalho não vai nos intimidar enquanto nossas mãos não estiverem sangrando, depois... a história irá mudar de rumo.

Otelo irritado com o irmão respondeu:

– Se você não queria trabalhar por que aceitou o trabalho?

Nestor sorrindo ironicamente respondeu:

– Toda a vila idolatra o coronel Teotônio, e só aceitei o trabalho para provar pra todo mundo que ele não é diferente do coronel Matias.

Samuel, olhando para Otelo, disse:

– O coronel mandou que almoçássemos e depois fôssemos a casa para começar amanhã.

Nesse instante Leôncio se juntou ao grupo dizendo:

– Hoje iremos almoçar na cozinha da casa-grande, mas a partir de amanhã Juca se encarregará de nos levar o almoço.

Nestor torceu o nariz para Leôncio, deixando evidente que não gostava de sua presença.

Leôncio levou os três rapazes para a cozinha, e Almerinda serviu o almoço dos quatro homens antes mesmo do dos patrões. Depois Leôncio disse:

– Vamos; vou levá-los a casa onde vocês ficarão, o coronel mandou que eu arranjasse três colchões de palha, pois na casa não há camas o suficiente para três, mas logo as camas serão providenciadas. E não se preocupem com o jantar, porque Juca traz da casa-grande.

Nestor olhava para Leôncio de soslaio, porém permanecia em silêncio.

O mais animado era Otelo, afinal ele sabia que o dinheiro que ganharia naquele trabalho iria ajudar muito a seu pai.

Otelo era o mais jovem dos três irmãos, tinha apenas vinte e um anos, Samuel tinha vinte e quatro e Nestor tinha vinte e sete.

O velho Anacleto gostava dos três filhos, porém sabia que Nestor era completamente diferente dos outros dois, pois era dado a bebida e a sérias brigas na venda.

Leôncio não conhecia a fama de Nestor e, sendo assim, procurava ser amável com todos.

Ao chegarem à velha casa, Nestor perguntou:

– O quê? Ficaremos alojados nesse pardieiro?

Leôncio esboçando um sorriso disse:

– A casa não está em bom estado, mas muito dependerá de vocês para fazer desse lugar um lar.

Otelo se intrometeu na conversa dizendo:

– Não sei por que está reclamando Nestor, a nossa casa também é velha e, no entanto, somos felizes onde moramos.

Nestor fixando o olhar na casa respondeu:

– Pobre é assim, sai de um lugar ruim para morar em outro pior.

Samuel não gostando do comentário do irmão respondeu:

– Não seja ingrato! Estamos aqui para trabalhar e onde vamos ficar não importa.

Nestor resolveu se calar a fim de não arranjar uma discussão com o irmão, pois, embora Otelo fosse pacífico, Samuel perdia a paciência facilmente.

Os três entraram na casa e viram somente uma mesa, um fogão a lenha e duas cadeiras.

Nestor entrou em uma pequena sala e falou:

– Na casa de nosso pai há pelo menos cama para descansarmos da lida, mas aqui nem isso tem.

Leôncio de cenho fechado disse:

– Já disse que daqui a pouco virão os colchões, lençóis, travesseiros e cobertores. Quanto à cama, amanhã mesmo providenciaremos uma para cada um.

Nestor se calou enquanto Samuel olhava com raiva para o irmão, pois sabia que ele estava querendo arranjar encrenca com Leôncio.

Leôncio disse:

– Peço a vocês que limpem em volta da casa e mantenham o lugar limpo; se precisarem de latas para pegar água, é só pedir para Juca. Agora vou indo, porque preciso esperar o jantar.

Leôncio saiu e, andando a passos lentos, pensou: "Nestor é diferente dos irmãos, me parece encrenqueiro. Preciso tomar cuidado com ele, pois ele poderá me arranjar problemas".

Leôncio voltou para casa, e ao chegar viu Juca lhe trazendo a marmita de comida.

Juca sorrindo perguntou:

– E então o que achou dos três irmãos que o ajudarão na construção da escola?

Leôncio como não era dado a muita conversa resmungou:

– Ainda não posso dizer nada, afinal eu não os conheço.

Juca era um rapazote alegre e sorrindo disse:

– Você já tem ideia de como será construída a escola?

Leôncio sorrindo respondeu:

–Ainda não conversei com o coronel sobre isso, amanhã falarei com ele.

Juca com um largo sorriso disse:

– Mal posso acreditar que vou aprender a ler e a escrever, pois na casa-grande há tantos livros, que ao vê-los não entendo nada e fico a imaginar o que está escrito.

Leôncio também animado respondeu:

– Eu também não vejo a hora de aprender a ler e a escrever.

Os dois conversaram por mais alguns minutos.

– Vou levar os colchões na casa dos filhos de Anacleto, mas, que mal lhe pergunte, o que eles farão durante a tarde, uma vez que só começarão a trabalhar amanhã?

Leôncio pensou por mais alguns instantes, depois respondeu:

– Eles terão que capinar em volta da casa e depois se acomodarão; pois o trabalho que iniciaremos amanhã será árduo.

Juca em sua inocência confessou:

– Gostei de Samuel e de Otelo, mas não sei por que não gostei de Nestor, acho que você terá problemas com ele.

Leôncio desanimado confessou:

– Senti a mesma coisa em relação a Nestor, ele me parece diferente dos outros...

Juca levantou-se rapidamente e voltou à casa-grande para pegar os colchões que o coronel havia mandado levar na velha casa vazia. Os colchões não eram tão leves, e Juca penou para levá-los em três vezes à casa dos rapazes.

Otelo era um rapaz trabalhador e com isso pegou uma foice e uma enxada e já foi limpando em volta da casa juntamente com Samuel.

Nestor ficou no interior da casa olhando pela pequena janela o trabalho e com isso dizia:

– Vocês são bajuladores, acaso acham que depois que terminar a escola ficarão trabalhando para o coronel? Se esse for o pensamento, podem ir tirando da cabeça, pois o coronel só contrata para trabalhar em sua fazenda quem ele quer.

Samuel, sentindo seu sangue ferver, respondeu:

– Por que, em vez de ficar nos criticando, você não vem nos ajudar? Não estamos bajulando ninguém, apenas estamos limpando em volta da casa onde vamos morar por uns tempos, pois como sabemos nesse lugar há muitas cobras.

Nestor gargalhando disse:

– A cobra maior é o coronel Teotônio, pois ele está nos fazendo de escravos.

Samuel, perdendo completamente a paciência, falou:

– Não sei por que está reclamando, lembre-se que da mesma forma que encontrou a porteira para entrar ela continua aberta para você voltar à vila.

Nestor pulou a janela e avançou sobre Samuel, e foi nesse momento que Juca chegou com um dos colchões e viu Otelo apartar a briga entre os dois irmãos.

Juca gritou:

– O que está acontecendo aqui?

Nestor não deu ouvidos e continuou a bater em Samuel, que era mais fraco que ele. Foi nesse momento que Otelo pegou um pedaço de pau, acertando as costas de Nestor, que mais parecia uma fera.

Juca correu e chamou Leôncio, avisando sobre o que estava acontecendo.

Leôncio, ao chegar, encontrou Samuel sangrando pelo nariz e, em tom autoritário, perguntou:

– O que está acontecendo aqui? Qual o motivo da briga?

Otelo tomou a frente e relatou a Leôncio o que havia acontecido

Leôncio ajudou Samuel a se levantar e rasgando um pedaço de sua camisa, deu-o a fim de estancar o sangue.

Leôncio olhando para Nestor.

– Não quero mais saber de brigas; aquele que não estiver satisfeito poderá conversar com o coronel Teotônio.

Os irmãos logo se calaram, e Leôncio decidiu se retirar.

Samuel limpou o nariz, que estava sujo de sangue, e sem olhar para Nestor disse:

– Vou me lavar e descansar um pouco, pois a partir de amanhã o trabalho será árduo.

Otelo, ao ver o irmão naquele estado, comentou:

– Mano, venha, vamos cuidar desses ferimentos.

Samuel não havia percebido, mas seus braços estavam ralados por ter rolado com Nestor no chão.

Nestor, ao ver o estado de Samuel, sentiu remorso e, com voz triste, disse:

– Perdoe-me, mano, nunca brigamos nem quando éramos crianças, não sei o que deu em mim.

Samuel, olhando para o irmão, apenas respondeu:

– De hoje em diante só tenho um irmão e este se chama Otelo, você para mim é um estranho, por esse motivo peço que não me dirija mais a palavra.

Nestor sentou-se no chão pensativo e com isso disse:

– Meus irmãos são tão diferentes de mim; enquanto penso em crescer na vida e ser alguém, eles se contentam com cinco contos de réis.

Juca que estava sabendo de toda história perguntou a Leôncio:

– Você vai contar ao coronel sobre a briga dos dois irmãos?

Leôncio pensou por alguns instantes antes de responder:

– O coronel já tem muitos problemas, e não serei eu a levar mais um problema para ele, por enquanto tentarei contornar situação, só falarei alguma coisa quando eu não puder resolver.

Juca, fechando o cenho, continuou:

– Mas uma coisa dessas você não pode esconder do coronel, afinal ele é o dono dessas terras e tem que estar a par de tudo que está acontecendo.

Leôncio logo percebeu que Juca não guardaria segredo. Dessa forma, disse com voz forte e firme:

– Você não vai contar nada a ninguém sobre o que aconteceu, pois, se eu ficar sabendo que você deu com a língua nos dentes, vou cortar sua língua.

Juca nunca havia visto Leôncio falar de maneira tão firme, portanto decidiu se calar. Não acreditando na discrição do rapaz, Leôncio perguntou:

– E então, vai falar alguma coisa a alguém?

Juca sentindo-se ofendido disse, ressentido:

– Você acha que sou fofoqueiro?

Leôncio, esforçando-se para não rir, respondeu:

– Você é fofoqueiro sim. Esqueceu que tudo que acontece na casa-grande você vem me contar?

Juca, não querendo mais saber de conversa, decidiu voltar à casa-grande.

Leôncio, ao ver o rapaz se afastar, disse sorrindo:

– Juca é muito fofoqueiro, preciso tomar cuidado com ele.

Na manhã seguinte, Leôncio acordou assim que o galo cantou. Fez tudo como de costume: lavou o rosto, penteou os cabelos, colocou a roupa de trabalho e dirigiu-se à casa onde estavam hospedados os três irmãos.

Ao bater à porta, foi atendido por Otelo, que era o mais animado dos três.

Leôncio perguntou:

– Onde estão seus irmãos?

– Samuel foi se lavar, e Nestor ainda está no quarto.

Indignado, Leôncio perguntou:

– Como assim está no quarto? Ele ainda não se levantou?

Otelo, envergonhado, respondeu:

– Nestor sempre é o último a se levantar.

Leôncio não gostou nem um pouco do que ouviu e, propositalmente, falou:

– O peão para trabalhar com o coronel Teotônio tem que levantar assim que o galo cantar.

Nesse momento, Nestor saiu do quarto esfregando os olhos e, com raiva, respondeu:

– Então para trabalhar com o coronel Teotônio tem que ser escravo?

Leôncio respondeu:

– Não se trata de escravidão, mas sim de responsabilidade. Almerinda já está com o café pronto nos esperando, e não podemos nos atrasar.

Nestor, com raiva, passou a mão nos cabelos e voltou ao quarto, e em poucos minutos já estava vestido.

Nesse momento Samuel voltou e com um largo sorriso cumprimentou Leôncio dizendo:

– Bom dia! Hoje temos muito que fazer.

Leôncio, que simpatizara com Samuel e Otelo, respondeu:

– O alicerce da escola já está quase pronto, mas muita coisa ainda temos que fazer.

Samuel bateu no braço, dizendo:

– Não será por falta de braço que essa escola não ficará pronta.

Leôncio apressou os três a fim de irem à casa-grande antes de trabalhar.

Samuel, Otelo e Leôncio falavam animadamente sobre o que tinham que fazer, porém Nestor permanecia calado.

Assim que fizeram o desjejum, os três saíram e, ao chegarem na construção, Nestor disse ironicamente:

– O coronel resolveu fazer uma escola nesse fim de mundo?

Leôncio fingiu não ouvir o comentário de Nestor, e com isso ordenou:

– Nestor você terá que recolher lenha e cuidar do forno, enquanto nós enfornamos os tijolos, mas lembre-se: o forno terá que permanecer aceso dia e noite, portanto não deixe faltar lenha.

Nestor com um sorriso irônico perguntou:

– Se eu vou cuidar do forno quem irá amassar o barro para assentar os tijolos?

Leôncio respondeu com a mesma ironia:

– Tem razão! Hoje precisamos cuidar de preparar o material e somente quando tivermos um número razoável de tijolos acenderemos o forno.

Você, Samuel e eu amassaremos o barro enquanto Otelo colocará o barro nas formas.

Os tijolos ficarão no sol por dois ou três dias, e depois irão ao forno.

Nestor ficou irritado com as ordens de Leôncio, de modo que respondeu:

– Por que você não me deixa colocar o barro nas formas e Otelo ajuda a amassar o barro?

Leôncio sem se preocupar com o desagrado de Nestor respondeu:

– Otelo é o mais franzino entre nós e não aguentará ficar amassando barro o dia todo com os pés.

Samuel ficou satisfeito, afinal ele fazia de tudo para proteger o irmão mais novo.

Nestor não gostou nem um pouco da ideia, porém decidiu obedecer. Começou a cavar o chão, fazendo um imenso buraco, depois começou a colocar terra fofa, enquanto Otelo e Samuel traziam água, para formar o barro.

Assim que o barro estava pronto para ser amassado, Leôncio, Samuel e Nestor entraram e começaram a amassar o barro com os pés.

Otelo continuava a buscar água, para que o barro não secasse, e assim o dia transcorreu normalmente. Todos estavam extremamente cansados, porém o único a reclamar foi Nestor:

– Isso aqui é trabalho para cavalo, e não para mim.

Samuel ignorou as palavras de Nestor. Desde que tinham brigado, Samuel não falava mais com ele.

Otelo respondeu:

– Estou cansado, mas, ao pensar que pegarei cinco contos de réis, fico animado.

Samuel, olhando para o caçula, respondeu:

– Não é todo dia que se ganha cinco contos de réis, não é mesmo?

Otelo abriu um largo sorriso, permanecendo em silêncio. Era um rapaz alegre por natureza e tinha os próprios sonhos, sendo o maior deles ajudar seu pai, que vivia em grande pobreza.

A esposa do velho Anacleto morrera quando Otelo nasceu, de modo que ele fora criado somente pelo pai.

Nestor, por sua vez, culpava Otelo pela morte prematura de sua mãe, e, sendo assim, vivia sempre mal-humorado.

Samuel gostava imensamente do irmão e fazia de tudo para protegê-lo, principalmente de Nestor que vivia a se implicar com ele.

O velho Anacleto jamais culpou o filho pela morte da esposa, e como o criara sozinho tinha pelo rapaz um amor especial.

Otelo olhando para Samuel perguntou:

– O que você fará com seu dinheiro?

– Pretendo dar quatro contos para papai e ficar com um, para comprar um cavalo.

E você, o que fará com seu cinco contos? Perguntou Samuel ao rapaz.

– Vou dar todo o dinheiro para papai, afinal ele já está velho e cansado, passa o dia trocando ferraduras por migalhas e como sabe ele está sempre preocupado com o que por em nossa mesa.

Nestor ao ouvir o comentário de Otelo gritou:

– O quê? Você vai dar cinco contos de réis para papai? Lembre-se que precisa de roupas e finalmente comprar um par de botinas para trabalhar.

Otelo sorrindo respondeu:

– Para mim o importante é ver nosso pai feliz, não me preocupo com roupas e nem botinas.

Otelo finalmente olhou para Nestor quando perguntou:

– O que fará com seu dinheiro?

Nestor pensou por alguns instantes antes de responder:

– Vou pegar o primeiro trem para a capital. Lá vou comprar muitas roupas e arranjar trabalho. Só voltarei quando estiver bem na vida.

Samuel ouviu o comentário de Nestor, mas como não estavam conversando permaneceu em silêncio.

Otelo voltou a perguntar:

– Você pretende deixar nosso pai?

Nestor, em tom sarcástico, respondeu:

– Vou cuidar da minha vida; não posso viver à custa de nosso pai para sempre, afinal sou um homem e como tal preciso ir embora e arranjar um trabalho que dê algum dinheiro para me manter. Não quero viver como nosso pai, trocando ferraduras o dia inteiro; não nasci para isso.

Escandalizado, Otelo disse:

– Nunca pensei que fosse tão ingrato! Papai faz tudo por nós, e quantas vezes ele deixou de comer para que comêssemos.

Nestor deu de ombros e foi lavar o rosto na lata de água que ficava fora de casa.

Otelo, olhando para Samuel, disse:

– Nunca pensei que Nestor fosse tão ingrato...

Samuel, olhando com pena para o irmão, respondeu:

– Papai teve três filhos, e cada um pensa de uma maneira.

Embora Nestor vivesse a implicar com o irmão, pela primeira vez ele percebeu que seu irmão não tinha boa índole.

Os três rapazes estavam todos sujos de lama até o joelho, foi quando Samuel disse:

– Vamos tomar banho no rio, só assim para tirar essa lama toda.

Nestor estava enlameado, porém não se importava com a sujeira, e decidiu tomar banho quando os irmãos voltassem.

Assim os dias e os meses foram passando. A escola já estava quase pronta, faltando somente colocar o telhado.

Otelo estava feliz e sorria para Samuel:

– A única coisa que vou pedir ao coronel é que me deixe participar das aulas, pois quero muito aprender a ler e a escrever.

O coronel Teotônio ia todos os dias ver o andamento da construção, de modo que ficou satisfeito com o trabalho realizado.

Certo dia, olhando para Leôncio, disse:

– Leôncio, pagarei a você cinco contos de réis; não é justo eu pagar os outros e não lhe pagar pelo bom trabalho realizado.

Leôncio, encabulado, respondeu:

– Não precisa, coronel, afinal o senhor já paga meu salário.

– Não discuta comigo! Vou pagar cinco contos para você também e está decidido!

Leôncio sorriu feliz, afinal nunca tivera tanto dinheiro em sua vida.

Depois de oito meses finalmente a escola ficou pronta e o coronel resolveu fazer política na venda, dizendo a todos que lá estavam:

– A partir do mês que vem, minha filha começará a dar aulas para todos que quiserem aprender a ler e a escrever. A escola está quase pronta, mas para isso será necessário dar o nome para Crispim aqui na venda. Minha filha disse que dará aula às crianças e à noite dará aulas para adultos.

Simão, um dos homens que estavam tomando cachaça, replicou:

– Para que aprender a ler e escrever? Passei minha vida sem conhecer as letras e no entanto estou aqui, trabalho e ganho meu dinheiro sem pedir nada a ninguém.

O coronel, lembrando-se da frase da filha, respondeu:

– Todo homem tem a obrigação de aprender a ler e a escrever, pois somente a educação mudará esse país. É por falta de instrução que vocês votam sempre nos lobos que vêm com cara de ovelhas e assim que alcançam o que querem desaparecem. O homem só saberá votar com consciência se tiver educação, pois para saber o que realmente significa política tem que saber compreender o que os políticos dizem, e não acreditar em promessas vazias. O deputado Cabral, na última eleição, veio aqui e prometeu aumentar a verba para a cidade, mas fez isso? Não! Porque ele só estava preocupado com o próprio bolso. O deputado Romão, esse sim é homem de caráter. Quantas coisas pude fazer por vocês com a ajuda dele. Só não pude consertar a ponte do Barro Preto, porque ele não pôde fornecer mais verbas, mas fora isso tudo que prometi em campanha eu cumpri. Meu compadre Galdério será um ótimo prefeito, e terá a ajuda do deputado Romão.

Alguns estavam divididos, afinal Matias ia à venda e dizia que Teotônio era uma farsa.

Mas, como se tratava do coronel mais influente da região, todos permaneceram em silêncio.

Nesse instante, Ozório, um homem com pouco mais de quarenta anos, disse:

– Coronel, como sabe tenho cinco filhos, e o mais velho tem dezessete anos e precisa trabalhar. Como poderei mandar ele conhecer as letras na sua fazenda?

Teotônio era um homem esperto e, abrindo um largo sorriso, falou:

– Aqueles que moram na vila, mandarei que quatro carroças venham buscar as crianças, e, quanto a seu filho de dezessete anos, ele poderá trabalhar e estudar, pois minha filha Alice lecionará também à noite.

Ozório sorrindo ao dono da venda:

– Crispim, escreva o nome de meus filhos para irem estudar na fazenda do coronel, não quero que meus filhos tenham a mesma sorte que eu.

Crispim pegou um papel e com um lápis começou a marcar o nome dos filhos de Ozório, e logo os demais também começaram a dar os nomes dos filhos e também seus próprios para aprender a ler e a escrever.

O coronel Teotônio ficou satisfeito, afinal os presentes compreenderam que era imprescindível a educação.

Crispim olhando firmemente para o coronel perguntou:

– Coronel a notícia da escola em sua fazenda se espalhará como um rastilho de pólvora, e todos virão marcar o nome ou o senhor vai limitar as anotações.

Teotônio pensou sobre o assunto.

– Coloque o nome de todos que quiserem aprender a ler e a escrever; se for o caso, mandarei abrir mais uma sala de aula na escola da fazenda e trarei uma outra professora para ajudar minha filha.

Crispim simpatizava com o coronel Teotônio, pois sabia se tratar de homem honesto que falava de maneira simples e não usava de demagogia para enganar os pobres caboclos do local.

Feliz, o coronel Teotônio disse a Crispim:

– Sirva uma dose de cachaça para cada um e marque em minha conta, mas não permita que ninguém se embriague.

Nesse momento, todos que estavam na venda aplaudiram o coronel Teotônio.

Nos dias que se passaram, Crispim fechou a venda e foi até a fazenda do coronel Teotônio levando com ele algumas folhas de papel.

O coronel ao ver o dono da venda chegar a cavalo estranhou sua presença, de modo que ao se aproximar perguntou:

– Crispim, o que faz aqui?

Crispim desceu do cavalo e disse:

– Acho que o amigo terá que abrir outra sala de aula, pois há vinte e cinco nomes de crianças para as aulas e dezenove nomes de adultos que se interessaram nas aulas.

Teotônio jamais pensou que as pessoas se interessassem tanto sobre o assunto.

– Não precisarei abrir outra sala de aula, pois a sala da escola de minha filha é grande e poderá ser divida em duas partes, uma para as crianças e outra para os adultos; não se preocupe, amanhã mesmo mandarei uma missiva ao amigo Romão e pedirei que ele envie uma professora para auxiliar minha filha, que não dará conta de tanta gente.

Crispim não esperava outra reação do coronel e, sorrindo, entregou para ele as anotações dos nomes.

O coronel olhou nome por nome e comentou:

– Quero que minha gente aprenda a ler e a escrever, para não ser enganada por políticos mentirosos que prometem muito e pouco fazem.

Crispim sorriu, e já ia montar novamente em seu cavalo, quando o coronel falou:

– Crispim, você entrará e tomará café conosco; quero que esteja presente quando eu der a notícia a minha filha.

Crispim respondeu:

– Preciso ir, coronel, a venda está fechada e o senhor sabe como alguns ficam bravos ao ver a venda de portas fechadas.

– Não se preocupe com a venda, agora você é meu convidado e não vou aceitar recusa de meu convite.

Crispim sorrindo pensou por alguns instantes quando finalmente respondeu:

– Não vou fazer essa desfeita para o amigo, mas assim que terminar o café voltarei para a vila, pois os fregueses ficarão esperando do lado de fora.

O coronel sorrindo respondeu:

– Não se preocupe com os cachaceiros, pois eles não vão morrer se esperarem um pouco.

Teotônio, com os papéis nas mãos, andou lentamente ao lado do dono da venda e ao entrar em casa ordenou à esposa:

– Tina, hoje Crispim irá tomar café conosco, mande Olinda colocar mais uma xícara na mesa.

Clementina gostava profundamente de Crispim, apesar dos preços de suas mercadorias serem abusivos para aquelas pessoas tão pobres.

Durante o café, o coronel, com seu modo rude, disse à filha:

– Alice, Crispim veio me trazer a lista de seus alunos.

Alice não compreendeu o que o pai estava querendo lhe dizer, afinal ela não sabia que ele havia ido à venda para falar das aulas. Ao contar os nomes, replicou, preocupada:

– Papai, temos quarenta e quatro nomes de pessoas; não darei conta de ensinar a toda essa gente.

Teotônio respondeu:

– Não se preocupe minha filha, já enviei uma missiva ao amigo Romão e ele vai me enviar uma outra professora para ajudá-la.

Alice, mesmo sabendo que outra professora viria para ajudá-la, não gostou da notícia, por isso respondeu:

– O senhor não acha que eu merecia saber sobre o que estava ocorrendo?

– Não está ocorrendo nada! A escola é grande e eu vou dividir em duas classes, uma para você e outra para a professora que vier lhe ajudar.

Alice olhou para a mãe, que permanecia calada, e com isso decidiu também se calar, afinal sabia que não havia como contrariar o pai.

Crispim tomou uma xícara de café e comeu um pedaço de bolo de fubá, comentando:

– A prosa está boa, mas preciso voltar à vila; meus fregueses devem estar esperando na porta da venda.

Teotônio sorrindo agradeceu a presença de Crispim e logo o dono da venda se despediu de todos.

Alice desde que conhecera Leôncio e soubera que ele era o responsável da obra da escola, ia quase todo o dia verificar como estava o trabalho, mas a proximidade de Leôncio a fazia sentir-se bem.

Leôncio gostava quando ela chegava, porém ele não sabia por que a sua presença o intimidava.

Quem sempre dava ideia de ir à construção era Ritinha, e Alice nunca se opunha.

Certa manhã, as duas moças chegaram à obra e viram que os quatros rapazes já estava terminando o telhado. Foi Alice quem disse a Leôncio:

– O trabalho está bom, mas agora quero saber como fará o acabamento.

Leôncio, evitando olhá-la nos olhos, respondeu:

– Vamos começar o reboco e depois pintar; pelo menos essas foram as ordens de seu pai.

Alice olhou ao redor.

– Depois que a escola estiver pronta, faça um jardim em frente, pois não quero que meus alunos pensem que dou aula no meio do mato.

Leôncio esboçando um leve sorriso respondeu:

– Faremos isso; afinal sua mãe já havia ordenado a mesma coisa, portanto temos muito trabalho ainda a fazer.

Alice olhava furtivamente cada gesto de Leôncio, enquanto Ritinha fazia várias perguntas, para esticar a conversa.

As duas moças ficaram por mais alguns minutos, quando Alice decidiu voltar para casa.

Ritinha ao ouvir as ordens de Alice disse:

– Por que não ficamos mais um pouco aqui? Afinal é bom ver como as casas são construídas.

Alice fixou o olhar em Ritinha dizendo com autoridade:

– Não temos nada para fazer aqui e além do mais é perigoso ficarmos aqui, uma telha pode cair sobre nossas cabeças.

Ritinha a contragosto decidiu obedecer se despedindo de Leôncio.

Os outros ficavam observando o olhar de Leôncio para Alice, sem nada dizer, e assim que as moças foram embora, Nestor com sua língua ferina olhou para Leôncio dizendo:

– Leôncio tire os olhos da filha do patrão, pois essa moça não é para você.

Leôncio sem compreender perguntou:

– O que disse?

– Estou dizendo que você está derretido por essa moça, se mexer com ela estará mexendo em casa de marimbondo.

Leôncio em tom sério replicou:

– Deixe de falar bobagem Nestor, a moça é filha do coronel e se uma conversa chegar ao seu ouvido posso até perder o emprego.

Nestor abriu um largo sorriso, pois naquele momento não teve dúvidas de que o rapaz estava apaixonado por Alice.

Samuel e Otelo que ouviam a conversa em silêncio se entreolharam sem nada dizer.

Leôncio disse com firmeza:

– Vamos conversar menos e trabalhar mais; afinal temos um prazo para entregar a obra.

E com isso Nestor voltou ao trabalho.

Nestor não gostava de Leôncio e com isso disse várias vezes a Otelo:

– Não gosto de Leôncio, ele faz todos acreditarem que ele é bonzinho, mas, como papai sempre diz: há lobos em pele de ovelha.

Esse rapaz não me engana, ele se faz de bobo para conquistar a confiança de todos.

Otelo, que mantinha um bom relacionamento com Leôncio, disse ao irmão:

– Credo, Nestor! Como pode ser tão maldoso?

Nestor olhando com raiva para o irmão respondeu:

– Leôncio está apaixonado pela filha do coronel e um dia vocês me darão razão.

Samuel, que ouvia a conversa, fez sinal para que Otelo se calasse, pois sabia o quanto Nestor era encrenqueiro.

Otelo obedecia sempre aos sinais de Samuel, e, certa noite de verão, sentado em um banquinho no quintal do casebre, Otelo perguntou a Samuel, que fumava tranquilamente um cigarro de palha:

– Samuel, vou lhe confessar uma coisa.

Samuel, olhando para seu cigarro, respondeu:

– Diga.

Com olhar perdido no horizonte, onde a noite caía rapidamente, o rapaz disse:

– Sempre gostei de Nestor, sei que ele sempre implicou comigo, mas eu nunca dei importância ao fato. O problema é que descobri que não conheço Nestor. Longe de papai, ele mostrou bem quem ele é, e confesso que não gosto da pessoa que estou conhecendo agora.

Samuel, sem compreender, perguntou:

– O que está querendo dizer com isso?

Otelo respirou fundo e com tristeza disse:

– Nestor é maldoso, mesquinho e encrenqueiro, por que não vi isso antes?

Certa vez Nestor brigou comigo porque deixei cair os pregos, e papai me disse para não me preocupar, pois era só pegá-los de volta.

Samuel conhecia bem a história dos pregos, e com isso disse:

– Mas o que isso tem a ver com sua decepção?

– Naquele tempo achava que Nestor era correto, e por isso brigou comigo, mas a verdade é que a pessoa que ele se mostrou aqui é pior do que pensava. Sempre gostei de nosso irmão, mas agora já não sei mais o que sinto por ele. Você vê como ele continua a implicar comigo? Gosto de Leôncio, pois ele não permite que Nestor me ofenda.

Samuel, voltando a olhar o cigarro de palha, respondeu:

– Leôncio é um bom rapaz, mas infelizmente para nosso irmão ninguém é bom o suficiente para agradá-lo.

Otelo continuou:

– Assim que terminar o trabalho, ganharemos cinco contos de réis cada um. Se cada um de nós desse todo o dinheiro a papai, ele não se desgastaria tanto trocando ferraduras de cavalos. Somando ao todo, daria quinze contos, e esse dinheiro traria tranquilidade a papai, que afinal de contas já está cansado. Mas a verdade é que nosso pai só vai receber nove contos, pois eu darei cinco e você quatro contos, enquanto Nestor não dará nenhum tostão ao homem que nos criou.

Samuel riu da ingenuidade do rapaz.

– Não podemos esperar algo de alguém que não tem nada a oferecer. Nestor sempre foi assim, nós que não queríamos ver. Nestor sempre reclamou de tudo, embora seja um homem trabalhador ele mostrou o seu lado ingrato e talvez seja isso que o tenha decepcionado tanto.

Otelo olhando para a primeira estrela perguntou:

– Nestor disse que Leôncio está apaixonado pela filha do coronel; você acredita nisso?

Samuel era um rapaz ponderado e com um leve sorriso respondeu:

– Como posso saber? Leôncio é um bom rapaz, disso não tenho dúvidas, mas o coração alheio é terra que ninguém pisa. Mesmo que ele esteja apaixonado pela professorinha, jamais dirá a ninguém, pois ele é um homem de caráter.

Otelo voltou a respirar fundo.

– Pobre Leôncio... Se estiver apaixonado pela filha do coronel, irá sofrer.

Samuel, dando uma longa baforada no cigarro, respondeu apenas:

– Sofrimento faz parte da vida, e as decepções também.

Samuel já havia percebido que Leôncio arrastava uma asa para Alice, e também percebeu que a moça sentia algo pelo rapaz; porém, para não virar fofoca, decidira se calar.

Otelo logo viu Juca se aproximar com as marmitas e com alegria falou:

– Ai, que bom que a janta vem vindo, hoje estou morrendo de fome.

Samuel riu com a simplicidade de seu irmão caçula e tratou de apagar o cigarro a fim de jantar.

Juca era um rapazote falante; ele falava com Otelo e com Samuel, porém de Nestor ele mantinha uma certa distância.

Juca foi logo entrando e deixando as marmitas sobre a mesa, e Nestor olhando com desdém para o rapaz perguntou:

– O que a cozinheira fez hoje? Tomara que não seja frango e nem carne de porco, pois pra falar a verdade estou enjoado.

Juca percebendo a provocação do rapaz respondeu:

– Não sei... pois ainda não jantei. Almerinda mandou eu trazer as marmitas, mas não falou o que tem dentro delas, abra e veja.

Samuel ao ouvir a resposta de Juca riu em seu íntimo, porém ficou em silêncio.

Nestor ao sentir-se confrontado pelo rapaz disse:

– Você é topetudo mesmo, não é, moleque? Tome cuidado comigo, pois você não me conhece.

– Ara... Você está me ameaçando?

Samuel percebendo que Nestor iria provocar uma discussão se intrometeu na conversa perguntando:

– Você já entregou a marmita de Leôncio?

– Ainda não, ele não gosta de jantar cedo, pois prefere tomar banho e limpar a casinha dele para depois jantar e dormir.

Nestor voltou a dizer:

– Leôncio é o cachorrinho do coronel e faz tudo para agradar, mas a mim ele não engana.

Juca olhou para Samuel que fez um sinal discreto para que não respondesse e dessa maneira disse a Otelo e Samuel.

– Vou indo que o ribeirão não está pra peixe.

Nestor satisfeito provocou dizendo:

– Pra você o ribeirão nunca está pra peixe, moleque abelhudo.

Otelo defendeu Juca dizendo:

– Nestor, o que há com você? O que Juca lhe fez para tratá-lo dessa maneira?

Nestor ignorou completamente a pergunta de Otelo e, pegando a marmita, sentou-se na cama a fim de jantar.

O único que conversava com Nestor era Otelo, mas, com o decorrer do tempo, até mesmo o rapaz passou a evitá-lo.

Leôncio era um rapaz tranquilo, porém nos últimos dias a imagem de Alice não lhe saía da cabeça, fazendo com que ele ficasse longas horas da noite olhando as estrelas.

Certa noite, olhando para as estrelas no céu, começou a pensar em Alice e em seus grandes olhos verdes.

Ao pensar na moça, o coração do rapaz se enternecia de modo que não foi difícil descobrir que estava completamente apaixonado por ela.

Enquanto pensava na moça, o rapaz disse em voz alta, espantando o silêncio:

– Meu Deus, estou apaixonado por Alice e não sei o que fazer. Ela é filha do coronel, e eu um simples colono que nem mesmo sabe ler ou escrever.

O rapaz sentiu-se diminuído, afinal ele era paupérrimo e a moça vivia uma realidade que ele estava longe de conhecer.

Leôncio continuou com sua meditação dizendo:

– Com tantas moças que se interessam por mim... Por que fui me apaixonar justamente por aquela que não posso ter? Ajude-me Deus a tirá-la do coração, pois se isso chegar ao ouvido do coronel ficarei na rua da amargura.

O rapaz, ao pensar no coronel, sentiu em seu íntimo que jamais poderia falar a ninguém sobre esse sentimento, pois isso lhe custaria o emprego e, além do mais, ficaria longe da mulher que amava.

Leôncio deixou que uma lágrima escorresse de seus olhos, e enxugando com a costa da mão disse a si mesmo:

– Homem que é homem não chora, ainda mais por uma mulher que nunca poderá ter...

Ao dizer essas palavras, o rapaz resolveu entrar para dormir, pois sabia que teria que levantar cedo no dia seguinte.

Na manhã seguinte, Leôncio já estava trabalhando quando Alice entrou sorrateiramente. Ele passava cal nas paredes e foi pego de surpresa quando a moça disse:

– Está ficando bom o trabalho.

Leôncio constrangido respondeu:

– Que bom que gostou, pois passará a maior parte do tempo aqui.

Alice estava sozinha, pois Clementina havia ordenado que Ritinha ficasse ajudando Olinda nos afazeres domésticos.

Alice sabia que sentia algo por Leôncio, mas ainda não conseguia definir seus sentimentos. Naquela manhã, enquanto os três rapazes limpavam todo o arredor da escola, Alice ficou sozinha com Leôncio.

O rapaz era tímido por natureza e, após dizer essas palavras, voltou a seu ostracismo natural.

Alice ficou observando Leôncio enquanto pintava e, de repente, algumas gotas de cal caíram sobre a moça.

Leôncio, desconcertado, falou:

– Perdoe-me, foi sem intenção; esqueci de avisar que a brocha espirra cal para todos os lados.

Alice abriu um largo sorriso e respondeu:

– Não tem problema, ao chegar em casa vou me lavar.

O rapaz novamente pediu desculpas e a moça sorrindo disse:

– Pare de se desculpar; a culpa foi minha por ter ficado tão perto.

Leôncio, pela primeira vez, abriu um largo sorriso, deixando à mostra seus belos dentes enfileirados e limpos.

O sorriso do rapaz quebrou uma barreira que parecia intransponível, e com isso ele comentou:

– Se continuar aqui vai se sujar ainda mais.

Alice, sentindo-se à vontade, perguntou:

– Leôncio, você sabe ler e escrever?

– Não, senhorita.

Alice riu ao ser chamada de senhorita.

– Deixe de tanta formalidade, pode me chamar pelo nome.

O rapaz baixou os olhos, envergonhado.

Alice sem compreender perguntou:

– Por que não aprendeu a ler e a escrever quando criança?

Pela primeira vez, Leôncio soltou a língua e contou toda a sua história, desde a morte do pai e principalmente do trabalho que desincumbia na fazenda do coronel Matias.

Indignada, Alice disse:

– Se todos os fazendeiros pensassem como meu pai, uma boa parte dessa gente não seria analfabeta..

Leôncio, ao ouvir, permaneceu calado, e Alice adiantou-se em dizer:

– Quer aprender a ler e a escrever?

Olhando para um ponto indefinido da sala, Leôncio respondeu:

— Ler e escrever sempre foi meu sonho, afinal um homem que não sabe escrever o próprio nome é um homem pela metade.

Alice riu, divertindo-se com as palavras do rapaz.

— Você fará parte da turma da noite; meu pai quer contratar outra professora para me ajudar, mas, pelo tamanho da escola, acredito que darei conta do recado sozinha.

Leôncio voltou a sorrir e com isso respondeu:

— Quero ler e escrever e prometo à senhora que me esforçarei para aprender.

Alice respondeu:

— Ótimo! Estamos combinados. E você é o primeiro aluno com quem conversei até agora, pois papai tem uma lista de nomes e eu ainda não tive a oportunidade de conversar com nenhum deles.

Por um instante os olhares de Leôncio e Alice se cruzaram e a moça sentindo-se constrangida disse:

— Preciso voltar para casa e me lavar, se der voltarei mais tarde.

Leôncio nesse momento sentiu seu coração bater mais forte, e viu a moça rodopiar calmamente nos calcanhares e sair.

Assim que Alice partiu, o moço olhou para o telhado, pedindo novamente a Deus que tirasse aquele sentimento de seu coração, afinal ela era uma moça que havia estudado na capital da província, enquanto ele era um matuto que nunca havia saído do mato.

Mas, por outro lado, sentiu-se feliz, afinal fora a primeira vez que conversara com Alice sem qualquer interferência de Ritinha.

Sentindo a alegria invadir seu peito, Leôncio voltou ao trabalho, dessa vez com mais disposição.

Alice chegou em casa com os cabelos sujos de cal e foi Almerinda quem perguntou:

— Por onde andou, menina?

Alegre, Alice respondeu:

— Fui ver a escola, e já estão pintando e como fiquei muito perto o rapaz acabou me sujando com cal.

Almerinda sorrindo disse:

– Isso que dá ser curiosa... Bem feito para você. Agora vá se lavar antes do almoço.

Nesse instante Ritinha entrou e ao ver os cabelos de Alice sujos de cal perguntou:

– O que aconteceu com você Alice?

– Fui à escola e acabei me sujando com a pintura.

Ritinha abriu um sorriso malicioso e foi Almerinda quem disse:

– Ritinha pegue essa água quente e leve ao quarto para que Alice possa se banhar.

Ritinha obedeceu prontamente as ordens de Almerinda e, quando as duas moças já estavam no quarto, a mocinha perguntou:

– Alice o que você foi fazer na escola?

– Fui ver o andamento da obra.

Ritinha se encantou com Leôncio, porém ao conhecer Samuel a moça logo mudou de ideia e voltou a perguntar:

– Você viu o Samuel?

Alice estranhou a pergunta e com isso respondeu:

– Os três irmãos estavam capinando em volta da escola, por quê?

Ritinha encantada respondeu:

– Samuel é lindo, você não acha?

Alice riu das palavras da moça e com sinceridade respondeu:

– Samuel é um rapaz vistoso, mas sinceramente eu não o acho bonito... Ele tem presença.

Ritinha não se importou com o comentário de Alice e com isso confessou:

– Alice, posso lhe confiar um segredo?

A moça, olhando seriamente para Ritinha, disse:

– Certamente que sim! Somos amigas confidentes, esqueceu?

Ritinha respirou fundo quando começou a dizer:

– Faz um mês que venho me encontrando com Samuel, e ele disse que gosta de mim.

Alice ficou lívida de preocupação e com isso disse:

– E onde vocês se encontram?

A moça permaneceu calada por alguns instantes quando finalmente contou tudo.

– Eu me encontro com Samuel todas as tardes na escola, depois que todos foram embora. Ficamos conversando e antes que caia a noite eu volto pra casa.

Alice sorrindo disse:

– É por isso que você some todas as tardes?

– Sim! E o pior de tudo é que estou apaixonada!

Alice pensou por alguns instantes quando finalmente disse:

– Ritinha você sempre foi uma moça ajuizada, não faça nada de que venha se arrepender depois.

– De maneira alguma! Samuel quis me dar um beijo no rosto e eu não deixei.

Alice finalmente disse:

– Quando estava no colégio, uma das minhas professoras sempre disse às alunas que elas deveriam ser como muralhas, e não como uma porta que facilmente se abre, pois o que a mulher tem de mais precioso é a sua pureza.

Tome cuidado e não se deixe levar pelo coração, Ritinha, pois você não sabe quais são as intenções desse rapaz. Portanto, de hoje em diante, cada vez que for se encontrar com ele irei junto para lhe proteger.

Ritinha sorrindo perguntou:

– Você faria isso por mim?

– Certamente, afinal você é a irmã que não tive.

As duas moças continuaram conversando animadamente enquanto Alice se lavava e, depois de quase uma hora, enfim as duas saíram do quarto, pois o almoço já estava quase pronto.

O almoço transcorreu tranquilamente. Assim que todos terminaram de almoçar, Alice resolveu se deitar a fim de descansar.

Ritinha foi ajudar Olinda e Almerinda na cozinha, e seus pensamentos estavam em Samuel e na maneira simples do rapaz.

Alice, ao se ver sozinha, começou a pensar na conversa que tivera com Leôncio e, ao lembrar do sorriso do rapaz, sentiu seu coração estremecer. Foi nesse momento que a moça descobriu estar perdidamente apaixonada pelo rapaz.

Alice, sentindo o peito oprimido, pensou: "E agora, o que faço? Estou apaixonada por Leôncio, mas papai jamais permitiria tal união, afinal, ele é apenas um colono".

Alice, nesse instante, começou a se lembrar de cada gesto do rapaz e descobriu que sua timidez o encantava. Tentou desviar seu pensamento ao pegar um livro, porém seus pensamentos estavam em Leôncio. Percebeu que ele era um bom rapaz e, além de tudo, respeitador e honesto. Com isso, disse a si mesma: "Acho que estava implicando com Leôncio porque estava apaixonada por ele e não sabia..." Com esse pensamento, a moça começou a se lembrar da primeira vez que vira Leôncio e, ao recordar do dorso do rapaz, sentiu seu coração disparar.

A moça continuou divagando sozinha:

– Leôncio é um belo rapaz, nunca vi um colono tão bonito quanto ele, pena que não teve grandes oportunidades na vida – falou em voz alta.

Alice voltou a ler o livro que estava nas mãos, porém seus pensamentos não lhe davam tréguas e, sendo assim, decidiu que voltaria na construção a fim de ver o rapaz.

Alice ficou deitada por mais meia hora, quando decidiu chamar Ritinha para acompanhá-la até a construção, afinal para a Rita isso não seria nenhum sacrifício; ela estava perdidamente apaixonada por Samuel.

Alice saiu do quarto e, entrando na cozinha, perguntou a Almerinda:

– Onde está Ritinha?

Almerinda sorrindo respondeu:

– E quem é que sabe por onde aquela moleca anda? Rita desaparece e não fala pra ninguém onde esteve...

Alice pensou por alguns instantes, depois falou:

– Almerinda, se minha mãe perguntar por mim, diga que fui até a construção para ver o andamento das coisas por lá.

Almerinda levantou o sobrolho quando advertiu:

– Não é bom que você vá à construção sozinha, afinal lá só tem homens.

Alice sorrindo disse:

– Não se preocupe, embora lá só tenha homens, sei me portar, não vejo a hora dessa escola ficar pronta para que eu possa começar a dar aulas.

Almerinda meio tristonha perguntou:

– Alice eu também gostaria muito de aprender a ler e a escrever, mas acho que estou velha demais para isso.

– Almerinda, sempre há tempo para aprender e além do mais a escola é para todos, independente de idade.

Almerinda sorrindo respondeu:

– Minha cabeça já não ajuda...

– O que não ajuda é a preguiça, portanto se quer aprender a ler e a escrever terá que fazer um esforço.

Almerinda viu quando a moça rodopiou lentamente nos calcanhares e saiu em direção à porta da cozinha.

A cozinheira ficou pensando na última frase de Alice.

– Não há de ver que a pestinha tem razão? Vou me inscrever para ir à escola.

Mas logo um pensamento lhe veio à cabeça:

– Dona Clementina não permitirá que eu saia todas as noites para ir à escola, afinal sempre tenho coisas para fazer na cozinha.

Nesse instante Clementina entrou e Almerinda foi logo dizendo:

– Dona Clementina, se eu quiser ir à escola, a senhora vai ficar brava comigo?

Intrigada, Clementina perguntou:

– Você está pretendendo frequentar as aulas de Alice?

Almerinda baixando o olhar comentou:

– É duro a gente não saber escrever nem o próprio nome, eu quero muito aprender, mas se a senhora não quiser eu não vou.

Clementina sorrindo respondeu:

– Eu quero que aprenda a ler e a escrever, com o tempo poderei lhe emprestar alguns livros que tenho guardado em meu baú.

Clementina exultou-se e sorrindo disse:

– Esse é um sonho antigo, mas às vezes acho que estou velha demais para isso.

– Tire essa bobagem da cabeça! Sempre é tempo de aprender.

Almerinda sorriu quando Clementina perguntou:

– Alice saiu do quarto?

– Sim – respondeu Almerinda –, ela foi até a construção para ver o andamento da obra.

Clementina preocupada perguntou:

– Rita foi com ela?

– Não, senhora, a menina Alice foi sozinha, e só Deus sabe por onde Ritinha anda.

Clementina preocupada perguntou:

– Mas como Ritinha sai sem avisar a ninguém para onde vai?

– Ritinha é uma moleca, tenho certeza que está andando pelo pomar.

Clementina ficou preocupada com a mocinha e dessa maneira logo chamou por Juca, mas qual nada, o rapaz também não estava ao redor da casa.

Clementina voltou à cozinha.

– Ritinha deve estar com Juca, menos mal, pelo menos ela não está sozinha.

O que as duas mulheres não sabiam era que Juca e Ritinha estavam na construção.

Alice andou por alguns minutos e logo chegou à construção e sendo assim encontrou Rita e Juca.

Alice perguntou:

– O que vocês estão fazendo aqui?

Juca olhou assustado para Alice quando revidou a pergunta:

– O que você está fazendo aqui?

Alice sem pensar respondeu:

– Vim dar uma olhada na construção, mesmo porque será aqui que ficarei a maior parte do tempo a partir do mês que vem.

Juca e Ritinha ficaram em silêncio.

Alice entrou na escola e encontrou Leôncio pintando uma parede, enquanto Ritinha ficou do lado de fora, oferecendo água aos rapazes.

Alice sorriu ao ver o rosto de Leôncio todo sujo de cal e com isso disse:

– Leôncio você não está pintando as paredes, pelo que vejo você está se pintando.

Leôncio sentiu-se à vontade em responder:

– Não há como pintar sem se sujar, afinal o cal é muito fino e esborrifa por tudo quanto é lado.

Alice sorriu ao ver que até o olho de Leôncio estava sujo.

Juca entrou por alguns instantes, mas logo se retirou, afinal gostava de conversar com Otelo.

Enquanto isso, Alice conversava animadamente com Leôncio, sem se preocupar com o que os outros iriam pensar.

Leôncio, apesar de tímido, estava falante, e perguntou:

– A senhorita quer que mude alguma coisa? Se quiser é só falar.

Alice olhou nos olhos sujos de Leôncio e com seriedade respondeu:

– Não precisa mudar nada, está bom assim como está.

Enquanto isso Ritinha estava lá fora conversando com Samuel e não foi difícil para Juca desconfiar que a moça estava apaixonada pelo rapaz.

Alice, depois de alguns minutos a sós com Leôncio, decidiu voltar para casa e com isso disse:

– Leôncio, quero que participe das aulas e todas as noites você me acompanhará até minha casa.

– O que mais quero é aprender a ler e a escrever, e para mim será uma honra levá-la para casa.

Alice, em dado momento, sentiu que já conhecia o rapaz, e o mesmo se deu com Leôncio, que permaneceu calado. Ele, munindo-se de coragem, perguntou:

– Amanhã você voltará?

Alice abriu um largo sorriso maroto quando respondeu:

– Se você quiser...

– Eu quero! Pois tudo deve sair a seu gosto.

Alice ajuntou:

– Prometo que a partir de hoje virei todos os dias.

O coração de Leôncio se encheu de felicidade e, com os olhos esgazeados, ficou olhando a moça se retirar.

O rapaz trabalhou feliz naquela tarde, e não se preocupou com os descasos de Nestor.

Clementina estava bordando na varanda quando viu Alice chegar com Ritinha e Juca.

A mulher levantou o olhar e perguntou curiosa:

– Onde vocês estavam?

Alice se adiantou em responder:

– Estávamos na construção, queria ver como está o andamento do trabalho.

Clementina sorrindo perguntou:

– Qual a necessidade de ir os três à construção?

Ritinha já ia respondendo quando Alice disse:

– Mamãe, chamei Juca para que nos acompanhasse, afinal a senhora sabe como tem cobra na fazenda.

Clementina sorrindo disse:

– Vocês continuam sendo as mesmas crianças de sempre. Rita vá ajudar Olinda na sala de costura e quanto a você Juca, vá à cozinha e veja se Almerinda está precisando de alguma coisa.

Alice ficou sozinha com a mãe que voltou a bordar sem olhar para os lados, porém ela sabia que quando a filha ficava por perto em silêncio era porque queria alguma coisa e com isso disse:

– O que você está querendo Alice?

A moça pensou por alguns instantes quando finalmente resolveu dizer:

– Mamãe, Leôncio participará das aulas à noite, e hoje eu pedi para que ele me acompanhasse todas as noites na volta para casa.

Clementina tirou os olhos do bordado e falou:

– Seu pai não vai gostar nada disso...

Alice com sua língua ferina respondeu:

– Bem se papai se opor voltarei sozinha para casa, mas se alguma coisa acontecer, isso lhe pesará na consciência.

Alice sabia que seu pai não iria gostar de ver a filha voltar com Leôncio e dessa vez ela decidiu manipular a mãe para interceder a seu favor.

Clementina voltou o olhar ao que estava fazendo.

– A escola ainda não está pronta e você já está pensando com quem voltará para casa?

Alice pensou rápido e com isso respondeu:

– Mamãe, daqui a um mês papai vai inaugurar a escola, preciso pensar em tudo.

Clementina sorriu ao ver o entusiasmo da filha e com isso acrescentou:

– Minha filha não é de bom tom que uma moça volte sozinha para casa com um rapaz.

– Mas a senhora não vive dizendo que Leôncio é um bom rapaz? Não compreendo o medo.

– Não estou com medo, minha filha, mas você sabe como os colonos são maldosos e fofoqueiros.

Alice, dando de ombros, respondeu:

– Minha mãe, sei que não farei nada de errado e além do mais pouco me importa o que os colonos falarão.

Clementina olhou para a filha como se a visse pela primeira vez.

– Você está diferente, minha filha, antes você se preocupava com o que os outros iriam falar, mas agora parece que já não se importa mais com isso.

– Mamãe, aprendi que não devemos nos preocupar com o que os outros pensam, e sim com a nossa consciência.

Clementina sorriu achando que as ideias da filha fossem coisa da mocidade e com isso disse:

– Minha filha; quando começar as aulas, conversarei com seu pai sobre Leôncio acompanhá-la até nossa casa.

Alice sorriu satisfeita, afinal era isso mesmo que ela queria ouvir da mãe e com isso acrescentou:

– Vou me lavar, pois estou empoeirada.

Clementina viu a filha se afastar e pensou: "Nunca vi Alice tão contente... Quando se é jovem tudo é motivo para entusiasmo".

Clementina voltou a bordar sem pensar mais no assunto, enquanto Alice trancou-se em seu quarto e estirou-se na cama, pensando em Leôncio. "Leôncio é um bom rapaz; é uma pena ele ser pobre e peão da fazenda, pois caso contrário eu me casaria com ele".

Alice passou a relembrar cada palavra que trocaram e não pode esquecer do olhar fixo do rapaz nela enquanto falava.

Alice não tinha dúvida de que o amava, porém naquela tarde também não teve dúvidas de que era amada pelo rapaz.

Alice sorriu feliz e, com isso, passou a sonhar acordada com Leôncio.

Assim que Leôncio deu ordem para parar o serviço naquela tarde, Nestor se aproximou dizendo:

– Tem gente que gosta de mexer em vespeiro...

Leôncio sem compreender o que o rapaz estava querendo dizer perguntou:

– Por que está dizendo isso, Nestor?

Nestor sem pensar respondeu:

– Você está apaixonado pela filha do patrão, e isso irá lhe trazer muitos aborrecimentos.

Leôncio, que nunca dera tamanha liberdade a Nestor, perguntou:

– De onde você tirou essa ideia? A professora é uma moça de respeito e não permito que fale alguma coisa relacionada a ela.

Nestor caiu na gargalhada.

– Você pode não admitir, mas os seus olhos brilham quando veem a moça.

Leôncio, alterando a voz, respondeu:

– Nestor, pare de falar bobagens! Respeito a senhorita Alice, não só por que é filha do patrão, mas por que será minha professora, portanto guarde a língua dentro da boca ou senão eu vou pedir ao coronel que o dispense.

Nestor, sentindo-se ameaçado, decidiu se calar, o que deixou Samuel satisfeito.

Otelo, olhando para Nestor, censurou o irmão:

– Nestor, por que você é tão maldoso? Estamos perto de receber cinco contos de réis e você agora vive arranjando confusão com Leôncio.

Samuel, intrometendo-se na conversa, disse:

– Otelo fique quieto, afinal isso não é problema seu.

Otelo respeitava o irmão mais velho como a um pai, de modo que ficou em silêncio.

Nestor sentiu raiva de Samuel, afinal naquele dia ele estava querendo arranjar uma boa confusão com quem quer que fosse.

Leôncio ao ver que Nestor havia saído para tomar banho no rio disse:

– Que essa conversa não saia daqui, afinal a professora Alice não merece ser desrespeitada dessa maneira.

Samuel abrindo um largo sorriso confessou:

– Você pode não estar apaixonado pela professora, mas eu estou apaixonado por Ritinha, e pretendo pedi-la em namoro a seus pais.

Leôncio sorrindo feliz disse:

– Você está mesmo apaixonado por Ritinha?

Samuel afirmou com a cabeça, porém Leôncio advertiu o rapaz dizendo:

– Não brinque com os sentimentos de Ritinha, ela é uma moça pura e ingênua.

Samuel sentiu-se ofendido com a admoestação de Leôncio e logo replicou:

– Não estou brincando com os sentimentos de Ritinha; assim que terminar o serviço, pedirei emprego ao coronel e me casarei com ela.

Leôncio sorriu satisfeito.

– Você está falando sério?

– Não sou homem de brincar com coisa séria.

Quem não gostou foi Otelo, que logo se intrometeu na conversa:

– Samuel, você vai deixar o nosso pai sozinho? Você é o braço direito dele.

Samuel, olhando para o irmão caçula, disse com carinho:

– Maninho, você ajudará nosso pai, e além do mais sempre estarei na vila para visitá-lo.

Otelo ficou triste no primeiro momento, porém logo aceitou o fato de que um dia o filho se une a uma mulher e sai de casa, e que isso era absolutamente normal. Otelo perguntou:

– Mas nosso pai precisa de nós para ajudá-lo.

– Por enquanto papai terá a você, uma vez que Nestor irá embora, mas não se preocupe; ajudarei a papai em tudo o que for preciso.

Otelo completou:

– Tem razão, um homem tem de cuidar da própria vida.

Samuel sorriu feliz pelo fato do irmão ter compreendido o que ele estava querendo dizer e sendo assim logo passou a falar sobre outras coisas.

Leôncio ao ouvir a conversa dos dois irmãos, sentiu-se feliz e sorrindo disse a Samuel:

– Samuel você é o homem mais honrado que já conheci.

Samuel sorriu satisfeito com as palavras de Leôncio e permaneceu calado anuindo apenas com a cabeça.

CAPÍTULO 8

A bondade de doutor Frederico

O dia da eleição finalmente chegou e o coronel acordou apreensivo naquele dia.

Ele chamou todos os colonos em frente à casa-grande para seu último discurso.

Em pouco tempo todos os seus empregados estavam em frente a sua casa quando ele, de modo eloquente, passou a falar:

– Hoje é o grande dia, minha gente. Enquanto fui prefeito, fiz tudo que estava a meu alcance, mas hoje quem decidirá se meu trabalho continuará serão vocês. Matias já foi prefeito uma vez e agora está querendo se eleger novamente, mas vocês mesmos são testemunhas de que ele não cumpriu uma só promessa de campanha e que apenas pensou no seu próprio bem-estar. Como sabem, não sou como Matias, que impõe a sua vontade pela força e pela violência, pois acredito que vocês são capazes de decidir o futuro da cidade e do bem-estar da vila com sabedoria. Entregarei a vocês os papéis com o nome do compadre Galdério a quem apoiei durante a campanha. Confio em vocês e no bom senso de todos; o futuro agora está nas suas mãos. Colocarei à disposição duas carroças para levá-los à vila, e assim que voltarem peço que retornem ao trabalho. Quanto às mulheres casadas, só irão às urnas se os maridos permitirem, pois o código permite apenas que mulheres casadas votem, e as viúvas e solteiras, apenas se tiverem renda própria. Quanto aos homens casados, peço que tenham o bom senso de deixarem suas esposas votarem, pois um dia elas serão a força em nosso país.

Tomando fôlego, continuou:

– Graças ao decreto de 24 de fevereiro de 1932, foi outorgado às mulheres o direito de participarem ativamente na política brasileira, e tenho a certeza de que elas saberão usar sabiamente o voto, pois o povo não sabe a força que tem. O povo tem em suas mãos o direito ao voto, e isso ninguém vai poder tirar. E que Deus nos ajude.

Leôncio ficou encarregado de levar aos poucos as pessoas para votarem.

Os colonos do coronel gostavam da maneira honesta do coronel Teotônio e principalmente por serem levados às urnas com respeito.

O voto de cabresto imperava, porém o coronel nunca usou a força para ganhar uma eleição.

Leôncio chamou Samuel para comandar a outra carroça, pois sabia que os colonos do coronel Teotônio eram muitos.

Alice foi com seus pais à vila, enquanto os colonos iam aos poucos.

Ao chegarem ao local de votação o coronel logo votou e saiu e viu seus colonos votarem.

Matias também estava no local de votação com seus capangas e em tom de provocação disse a Teotônio:

– Hoje vamos ver quem pode mais.

Teotônio replicou:

– Que vença o melhor, confio no povo e sei que eles saberão votar com sabedoria.

Matias ficava de olho em cada colono que entrava na divisória para votar.

Galdério estava lá com sua esposa, porém não sentia que teria forças para enfrentar o coronel Matias.

A eleição transcorreu durante todo aquele dia, e foi somente no dia seguinte que foi divulgado o resultado. Galdério ganhou as eleições, e o coronel Teotônio, ao saber do resultado, resolveu matar um boi para comemorar a vitória.

Matias ficou insatisfeito com o resultado e logo passou a espalhar que Teotônio havia comprado voto nas urnas, afinal todos os seus colonos foram obrigados a votar nele.

Januário, Fabrício e Mariano logo chegaram à fazenda para participar das comemorações, juntamente com Galdério e sua esposa, Carmosina.

Clementina, embora não gostasse de Fabrício, sentia imensa simpatia por Carmosina.

O dia foi de festa, e novamente os colonos foram convocados a participar dos festejos.

Felizes, os colonos se reuniram em frente à casa do coronel, que logo tratou de fazer seu discurso de agradecimento.

Enquanto os colonos participavam do imenso churrasco, o coronel Teotônio, com seus três amigos, se reuniu em seu gabinete na presença de Galdério.

Teotônio foi logo dizendo a Galdério:

– O compadre terá muito trabalho pela frente, pois de hoje em diante você tem compromisso com toda essa gente. As promessas feitas em campanha terão que ser cumpridas, pois o povo já está farto de candidatos que prometem e não cumprem, para mim um homem tem que ter palavra.

Galdério, que nunca se elegera para nada, ficou apreensivo.

– Mas e se eu não conseguir cumprir com minhas promessas? O que farei?

O coronel Teotônio levantou o sobrolho para o prefeito eleito.

– Eu nunca fiz promessas que sabia que não iria cumprir, portanto lembre-se de suas promessas e cumpra-as, pois o verdadeiro político é aquele que honra sua palavra. O compadre não me faça passar vergonha em frente de toda essa gente que confiou em minha palavra, pois eu mesmo cobrarei as promessas que você fez em campanha.

Galdério sentiu-se intimidado e, sorrindo, replicou:

– Farei o possível para cumprir cada promessa que fiz em campanha.

Irritado o coronel respondeu:

– O possível não será o bastante, espero que o compadre faça o impossível para cumprir com suas promessas.

Galdério ficou calado e foi Januário quem disse:

– Todos na vila estão felizes com os resultados das eleições, e quem está lucrando com isso é Crispim que está vendendo muita cachaça na venda.

Galdério pela primeira vez sentiu o peso da responsabilidade, pois conhecendo bem o coronel Teotônio sabia que não iria ser fácil ser prefeito com as pressões do coronel.

Leôncio estava ajudando a servir carne para os colonos, e Alice ficou a observá-lo de longe.

Samuel só tinha olhos para Ritinha, que ficava andando de um lado a outro, porém não deixou de perceber a troca de olhares entre Leôncio e Alice.

Samuel, se aproximando do amigo, foi logo dizendo:

– A filha do coronel não tira os olhos de você, acho que ela está apaixonada.

Leôncio, naquele momento, passou do rubor à palidez.

– Você acredita mesmo nisso?

Samuel respondeu:

– Certamente que sim, desde que chegou não tira os olhos de você; por que não vai conversar com ela?

Leôncio novamente ruborizou-se.

– Não posso fazer uma coisa dessas, afinal ela é filha do coronel.

Samuel, com um sorriso maroto, respondeu:

– Diga isso a seu coração, e não a mim.

Leôncio compreendeu o que o amigo estava querendo dizer e sendo assim resolveu conversar com Alice.

A moça, ao ver Leôncio se aproximar, levou a mão aos cabelos e sorrindo esperou que ele lhe dirigisse a palavra.

Leôncio perguntou:

– A senhorita está gostando da festa?

Alice sorrindo respondeu:

– Leôncio já lhe disse que não precisa usar de formalidades para comigo, me chame pelo nome.

Leôncio sorriu envergonhado quando voltou a dizer:

– Você está gostando da festa?

– Assim é bem melhor não acha? Disse Alice sorridente.

Leôncio nada disse apenas esboçando um leve sorriso.

Alice continuou:

– Sim, as pessoas estão felizes pelo meu padrinho ser o novo prefeito, e confesso que a festa está muito animada.

Alice, percebendo a timidez do rapaz, perguntou:

– Quando a escola finalmente ficará pronta?

Leôncio passou a dizer:

– A escola já está praticamente pronta, só falta o acabamento; fique tranquila que no mês que vem você poderá começar as aulas.

Alice, enquanto conversava com Leôncio o olhava nos olhos, deixando o rapaz constrangido. Percebendo que todos estavam entretidos, a moça disse:

– O que acha de passearmos um pouco pela fazenda? Hoje ninguém vai trabalhar.

Leôncio pensou: "Se eu não for sei que irei me arrepender..." Por isso respondeu:

– Não podemos ir muito longe.

Alice e Leôncio saíram ali por perto, porém o rapaz estava mudo.

Alice puxou a conversa dizendo:

– Leôncio por que você não se casou?

– Por que acredito no amor e ainda não me apaixonei por ninguém.

Alice logo ficou desapontada com a resposta e o rapaz logo percebeu corrigindo em seguida.

– Para falar a verdade estou apaixonado, mas a moça que eu queria para ser minha esposa é impossível para mim.

Alice curiosa perguntou:

– E quem é ela?

Leôncio ficou mudo por alguns instantes quando finalmente teve coragem para dizer:

– Estou apaixonado por você Alice, mas você é filha do patrão e eu jamais me atreveria, afinal sou apenas um colono ignorante.

Alice ficou lívida com a declaração do rapaz e pensando em seu pai respondeu:

– Isso é impossível! Papai jamais permitiria tal união.

Leôncio munindo-se de coragem perguntou:

– E você sente alguma coisa por mim?

Alice foi pega de surpresa e, tentando disfarçar, respondeu:

– Leôncio, você é um bom rapaz, mas eu não estou apaixonada por você.

Leôncio naquele momento sentiu-se mal e com isso disse:

– Desculpe, sei que fui inconveniente, vamos nos juntar às pessoas, pois, se nos verem conversando, logo seremos motivo de comentários.

Alice respondeu:

– Não vejo motivos para desculpas, mas vamos voltar.

Os dois logo voltaram e novamente se juntaram aos outros.

Leôncio pediu licença e voltou a ajudar a servir as pessoas, enquanto Samuel conversava animadamente com Ritinha.

Alice continuou a olhar o rapaz de longe, porém o coração de Leôncio estava despedaçado.

Leôncio se arrependeu por ter confessado seu amor por Alice; com isso, logo arranjou uma desculpa para voltar para casa.

Alice viu quando Leôncio se afastou e por um instante pensou: "Se Leôncio soubesse o quanto eu o amo... Mas as coisas têm que ser assim, pois não tenho coragem de enfrentar meu pai".

Leôncio chegou em sua casa e jogou-se na cama, pensando em Alice e sentindo-se um otário por ter confessado seu amor. Embora todos estivessem especialmente felizes naquele dia, para Leôncio foi o pior dia de sua vida. Ele disse em voz alta:

– Por que fui dar ouvidos a Samuel? Ele se enganou e agora não tenho nem mesmo coragem de olhar para Alice.

Alice depois que Leôncio se retirou fez o mesmo, deixando Ritinha conversando com Samuel.

A moça entrou em casa e encontrou sua mãe conversando animadamente com Carmosina na sala.

Clementina perguntou:

– Alice por que veio cedo da festa dos colonos? Aconteceu alguma coisa?

– Não mãe; estou com dor de cabeça e vou me recolher, se Ritinha chegar peça para não me incomodar.

Alice educadamente pediu licença a sua madrinha e subiu a seu quarto.

A moça, ao se ver sozinha, disse:

– Por que fui mentir? Por que não tive coragem de dizer a Leôncio que também o amo? Mas, se eu fizesse isso, papai iria despedi-lo e eu nunca mais o veria.

Alice começou a chorar baixinho, pois sabia se tratar de um amor impossível. Sendo assim, disse a si mesma: "Foi melhor assim, sei que feri os sentimentos de Leôncio, mas se o fiz foi para protegê-lo". E, com esse pensamento, a moça desatou a chorar compulsivamente.

Anoitecera quando Samuel resolveu passar na casa de Leôncio para conversar. Ao chegar, encontrou o rapaz desanimado. O amigo perguntou, curioso:

– E então, falou com Alice?

Leôncio, mal-humorado, respondeu:

– Não quero mais falar sobre isso; me senti um asno quando confessei a ela meu amor.

Samuel, estupefato, perguntou:

– Você fez o quê? Onde está com a cabeça?

Leôncio replicou:

– A minha cabeça continua em cima do pescoço, mas o meu coração está despedaçado, não sei por que fui na sua conversa.

Samuel foi logo dizendo:

– Leôncio, eu disse para você conversar com ela e aproveitar sua companhia, não para se declarar.

Leôncio respondeu:

– Eu sou um burro mesmo, não deveria ter dito nada a ela.

Samuel tranquilamente pediu:

– Conte-me como ocorreu a conversa.

Leôncio passou a contar tudo o que havia conversado com Alice com riqueza de detalhes.

Samuel abriu um largo sorriso.

– Ela mentiu para você.

Leôncio fixou o olhar no amigo.

– Não, ela não mentiu; disse a verdade, pude sentir isso.

Samuel respondeu:

– Bem se vê que você não conhece as mulheres; elas mentem e dissimulam muito bem.

Leôncio perguntou:

– Você acredita mesmo nisso?

– Certamente que sim, pois, se ela não sentisse nada por você, não ficaria indo à construção todos os dias e, além do mais, se tem uma coisa que ninguém consegue esconder é a paixão, pois a boca fala uma coisa, mas o olhar diz outra bem diferente.

Leôncio ficou pensando nos olhares de Alice e por um momento sentiu-se feliz, pois seu coração lhe disse que ela nutria sentimentos por ele.

O rapaz levantou-se da cama animado.

– Quer tomar um café? – convidou. – Agora faço meu próprio café.

– Obrigado, preciso voltar para casa, pois Otelo está sozinho com Nestor, e isso não é bom.

Samuel partiu, e Leôncio ficou pensando nas palavras do amigo. O rapaz perguntou a si mesmo: "Por que ela mentiu?" Os pensamentos de Leôncio estavam em torvelinho, pois, ao mesmo tempo em que acreditava nas palavras de Alice, ao pensar nos olhares da moça, sentia que Samuel podia ter razão. Perdido nessas reflexões, o rapaz se deitou, pois sabia que naquela noite Juca não levaria seu jantar, afinal os colonos tinham comido o dia todo.

Logo adormeceu, pois decidiu não pensar mais no assunto.

No dia seguinte, Leôncio acordou e foi até a cozinha da casa-grande junto com os outros rapazes a fim de fazer o desjejum.

Leôncio estava mais calado que o habitual, e foi Samuel quem perguntou:

– E então, meu amigo, pensou no que eu disse?

Leôncio, ao se ver afastado dos outros dois rapazes, falou:

– Estou confuso e já não sei mais o que pensar; tem hora que acredito em suas palavras, mas as palavras de Alice não me saem do pensamento.

Samuel comentou:

– Dê tempo ao tempo... e verá que tenho razão.

Leôncio pensou por alguns instantes, porém permaneceu em silêncio.

A escola já estava quase pronta, e Leôncio terminava a pintura quando Alice chegou.

O rapaz, ao ver a moça, sentiu seu coração descompassar, porém voltou ao ostracismo natural.

Alice, por sua vez, sentiu vontade de dizer a Leôncio que havia mentido, porém, ao lembrar-se do pai, entrou e falou para Rita:

– O serviço está ficando muito bom, não acha?

Rita, sem saber de nada, comentou, olhando para Leôncio:

– O serviço está perfeito; jamais poderia imaginar o quanto Leôncio é caprichoso.

Leôncio olhou para Rita e esboçou um triste sorriso. Continuou a pintar sem dizer uma única palavra. Foi quando Alice pediu a Ritinha:

– Vá dar um passeio lá fora, preciso conversar com Leôncio.

– Ara, Alice, por que não posso ouvir o que você tem para falar com Leôncio?

Alice não respondeu e, com um sinal, ordenou que a moça fosse para fora. A jovem, ao se ver a sós com o rapaz, foi logo dizendo:

– Leôncio, sei que está magoado comigo, mas o que queria que eu dissesse?

Leôncio, em poucas palavras, replicou:

– Eu não queria que dissesse nada, agora me deixe fazer meu trabalho em paz, pois não vejo a hora de voltar a trabalhar no curral.

Alice, irritada, contrapôs:

– Você não quer conversa comigo?

Leôncio, colocando a brocha na lata, olhou para Alice.

– Não espero nada de você, aliás, você é a filha do meu patrão e será tratada como tal daqui por diante.

Descontente, Alice respondeu:

– Você está bravo comigo só porque não estou apaixonada por você?

– Eu não estou bravo com ninguém; agora peço que me deixe terminar meu serviço.

Alice irritou-se ainda mais.

– Ouça bem o que vou lhe dizer: você é petulante demais para um simples peão da fazenda do meu pai.

– Se eu sou isso que está dizendo, é simples: não venha mais aqui, porque eu não vou à casa-grande atrás de você.

– Grosso! Você, além de grosso, é muito mal-educado.

Leôncio irritado respondeu:

– Se eu sou tudo isso, por que insiste em vir até aqui?

Alice não suportava ser contrariada e se aproximou do rapaz erguendo a mão, como se tentasse esbofeteá-lo.

Leôncio, olhando fixamente para a moça, falou:

– Não faça isso! Sou um homem e jamais permitiria receber um tapa de uma mulher.

Alice permaneceu com a mão erguida, e repentinamente, Leôncio a agarrou pela cintura e lhe deu um sonoro beijo nos lábios.

Alice, no começo, tentou se desvencilhar do rapaz, porém logo se rendeu a seu beijo. Assim que os ânimos se acalmaram, Leôncio pediu:

– Por favor, vá embora. Sei que vai contar a seu pai e serei despedido, mas não pense mal de mim; se fiz, foi por amor.

Alice, sentindo-se atordoada, confessou:

– Eu não vou contar nada a meu pai, porque eu o amo, mas esse amor é impossível.

Leôncio, ao ouvir as palavras da moça, esboçou um largo sorriso.

– Não espero nada de você, Alice, conheço bem o meu lugar, e esse amor que tenho no peito guardarei só para mim.

Alice, sem dizer nada, aproximou-se novamente de Leôncio e o beijou ternamente nos lábios. Depois, saiu correndo, chamando por Ritinha.

Atordoado com os últimos acontecimentos, Leôncio passou a se lembrar de que a moça também estava apaixonada por ele e, com isso, sentiu uma felicidade imensa invadir seu coração.

Samuel entrou na escola e foi logo perguntando a Leôncio:

– O que você disse a Alice que a fez sair correndo daquela maneira?

Leôncio respondeu:

– Ela também me ama; ela me disse isso.

– Mas por que o vestido dela está sujo de cal?

Leôncio, chamando Samuel a um canto, contou tudo o que havia acontecido, desde o beijo roubado até o beijo voluntário que a moça lhe dera.

Samuel, preocupado, comentou:

– Você amar Alice é uma coisa, mas se envolver com ela é outra bem diferente, pois se o pai dela souber irá esmagar você; esqueceu que ela é filha única?

Leôncio, feliz, respondeu:

– Quer saber? Não me importo se o coronel vai me despedir; a única coisa que sei é que estou apaixonado e sou correspondido.

Samuel, vendo a felicidade estampada no rosto do amigo, ponderou:

– Cuidado! Você está mexendo com vespeiro, ela não é uma moça qualquer nem filha de colono; ela é filha do homem mais poderoso dessas bandas.

Leôncio tornou com displicência:

– O coronel pode ser rico, mas ele não é Deus, portanto, se ela me quiser, eu enfrento o coronel e me caso com ela.

– Leôncio, você não tem juízo! Onde já se viu pensar uma coisa dessas?

Leôncio deu de ombros e começou a assoviar enquanto voltava ao trabalho.

Quando Alice chegou em casa, Clementina perguntou:

– O que houve com você, minha filha? Por que está suja de cal dessa maneira?

– Mamãe, fiquei olhando Leôncio pintar a escola e novamente me sujei.
Almerinda, que estava ao lado, intrometeu-se na conversa:
– Alice, construção não é lugar para mulheres; toda vez que você vai até lá acaba se sujando.
– Não se preocupe, nada que água e sabão não limpem – falou a moça.
Almerinda sorriu ao ouvir o comentário de Alice. Clementina ajuntou:
– Alice não vê a hora de a escola ficar pronta; ela quer começar logo as aulas.
Alice, sorrindo alegremente para a mãe, confessou:
– Não vejo a hora de começar a lecionar, pois não foi para isso que estudei?
– Vá se lavar e não demore – falou Clementina –, pois logo o almoço será servido.

Alice entrou no quarto sorrindo e, ao pensar em Leôncio, seu coração disparou. A moça ficou pensando nos braços fortes e másculos do rapaz e na maneira como ele a beijou. Nesse momento, Alice sentiu seu coração enternecer e disse a si mesma: "Não sei se vou conseguir me manter longe de Leôncio, afinal ele é o grande amor da minha vida. Mas, se papai descobrir esse amor, não sei o que ele será capaz de fazer. Papai sempre teve muito ciúme de mim..."

Alice resolveu não pensar nos problemas que poderiam advir de um namoro com Leôncio, preferindo recordar somente do beijo que o rapaz lhe roubara.

Os dias inexoravelmente se passaram, e em um deles o coronel chamou Alice e Clementina para verem a escola, que já estava pronta.

Alice, desde que Leôncio a beijara, tratara de evitar uma aproximação maior com o rapaz, que a esperava todos os dias, até o final da construção.

Ao entrar na escola, a moça logo se lembrou da última vez que conversara com Leôncio e do beijo que o rapaz lhe roubara. Nesse instante, sentiu no ar o cheiro de cal, e a saudade do rapaz aumentou, fazendo seu coração descompassar-se.

Enquanto o coronel Teotônio falava sobre as compras das carteiras e das pessoas que seriam alfabetizadas, Alice pensava em Leôncio.

Clementina olhava a escola e sentia orgulho do marido. Com isso, perguntou:

– E os rapazes que trabalharam na construção da escola, o que farão agora?

O coronel pensou por alguns instantes antes de dizer:

– Quanto a Samuel e Otelo, vou oferecer trabalho na fazenda, mas Nestor... esse eu não quero em minhas terras; não costumo me enganar com as pessoas, e esse rapaz não tem boa índole.

Alice não ouvia o comentário do pai, pois estava presa em seus pensamentos.

– Minha filha, o que acha de colocarmos o quadro-negro nesse lado da sala? – perguntou Teotônio.

Alice olhou surpresa para o pai.

– O que o senhor disse, papai?

– Alice, o que está havendo com você? Fiz essa escola porque você se formou professora e agora parece não se importar com sua própria escola...

Alice, fingindo ter ouvido o pai, ajuntou:

– Acho que a mesa ficaria bem do outro lado da sala, papai.

Clementina olhou para a filha.

– Alice, não é isso o que seu pai está dizendo. Onde anda com a cabeça?

Alice levando a mão à testa, falou:

– Perdoe-me, papai, mas não estou me sentindo muito bem. Deixemos esse assunto para outra hora.

O coronel Teotônio, ao olhar para a filha, preocupou-se.

– Filha, acaso está sentindo alguma coisa?

– Estou com forte dor de cabeça; prefiro voltar para casa e me deitar.

Clementina imediatamente falou:

– Vamos, minha filha, deve ser o sol. Seu pai fez questão de que viéssemos ver a escola e veja no que deu.

O coronel Teotônio sentiu remorso por insistir com a esposa e a filha para saírem sob o sol escaldante do meio da tarde, por isso disse:

– Minha filha, sente-se aqui. Vou providenciar para que alguém venha carregá-la até a casa-grande.

– Não precisa se preocupar, papai; estou bem.

O coronel, sem prestar atenção nas palavras da filha, saiu logo em seguida, voltando com Leôncio.

Alice, ao ver o moço, sentiu as pernas bambearem e o coração disparar, porém decidiu permanecer calada enquanto seu pai ordenava:

– Leôncio, leve Alice até a casa-grande; ela não está se sentindo bem... Por favor, peço que a carregue.

Leôncio era um rapaz robusto, enquanto Alice era uma moça esguia e leve. Ele olhou nos olhos dela e rapidamente a pegou nos braços, saindo em seguida.

Alice, ao ser carregada por Leôncio, levou seu braço ao pescoço do rapaz e, por um momento, só sentia o cheiro que vinha daquele corpo másculo e suarento.

Leôncio, sem dizer uma palavra sequer, levou Alice até a casa-grande, olhando-a várias vezes nos olhos. A moça, por sua vez, sentiu-se feliz por rever Leôncio.

O moço entrou com ela na sala, colocando-a suavemente no chão. Alice, sorrindo, disse:

– Obrigada pela gentileza.

Leôncio nada respondeu, apenas anuiu com a cabeça.

Clementina comentou:

– Leôncio, por favor, leve Alice até seu quarto. Venha, vou lhe mostrar o caminho.

Alice gostou da ideia da mãe, por isso concordou sem dizer uma palavra sequer.

Leôncio novamente pegou a moça nos braços e tranquilamente subiu as escadas, passando pelo longo corredor cujo assoalho era de madeira. Permaneceu em silêncio, ouvindo-se apenas seus passos, bem como os de dona Clementina. Ao chegar ao quarto, Leôncio colocou Alice na cama e, pedindo licença, logo se retirou.

Alice olhou para a mãe e pediu:

– Por favor, deixe-me sozinha. Preciso descansar.

– Você quer alguma coisa, minha filha?

– Obrigada, mas prefiro descansar; quero ficar sozinha.

– Nem mesmo Ritinha poderá subir?

– Não, quero ficar sozinha – repetiu a moça com veemência.

Clementina assustou-se, afinal Alice sempre fizera questão de que Ritinha lhe fizesse companhia, mas decidiu aceitar a decisão da filha. Saiu do quarto e, tão logo Alice se viu a sós, virou-se na cama, agarrando o travesseiro e passando a pensar em Leôncio. Lembrou-se do cheiro que o corpo do rapaz exalava e sussurrou em voz alta:

– Leôncio mesmo suarento é cheiroso...

A moça logo pensou em seu pai e com isso disse a si mesma: "Preciso esquecer Leôncio, pois isso poderá lhe trazer muitos problemas; sou uma mulher e como tal tenho que me colocar em meu lugar".

Embora a boca de Alice dissesse que ela tinha que se manter longe de Leôncio, seu coração o queria por perto e, sendo assim, ela se viu agoniada com o conflito interno pelo qual passava. Refletiu consigo: "Leôncio não podia ser filho de algum fazendeiro e bacharel em Direito? Se assim o fosse, papai não iria se opor". Mas, ao se ver confrontada com a triste realidade, a moça se pôs a chorar baixinho.

Após deixar Alice no quarto, Leôncio desceu as escadas e deu com o coronel, que observava fixamente os degraus. Vendo o rapaz, perguntou:

– Como está minha filha?

– Não sei dizer, senhor; dona Clementina ficou lhe fazendo companhia.

Teotônio sentia verdadeira simpatia pelo rapaz, principalmente pela sua educação e discrição.

Leôncio logo pediu licença e se retirou, voltando a seu trabalho no curral.

Teotônio, percebendo que a esposa demorava a descer, resolveu subir e encontrou com Clementina no corredor. Preocupado, perguntou:

– Como está nossa filha?

– Está com forte dor de cabeça; talvez seja o caso de chamar o doutor Frederico para examiná-la.

Ao ouvir o nome do médico, Teotônio decidiu:

– Acho que tem razão; Alice tem tomado muito sol e não está habituada a isso. Vou mandar Leôncio ir à vila e chamar o médico.

Teotônio desceu rapidamente as escadas e entrou na cozinha. Vendo Almerinda, indagou:

– Onde está Juca?

– Não sei por onde anda aquele moleque, coronel, pois ele saiu logo depois do almoço.

– Infeliz! Quando mais precisamos dele, aquele infeliz some.

Almerinda percebeu que o coronel estava nervoso.

– Está acontecendo alguma coisa, coronel?

– Preciso que alguém vá chamar Leôncio.

– Leôncio saiu daqui agorinha mesmo, talvez ainda esteja perto da horta.

O coronel, ao ouvir essa informação, partiu com rapidez, a fim de encontrar Leôncio. Este, antes de voltar ao trabalho, parou no pomar que ficava quase ao lado da cozinha. Ao ver o coronel, falou:

– Desculpe, só vim chupar manga, mas já vou voltar para o trabalho.

– Ora... deixe essas mangas para lá; quero que vá à vila chamar o doutor Frederico, pois Alice não está bem.

Nesse momento, Leôncio se preocupou com a saúde de Alice e, sem fazer perguntas, foi correndo ao estábulo preparar o cavalo para ir à cidade.

Leôncio, enquanto galopava, pensava em Alice e no que estaria acontecendo com ela. Esbaforido, chegou à sala onde o doutor Frederico atendia.

Doutor Frederico era um médico idoso, que atendia a todos na vila sem nada cobrar. Além da consulta, ele mesmo dava o remédio para as pessoas, e em troca ele ganhava galinhas, ovos, pães caseiros e outras coisas.

O médico morava em uma casa simples e era bem quisto por todos. Ele atendia somente de manhã, pois à tarde trabalhava fazendo seus remédios, uma vez que possuía bastante conhecimento de farmácia e sabia manipular os mais variados deles.

Leôncio encontrou o médico em uma sala, na qual foi logo entrando.

Doutor Frederico sabia que o coronel não gostava de esperar, e, sendo assim, falou:

– Vou para casa pegar meu automóvel e irei em seguida.

Leôncio, impassível, disse:

– Vou acompanhá-lo em meu cavalo.

– Como queira; vamos então para minha casa.

A casa do médico era muito próxima de seu consultório e em poucos minutos o médico pegou seu Ford modelo 1931. O carro não corria muito, ainda mais nas estradas poeirentas de terra.

Leôncio montava bem e galopava com rapidez atrás do carro do médico.

Um milagre chamado perdão

Depois de uma hora, chegaram à fazenda do coronel. Leôncio desceu do cavalo e acompanhou o médico até a casa-grande. Este comentou:

– Você monta bem, rapaz! Quando era moço, montava como você, gostava de galopar na fazenda de meu pai.

Leôncio sorriu, sem nada dizer, e logo o coronel foi informado de que o médico havia chegado.

Clementina, preocupada com a filha, falou:

– Obrigada por vir, doutor Frederico.

O coronel foi logo dizendo:

– Nossa filha não está se sentindo muito bem e estamos preocupados, por isso mandei chamá-lo.

O médico perguntou:

– Onde está a menina?

Clementina se adiantou em responder:

– Venha, doutor, vou levá-lo ao quarto dela.

O médico e a mãe da moça subiram as escadas, e o coronel, ao ver Leôncio imóvel, perguntou:

– O que ainda está fazendo aqui, homem de Deus?

– Quero saber se o senhor ainda vai precisar de mim.

– Não! Vá para casa, pois hoje você não vai conseguir fazer mais nada. A noite logo chegará e trabalho agora só amanhã.

Leôncio pediu licença e saiu sorrateiramente. Antes de partir da casa-grande, passou na cozinha e comentou:

– Almerinda, o doutor está examinando a senhorinha. Se ficar sabendo de alguma coisa, me avise.

Almerinda, sem compreender direito o pedido do rapaz, perguntou:

– Quer jantar aqui? Assim Juca não precisará levar janta a você em sua casa.

Leôncio gostou do convite, afinal estava demasiadamente preocupado com a saúde de Alice. Por isso, prontamente respondeu:

– Se a senhora não se importar, prefiro jantar aqui hoje, pois se o coronel precisar de mim, estarei por aqui.

Almerinda comentou:

– Sabe o que falta para Alice?

O rapaz levantou o sobrolho, esperando uma resposta, e a cozinheira respondeu:

156

– Alice precisa de comida; há um tempo ela já não vem se alimentando direito. Come pouco e fica a maior parte do tempo em seu quarto.

Leôncio, ao ouvir o comentário da cozinheira, relacionou a falta de apetite da moça com a paixão, afinal ele mesmo estava comendo pouco, porém não dava para perceber que havia emagrecido, uma vez que seus músculos davam a impressão de que mantinha o mesmo peso. Leôncio pensou: "Alice está sofrendo de amor... e eu também". Ainda assim, ficou ali rodeando a cozinha, e enfim Clementina apareceu, contando a eles:

– O doutor Frederico disse que Alice não está se alimentando direito, e que o sol que tomou no meio da tarde fez mal a ela.

Almerinda respondeu:

– Eu conheço essa menina como a palma da mão; ando observando que ela vem se alimentando pouco nos últimos tempos.

Clementina falou:

– Almerinda, hoje Alice ficará em seu quarto. Prepare um bom prato para ela que eu mesma levarei e a obrigarei a comer.

Alice tinha ficado contrariada ao ver o médico, porém não dissera nada ao pai. O velho médico disse-lhe:

– Alice, seu mal é falta de comida. Você precisa se alimentar melhor, e essa dor de cabeça logo passará.

A moça não estava na verdade com dor de cabeça, porém aceitou com resignação os conselhos do médico.

Doutor Frederico, depois de examiná-la, saiu, encontrando o coronel à espera na sala.

Teotônio, preocupado, perguntou:

– O que minha filha tem, doutor?

O médico acalmou o coronel.

– Acalme-se; a moça está bem, ela só precisa se alimentar melhor, está um pouco fraca.

Teotônio foi logo dizendo:

– Alice nunca foi de comer muito, mas nos últimos dias tem comido muito pouco. Por que essa falta de apetite?

O médico tornou:

– Talvez seja o calor; todos nós sabemos que comemos menos quando o dia está muito quente.

O coronel, aliviado, indagou:

– Quanto é a consulta, doutor?

– Uma dose de licor de jabuticaba, e já está pago.

O coronel, que nunca mandara chamar doutor Frederico, ficou estupefato com a atitude do médico.

– O quê? O senhor não vai cobrar pela consulta?

O médico respondeu:

– Eu não cobro as consultas que faço na vila; por que cobraria do coronel?

Teotônio, com seu senso de justiça, disse:

– De maneira alguma deixarei de pagar seus honorários.

O médico respondeu:

– Já que o coronel quer pagar, pode me pagar com galinhas, ovos e outras coisas, afinal é assim que as pessoas me pagam na vila.

O coronel então respondeu:

– Vou pagar em dinheiro, pois o senhor não pode sobreviver sem nada receber pelos seus serviços.

O médico replicou:

– Deus nunca me deixou faltar nada. Vivo bem, tenho meu automóvel, e nada falta em minha mesa.

Indignado com a resposta, o coronel observou:

– Mas só isso não basta, pois a comida que o senhor come precisa de dinheiro para ser comprada.

– Coronel, se há uma coisa que aprendi em minha vida é que os desejos são muitos, mas as necessidades são poucas. Nós nos acostumamos com tudo, principalmente a viver sem o supérfluo.

O coronel sabia que o médico levava uma vida modesta, porém nunca ficara sabendo que ele não cobrava pelas consultas. Sem pensar muito, o coronel pediu licença e foi até seu gabinete, voltando com uma soma em dinheiro.

O médico, ao ver as notas, indagou:

– Mas por que isso, coronel?

– O senhor teve gastos para vir até aqui, e nada mais justo que eu pagar pela consulta.

O médico relutou em pegar, afinal, eram cinco contos de réis.

– É muito dinheiro, coronel, não posso aceitar.

Teotônio não gostava de explorar ninguém, nem mesmo os colonos da fazenda; com isso, foi logo dizendo:

– Doutor, esta é a paga pelos serviços prestados.

O médico o interrompeu:

– Eu não fiz nada, só constatei que a moça precisa se alimentar melhor.

O coronel, que não gostava de ser contrariado, falou:

– Se tem uma coisa no mundo que me deixa furioso é quando sou contrariado. Não importa o que o senhor fez; pegue esse dinheiro, senão nunca mais vou chamá-lo caso precise.

O médico, sentindo-se intimidado pelo coronel, pegou o dinheiro, mas a contragosto.

Teotônio riu, feliz da vida.

– Agora sim vou lhe servir o licor de jabuticaba.

O médico, agradecido, tomou o licor e comentou:

– Meu local de atendimento é um misto de consultório e boticário; faço isso porque gosto de ajudar as pessoas e sinto pena daquelas pobres almas que carecem de tudo, principalmente de saúde.

O coronel sentiu orgulho do médico.

– Doutor Frederico, graças a Deus eu nunca precisei de seus serviços, e não sabia como trabalhava, mas agora sei que, para fazer os remédios de que precisa o senhor tem que gastar. Portanto, me proponho a ajudá-lo todo mês nas suas despesas, afinal sou um homem público.

O médico pensou por alguns instantes.

– Só peço ao senhor que não use isso na época de campanha política.

– Jamais faria isso; não sou homem de falar o que faço, a não ser quando estou exercendo um cargo político.

O médico sorriu, agradecido, e partiu logo depois, voltando à vila.

Clementina, ao voltar à sala e não ver o médico, perguntou:

– Onde está o doutor Frederico?

– Ele já foi embora.

Clementina voltou à cozinha, deixando o coronel sozinho com seus pensamentos.

Teotônio tinha a mania de pensar alto:

– Doutor Frederico é um bom homem; mal tem para si e ainda ajuda o povo, sem esperar nada em troca. Vou ajudá-lo na compra do material para fazer os remédios para essa gente, afinal, tudo me sobra.

O coronel lembrou-se das palavras do médico: "Os desejos são muitos, mas as necessidades são poucas...". Ao pensar na frase, disse em voz alta:

– Doutor Frederico tem razão: um homem passa uma vida inteira para juntar fortuna e deixar para seus herdeiros...

Nesse momento, Clementina entrou na sala e, ao ouvir o murmurar do marido, perguntou:

– O que você está falando, homem de Deus?

O coronel, meditando ainda nas palavras do médico, passou a contar à esposa sobre o trabalho dele, e encerrou a conversa dizendo:

– O doutor Frederico tem razão: desejamos muito, mas, se formos analisar, as necessidades são poucas. Tenho tudo o que um homem pode querer. Se não me engano, estou com cento e trinta cabeças de gado, tenho um cafezal a perder de vista, tenho dinheiro sobrando em meu gabinete, mas eu pergunto: para que tudo isso? Cultivo café e vendo sempre a bom preço, a não ser em 1932, quando o preço do café desabou por causa da revolução, mas mesmo assim não passamos nenhum tipo de necessidade.

Clementina, percebendo que o marido divagava, falou:

– Teotônio, vá se lavar que Olinda já está preparando a mesa para o jantar.

O coronel olhou para a esposa e, levando a mão à cabeça, disse:

– É, você tem razão. O melhor que tenho a fazer é me preparar para o jantar.

Naquela noite, Teotônio jantou em silêncio. Justamente ele, que sempre falava em política naqueles momentos, não o fez naquele dia, deixando Clementina curiosa.

– Teotônio, por que está tão calado? Alguma coisa o preocupa?

– Estou pensando no pobre doutor Frederico. Ele trabalha, mas o seu trabalho não lhe dá retorno financeiro; sinceramente não sei como ele consegue manter o boticário.

Clementina olhou para o marido como se o visse pela primeira vez.

– Se nós temos de sobra, podemos ajudá-lo a comprar o material para ele preparar os remédios que distribui na vila.

– Já me ofereci, mas ele pediu que eu não usasse isso em campanha política. Clementina, em toda minha vida, nunca vi um homem tão abnegado; ele deve tirar dele para dar aos pobres da vila.

– Precisamos estreitar nossos laços com ele e com sua esposa, dona Isadora.

Teotônio pensou por alguns instantes e depois falou:

– Amanhã mesmo vou à vila. Vou convidá-los para passar o domingo conosco. O que você acha?

Clementina respondeu:

– Acho uma excelente ideia, pois poderemos ajudá-los no que eles precisarem.

Teotônio, mudando bruscamente de assunto, perguntou:

– E Alice, como está?

– Alice comeu tudo o que foi posto no prato e agora está descansando.

O coronel sorriu, satisfeito, e, assim que terminou o jantar, sentou-se na sala a fim de tomar seu licor de todas as noites. Naquele dia, Teotônio estava mais calado que o habitual, e Clementina respeitou o silêncio do marido, ocupando-se com seu bordado.

Depois de um tempo, Teotônio disse:

– Clementina, vamos dormir? Amanhã irei logo cedo à vila.

Curiosa, a esposa perguntou:

– O que vai fazer na vila?

– Vou chamar Leôncio para me acompanhar, pois preciso fazer uma visita ao doutor Frederico.

Sem compreender, Clementina perguntou:

– Mas você não deu cinco contos de réis para ele?

– Sim! Mas dinheiro acaba; vou cumprir com minha promessa: comprarei todo o material de que o doutor Frederico precisar, nem que para isso eu tenha que mandar vir da capital.

– Teotônio, você aparenta ser durão, mas tem coração mole como o de um menino.

Teotônio meneou a cabeça, sem pensar nas palavras da esposa, e subiu para se deitar.

No dia seguinte, o coronel Teotônio acordou cedo e foi ao terreiro de café. Aliás, gostava de ver quando esparramavam o café e, à tarde, o amontoavam a um canto, como acontecia todos os dias.

Teotônio foi ao celeiro e recontou as sacas. Nesse momento, percebeu que já estava na hora de ir à vila, afinal passara a noite pensando no médico Frederico e sentira que deveria ajudar o pobre homem a ajudar as pessoas carentes de lá.

O sol já estava alto, mostrando que passava das nove horas, quando decidiu visitar o doutor Frederico e ver como ele trabalhava. Foi com admiração que o coronel conheceu o trabalho do médico. Frederico era um homem com pouco mais de sessenta anos, mas continuava a trabalhar com ardor.

Logo ao chegar, viu uma fila de pessoas, mulheres com crianças e homens, para se consultar com o velho médico, e todos saíam de lá com frascos de remédios. O coronel observou que muitas pessoas levavam ovos, pães, galinhas e outras coisas como forma de pagamento.

Com humildade, Teotônio tirou o chapéu e cumprimentou todos os que aguardavam a consulta. Frederico logo saiu com uma mulher que trazia consigo uma criança ardendo em febre, e disse em voz alta:

– Não deixe de dar o remédio na hora certa.

A mulher olhou para o médico e respondeu:

– Doutor, não tenho como saber as horas, em casa não tem relógio.

O médico lançou um olhar piedoso para a mulher.

– Se eu tivesse um relógio, emprestaria a você, mas...

O coronel, observando a cena, foi logo dizendo:

– Não se preocupe, dona...

– Dolores – respondeu a mulher sem nada entender.

– Pois bem, dona Dolores, tenho vários relógios em minha casa e ainda hoje mandarei que um de meus colonos lhe traga um deles. Afinal, saúde é coisa séria.

Doutor Frederico ficou feliz em ver o coronel ali naquele momento e, sorrindo, comentou:

– Que Deus o abençoe, coronel.

Teotônio esboçou um largo sorriso e completou:

– Doutor Frederico, fique com esse relógio. É uma relíquia de família, e sei que estará em boas mãos.

O médico recusou o presente tão caro, de modo que disse:

– Não posso aceitar; vejo que é de ouro e custa uma fortuna.

– Não vai me fazer falta. Por favor, aceite. O senhor não vai me fazer uma desfeita como essa.

O coronel tirou do bolso do colete o relógio que trazia, desvencilhando o cordão que se prendia ao botão, e o entregou ao médico, que aceitou um tanto a contragosto. Agradeceu e, preocupado, perguntou:

– A filha do senhor melhorou?

– Sim! O mal da minha filha é falta de comida; a infeliz não come, o senhor já viu saco vazio parar em pé?

O médico riu da brincadeira do coronel, que se adiantou em dizer:

– Doutor, vou esperar o senhor atender essas pessoas, depois quero ter um dedo de prosa, se for possível.

O médico, respeitando as pessoas, falou:

– Por favor, aguarde um pouco e logo teremos uma boa prosa.

O coronel não deixou de perceber que as pessoas que iam ao consultório do médico eram desvalidos de tudo, até mesmo do essencial para sua sobrevivência.

O coronel começou a pensar: "Eu tenho tanto, e esses pobres-diabos não têm nem mesmo o necessário para saciar a fome. Mas que culpa tenho eu de ter tido a oportunidade de crescer na vida?"

E assim o tempo foi passando. Era mais de meio-dia quando o médico atendeu o último paciente.

Assim que saiu, doutor Frederico chamou o coronel para ir à sua sala a fim de conversarem um pouco. A sala era pequena e muito simples. Tinha apenas uma cama e a mesa do médico, e, no canto esquerdo do cômodo, havia um armário cheio de frascos com os remédios que o próprio doutor produzia.

O coronel olhou para os vidros e perguntou:

– Para que tantos vidros nesse armário, doutor?

– São os remédios que forneço a meus pacientes, pois, se eles mandarem trazer os remédios que receito da capital, leva vários dias para chegar, e além do mais eles não têm dinheiro para tanta despesa.

O coronel estendeu a mão para o médico, dizendo:

– O senhor é um bom homem.

– Faço minhas as palavras de Jesus: "Bom é Deus".

O coronel perguntou:

– O senhor é religioso, por isso é benemérito?

O médico, tirando os óculos, sentou-se à mesa, oferecendo a cadeira à frente ao coronel.

– Não sou religioso, pois acredito que a religião sirva de freio para os fracos; posso dizer que sou cristão.

O coronel se lembrou de que nunca vira o médico nas missas de domingo, com isso acrescentou:

– Eu concordo com o amigo, pois venho todos os domingos com Clementina às missas, mas confesso que não entendo nada. Primeiro que a missa é feita em latim, e segundo que não gosto de ser sempre destacado na igreja, por ter ajudado na reforma dois anos atrás.

– O senhor sabe o que significa a palavra religião?

O coronel pensou por alguns instantes, respondendo com uma negativa.

O médico prosseguiu:

– Religião significa religar-se a Deus, e nós podemos fazer isso mesmo em nossa casa, quando rezamos com fervor. Jesus orava incessantemente, e nas Escrituras está dito que o Filho de Deus orava, mesmo na noite em que foi traído. Até que Judas Iscariotes chegou com os centuriões e o beijou, mostrando aos soldados quem era Jesus. O próprio Jesus mencionou que seus discípulos deveriam orar e vigiar: orar pedindo a Deus ajuda necessária e vigiar seus pensamentos e atitudes, para não cair em tentação.

O coronel, vendo o rumo que estava tomando a conversa, falou:

– O senhor não vai às missas, mas lê a Bíblia.

O velho médico respondeu:

– Devemos manter nossa mente repleta de bons pensamentos, e isso só se consegue quando estamos orando ou lendo as Escrituras.

– Não tenho paciência para leitura – disse o coronel –, ainda mais se tratando da Bíblia, que não tem fim de acabar.

O médico sorriu ao ouvir as palavras sinceras do coronel.

– Jesus disse para amarmos a Deus sobre todas as coisas e ao próximo como a nós mesmos; essa é a regra. Por isso me empenho tanto para ajudar esses desvalidos judiados pela vida.

O coronel, voltando o olhar para o armário do médico, observou:

– O doutor gasta quanto por mês para preparar os seus remédios?

– Nunca fiz as contas, mas sempre vou à estação e peço que me tragam alguns materiais da capital. Porém, Deus é tão generoso comigo, que quase nunca me falta dinheiro para isso.

Intrigado, o coronel perguntou:

– Mas já faltou material para os remédios?

O médico respondeu:

– Muitas vezes. Na última vez, vendi o relógio que meu pai me deu para comprar o material de que precisava.

O coronel ficou boquiaberto com a confissão do médico.

– Quem comprou seu relógio?

– Foi seu Januário; ele comprou para me ajudar.

O coronel sorriu ao saber que o amigo comprara o relógio do médico.

– Vou deixar aqui quatro contos de réis para o senhor comprar o material que vem da capital. Quando faltar, o senhor me avisa.

O médico, assustado com a soma do dinheiro, foi logo dizendo:

– Não é necessário. Ontem o senhor me deu cinco contos de réis, e esse dinheiro vai dar para alguns meses.

O coronel falou com sua grosseria habitual:

– Mas o dinheiro que o senhor recebeu ontem foi pelo seu trabalho, portanto, acredito que deva gastar com o senhor e sua senhora.

– Coronel, minha esposa e eu não precisamos de muito para viver, mesmo porque meu filho é bacharel em Direito e nos envia todos os meses uma quantia para nos manter.

O coronel repetiu a velha frase:

– Não gosto de ser contrariado; o amigo não vai me fazer uma desfeita dessas.

O médico, percebendo que a expressão do coronel mudara, resolveu pegar o dinheiro e novamente agradeceu.

Teotônio, pela primeira vez, sentia que fazia algo pelas pessoas da vila. É verdade que, quando fora prefeito, cumprira as promessas, e só não fizera mais porque não tinha verba para executar as melhorias que a vila precisava. Levando o chapéu à cabeça, Teotônio arrematou:

– Doutor, agora vou indo. Preciso resolver algumas coisas na vila antes de voltar para casa.

O médico agradeceu a generosidade e ficou observando o coronel partir bruscamente de seu consultório. Doutor Frederico pensou: "O coronel é um bom homem, seu único defeito é não gostar de ser contrariado...". Sorrindo, saiu do consultório a fim de almoçar, afinal, a esposa já o devia estar esperando.

CAPÍTULO 9

Corações enamorados

Teotônio saiu do consultório e foi à venda a fim de tomar alguma coisa para se refrescar. Depois, decidiu voltar à fazenda, deixando Crispim incumbido de avisar Januário para ir à sua casa naquela noite.

Teotônio subiu em seu automóvel e se dirigiu à fazenda, pensando no trabalho abnegado do velho médico. Ao chegar em casa, o almoço já estava na mesa e Clementina foi logo dizendo:

– Que falta de consideração, Teotônio. Faz uma hora que estamos esperando-o para o almoço, e você aparece agora?

Teotônio, com seu jeito bruto, foi logo dizendo:

– Serve logo esse almoço que estou morrendo de fome.

Clementina estava irritada com o marido e foi de cenho fechado que disse a Olinda:

– Por favor, traga o arroz de volta à mesa, seu patrão está com fome.

Olinda percebeu que a patroa estava irritada e rapidamente foi até a cozinha buscar o arroz, que voltara ao fogão a fim de permanecer quente.

O coronel Teotônio foi logo colocando o guardanapo no colarinho da camisa.

– Mandei chamar Januário para vir aqui hoje à noite, portanto mande Almerinda colocar mais água no feijão e caprichar na comida.

Clementina não gostava quando o marido convidava pessoas para o jantar em cima da hora e com isso disse:

– Por que não me avisou antes que convidaria Januário para o jantar? Coitada da Almerinda.

– Faça qualquer coisa de diferente e um bom arroz-doce de sobremesa – falou o coronel com a boca cheia.

Clementina olhou para a filha, desaprovando a atitude do marido, porém Alice almoçava em silêncio.

Teotônio, olhando para Alice, perguntou:

– E você, filha, melhorou?

– Estou bem, papai, foi apenas um mal-estar súbito, mas já passou.

– Não quero mais que fique apenas beliscando comida, entendeu? Saco vazio não para em pé.

Alice esboçou um sorriso.

– Fique tranquilo, meu pai, farei minhas refeições como manda o figurino.

– Acho bom – tornou o coronel sorrindo.

De repente, Teotônio começou a falar sobre o médico e das pessoas que ele consultava sem nada cobrar, e Clementina que gostara da atitude respeitosa do médico disse:

– Logo se vê que trata-se de um homem de bem.

Teotônio sorrindo concluiu a conversa dizendo:

– Pela primeira vez senti que fiz algo de bom para as pessoas da vila.

Alice se intrometeu na conversa:

– Gostei do médico; ele foi atencioso comigo e se mostrou preocupado com meu mal-estar. Esse sim é médico de verdade, pois na capital os médicos gostam de atender somente pessoas ricas, uma vez que pensam só em seu bem-estar.

O coronel foi logo dizendo:

– Clementina, amanhã voltarei à vila e convidarei o doutor Frederico e sua esposa para passar o dia na fazenda.

Clementina não levantou nenhuma objeção de modo que disse:

– Faça isso Teotônio, pois eles serão bem recebidos em nossa casa.

Mudando de assunto Clementina perguntou:

– Por que mandou chamar Januário para jantar conosco essa noite? Vocês ganharam as eleições e agora não vejo motivos para essas visitas constantes.

– Deixe de bobagem mulher! Januário é meu amigo e não vejo motivos para não jantar conosco hoje.

Clementina insistiu:

– Teotônio eu te conheço, você está aprontando alguma coisa.

O coronel desatou a rir quando finalmente contou o motivo do convite.

Clementina, ao ficar sabendo da história do relógio, sentiu orgulho do marido e sorrindo disse:

– Eu sabia que havia algum interesse por trás desse convite. Mas e se ele não quiser vender o relógio?

O coronel esgazeando os olhos disse:

– Ele não tem querer; vai me vender o relógio para que eu possa devolver ao verdadeiro dono.

Logo o coronel se lembrou da promessa que fizera em mandar um relógio a Dolores, e com isso disse:

– Prometi a uma pobre mulher que enviaria um relógio para ela ainda hoje, pois o filho tem que tomar o remédio na hora certa e a infeliz não tem relógio em casa.

Alice sorrindo disse:

– O senhor vai fazer isso meu pai?

– Certamente que sim!

Alice olhou para a mãe sorrindo, e as duas olharam para Teotônio, que comia a sobremesa com gosto.

O coronel logo mandou chamar Juca, que prontamente foi até ele.

– O senhor mandou me chamar, coronel?

– Sim; quero que chame Leôncio para vir até aqui; preciso dar umas ordens a ele.

Juca saiu rapidamente, sem nem mesmo pedir licença, enquanto o coração de Alice disparou ao ouvir o nome do homem que amava.

Em poucos minutos, Leôncio estava na cozinha, esperando o coronel chamá-lo, e Juca entrou na copa dizendo:

– Coronel, Leôncio já está aqui para conversar com o senhor.

– Mande-o entrar.

Juca saiu e rapidamente Leôncio entrou na copa. Todos já se levantavam quando o rapaz, humildemente, entrou com o chapéu na mão.

Teotônio começou a falar:

– Leôncio, quero que vá à vila e procure por uma mulher chamada Dolores, entregue a ela um relógio.

O coronel não estava com o relógio em mãos e com isso disse:

– Venha comigo, vou pegar o relógio em meu gabinete.

O coronel pegou um relógio que não era de ouro e entregou ao rapaz.

Alice, ao ver o moço, sentiu seu coração descompassar-se, de modo que ficou com os olhos fixos no peão.

Leôncio olhou rapidamente para Alice, porém só se limitou a cumprimentar, tanto Alice como sua mãe.

Ao pegar o relógio, o rapaz pediu licença para as duas mulheres que estavam sentadas na sala e saiu. Alice então comentou:

– Mamãe, peça a Ritinha que vá a meu quarto me fazer companhia, nesses últimos dias não tenho dado muita atenção a ela.

Clementina disse preocupada:

– Vá descansar, minha filha, mais tarde Ritinha irá ter com você no quarto.

Alice subiu, porém seus pensamentos estavam em Leôncio. A moça entrou no quarto e se jogou na cama dizendo:

– Por que tive que me apaixonar por peão pobre e sem instrução? Que mal fiz a Deus?

Ao pensar nos olhos do rapaz, a moça começou a chorar baixinho, por saber que seu amor era completamente impossível.

Leôncio rapidamente saiu da fazenda montado em um dos cavalos do coronel.

O rapaz não estava com pressa de modo que seu cavalo foi trotando tranquilamente, enquanto o rapaz pensava em Alice.

Leôncio dizia a si mesmo: "Alice é tão bonita... Às vezes parece um sonho que ela sente algo por mim". E, com esses pensamentos, o rapaz apeou seu cavalo em frente à venda de Crispim e, ao ver o dono, perguntou:

– Crispim você conhece uma senhora chamada dona Dolores?

Crispim que conhecia todo mundo na vila foi logo explicando onde a pobre mulher morava.

Leôncio levou seu chapéu à cabeça e saiu em direção à casa da pobre mulher. Com facilidade encontrou a casa, e ficou penalizado com tamanha pobreza. Bateu palmas no pequeno portão de madeira, e a mulher saiu.

Leôncio perguntou:

– A senhora é dona Dolores?

– Sim, sou eu.
– O coronel Teotônio mandou entregar esse relógio para a senhora.
A mulher emocionou-se com a atitude do coronel.
– Eu estava esperando o relógio, pois não sei a que horas devo dar o remédio para meu filho.
Leôncio, em sua simplicidade, perguntou:
– A senhora sabe ver as horas?
A mulher, olhando para o relógio, respondeu em afirmativa, e o rapaz logo tratou de sair se despedindo cordialmente da mulher.
Leôncio voltou à fazenda, pois precisava terminar alguns serviços que deixara para cumprir as ordens do patrão. Ao chegar lá, procurou pelo coronel, informando que o relógio havia sido entregue e que a mulher ficara muito feliz com o presente.
O coronel sorriu satisfeito e com olhar brilhante viu o peão se afastar. "Vou conquistar a simpatia de todos na vila e, quando chegar a vez de enfrentar Matias nas urnas, o povo estará ao meu lado". Com esses pensamentos o homem resolveu ir ao celeiro para contar as sacas de café.

Alice subiu a seu quarto e ao pensar em Leôncio disse:
– Leôncio é um rapaz tão bonito, é uma pena que ande tão mal vestido, preciso falar com mamãe e pedir a ela que dê algumas roupas de papai para ele.
Alice pensou:
– Mas as roupas de papai jamais servirão a ele, pois papai é gordo e barrigudo, mas Olinda poderá dar um jeito nisso.
A moça ao pensar no rapaz disse:
– Ah se eu pudesse contar o que me vai ao coração para alguém...
Alice nesse momento passou a chorar, afinal ela sabia que seu amor por Leôncio era algo impossível para ela.
Enquanto pensava Ritinha entrou no quarto toda eufórica dizendo:
– Alice, preciso lhe contar uma novidade...
– Conte logo! – disse Alice curiosa.
– Samuel me pediu em casamento, ele está esperando receber o dinhei-

ro do seu pai e disse que vai pedir emprego para o coronel aqui mesmo na fazenda.

Ritinha ao dizer essas palavras sorria e girava no quarto.

Alice sentiu uma ponta de ciúme, afinal Ritinha amava e era correspondida, seu amor era algo possível.

Alice disse:

– Meus parabéns, Ritinha, mas quando Samuel conversará com meu pai?

Ritinha voltou a responder:

– Quando ele receber o dinheiro da construção da escola.

Alice abraçou a amiga que disse:

– Preciso sair antes que dona Clementina me veja aqui, afinal ela disse para eu deixá-la descansar.

Ritinha saiu cantarolando do quarto de Alice, enquanto a moça pensava em Leôncio. "Se Leôncio pudesse me pedir em casamento eu também estaria feliz..."

Alice, jogando-se novamente na cama, abraçou um dos travesseiros e passou a chorar baixinho.

O coronel foi até o curral quando perguntou pelos três irmãos.

Leôncio disse:

– Estão terminando de plantar os pés de hortênsia que dona Clementina pediu.

Assim que eles terminarem, mande-os procurar por mim, estarei no terreiro de café.

Leôncio sabia que o coronel iria fazer o pagamento e dirigiu-se aos três irmãos dizendo:

– O coronel disse para vocês o procurarem no terreiro; acredito que ele vá fazer o acerto de contas pois o serviço terminou.

Nestor disse:

– Que bom! Não via a hora de ir embora desse lugar.

Otelo disse triste:

– Eu gostei tanto da fazenda que se pudesse eu ficaria trabalhando para o coronel.

Leôncio sorriu perante a sinceridade do rapaz.

– Por que não pede trabalho para o coronel? Posso estar enganado, mas ele está precisando de gente para ajudar na colheita.

Otelo pensou por alguns instantes, depois falou:

– Não posso abandonar meu pai, ele precisa de minha ajuda; Samuel já vai ficar por aqui, pois está precisando de trabalho, e Nestor vai embora para a capital; meu pai já está velho e precisa de minha ajuda.

Leôncio sentiu pena do rapaz que se afinara com Juca, porém reconheceu que mesmo o rapaz tendo pouca idade tinha verdadeiro amor pelo pai.

Leôncio depois de pensar disse:

– Otelo, mesmo que você tenha que voltar para a vila, saiba que as porteiras da fazenda estarão sempre abertas para você.

Nesse momento, Juca se aproximou trazendo um recado do coronel.

– O coronel está chamando todos vocês ao gabinete na casa-grande.

Leôncio perguntou:

– Mas o que o coronel quer?

Nestor se intrometeu na conversa:

– O coronel vai nos pagar, será que você não entendeu isso ainda?

Leôncio chamou os outros três, e juntos foram ter com o coronel.

Teotônio estava sentado atrás de sua mesa e mandou que os quatro rapazes entrassem. Ele começou a falar:

– Contratei vocês para construírem a escola da minha filha e confesso que gostei muito do trabalho e da união entre vocês, por isso chegou a hora de cada um receber o que havíamos combinado.

Leôncio disse:

– O coronel não precisa me pagar, afinal já trabalho com o senhor há algum tempo.

O coronel Teotônio remexeu-se em sua cadeira, depois falou com autoridade:

– Leôncio é bem verdade que você trabalha comigo há algum tempo, mas eu lhe prometi pagar cinco contos de réis pelos serviços prestados, afinal você foi contratado para trabalhar na fazenda e não para mexer em construção.

Leôncio, percebendo que não podia contra-argumentar com o coronel, baixou a cabeça, anuindo levemente.

O coronel abriu a gaveta e pegou quatro envelopes, entregando-os a cada um dos rapazes. Estes os pegaram e agradeceram, e nesse momento o coronel disse:

– Abram o envelope e contem o dinheiro, não quero que falte um vintém do que lhes é devido.

Os quatro rapazes abriram o envelope e pegaram um maço de cédulas, contando-as rapidamente e afirmando que estava correto.

Leôncio agradeceu mais uma vez e pediu licença, retirando-se com Otelo e Nestor.

Samuel não se mexeu, e o coronel olhando para ele perguntou:

– Alguma coisa errada com o dinheiro, Samuel?

– Não, coronel; deixei que os outros se retirassem porque preciso ter um dedo de prosa com o senhor.

O coronel remexeu-se novamente, encostando-se na cadeira quando perguntou:

– O que quer, homem? Fale de uma vez.

Samuel com humildade disse:

– Coronel eu queria que o senhor me desse emprego na fazenda, sou homem trabalhador e honesto e farei o que me for mandado.

O coronel perguntou:

– Gostou tanto da fazenda assim?

Samuel abaixando o olhar respondeu com sinceridade:

– Coronel, durante o tempo que estivemos trabalhando na escola, tive a honra de conhecer Ritinha e confesso que me apaixonei como o senhor é responsável por ela, gostaria de pedir a mão dela em casamento.

Teotônio riu a valer e depois de serenar as emoções disse:

– Você gosta mesmo de Ritinha?

– Sim senhor! – respondeu Samuel, olhando fixamente nos olhos do coronel.

Teotônio pensou por alguns instantes quando perguntou:

– E onde pretendem morar?

Samuel em tom sério respondeu:

– Se o coronel permitir posso fazer uma casa para nós na beira do lago.

– E como irão viver? Todos sabem que não pago bem para meus colonos.

Samuel em toda sua humildade disse:

– Coronel; acabei de ganhar uma boa quantia em dinheiro e se o senhor permitir posso fazer uma rocinha em volta da casa e criar algumas galinhas, para nosso sustento.

Teotônio apesar de ser um homem grosseiro tinha um bom coração e penalizado disse:

– Você está dizendo que quer se casar com Ritinha, mas ela sabe disso?

Samuel nesse momento sentiu suas pernas bambearem, porém manteve-se firme ao dizer:

– Sim senhor; conversamos muito sobre o assunto e ela aceitou meu pedido, agora depende da aprovação do coronel.

Teotônio pensou por alguns instantes.

– Espere na varanda, vou conversar com Clementina para saber sobre sua opinião e depois voltaremos a nos falar.

Samuel saiu desanimado do gabinete do coronel, afinal Ritinha era como uma filha para eles e em seus pensamentos julgou que o coronel não fosse aceitar o seu pedido.

Samuel rodopiou lentamente nos calcanhares quando ouviu o coronel dizer:

– Por favor, diga a Clementina que venha conversar comigo em meu gabinete.

Samuel ao sair do gabinete encontrou Clementina bordando na varanda e suavemente transmitiu o recado do coronel a dona da casa.

Clementina depositou o seu bordado sobre a cadeira de balanço e rapidamente entrou para saber o que o marido queria.

Assim que Clementina entrou no gabinete, o coronel rindo a valer contou toda a historia a esposa que se manteve séria e depois perguntou:

– Por que você está rindo Teotônio? Se o rapaz pediu um emprego na fazenda e a mão de Ritinha, deixa claro que se trata de um homem de bem.

Nesse instante o coronel parou de rir e perguntou:

– Então você concorda com essa loucura? Ritinha está acostumada com as coisas boas de nossa casa, você acha que ela vai se acostumar a morar em uma tapera com Samuel?

Clementina sem achar graça respondeu:

– Não se esqueça que, quando nossa filha foi morar na capital, Ritinha foi trabalhar na lavoura de café, morando em uma tapera na colônia da fazenda.

Teotônio que não havia pensado nisso fechou o cenho rapidamente e foi logo dizendo:

– É verdade; cometemos essa injustiça com a pobrezinha.

Clementina continuou:

– Ritinha já tem idade suficiente para se casar, afinal ela já tem vinte anos, e para falar a verdade já está passando da hora.

Teotônio pensou por mais alguns instantes quando decidiu:

– Você tem razão; vou dar trabalho a esse pobre diabo e mandar que ocupem uma das casas da colônia para começarem a vida.

Clementina disse com respeito:

– Esse é o homem por quem me apaixonei.

Teotônio mandou Clementina chamar Ritinha, que veio imediatamente ter com coronel.

Ritinha entrou sem saber o que estava acontecendo, e o coronel logo perguntou:

– Ritinha, o que sente por Samuel?

Ritinha nesse momento começou a gaguejar e o coronel, irritando-se com a timidez da moça, disse:

– Fala de uma vez o que você sente por esse rapaz!

Ritinha, com olhar esgazeado, respondeu com serenidade:

– Eu gosto de Samuel e ele me pediu em casamento. O pedido foi aceito, agora vai depender do coronel.

Teotônio percebendo que o rapaz era correspondido disse:

– Samuel está na varanda, chame–o aqui para acertarmos esse casório.

Ritinha saiu quase que correndo e rapidamente voltou com Samuel.

Teotônio olhou sério para Samuel.

– Vou permitir esse casamento, e você poderá trabalhar comigo na fazenda, mas vou logo avisando: Ritinha é como uma filha para mim e jamais permitirei que coloque as mãos sobre ela. Agora responda: você gosta de beber?

– Não senhor! – respondeu Samuel.

– Isso é muito bom, pois já despedi vários homens que bebiam e surravam suas esposas, portanto cuide bem de Ritinha e você poderá contar sempre com minha aprovação.

Samuel sorriu feliz e com isso perguntou:

– Enquanto Rita e eu não nos casamos gostaria de pedir vossa permissão para vir conversar com ela à noite.

O coronel cansado daquela conversa foi logo dizendo:

– Está bem; mas tome cuidado, pois se eu souber que você se aproveitou de sua inocência antes do casamento vou lhe mandar dar uma coça de juntar bicho.

Samuel respeitosamente respondeu:

– Eu jamais faria uma coisa dessas coronel, pois sou um homem decente.

– É bom que seja; pois se eu souber que está brincando com minha afilhada, você irá se arrepender de ter vindo parar nessas terras.

Samuel era um homem responsável e com isso anuiu com a cabeça pedindo licença.

Enquanto os dois saíam, o coronel disse quase gritando a Ritinha:

– Se comporte, Ritinha, pois nunca se esqueça que você é mulher.

Ritinha toda faceira respondeu:

– Pode deixar, coronel, não vou lhe trazer aborrecimento.

Os dois saíram radiantes da casa-grande e encontraram com Leôncio que conversava com Juca e Otelo na horta.

Leôncio logo perguntou:

– E então conversou com o coronel?

Samuel sorridente disse:

– Ele aceitou o meu pedido, vou me casar com Ritinha e trabalhar aqui na fazenda junto com outros colonos.

Leôncio abraçou Samuel e, sorrindo, disse:

– Muito bem, eu não esperava outra coisa de você.

Ritinha sorria todo o tempo e acrescentou:

– Não vejo a hora de nos casarmos.

Samuel perguntou:

– Que dia você quer casar?

– Se eu pudesse me casaria com você amanhã mesmo.

Leôncio intrometeu-se na conversa dizendo:

– Calma! Não vamos colocar a carroça na frente dos bois, primeiro vocês terão um tempo para namorar com o consentimento do coronel e, se tudo correr bem, durante esse tempo vocês se casam.

Samuel e Ritinha estavam felizes, e foi nesse momento que a moça disse:

– Preciso contar a novidade a Alice. Agora preciso entrar; não quero que o coronel implique comigo.

Leôncio, olhando para a moça, comentou:

– Uma mulher tem que ter juízo.

Ritinha saiu cantarolando e rapidamente voltou à casa-grande.

Ao entrar na cozinha, foi logo contando a novidade a Almerinda e Clementina, que ficaram felizes em saber do casamento.

Depois Ritinha foi até o quarto de Alice e em poucas palavras contou tudo que havia acontecido.

Alice ficou feliz em saber sobre o casamento, mas de repente algo a entristeceu, o que não passou despercebido por Ritinha.

– Alice, você não ficou feliz por saber que vou me casar?

– Estou feliz por você, mas fico triste em pensar em minha condição.

– Que condição?

Alice logo revelou seu segredo a Ritinha, contando o que lhe ia ao coração.

A moça falou sobre seu amor por Leôncio e o beijo que ele lhe dera quando estava pintando a escola.

Ritinha ficou pasma ao saber que os dois jovens estavam enamorados, e com naturalidade na voz falou:

– O coronel não vai permitir esse namoro, mas, já que você o ama tanto, faça-o às escondidas; eu jamais contarei alguma coisa a alguém.

Alice, como era uma moça ponderada, respondeu:

– Por que eu faria isso? De que valia é namorar escondido se eu jamais poderei me casar com ele?

Ritinha, com olhar maroto, respondeu:

– Não estou dizendo para você se casar com ele, mas para namorar, afinal você é jovem e precisa viver um amor.

Alice pensou por alguns instantes antes de responder:

– Ritinha, fui criada para me casar e constituir família, não sou uma moça volúvel que namora somente por namorar.

Ritinha, ao ouvir as palavras de Alice, argumentou:

– Não quis dizer isso, mas, se você entendeu dessa forma, nada posso fazer. Pois bem, a vida é sua, faça como quiser; apenas quis ajudá-la.

A moça sentiu-se ofendida com a resposta de Alice.

– Vou ajudar Almerinda na cozinha; se precisar de alguma coisa é só me chamar.

Ritinha rodopiou rapidamente nos calcanhares, saiu e fechou a porta com força, deixando Alice sozinha.

Alice pensou: "Não deveria ter respondido grosseiramente a Ritinha, afinal ela está tão feliz...".

Alice se arrependeu momentaneamente, porém logo seus pensamentos voltaram a Leôncio, e as palavras de Ritinha não lhe saíam do pensamento.

Alice disse em voz alta:

– Não posso dar ouvidos às palavras insanas de Ritinha, pois, se eu namorar escondido com Leôncio e isso chegar aos ouvidos de meu pai, será o fim dele aqui na fazenda.

Mas a ideia de namorar Leôncio não lhe saía do pensamento, por mais que a moça insistisse em pensar em outras coisas. "Talvez Ritinha tenha razão: já que amo tanto Leôncio, por que não namorá-lo? Ele é um bom rapaz e eu jamais deixaria nosso namoro ir longe demais".

Alice reviveu em sua memória o beijo que o rapaz lhe dera enquanto pintava a escola e sentiu um arrepio tomar conta de todo seu corpo.

Não demorou muito para Clementina entrar no quarto dizendo:

– Minha filha, prepare-se para o jantar, pois seu pai em poucos minutos estará à mesa.

Alice se levantou desanimada.

– Vou ajeitar meus cabelos e logo estarei à mesa, minha mãe.

Alice fez como combinou com sua mãe e encontrou seu pai se preparando para o jantar.

Teotônio era um homem falante e, levando o guardanapo ao colarinho, disse:

– Em 1932, passamos por sérios problemas políticos, queriam derrubar Getúlio Vargas do poder provisório e que promulgassem uma nova Constituição para o país.

Mas os paulistanos não se conformaram com isso e se revoltaram contra o poder.

Clementina que conhecia bem a história interrompeu o marido perguntando:

– Teotônio você concordou com o casamento de Ritinha?

O coronel sentindo-se ofendido perguntou:

– Por que essa pergunta agora, mulher?

Clementina perdendo a paciência respondeu:

– Porque não aguento mais falar sobre a política café com leite, uma vez que os paulistas tinham poucos representantes na banca enquanto Minas tinha o maior número na câmara dos deputados. Conheço bem essa história e sei bem dos resultados, bem como quantos jovens morreram nessa revolução imbecil que fez muitas mulheres perderem os filhos.

Teotônio, levantando a voz, disse:

– Revolução imbecil, não! Foi necessário os paulistas levantarem a sua bandeira defendendo seu estado, e além do mais muitos soldados de outros estados se ofereceram como voluntários para ajudar nosso estado.

Clementina, não querendo falar sobre o assunto, mudou bruscamente a conversa.

– Você permitiu que Ritinha se casasse com Samuel?

Irritado Teotônio respondeu:

– O que o casamento de Ritinha tem a ver com o que estávamos conversando?

Clementina respondeu:

– Nós não estávamos conversando, você que estava falando sobre a guerra civil de 1932. Será que não vê que se passaram dois anos? Esqueça esse assunto.

Indignado com a resposta da esposa, o coronel retrucou:

– A Revolução de 1932 ainda entrará para a História, e poucos saberão o que realmente aconteceu.

Alice, percebendo que a discussão entre os pais estava às portas, mudou de assunto:

– Papai, quero que o senhor inaugure a escola ainda este mês, pois não aguento ficar sem fazer nada; não vejo a hora de lecionar.

Orgulhoso, Teotônio respondeu:

– Fico feliz em saber que quer começar a ensinar essas pessoas ignorantes com certa urgência, mas como quer que seja essa inauguração?

A moça olhou surpresa para o pai.

– Não quero que contrate banda nem faça alardeios, afinal não estamos em época de eleição.

Ressentido, o coronel disse:

– O compadre Galdério assumirá a prefeitura no mês que vem, e para nós seria uma honra tê-lo na inauguração da escola.

Alice olhou seriamente para o pai.

– Papai, para mim seria uma honra ter meu padrinho na inauguração mesmo que ele não tivesse ganhado as eleições.

Clementina ouvia tudo em silêncio, mas naquele momento sentiu orgulho pelo fato de a filha se mostrar firme diante do pai.

Teotônio voltou a falar:

– Embora os paulistas tivessem peito para enfrentar o governo provisório de Getúlio Vargas, foram ainda mais longe querendo promulgar uma nova Constituição para o país, acabando assim com a autonomia dos estados, o que eu acho que foi uma batalha justa.

Clementina, irritada com aquela conversa, falou:

– Teotônio, não gosto desses assuntos, pois muitas vidas foram perdidas nesse embate, e você ainda acha que foi uma batalha justa? Quantas mães choraram as mortes de seus filhos, quantos pais de família deixaram suas mulheres viúvas, quanto sangue derramado por um ideal? Acredito que seria de bom senso se essa batalha fosse evitada.

Teotônio olhou surpreso para a esposa.

– Mas esses homens que perderam a vida nessa revolução são verdadeiros heróis, um dia a história há de reconhecê-los.

Clementina, levando o guardanapo à boca, respondeu:

– Prefiro um covarde vivo que um herói morto.

Teotônio irritou-se com as palavras da esposa.

– A crise estendeu-se no mundo inteiro, mas, como o Brasil é um país pouco industrializado, fez com que os preços do café despencassem e você se lembra muito bem a dificuldade que enfrentamos naquela época.

Alice, irritada com a conversa do pai, disse:

– Papai, isso já passou; claro que todo esse processo de recessão nos trouxe muitos problemas, mas veja pelo lado bom: o Brasil e a Argentina tiveram que acompanhar a lei do progresso e partir para a industrialização. Afinal, o Brasil deixou de exportar café para o mundo, mas o comércio interior não é suficiente para enriquecer certos produtores de café. O mundo precisa passar por mudanças, mesmo que essas mudanças tragam sofrimentos. Mas deixe de viver do passado, meu pai, graças a Deus não nos falta nada, e para falar a verdade temos mais do que o suficiente para viver.

Teotônio falou como coronel, com agressividade:

– Minha filha, não passamos por maiores dificuldades porque sempre fui um homem precavido, mas não pense que a crise acabou, pois está muito difícil conseguir o preço justo pelas sacas de café.

Alice, percebendo que seu pai estava prestes a perder a compostura, decidiu ficar em silêncio, para evitar maiores problemas.

Clementina conhecendo bem a personalidade explosiva do marido mudou de assunto dizendo:

– Nossa filha se formou e quer trabalhar. Isso não é bom?

Teotônio pensou por alguns segundos, e por fim respondeu:

– Vamos inaugurar a escola no mês que vem, e vou convidar o meu amigo Romão e o compadre Galdério para esse evento.

Alice ficou revoltada, afinal seu pai via em tudo uma boa oportunidade para fazer discursos políticos. A moça terminou o almoço e logo pediu licença, retirando-se da mesa.

Teotônio, após o almoço, decidiu trancar-se em seu gabinete.

Clementina, percebendo que a filha levantou-se de cenho fechado, decidiu ter uma conversa com ela, indo diretamente a seu quarto.

Ao entrar no quarto da moça a encontrou chorando copiosamente. Sorrindo disse:

– Por que chora? Não chore minha filha, a vida vai lhe dar muitos motivos para que possa derramar lágrimas à vontade.

Alice indignada foi logo dizendo:

– Mamãe, papai está me usando para fins políticos e a senhora sabe o quanto odeio política.

Clementina tentando contemporizar a situação respondeu:

– Alice compreenda, seu pai tem orgulho por ser professora e quer inaugurar a escola trazendo seus parceiros políticos; não se importe com isso.

– Como não vou me importar mamãe? Papai está me usando como trampolim para seus objetivos políticos e isso não é certo.

Clementina tentando acalmar a filha resumiu a conversa dizendo:

– Seu pai é um político nato e para ele tudo se resume em política, portanto deixe-o fazer as coisas como quiser, o importante é que a escola já está pronta e logo você poderá lecionar.

Alice respondeu:

– Se eu soubesse que papai me queria professora somente para se destacar ainda mais na política, eu jamais teria saído da fazenda.

– Deixe isso pra lá e agora descanse; procure não pensar no assunto, pois seu pai é turrão e ninguém irá demover essa ideia de sua cabeça.

– Quer saber? Eu não vou lecionar nessa escola, quando me formei professora idealizei ensinar a todos que quisessem aprender e não promover campanhas políticas para meu pai.

Clementina percebendo que a filha estava sendo teimosa respondeu:

– Deixe de ser caprichosa, e não faça seu pai passar por um vexame desse, pois ele jamais a perdoaria. Aceite as decisões dele e faça o que se propôs a fazer, que é ensinar a todos os que quiserem aprender. Agora chega de mimos, afinal você já não é nenhuma criança. Aprenda a obedecer as decisões de seu pai.

Alice olhou para a mãe como se a visse pela primeira vez.

– A senhora me acha caprichosa?

– Não a acho caprichosa, minha filha, mas no momento você está se comportando como uma criança mimada.

Clementina abriu um largo sorriso.

– Nunca se case com um homem dado a política, pois sua vida será como a minha, tendo que suportar a ausência do marido porque está fazendo comício ora aqui, ora ali.

A mulher, sem olhar para a filha, saiu do quarto fechando a porta atrás de si.

Quando Alice se viu sozinha, disse:

– Não vou jamais me casar com um político, pois papai é um homem ausente que só pensa em café e em política.

Nesse instante, Alice passou a pensar em Leôncio e em seu jeito manso. A moça disse em voz alta:

– Ritinha tem razão; por que tenho que obedecer meu pai em tudo sendo que ele não aceita nenhuma decisão que eu tome? Vou viver esse amor e pouco me importarei quando papai descobrir.

Alice levantou-se e sentou-se na cadeira em frente ao espelho, arrumando os cabelos. Depois, saiu do quarto, indo diretamente à cozinha. Sorrindo, disse a Almerinda:

– Almerinda, onde está Ritinha?

A cozinheira, sem prestar atenção na moça, respondeu:

– Está na horta com Juca.

Alice, sem nada dizer, foi até a horta e encontrou Ritinha conversando distraidamente com Juca. Chamou-a, dizendo:

– Ritinha. venha até aqui; preciso conversar com você.

Ela saiu rapidamente e foi ao encontro de Alice.

– Por que não está descansando?

Alice respondeu:

– Porque não estou cansada; quero passear pela fazenda. O que acha de me fazer companhia?

Ritinha, olhando para o sol escaldante do dia, disse:

– O que acha de irmos um pouco mais tarde? O calor está insuportável.

Alice olhando para o sol disse com raiva:

– Deixe de ser preguiçosa, por que não quer passear comigo?

Ritinha pensou ao responder, e com raiva disse:

– Como pode me chamar de preguiçosa? O dia está muito quente e afinal já caminhamos cada palmo dessa fazenda!

Alice pensou por alguns instantes, depois comentou:

– Ritinha, quero sair com você porque preciso lhe confessar uma coisa.

Ritinha abriu um largo sorriso quando respondeu:

– Por que não me disse isso antes? Se quiser conversar certamente irei com você.

As duas moças saíram em direção ao pomar. Sob a copa da jabuticabeira havia um banco onde as duas moças se sentaram, e depois de muito pensar, Alice finalmente disse:

– Rita, andei pensando muito sobre o conselho que me deu sobre namorar Leôncio e decidi que é isso que vou fazer, porque meu pai não respeita minhas decisões e por que tenho que obedecer as decisões dele? Amo Leôncio e é com ele que quero ficar.

Ritinha levou a mão à boca e, preocupada, disse:

– Alice, eu não estava falando sério quando disse para namorar Leôncio, pense um pouco no pobre rapaz. Se o coronel descobrir, irá mandá-lo embora; e o que será desse infeliz?

Alice sem pensar respondeu:

– Se meu pai mandá-lo embora da fazenda irei com ele, afinal ele é o amor da minha vida.

Rita preocupada voltou a dizer:

– Alice esse rapaz não é para você; moça estudada, rica e filha do coronel mais afamado por essas bandas, não acredito que o ame como diz.

– Amo Leôncio e isso é tudo que sei; sou filha do coronel, mas quem tem que decidir a minha vida sou eu, não acha?

Rita pensou por mais algum tempo.

– Se você ficar com esse rapaz, o que fará da vida? Seu pai não lhe ajudará com nenhum tostão se for preciso.

Alice respondeu:

– Sou professora e posso trabalhar em uma escola qualquer da capital.

Rita disse atônita:

– Essa história não vai acabar bem.

Alice foi logo perguntando:

– Você vai me ajudar ou não?

Rita, que já estava com o casamento marcado, disse:

– Não posso ajudá-la a cometer uma loucura dessa, pois se o coronel descobrir que estou envolvida nisso, ele vai me mandar embora e o que será de mim e de Samuel?

– Você só está preocupada com sua própria pele; pensei que fôssemos amigas.

– Alice, somos amigas e por isso mesmo que não posso ajudá-la a cometer uma loucura dessa.

Alice olhou para Ritinha com desprezo.

– Como pude me enganar tanto com você? Crescemos juntas, chegamos a dividir o mesmo prato e agora que preciso de sua ajuda você me deixa sozinha.

Ritinha ao ouvir as palavras de Alice sentiu-se mal a ponto de dizer:

– Não diga uma coisa dessas, somos amigas e isso não há como negar, mas o que está querendo fazer é uma loucura, pois o coronel quando descobrir vai arrancar a pele dele e a sua.

Alice disse:

– Não estou preocupada com papai, acredito que amor na vida de uma mulher seja apenas um, e não vou desperdiçar tempo, afinal como diz mamãe o tempo passa depressa.

Ritinha depois de muito pensar perguntou:

– O que pretende fazer? Que Leôncio esteja apaixonado por você não há dúvida, mas não acredito que ele chegue a ponto de se declarar.

Alice respondeu:

– Leôncio já se declarou, e até já trocamos beijos. Compreenda, Ritinha, Leôncio e eu nos amamos, e essa é toda a verdade.

Ritinha ficou boquiaberta ao ouvir o comentário de Alice. Sorrindo, acrescentou:

– Você enlouqueceu, quero ver como essa história toda irá acabar, mas se precisar de minha ajuda conte comigo, pois se fosse você tenho certeza de que me ajudaria.

Alice respondeu:

– Rita, eu não esperava outra coisa de você.

Rita, ainda aturdida com o pedido de Alice, perguntou:

– Mas o que devo fazer para te ajudar?

Alice respondeu somente:

– Por enquanto espero que guarde segredo, preciso conversar com Leôncio e depois voltaremos a conversar.

Rita estava apavorada, afinal nunca vira a amiga tão entusiasmada daquela maneira, e pensando melhor respondeu:

– Você é maluquinha...

Alice sorriu somente sem mais nada dizer.

A filha do coronel olhando para o sol alto disse:

– Vamos para casa, vou pedir para Almerinda fazer uma limonada, estou sedenta.

Rita obedeceu a amiga e juntas retornaram; enquanto Alice estava feliz, Rita estava preocupada, afinal não sabia o que iria acontecer posteriormente.

As duas moças ao chegarem encontraram Clementina conversando com Almerinda que tranquilamente escolhia o feijão para o jantar.

Clementina olhando a filha perguntou:

– Posso saber onde as duas se meteram? Alice você sabe que não pode tomar sol, pois sua pele é muito clara e você fica com a face toda vermelha.

– Não se preocupe mamãe, nós não estávamos no sol, estávamos conversando sob a copa da mangueira.

Almerinda se envolvendo na conversa foi logo dizendo:

– Ritinha desde que começou a namorar o filho do ferreiro já não me ajuda como antes.

Alice tomou a frente em defesa da amiga dizendo:

– O que você iria querer de Ritinha, ela não recolheu a mesa? Não lavou os pratos? E não arrumou a copa como antes fazia?

Almerinda sem compreender respondeu afirmativamente para a moça que continuou:

– Então não reclame, Ritinha continua a mesma, você que está sendo injusta para com ela.

Almerinda levantou o sobrolho para Ritinha e decidiu se calar.

Clementina vendo que a face da filha estava avermelhada ordenou:

– Alice vá se lavar e descansar um pouco, o sol está escaldante e eu não quero vê-la caminhando por ai.

Alice disse:

– Almerinda, por favor, peço que me faça uma limonada, estou com uma sede danada.

Almerinda, de cabeça baixa, respondeu:

– Obedeça a sua mãe e, assim que descer, a limonada estará pronta.

Alice com seu jeito carismático de sempre perguntou:

– Credo, Almerinda, você nunca me negou nada, por que está fazendo isso agora?

Almerinda, sem nada responder, continuou com a cabeça baixa, repetindo o que havia dito antes.

Alice, olhando para Rita, disse:

– Vamos, Rita, peço que me ajude a me lavar e me trocar, e desceremos em seguida.

Clementina, estranhando o fato de Almerinda negar uma limonada a sua filha perguntou:

– Almerinda, por que negou a limonada a Alice?

Almerinda, levantando o olhar, respondeu:

– A senhora não viu como ela me respondeu? Essa menina está ficando malcriada e, sempre que ela agir dessa forma comigo, vou ignorá-la até ela aprender a respeitar os mais velhos.

Clementina tentou contemporizar a situação:

– Alice não disse nada de mais, afinal tudo que ela disse é verdade, Rita continua a cumprir suas obrigações e é você quem está se implicando com a pobrezinha.

Tudo isso só porque ela em breve se casará com Samuel?

Almerinda olhando para um canto respondeu:

– Rita vai se casar e logo Alice também, o que será da minha vida sem essas duas pestinhas?

Clementina abriu um largo sorriso.

– Rita irá se casar, mas Alice ainda não; não vejo motivos para tratá-la dessa maneira, e ademais o casamento é algo absolutamente normal, cada um tem que seguir seu destino; Rita irá se casar, não morrer.

– Mas não será mais a mesma coisa, Rita logo terá marido e filho para tomar conta e não será mais essa moleca serelepe que vive a me atormentar na cozinha.

– Deixe de bobagem, mulher! Rita a vê como mãe, portanto fique feliz por ela encontrar um pretendente bom.

Almerinda era emotiva por natureza e não conseguiu segurar as lágrimas que lavaram seu rosto.

Clementina ao ver a cozinheira chorando disse:

– Deixe de ser piegas Almerinda; a vida é assim, nascemos, crescemos e nos casamos, essa é a lei de Deus que deverá ser respeitada.

Almerinda se levantou e tratou de fazer a limonada que Alice havia lhe pedido.

Alice lavou-se rapidamente e pediu para que Rita a ajudasse a colocar o vestido, a mocinha perguntou:

– Alice como vai fazer para que Leôncio a peça em namoro?

Alice lançou um sorriso maroto à moça e respondeu:

– Quero que frequente as aulas noturnas e todas as noites você me acompanhará de volta para casa, claro que não será isso que irá acontecer, mas para meus pais você vai afirmar que me acompanhou.

Rita achou o plano um pouco arriscado, mas vendo a alegria de Alice disse:

– Alice você entrou na fase da mentira, quero só ver quando seu pai descobrir que você está vindo sozinha da escola acompanhada por Leôncio... Ele não vai gostar nada disso.

– Papai só saberá se você contar.

– Claro que não vou fazer isso, inclusive vou ficar de olho em vocês.

Alice respondeu:

– Não precisa ficar de olho em nós, sou uma moça direita e jamais faria qualquer coisa que viesse a envergonhar meus pais.

Rita riu satisfeita com a resposta, porém em seu íntimo sentia que aquele namoro poderia lhe trazer muitos problemas.

Passada mais de meia hora, as duas moças desceram e a jarra de limonada já estava pronta sobre a mesa.

Rita e Alice se serviram e foi nesse momento que a filha do coronel percebeu que Almerinda não estava com a mesma expressão feliz de todos os dias.

Alice perguntou:

– Almerinda o que há com você?

Almerinda olhando de soslaio para a moça respondeu:

– Alice, você sempre foi educada e respeitosa comigo, mas hoje você me faltou com respeito e isso muito me magoou.

– Eu não lhe faltei com respeito, por que diz isso?

Almerinda citou o acontecido de momentos antes, e Alice, ao ouvir o relato, disse:

– Deixe de ser boba; eu só estava querendo lhe dizer que Rita continua a mesma de sempre e continua cumprindo seus deveres dentro dessa casa.

Alice, com seu jeito meigo, se aproximou de Almerinda, beijando-lhe ternamente o rosto.

Almerinda cedeu aos carinhos da filha do coronel.

– Da próxima vez que você me responder, vou pegar minha colher de pau e lhe dar umas palmadas.

Alice sorriu ao ouvir o comentário da cozinheira, afinal ela ouvia muito aquela frase quando era criança.

Alice tomou a limonada juntamente com Rita que aguardava as ordens de Almerinda.

Depois de tomar a limonada, Alice foi à procura da mãe que se encontrava na varanda com seu bordado na mão.

Alice perguntou:

– Mamãe, o que está havendo com Almerinda? Ela disse que a desrespeitei, mas não fiz com esse objetivo.

Clementina, tentando contemporizar, contou tudo que havia conversado com a cozinheira. Depois de ouvir, Alice disse:

– Mamãe, Almerinda precisa compreender que a vida é feita de ciclos, Rita e eu já não temos idade de subir em árvores e de ficar correndo pelos pastos, o tempo passou e nós crescemos.

Clementina respondeu:

– Minha filha, Almerinda é uma mulher solitária e vê tanto você como Rita como filhas, e para os pais os filhos nunca crescem. A pobrezinha está sofrendo porque Rita irá se casar, não fique brava com ela, antes tenha paciência que com o tempo tudo voltará ao normal.

Alice disse de maneira displicente:

– Esse é o mal de toda mulher solteirona...

Clementina sorriu ao ouvir o comentário da filha e a repreendeu dizendo:

– Almerinda realmente é uma mulher só, mas também é verdade que ela sempre cuidou tanto de Rita quanto de você.

Alice abriu um largo sorriso.

– Vou ter paciência com Almerinda, para falar a verdade eu gosto dela como se fosse minha segunda mãe.

– Quando você estava estudando na capital – comentou Clementina –, a pobrezinha se lembrava de você a todo instante, inclusive quando fazia doce de abóbora.

Alice sorriu alegre e rapidamente levantou-se dizendo:

– Vou para o meu quarto, preciso estudar algumas coisas, afinal logo estarei lecionando.

Clementina olhou para a filha e comentou:

– Alice, você é meu orgulho!

A moça rodopiou e logo entrou em casa, a fim de trancar-se no quarto e pensar em Leôncio.

CAPÍTULO 10

Novo administrador da fazenda

Teotônio estava irritado, afinal seu compadre e agora prefeito não estava seguindo suas orientações sobre o cumprimento de promessas feito em campanha.

Teotônio continuava a ir à prefeitura todos os dias, e raramente encontrava o prefeito em seu gabinete.

Certa tarde o coronel resolveu ter uma conversa séria com Galdério e sem pedir licença foi logo entrando no gabinete do prefeito e o encontrou lendo tranquilamente um livro.

Teotônio ao ver a cena foi logo perguntando:

– O compadre não tem nada a fazer? Tantos assuntos pra resolver na cidade e o encontro lendo um livro como se tudo estivesse em ordem? Na campanha você prometeu muitas coisas pra essa gente, mas pelo jeito não está nem um pouco preocupado em cumpri-las, não é mesmo?

Galdério foi pego de surpresa e gaguejando disse:

– O amigo sabe o quanto o estimo, mas como posso fazer alguma coisa, se quando peguei a prefeitura os cofres estavam vazios e agora tenho que ficar esperando a verba do governo para começar a cumprir minhas promessas?

Irritado o coronel gritou:

– Todas as vezes que me sentei na cadeira do prefeito, os cofres estavam vazios, e isso me obrigou a correr atrás de verba para fazer o que precisava ser feito na cidade. Se o amigo continuar assim, esperando que tudo caia do céu, nunca mais se sentará nessa cadeira, pois o povo na vila já está reclamando de seu governo. O prefeito tem que ir atrás de verba; os deputados não vão vir até aqui lhe oferecer dinheiro para que você cumpra suas promessas de campanha.

O prefeito, sentindo-se ofendido, respondeu com tranquilidade:

– Respeito o amigo, mas lembre-se de que agora o prefeito sou eu; e ademais sou conhecedor de meus deveres.

Indignado, o coronel vociferou:

– Se o compadre está sentado nessa cadeira, não se esqueça de que fui eu quem o colocou nessa posição, e o meu nome está em jogo. Andei vindo algumas manhãs para falar com o amigo, e onde o senhor estava?

Galdério voltou a gaguejar:

– Estava resolvendo alguns assuntos da prefeitura.

O coronel, com sua ironia habitual, respondeu:

– Não sabia que assuntos da sua fazenda faziam parte dos trabalhos da prefeitura. Um homem que ocupa esse lugar tem que colocar os interesses do povo em primeiro lugar. Você não está sendo pago para cuidar de sua fazenda. Em primeiro lugar, deve vir à prefeitura, e depois cuidar dos assuntos pessoais. O amigo prometeu que iria cuidar da ponte do Barro Preto, e até agora tudo continua do mesmo jeito em que está.

– Mas o coronel há de convir comigo que para consertar a ponte do Barro Preto é necessário dinheiro, e como poderei fazer isso?

O coronel, levantando as calças, disse:

– Eu disse para o amigo não fazer muitas promessas, pois a verba do governo, além de ser pouca, demora a chegar. Agora se vire e arrume a ponte do Barro Preto, pois já faz sete meses que foi empossado prefeito e nada foi feito. Quando eu estava sentado nessa cadeira, corri várias vezes atrás de verba para o município, e o amigo pelo que sei não foi nenhuma vez à capital. Temos o amigo Romão, deputado estadual, que poderá ajudá-lo, pois ele, como homem justo, sempre me ajudou em momentos de desespero.

Galdério disse:

– O coronel o tem como amigo, mas não se esqueça de que muitas vezes em sua viagem à capital voltou de mãos vazias.

Teotônio sentiu-se humilhado, afinal Romão era um homem atarefado, e com isso disse:

– Romão é um homem íntegro e não posso reclamar que todas as vezes que fui à capital ele sempre me atendeu gentilmente, conseguindo por diversas vezes verba para nosso município.

Aproveite esses anos em que será prefeito, pois eu juro que será a última vez que sentará nessa cadeira.

Galdério sentiu-se ofendido com as ameaças de Teotônio e com isso rebateu dizendo:

– Eu não queria ser prefeito da cidade, só fiz em consideração ao amigo.

– Se aceitou se candidatar a prefeito procure ser um bom prefeito, pois nos comícios o amigo era prolixo ao extremo, fazendo promessas que no fundo sabia que não poderia cumprir, sou homem de palavra e endossei todas as suas promessas, estou aqui representando o povo e vou cobrar cada promessa feita em campanha. Não suporto políticos que fazem promessas generosas ao povo e não as cumpre. Durante o tempo em que fui prefeito, não consegui verba para arrumar a ponte, e você caiu na tolice de fazer essa promessa? Homem que é homem cumpre com o que fala, nem que para isso tenha que vender algumas cabeças de gado para arrumar a ponte. Muitas promessas que cumpri, foi com meu próprio dinheiro, afinal, não poderia deixar o povo na mão, uma vez que prometi. Agora chegou sua vez. Vá à capital, procure pelo deputado estadual Romão e diga que é meu amigo; se ele conseguir a verba será ótimo, mas caso contrário terá que vender algumas cabeças de gado para arrumar a ponte; é meu nome que está em jogo.

Galdério irritado disse:

– Não vou empregar dinheiro meu para cumprir promessas; se o governo não liberar a verba o povo terá que ter paciência.

O coronel exaltado comentou:

– Nada disso! Promessa feita é promessa cumprida; eu avisei quando estávamos em época de campanha, mas o amigo não se importou com minhas admoestações.

Galdério pensou por alguns instantes antes de responder:

– O amigo tem razão, está na hora de eu começar ir à capital para ver se consigo alguma coisa.

O coronel em tom autoritário concluiu a conversa dizendo:

– É bom que o amigo pense dessa maneira, pois se não o fizer será a primeira e última vez que será prefeito dessa cidade.

Lembre-se: um homem tem que cumprir com sua palavra, se prometeu que arrumará a ponte, isso terá que ser feito, mesmo que seja com dinheiro do seu próprio bolso.

Galdério fixou o olhar em Teotônio.

– Arrependo-me profundamente de ter aceitado seu convite a me candidatar em sua chapa, pois isso está me trazendo muitos dissabores.

Teotônio respondeu somente:

– Se o amigo pensou que seriam flores, se enganou profundamente. Um homem público tem que pensar não em si e nem em encher as burras de dinheiro, antes tem que pensar no bem-estar do povo; ademais eu fiz um convite e o amigo aceitou porque quis; eu não apontei uma garrucha em sua cabeça obrigando-o a aceitar meu convite.

Galdério percebeu naquele momento que o cargo que estava exercendo não seria nada fácil, afinal o coronel não lhe daria trégua e, para não se indispor com o amigo, decidiu obedecer.

O coronel concluiu a conversa:

– Amanhã mesmo vá à capital e procure por Romão, ele como deputado estadual vai ajudá-lo. Vou escrever uma carta, para que possa entregar a ele e, assim que a verba vier, comece a consertar a ponte, pois isso lhe trará prestígio perante essa gente.

Galdério anuiu com a cabeça e viu o coronel rodopiar rapidamente e sair de seu gabinete sem se despedir.

Naquela mesma noite, Juca levou a missiva que deveria ser entregue ao deputado Romão, entregando-a nas mãos do prefeito.

O coronel aproveitou para convidá-lo para a inauguração da escola.

Galdério, ao se ver sozinho, disse a si mesmo: "Nunca deveria ter aceitado o convite para participar da chapa do coronel Teotônio, pois ele continua a mandar na prefeitura, e eu, como leigo que sou, tenho que obedecer como um cordeirinho".

Na inauguração da escola, estavam Romão, o deputado federal e o prefeito da cidade, o coronel até contratou uma banda de músicos para tocarem o Hino Nacional.

Depois dos discursos inflamados de Romão e do prefeito, começaram os festejos com comes e bebes.

Alice não queria nada daquilo, pois sabia que seu pai estava usando sua escola para fazer política, algo que ela odiava ferozmente.

Teotônio naquele dia estava feliz; todas as pessoas da vila e seus colonos foram convidados para a inauguração.

Romão falou sobre o crescimento de São Paulo e das vitórias que tivera em batalha na Revolução de 1932.

Galdério, que vendera algumas cabeças de gado, pronunciou que as obras da ponte se iniciariam no próximo mês, deixando o coronel feliz.

Leôncio, por sua vez, ficou a um canto, ouvindo os discursos, porém seus olhos não se desviavam de Alice, que, junto à mãe, o olhava discretamente.

Clementina estava feliz e Almerinda, percebendo os olhares do rapaz sobre a moça, disse à patroa:

– Leôncio não tira os olhos de Alice, acho bom tomar cuidado.

Clementina sem se preocupar com o assunto respondeu:

– Não se preocupe; Alice jamais olharia para um colono.

Almerinda descrente das palavras da patroa disse:

– Se eu fosse a senhora ficaria de olho, pois Leôncio é um rapaz muito bonito e não seria impossível a menina Alice se apaixonar por ele.

– Deixe de tolice, Alice sabe muito bem quem é o pai dela e Leôncio é um rapaz respeitador e honesto.

Almerinda apesar dos festejos não tirava os olhos de Alice e Leôncio, que estava a certa distância.

A festa terminou no final da tarde, e Alice pegou os nomes das crianças que frequentariam as aulas na parte da manhã e dos adultos que frequentariam as aulas no turno da noite.

Alice estava satisfeita, afinal ela teria alguma coisa para fazer durante o dia, pois para ela era horrível passar os dias sem ter nada para fazer.

Leôncio se inscreveu no curso da noite, o que deixou Alice extremamente feliz.

Passados três dias, a aulas começaram, mas os alunos eram tão pobres que não tinham dinheiro para comprar cadernos e lápis, de modo que o coronel mandou que Crispim vendesse os cadernos e os lápis para todos e que ele mesmo pagaria.

E assim os dias foram passando. Alice entregou os cadernos e os lápis a todos os alunos, e as aulas começavam às sete horas da manhã e terminavam às onze horas.

As crianças passaram a gostar do jeito simples e bondoso de Alice, e logo começaram a levar coisas para ela, como jabuticaba, goiaba e outras frutas da época. Todas as crianças a respeitavam e só a chamavam de professora, algo com que a moça não se importava.

No curso da noite, as pessoas já vinham cansadas e pouco prestavam atenção nas aulas, porém Leôncio prestava mais que a costumeira atenção e rapidamente começou a escrever seu nome, em poucos meses já conseguindo ler pequenos trechos.

Todas as noites, Leôncio fazia questão de acompanhar Alice até sua casa, junto com Rita, que ficava vigiando o casal.

Almerinda sempre perguntava a Rita:

– Leôncio acompanhou vocês de volta para casa?

Rita mentia veementemente dizendo que não, e que as duas sempre voltaram para casa sozinhas.

Almerinda, com o tempo, deixou de se preocupar com Alice e Leôncio, abandonando o hábito de fazer perguntas.

O rapaz era inteligente e interessado nas aulas, e sendo assim aprendeu a ler e escrever rapidamente.

Leôncio tinha dificuldade somente em matemática, pois as contas lhe pareciam muito difíceis, inclusive decorar a tabuada.

Alice elogiava a caligrafia do rapaz, e logo ele já estava lendo com certa fluência.

Numa noite enquanto voltavam para casa, Alice disse:

– Leôncio você já está lendo bem, o que acha de ler um livro?

Leôncio pensou por alguns instantes, depois falou:

– Professora, eu leio muito devagar e se eu pegar um livro vou demorar muito para devolver.

Alice disse:

– Não se preocupe em me devolver o livro, amanhã mesmo emprestarei a você um livro de Castro Alves, aliás, meu poeta favorito.

Leôncio que nunca ouvira falar no poeta perguntou:

– Mas quem é Castro Alves?

Alice parou no meio do caminho, enquanto Ritinha e Samuel os esperavam, e a moça passou a dizer:

– Castro Alves era o sobrenome de Antonio Frederico, que nasceu em 1847 e morreu em 1871. Ele foi o último poeta da terceira geração romântica no Brasil e por meio de suas poesias expressou sua indignação aos graves problemas sociais de seu tempo. Foi por meio de uma de suas poesias, chamada "Navio Negreiro", que ele descreveu a crueldade da escravidão que ainda estava ativa no país. Mas há muitos de seus poemas que falam de amor e outros que descrevem tão bem a beleza feminina. Castro Alves publicou sua primeira poesia em 1863, depois escreveu várias outras. Seu talento era impressionante, pois ele conseguia exprimir toda sua revolta e seu amor com a mesma intensidade. Certa feita, Castro Alves, estando de férias, resolveu caçar nos bosques da Lapa, e acidentalmente acertou com um tiro de espingarda o pé esquerdo, resultando na amputação, ou seja, seu pé teve que ser cortado.

"Foi então que ele resolveu voltar a Salvador em 1870, onde publicou o livro intitulado *Espumas flutuantes*. Mas em 1871 ele, enfim, faleceu de tuberculose com apenas vinte e quatro anos. Embora ele tenha partido jovem, deixou um grande legado para as gerações vindouras de poetas."

Leôncio ouviu a dissertação da moça sobre o poeta e viu o quanto ela era inteligente e bem informada e, pela primeira vez, o rapaz se sentiu diminuído perante a moça. Ele concluiu a conversa dizendo:

– Você se expressa muito bem, e um dia quero ter um pouco de seu conhecimento sobre as coisas.

Rita e Samuel não estavam nem um pouco interessados na conversa, de modo que os dois ficaram de mãos dadas o tempo todo, sem que Alice nem Leôncio se dessem conta do ocorrido.

Leôncio e Samuel deixaram as moças na casa-grande e voltaram para casa. No caminho, Leôncio confessou:

– Amo Alice, mas ela não é mulher para mim. Você observou o quanto ela tem conhecimento das coisas?

Samuel, lançando um sorriso maroto, respondeu:

– Desculpe, não ouvi nada sobre o que falavam, pois Rita e eu estávamos de mãos dadas e, quando estou perto dela, fico surdo, mudo e cego.

Leôncio respondeu:

– Você é feliz, pois em breve se casará com a mulher que ama, enquanto eu sou obrigado a amar Alice em silêncio.

Samuel, sob a luz da lua cheia, parou no meio do caminho e perguntou:

– Você ama Alice?

– Como jamais imaginei amar alguém um dia.

Samuel levando a mão no ombro de Leôncio disse:

– Não existe amor impossível; o que existe são pessoas covardes que não têm coragem de assumir seus sentimentos. Se você ama Alice, saiba que ela sente o mesmo por você, portanto não se acovarde diante da situação; que importância tem ela ser filha do coronel? Compreendo que ele seja um homem rico e influente, mas se ele é homem você também o é. Ademais nada pode ir contra o amor. Você é um bom rapaz, trabalhador e honesto, certamente ele não irá contra esse namoro, mas com o tempo ele se acostuma com a ideia e até o aceita como genro. Se o coronel não aceita a união de vocês, fujam e voltem somente depois que estiverem casados.

Leôncio pensou por alguns instantes.

– Não posso fazer isso com o homem que me deu trabalho e abrigo, estarei traindo sua confiança.

Samuel voltou a sorrir.

– Se pensa assim isso é com você, mas lembre-se de que cada ser humano só ama uma vez na vida; pense que talvez você esteja perdendo a grande oportunidade de ser feliz.

Leôncio sorriu, mas as palavras de Samuel calaram fundo em sua alma, de modo que ele naquela noite não conseguiu pensar em outra coisa a não ser namorar Alice as escondidas.

Leôncio pensou em Alice e no quanto ela tinha conhecimento, e ao pensar na explicação que ela deu sobre Castro Alves, ele voltou a se sentir diminuído diante daquela moça rica e inteligente.

O rapaz deixou algumas lágrimas escorrerem em sua face quando finalmente disse:

– Não posso trair o coronel, ele me aceitou em sua fazenda e me trata como filho, talvez seja melhor eu pedir as contas e ir embora daqui e procurar trabalho em outra fazenda, pois ficando longe de Alice talvez tudo se acalme em meu coração.

E com esse pensamento Leôncio decidiu conversar com o coronel no dia seguinte.

Já estava perto da hora de levantar quando finalmente vencido pelo cansaço o rapaz adormeceu e seu sono foi tranquilo e sem sonhos.

Leôncio levantou no mesmo horário, porém sentia seu corpo cansado, afinal fora uma noite maldormida e ao lavar o rosto logo pensou no que decidira durante a noite.

O rapaz foi até a cozinha da casa-grande e junto com Samuel fizeram o desjejum, porém Almerinda ao ver a expressão cansada de Leôncio perguntou:

– O que há com você Leôncio? Está com olheiras, acaso está doente?

O rapaz respondeu:

– Não estou doente, apenas cansado, trabalhar e estudar não é uma tarefa muito fácil, levanto muito cedo e vou dormir muito tarde.

Samuel sorvendo a caneca de café com leite sabia que o rapaz estava mentindo, porém deixou para conversar com ele quando estivessem a sós.

Assim que terminaram o café, Leôncio disse a Samuel:

– Hoje vou precisar de sua ajuda no curral, preciso que me ajude a ordenhar as vacas e a limpar o curral.

Samuel falou:

– Farei o que me pede, coronel!

Almerinda, ao ouvir a conversa dos dois rapazes, desatou a rir.

– Vocês são dois moleques.

Leôncio sem achar graça da brincadeira de Samuel pegou o chapéu e levando à cabeça disse:

– Você me ajuda e depois eu converso com o coronel, pois vou pedir para não ir ao cafezal hoje, pois estou cansado.

Samuel apressou-se em obedecer.

Na fazenda, havia oito vacas para ordenhar, e Leôncio sentia-se indisposto naquele dia.

Samuel, ao observar o mutismo do rapaz, perguntou:

– O que há com você Leôncio?

O rapaz erguendo a cabeça confessou:

– Hoje vou pedir as contas da fazenda e procurar trabalho em outro lugar. Amo Alice, mas sei que nosso amor é impossível e antes que isso venha nos trazer problemas é melhor que eu vá embora.

Samuel indignou-se dizendo:

– Leôncio, sempre me orgulhei de sua coragem; mas agora vejo que estava enganado, pois você está se acovardando diante do amor. Mesmo que o coronel me dissesse não sobre meu casamento com Ritinha, eu iria me casar com ela de qualquer maneira.

Leôncio voltou a dizer:

– Pense o que quiser, mas será melhor assim... Tenho cinco contos de réis que ganhei na construção da escola e acho que isso me manterá por um bom tempo.

Samuel fixou o olhar no amigo quando perguntou:

– Você acha que indo embora daqui irá esquecer Alice? Pelo contrário, ela se manterá viva em sua memória e a saudade será seu maior tormento. Seja homem, enfrente o coronel e seja feliz com Alice. Ela só está esperando você tomar uma decisão.

– Você acha que ela me ama?

– Você ainda tem dúvida? Alice e você formam um belo casal e, por mais que tentem esconder, os olhos revelam o que vai no coração de cada um.

Leôncio voltou a dizer:

– Não posso trair o coronel, afinal ele me acolheu e me deu emprego.

– Ser grato é uma virtude, mas deixar de viver um amor em nome da gratidão para mim já é burrice.

Leôncio baixou a cabeça e continuou a ordenhar a vaca em silêncio.

Depois de uma hora, Juca entrou no curral com os latões para levar o leite à casa-grande.

Samuel era um rapaz espirituoso que costumava brincar com todos. Ao ver Juca disse:

– Chegou tarde. O que houve? Dormiu demais, moleque?

Juca ajuntou:

– Ara! Eu sou homem de acordar tarde? Vocês é que estão atrasados, seus molengas.

Samuel riu bem-humorado, porém Leôncio fingiu não ouvir a conversa entre Juca e Samuel.

Depois de alguns minutos, Juca colocou os quatro latões em um carrinho de mão e levou à casa-grande.

Depois de ordenharem as vacas, Leôncio mandou que Samuel começasse a limpar o curral, afinal o coronel não gostava de vê-lo sujo.

O sol já estava alto quando o coronel apareceu no curral e de cenho fechado perguntou a Samuel:

– O que faz aqui, Samuel? O seu trabalho é no cafezal.

Samuel passou do rubor à palidez em poucos minutos e foi Leôncio quem disse:

– Gostaria de ter um dedo de prosa com o senhor.

Teotônio, ao ver o abatimento do rapaz, foi logo perguntando com sua habitual grosseria:

– Diga, homem! O que há com você?

Leôncio tomou fôlego quando começou a falar:

– O coronel sempre foi muito bom para mim, me acolheu no momento em que eu mais precisava, me deu trabalho e amparo e por isso serei sempre grato por tudo que o senhor tem feito para mim.

O coronel perdendo a paciência perguntou com rispidez:

– Diga logo o que quer!

Leôncio olhando para Samuel que continuava a limpar o curral, passou a dizer:

– Coronel; como lhe disse sou muito grato por tudo que o senhor fez por mim, mas creio que está na hora de eu partir de suas terras.

O coronel inconformado perguntou:

– O que? Você está querendo deixar de trabalhar para mim?

Leôncio gaguejou um pouco.

– Coronel, sinto que preciso ir embora.

– Mas por quê? Alguém fez alguma coisa para você?

– Não senhor; é que sinto que preciso ir embora e traçar um novo destino. É por esse motivo que trouxe Samuel para me ajudar no dia de hoje, para que ele fique no meu lugar quando eu me for.

Teotônio pensou por alguns instantes quando perguntou:

– Para você querer ir embora de minha fazenda é porque alguma coisa aconteceu, o que está havendo?

– Não está havendo nada não senhor; apenas penso que devo partir e procurar um outro lugar para trabalhar.

– Acaso não lhe pago bem? Você se tornou meu homem de confiança, e se o problema for dinheiro aumentarei o seu salário.

– Não é dinheiro que me preocupa coronel, sou um homem sem destino e preciso encontrar meu lugar no mundo.

Teotônio irritado disse:

– Não vou permitir que saia de minha fazenda; não vou acertar as contas com você, inclusive estava pensando em colocá-lo como administrador da fazenda, quando eu me candidatar a deputado.

Além do mais pedra que muito rola não cria limo, tire essa ideia da cabeça. Se quer que Samuel aprenda seu trabalho aceitarei, mas me deixar num momento em que eu mais vou precisar de ti isso seria muita ingratidão.

Leôncio, ao ver que o patrão não iria lhe dar as contas, resolveu se calar e aceitar o novo cargo que o coronel acabara de lhe oferecer.

O coronel Teotônio observou Samuel limpando o curral.

– Leôncio você fez uma boa escolha e Samuel assumirá o seu lugar, a partir desse momento.

Leôncio com seu jeito tímido perguntou:

– Coronel, por que o senhor vai tirar Belarmino da administração da fazenda? Ele trabalha com o senhor há muito mais tempo que eu e, além do mais, não sei se estou pronto para assumir tamanha responsabilidade.

Teotônio informou:

– Belarmino não deixará de ser meu administrador, afinal se trata de homem bom e honesto, há dias eu fechei negócio com o Percival e comprei sua fazenda que fica a três léguas daqui, vou continuar a cultivar café e ele administrará a nova fazenda, inclusive ele vai morar na casa-grande. Você ficará administrando essa fazenda junto a mim, mas lembre-se: não seja duro demais com os colonos e respeite o limite físico de cada um, pois não sou carrasco com aqueles que contribuem comigo.

Leôncio que não sabia sobre a compra da nova fazenda voltou a perguntar:

– Coronel, há pessoas aqui que trabalham há anos com o senhor, e eu comecei a trabalhar há pouco tempo com eles, certamente eles não vão gostar.

– Não me importa se vão gostar ou não, quero que imponha respeito e todos os colonos lhe devem obediência.

Leôncio naquele momento sentiu o peso da responsabilidade, afinal ele conquistara a amizade de todos, havia mulheres de colonos que sempre lhe mandavam um prato com doce de abóbora, outros lhe pediam roupas para consertar, enfim o rapaz era querido por todos, e ele não queria que as pessoas o vissem com maus olhos.

Leôncio cabisbaixo respondeu:

– Sim senhor! Quando começarei a trabalhar como administrador da fazenda?

– Agora mesmo! Procure por Belarmino e ele lhe ensinará todo o trabalho.

"Lembre-se: você terá que cuidar do cafezal e também vigiar o trabalho com o gado.

Tem que anotar quantas sacas de café foram estocadas no celeiro, diariamente. E depois me passar um relatório."

Leôncio perguntou:

– Coronel, agora que estou aprendendo a ler e escrever não sei se vou saber comandar uma fazenda como essa.

O coronel olhando para o rapaz soltou uma gargalhada irônica dizendo:

– Belarmino não sabe ler e nem escrever e, no entanto, ele sempre me passava verbalmente quantas sacas eram estocadas durante o dia.

Leôncio sentiu medo de sua nova função e com isso anuiu com a cabeça, sem mais nada dizer.

O coronel olhando para Samuel perguntou:

– E aí, você e Ritinha já escolheram a data do casório?

Samuel esboçando um leve sorriso respondeu:

– Estivemos conversando e a data será para o dia quinze do mês que vem.

O coronel continuou:

– Por que tanta pressa? Todo homem tem pressa de se casar, mas depois se arrepende por ter se casado.

Samuel olhando com seriedade para o coronel respondeu:

– Não vou me arrepender, mesmo porque amo Rita assim como ela me ama.

O coronel ajuntou:

– Casamento não é fácil, toda mulher é complicada e dificilmente entendemos a cabeça delas.

Samuel ficou calado e o coronel prosseguiu:

– Se vocês pretendem se casar no dia quinze do mês que vem, está na hora de começar os preparativos.

"Como presente vou mandar matar um boi, para os festejos, e chamarei padre Ozório para abençoar a união de vocês."

Samuel timidamente perguntou:

– Coronel eu gostaria de chamar meu pai Anacleto e meu irmão Otelo, isto é, se o senhor permitir.

Teotônio esboçou um sorriso e respondeu com ironia:

– Não precisa me pedir para convidar seus familiares, afinal onde já se viu um casamento onde os familiares do noivo não estão presentes? Ritinha obteve minha aprovação para se casar, porém seus pais estarão presentes em seu casamento. Que roupa irá vestir?

Samuel pensou por alguns instantes, depois disse:

– Tenho o dinheiro que o senhor me pagou pela construção da escola e logo irei ao alfaiate para fazer um terno para mim.

O coronel sentindo pena do rapaz respondeu:

– Não se preocupe com isso; toda a despesa do casamento correrá por minha conta, pode ir à vila falar com o velho Ferreira para lhe fazer o terno que eu acerto com ele.

O coronel permaneceu calado por alguns instantes quando voltou a perguntar:

– E onde vocês pretendem morar?

Samuel baixou o olhar.

– Há uma casa vazia na colônia e eu queria pedir ao senhor que permitisse que morássemos lá por uns tempos.

O coronel puxou pela memória quando se lembrou:

– Você tem razão, a casa do velho Adão está vaga, ninguém quer morar lá, porque foi lá que ele morreu. As pessoas acreditam que a casa ficou mal-assombrada.

Ao dizer essas palavras o coronel caiu na gargalhada e como estava de bom humor brincou:

– Será que Ritinha irá querer morar lá? Muitas pessoas disseram que já viram o velho Adão sentado do lado de fora da casa.

Samuel disse:

– Assombração não existe, e mesmo que Ritinha tenha medo vou provar a ela que quem morreu não volta para assustar os vivos.

Leôncio permaneceu calado e viu o coronel rodopiar calmamente nos calcanhares e sair dizendo:

– Leôncio procure ainda hoje por Belarmino, pois ele ficará junto a você por uns tempos até que aprenda o serviço.

Leôncio anuiu com a cabeça dizendo:

– Sim senhor! Só vou terminar de ajudar Samuel a limpar o curral e lhe dar as instruções do que deve ser feito.

Assim que o coronel saiu Leôncio perguntou:

– Credo, Samuel, você vai morar em uma casa onde morreu um homem?

– Que mal há nisso? Meu pai sempre nos ensinou que nós devemos ter medo dos vivos e não dos mortos.

Leôncio preocupado disse:

– Quando uma pessoa morre, seu espírito fica onde morreu. Tenha cuidado, pois várias pessoas já me disseram que viram o espírito desse Adão em volta da casa.

Samuel não acreditando nas palavras de Leôncio disse:

– Isso não passa de imaginação das pessoas mais crédulas, não acredito nisso, pois acho que, quando a pessoa morre, tudo se acaba e essa história de espírito de quem já morreu é pura invencionice para assustar os mais fracos.

Leôncio retrucou dizendo:

– Isso não é mentira não; pois quando trabalhava na fazenda do coronel Matias, por diversas vezes vi no cafezal o espírito do Zé colhendo café. Houve uma vez que fiquei hirto de medo e não consegui sair do lugar.

Samuel, olhando para o amigo, perguntou:

– Mas quem era esse Zé?

Leôncio começou a relatar o fato:

– José era conhecido por Zé da Gaia; era solteiro e muito trabalhador, nunca perdera um dia de trabalho e era muito querido por todos. A vida dele eram os pés de café do coronel Matias. Sempre era o primeiro a chegar e o último a sair do cafezal; porém certa vez ele se encantou por Rosa, esposa de Tonho, um homem rude que sempre agredia a mulher e os filhos. Tonho gostava muito de beber e aos sábados não era incomum ele vir da vila bêbado. Rosa era uma morena muito bonita, mas Tonho a tinha como sua propriedade e fazia com ela o que bem queria. Certo dia, estando os dois no cafezal, Rosa mostrou certo interesse em Zé, e ele não respeitou o fato de ela ser casada. Os dois passaram a se encontrar no cafezal depois que todos iam embora. Tonho não trabalhava no cafezal, de modo que não ficou sabendo o que a esposa fazia. Rosa chegava tarde em casa, mas agia normalmente, sem levantar suspeita sobre sua traição. Tonho passou a chegar mais cedo em casa, e todas as vezes ficava esperando a mulher chegar. Logo desconfiou de que alguma coisa estava errada, e com isso ficou calado fingindo que não estava percebendo nada. Certa tarde, depois que todos os colonos voltaram para casa, Tonho foi ao cafezal e encontrou os dois sob um pé de café. Tomado de ódio, Tonho tirou um punhal que trazia na cintura e empunhou Zé por diversas vezes, não dando tempo nem do pobre vestir as roupas. O coronel Matias, quando ficou sabendo do fato, mandou Tonho imediatamente embora, para que ele não fosse preso, e enterrou o corpo de Rosa na fazenda.

Samuel, assustado com a história, perguntou:

– E os filhos deles, foram com o pai?

– Não, o coronel mandou que os filhos ficassem na fazenda que ele cuidaria... Mas os pobrezinhos se tornaram escravos do coronel Matias e estão lá até hoje.

Samuel de expressão séria perguntou:

– Quanto tempo faz que isso aconteceu?

Leôncio pensou por alguns instantes, depois falou:

– Quando isso aconteceu, eu tinha treze anos, mas que eu vi o Zé da Gaia na roça, faz uns quatro anos e confesso que nunca senti tanto medo em minha vida.

Samuel abriu um largo sorriso.

– Leôncio você não viu o espírito desse Zé da Gaia, talvez você tenha visto alguém parecido com ele trabalhando e como você estava impressionado, achou que era o falecido.

Leôncio olhou seriamente para o amigo, quando disse:

– Eu vi o Zé da Gaia sim, inclusive ele estava sangrando no pescoço, que foi um dos lugares que o punhal acertou.

Samuel respondeu:

– Desculpe meu amigo; mas eu não acredito.

Leôncio percebendo que Samuel não estava acreditando em suas palavras disse:

– Se não quiser acreditar isso é com você, mas que fatos estranhos vão acontecer na casa onde morava o velho Adão, disso tenha certeza.

Samuel debochando do amigo respondeu:

– Se eu ver o espírito de Adão em minha casa, vou pegar um cabo de enxada e acertar bem a cabeça dele, para não se meter com quem não deve.

Leôncio percebeu que Samuel estava debochando de suas palavras e com isso decidiu encerrar o assunto.

Samuel percebendo que Leôncio havia se aborrecido tentou contemporizar a situação dizendo:

– Me perdoe amigo, não estou duvidando de você, mas só estou querendo dizer que não acredito em alma penada.

Nunca soube de nenhum morto que voltou para contar como é do outro lado.

Leôncio impondo-se falou somente:

– Não acreditar é um direito seu; mas não aceito que deboche de mim, pois não sou homem de falar mentiras.

Samuel nesse momento percebeu que Leôncio havia se zangado com suas brincadeiras e tentando contemporizar a situação disse:

– Não estou dizendo que você está mentindo, mas sou como São Tomé, preciso ver para crer.

Leôncio lançou um olhar enigmático a Samuel.

– Se você ainda não viu, fique tranquilo; terá a vida inteira para ver.

Ao dizer essas palavras, Leôncio ordenou:

– Agora volte ao trabalho, depois solte as vacas para pastar, não se esqueça de colocar sal para os bois.

Samuel anuiu com a cabeça em afirmativa e ficou observando Leôncio se afastar.

Samuel pensou:

– Leôncio é um bom sujeito, mas não aceita brincadeiras...

Em seu íntimo Samuel sabia que o que dissera a Leôncio não era brincadeira apenas, afinal ele não acreditava em assombração embora gostasse de ouvir os contos que seu pai lhe contava quando criança.

Leôncio se aproximou de Belarmino em tom calmo:

– O coronel me disse que você irá administrar outra fazenda e que irá morar na casa-grande com sua família.

Belarmino satisfeito respondeu:

– É verdade, ainda bem que ele comprou a fazenda com os colonos, pois onde arrumaria tanta gente para trabalhar?

Leôncio esboçando um sorriso triste respondeu:

– O que não falta por essas bandas é gente querendo trabalhar.

Belarmino continuou:

– O coronel já me informou que você assumirá o meu lugar, portanto se prepare, pois há muito trabalho pela frente.

Leôncio disse em tom sério:

– Não tenho medo de trabalho, pois trabalho desde criança, mas não tenho sua experiência como administrador.

Belarmino sentindo-se embevecido com as palavras do rapaz ajuntou:

– Não se preocupe; há muito trabalho, mas não há nada que você não possa aprender.

Naquele dia, Belarmino ficou com Leôncio o dia inteiro, explicando o que deveria ser feito, e da maneira que o coronel gostava.

Embora Leôncio fosse um rapaz de pouca instrução, era inteligente ao aprender e em poucos dias já estava dominando bem o trabalho.

Belarmino iria para a nova fazenda no dia seguinte com esposa e filhos e ao se despedir de Leôncio aconselhou:

– Um homem não precisa ser tirano para provar o seu valor, antes procure ser amigo dos colonos que eles lhe ajudarão na tarefa.

Há muitos administradores que se impõem de maneira grosseira, conquistando a antipatia de todos, e os colonos são assim, se você não faz nada para ajudá-los, eles se voltam contra você e passam a relatar todos os seus erros para o patrão.

Seja bom para com todos e você verá os resultados.

As palavras de Belarmino ficaram na mente de Leôncio que disse:

– Meu pai quando vivo sempre dizia que não precisamos mostrar força para conquistar o respeito de alguém, mas se formos bondosos, as pessoas não só nos respeitarão como aprenderão a gostar verdadeiramente da nossa pessoa.

Belarmino respondeu:

– Seu pai era um homem sábio, se seguir os seus conselhos você se sairá muito bem nessa nova empreitada.

O coronel se aproximou de Leôncio.

– E então, acha que pode dar conta do serviço?

Leôncio temeroso respondeu:

– Não posso lhe afirmar se posso dar conta, mas posso garantir que farei de tudo para dar conta do recado.

Belarmino, que gostava imensamente de Leôncio, respondeu:

– Não se preocupe, coronel. Leôncio dará conta do recado talvez melhor que eu; se tem uma coisa que eu tive que aprender a duras penas foi a humildade. E isso esse rapaz tem de sobra.

O coronel ficou observando Leôncio quando ordenou:

– Quero que vá à cidade e compre um par de botas cano longo, na venda do Crispim, afinal você vai andar por toda a fazenda e como sabemos há muitas serpentes por essas bandas.

– Não precisa gastar comigo coronel, já estou acostumado a andar no meio do mato.

– Eu não estou sugerindo que compre as botas, estou exigindo; portanto faça o que estou mandando, e quanto a seu salário passará a dois contos de réis por mês.

Leôncio, percebendo que não havia como discutir com o coronel, baixou o olhar concordando com suas ordens.

Depois de algumas horas, Leôncio foi até a vila a fim de comprar as botas de canos longos que o patrão havia ordenado.

Leôncio assumiria o comando da fazenda no dia seguinte, embora tivesse aprendido o serviço, estava apreensivo.

Leôncio chegou da vila com as botas em um saco e foi diretamente mostrar ao coronel.

Teotônio, ao ver o par de botas, disse:

– Só tinha esse modelo?

Leôncio em sua simplicidade respondeu:

– Não senhor, havia outros modelos, mas eram mais caros, então peguei o mais barato.

– Leôncio eu disse para você comprar um par de botas boas, essa aqui se uma serpente te picar vai atingir sua canela, portanto volte à vila e pegue a mais cara que houver e diga ao Crispim que vou até lá amanhã e já acerto com ele.

Leôncio dissimulando a contrariedade obedeceu ao coronel voltando à vila. Ao entrar novamente na venda disse:

– Crispim o coronel mandou que eu trocasse o par de botas pela mais cara que você tiver.

Crispim olhou desconfiado para Leôncio.

– Mas o par de botas mais caro que eu tenho custa trinta réis.

Leôncio desanimado respondeu:

– São ordens do coronel e ele mandou lhe falar que amanhã virá à vila e acertará com você.

Crispim pegou o par de botas mais caro e mandou que Leôncio experimentasse, o que o rapaz fez rapidamente. Com tristeza no olhar, disse:

– Vou levar essa, as despesas são por conta do coronel.

Crispim ficou feliz em vender o par de botas, pois ele havia comprado de um viajante e, como as pessoas da vila não tinham dinheiro para pagar o preço que ele pedia, decidiu que não compraria botas caras como aquelas.

Leôncio; apesar de ser um homem pacifico, mantinha seu orgulho e não achava correto o patrão ter que comprar um par de botas para ele, ainda mais quando ele tinha dinheiro para tal feito, mas ao conhecer o temperamento do coronel decidiu obedecer sem questionar, afinal ninguém ousava desobedecer a uma ordem do coronel Teotônio.

Enquanto cavalgava em seu cavalo, Leôncio pensava:

– Sou obrigado a obedecer ordens, e isso não me agrada, mas nada posso fazer, uma vez que preciso desse emprego.

Leôncio chegou à fazenda e novamente foi ter com o coronel, encontrando-o no celeiro recontando as sacas de café.

Teotônio ao ver o par de botas disse:

– Essa sim é uma bota boa que vai durar muito tempo, coloque-a agora mesmo e me ajude a contar as sacas de café, pois preciso voltar à casa-grande para ver as contas da fazenda.

Leôncio já conhecia números, e passou a anotar as sacas que havia comprado. Depois o coronel pediu que ele somasse suas anotações com as dele.

Leôncio não era muito bom em números, porém somou rapidamente e passou as anotações ao coronel que prontamente refez as contas e viu que estavam corretas.

O coronel Teotônio ordenou:

– Leôncio quero que vá ao cafezal pelo menos duas vezes ao dia, pois não quero um grão de café nos pés, mas lembre-se que para isso será necessário você ser firme com os colonos, pois se fizer corpo mole eles mandarão em você.

Leôncio nada respondeu e rapidamente apeou o cavalo, indo até o cafezal que ficava do outro lado da fazenda.

Ao chegar no cafezal, Leôncio passou a ver as pessoas colhendo os grãos e notou que em alguns pés ainda haviam ficado alguns. Então com sua habitual calma, reuniu o pessoal dizendo:

– Meus amigos, assumi meu novo posto de administrador da fazenda hoje, não será uma tarefa fácil, mas precisarei da ajuda de todos, para que o trabalho seja bem feito. Não serei um administrador carrasco, pois isso não faz parte de minha personalidade, mas peço a todos que me ajudem. Vocês poderão me ajudar, continuando a trabalhar com afinco e dedicação. Pretendo mudar algumas coisas em benefício de todos, mas para que eu melhore as condições de trabalho será necessário que vocês trabalhem corretamente. Esse ano a safra de café está sendo farta, e isso irá requerer muito trabalho e dedicação da parte de cada um. Andei pelo cafezal e vi que em alguns pés de café ainda há grãos; peço que depois dessa conversa vocês revisem os trabalhos, para não darmos motivos para o coronel chamar atenção de quem quer que seja e, se houver qualquer problema, peço a vocês que venham me procurar.

Chico Preto, um dos colonos que trabalhava na fazenda há mais de quinze anos, indagou:

– Mas o que você poderá fazer por nós?

Leôncio, que há muito tempo havia pensado no assunto, respondeu:

– Vou interceder junto ao coronel por todos vocês, e pretendo fazer algumas melhorias tanto de trabalho quanto de moradia.Pois algumas casas na colônia estão em ruínas e ainda há algumas casas de barro batido, com o tempo e com a ajuda de todos, vamos conseguir melhorar a vida de todos vocês.

Chico Preto percebendo as boas intenções de Leôncio disse em voz exaltada:

– Pode deixar Leôncio que quando você não estiver no cafezal tomarei conta de todos, para que o trabalho saia bem feito.

Leôncio riu agradecido e terminou seu discurso dizendo:

– Agora é o momento de nos unirmos, pois a união fará com que consigamos nossos intentos.

Os trabalhadores sorriam felizes e assim que Leôncio saiu para averiguar o cafezal as pessoas diziam:

– Esse é um bom homem, que se preocupa conosco, se Deus quiser ele será melhor que Belarmino que exigia porém nunca pensou em nosso bem-estar.

Chico Preto cumpriu com suas promessas, e passou a cobrar mais dos trabalhadores.

Com o tempo, Leôncio passou a administrar a fazenda com maestria, e quando havia algum problema, ele mesmo resolvia sem levar o assunto ao coronel.

Certa feita, estando Leôncio juntamente com o coronel, o rapaz disse:

– Coronel, estive observando algumas casas da colônia e percebi que estão em péssimo estado, o que o senhor acha de começarmos a arrumar as casas dos colonos? Há casas que inundam em dia de chuva e outras nas quais há buracos na parede, pois o barro batido caiu e os pobres não têm tempo para consertar as casas.

Teotônio pensou por alguns instantes quando respondeu:

– Há muito tempo eu não vou à colônia e não sei como estão as coisas por lá, vamos agora dar uma olhada nas casas e depois de ver o estado delas lhe darei a resposta.

O coronel mandou que Juca atrelasse seu cavalo ao de Leôncio, e depois de quarenta minutos os dois saíram rumo à colônia da fazenda.

Ao ver algumas casas o coronel disse:

– Você tem razão, as casas estão em estado deplorável, mas o que posso fazer?

Leôncio com humildade respondeu:

– Podemos melhorar as casas, as de alvenaria podemos mandar trocar as telhas e as que são de barro podemos substituir pelas de alvenaria. Claro que é um trabalho que exige tempo, mas devemos aproveitar fazer isso agora que estamos fora da safra.

Cada colono poderá melhorar suas casas, e eu mesmo irei averiguar o trabalho.Além disso o senhor não precisará pagar pela mão de obra. Basta dar a eles o material que eles precisam.

Teotônio olhou surpreso para Leôncio.

– Se você tivesse a instrução necessária, poderia ser um bom político.

Leôncio respondeu rapidamente:

– Mesmo que eu tivesse estudo, jamais me envolveria com política, pois há muitos políticos que prometem durante a campanha e, depois, se esquecem de suas promessas. Penso que quem quer fazer faz, não fica prometendo somente.

Teotônio gostou da resposta do rapaz e com tristeza ajuntou:

– Nisso você tem razão, me decepcionei muito com o compadre Galdério, ele fez muitas promessas que eu sabia que jamais poderia cumprir, pois como prometer se para tudo dependemos da verba que vem do governo?

Leôncio esquecendo da posição do coronel disse com firmeza:

– O coronel que me perdoe, mas penso que as pessoas fazem de tudo para alcançarem a vitória nas urnas, mas pouco se importam com o povo que geme.

– Concordo com você meu bom rapaz, sou um homem de princípios e ainda me restam alguns ideais, mas confesso que já estou desanimado, pois nem sempre as coisas são como queremos.

Leôncio aproveitou o desabafo do coronel e complementou:

– O coronel que me desculpe, sou muito sincero no que digo e no que faço. Se o senhor não pode mudar as coisas da vila, o que acha de pelo menos melhorar as coisas na sua fazenda? Toda semana os colonos vêm a pé para comprar alguns mantimentos na vila. O que o senhor acha de abrir uma venda na fazenda, assim os colonos não precisarão andar tanto para comprar algumas coisas que faltam em sua casa? O que eles pegarem o senhor poderá descontar no salário semanal. Sendo assim, o senhor vai lucrar, e eles terão mais tempo para descansar. O senhor poderá fazer um pouco mais barato para eles, pois segundo fiquei sabendo há pessoas que estão devendo muito na venda do Crispim; além do mais, tudo na venda da vila tem o preço do ouro. Onde já se viu pagar três réis por um quilo de farinha de milho?

– Essa é uma boa ideia, pois sei que meus colonos estão devendo muito na venda do Crispim, e essa seria uma boa maneira de ajudar aqueles pobres-diabos.

Leôncio disse:

– Na venda pode-se vender de tudo, como na venda do Crispim, inclusive cachaça.

O coronel respondeu:

– Leôncio, escolha um lugar na fazenda e chame novamente os dois filhos do velho Anacleto, vamos construir uma venda para ajudar a minha gente.

Leôncio ficou feliz em saber que o coronel aprovava sua ideia, porém foi logo dizendo:

– Coronel eu não poderei chamar Nestor, pois desde que o senhor o pagou ele foi embora para a capital e não mais voltou.

Teotônio pensou por alguns instantes quando voltou a dizer:

– A safra está terminando, chame Chico Preto e outros para a construção da venda, mas diga-lhes que quero a venda pronta em dois meses, depois farei um acerto à parte.

Leôncio feliz pediu licença ao coronel e se retirou, a fim de dar as boas noticias aos colonos. Foi ao cafezal, afinal os colonos já não estavam mais colhendo café, e agora estava na hora de limpar e varrer o cafezal, deixando-o limpo e livre de pragas.

Leôncio chamou a todos e foi com alegria que transmitiu a novidade:
Chico Preto sempre fora o mais falante de modo que perguntou:
– Como pagaremos o que pegarmos na venda?
Leôncio explicou:
– Vocês poderão pegar o que quiserem, mas lembrem-se que depois será descontado do salário de cada um.
Todos gostaram da ideia, uma vez que a maioria dos colonos estava devendo na venda do Crispim e sabiam que seus preços eram exorbitantes.
E assim Leôncio escalou as pessoas que iriam trabalhar na construção da venda e outros que trabalhariam na reforma das velhas casas.
As pessoas estavam felizes com a administração de Leôncio, que realmente se preocupava com o bem-estar dos colonos, diferente de Belarmino, cuja preocupação era bajular o coronel.

E assim o tempo foi passando, as casas foram melhoradas, e a venda já estava quase pronta; porém quem não gostou de saber da venda foi Crispim, que detinha toda a clientela tanto da vila como das fazendas da região.
Depois que a venda ficou pronta e sortida, o coronel chamou por Leôncio quando perguntou:
– E agora, Leôncio, quem deixaremos como responsável da venda? É preciso uma pessoa que saiba ler, escrever e pesar.
– Podemos deixar Juca trabalhando na venda, pois ele está indo muito bem na escola e, além de saber escrever, é muito bom em fazer contas.
– Vou conversar com Alice para saber se o rapaz pode dar conta do trabalho.
Leôncio ao ouvir o nome de Alice sentiu seu coração enternecer-se e abriu um largo sorriso enigmático para o coronel que mal prestou atenção.
Leôncio pediu licença para o coronel e foi cuidar de suas tarefas enquanto o coronel ficou a observar o rapaz se afastar rapidamente.
O coronel disse:
– Contratar Leôncio foi a melhor coisa que fiz, além de ser um bom rapaz é também muito esforçado, e todos estão contentes com sua administração.
Na hora do almoço, o coronel olhando para a filha perguntou:
– Minha filha como vão indo as aulas?

– Estão bem papai; mas vejo que as pessoas do turno da noite são mais interessadas que as crianças, e todos tiram boas notas.

O coronel foi objetivo quando perguntou:

– E Juca como está indo?

Alice respondeu:

– Juca, juntamente com Leôncio, são os meus melhores alunos, esforçam-se a aprender e quando têm dúvidas sempre vêm me perguntar.

O coronel olhando seriamente para a filha disse:

– Alice você acha que Juca poderia cuidar da venda sem errar nos cálculos?

– Certamente que sim; aliás, Juca se dá melhor com os números do que com as letras.

Clementina que não sabia onde o marido queria chegar perguntou:

– Por que tantas perguntas sobre Juca, Teotônio?

– Vou colocar Juca para trabalhar na venda.

Clementina que não gostou da ideia foi logo dizendo:

– Não gostei dessa ideia de uma venda na fazenda, pois logo os colonos estarão bebendo todos os dias.

O coronel foi logo dizendo:

– Não permitirei que se venda cachaça durante a semana, somente nos finais de semana, para que não haja nenhum problema.

Clementina sentiu-se aliviada ao ouvir os planos do marido e com isso disse:

– Você teve uma boa ideia, afinal todos os domingos os pobres vão à vila somente para comprar mantimentos e ficam a maior parte do tempo fora de casa.

O coronel Teotônio sem pestanejar disse:

– A ideia da venda não foi minha, mas de Leôncio que percebeu o quanto as pessoas ficavam fora da fazenda somente para irem à vila.

Alice ao ouvir o nome de Leôncio sentiu seu coração disparar, porém limitou-se a ficar calada como se ele fosse um colono qualquer.

Depois do almoço, Alice pediu licença e mandou chamar Ritinha que estava ajudando Almerinda na cozinha.

Alice disse:

– Rita, se eu te contar uma coisa você jura que não contará a ninguém?

Ritinha, surpresa, respondeu:

– Certamente que não; afinal você é minha única amiga.

Alice sorrindo foi logo dizendo:

– Leôncio e eu estamos namorando.

Ritinha, boquiaberta, foi logo dizendo:

– Mas como vocês estão namorando, se eu a acompanho todas as noites de volta para casa?

Alice disse:

– Nós nos encontramos todas as tardes no cafezal, uma vez que está fora de safra e não tem ninguém lá.

Ritinha exclamou:

– Você perdeu o juízo! Onde já se viu namorar Leôncio sob os pés de café? O que seu pai dirá quando ficar sabendo?

– Papai não vai saber se você não contar.

Rita preocupada perguntou:

– Você não fez nenhuma besteira não é?

– Claro que não! Sou uma moça de família e sei me portar.

– Mas é muito perigoso você ficar sozinha com Leôncio, pois poderá acontecer o que não deve.

– Não se preocupe, Leôncio é um rapaz respeitador e nunca tentou nada comigo.

Rita decidiu:

– Todas as vezes que você for se encontrar com Leôncio irei com você.

– De maneira nenhuma, estamos juntos há mais de seis meses e nada aconteceu, por que acha que aconteceria agora?

Rita pensou por alguns instantes quando recomendou:

– Alice tome cuidado, homem e mulher juntos é como fogo e palha, basta se juntar para pegar fogo.

– Não se preocupe, sou uma moça ajuizada e Leôncio é um rapaz respeitador, portanto fique tranquila que nada irá acontecer.

Curiosa Rita perguntou:

– O que vocês ficam fazendo?

Alice corou de vergonha quando respondeu:

– Conversamos muito, olhamos sempre o pôr do sol, e ficamos abraçados debaixo do pé de café.

Rita foi logo dizendo:

– Essa história não vai dar certo, quero só ver o que o coronel fará quando ficar sabendo.

Alice respondeu:

– Se papai descobrir, vou-me embora com Leôncio, afinal sou maior de idade, e além do mais ele não é Deus para comandar minha vida.

Rita voltou a perguntar:

– Você o ama tanto assim?

– Rita, Leôncio é o ar que respiro, é a motivação que eu precisava para continuar vivendo, ele é um cavalheiro e além do mais é tão carinhoso...

– Carinhoso como?

Alice abriu um largo sorriso quando olhando a um ponto indefinido do quarto passou a dizer:

– Leôncio afaga meus cabelos, pega em minha mão, diz que me ama, e sempre me traz uma flor.

Rita olhando para Alice disse:

– Vocês dois não têm juízo, pois Leôncio já parou para pensar que se o coronel descobrir vocês nunca mais poderão se ver?

Alice disse:

– O amor que sinto por Leôncio me faz perder o medo de papai ou de quem quer que seja; nunca pensei que amar fosse isso. Eu penso nele o dia inteiro e à noite ainda sonho com ele, você acredita? Gosto do seu cheiro, dos seus gestos, de sua maneira de me tratar. Embora ele não seja um homem instruído, é tão gentil e educado, que nem mesmo um bacharel em Direito tem tamanha educação.

Rita exortou:

– Alice, tenha cuidado, pois o coração é traiçoeiro.

Alice sabia que faltavam poucos dias para Rita se casar e à queima-roupa perguntou:

– E você já se deitou com Samuel? Não minta pra mim!

Rita rubra de vergonha disse:

– Sim, já me deitei com ele por duas vezes.

Alice sorriu e disse:

– Você é que não tem juízo, pois já imaginou se esse casamento não acontecer? Você não será mais pura!

– Vire essa boca pra lá, ave agourenta! Tudo já está pronto para nosso casamento, que acontecerá em duas semanas, e você vem me falar de juízo?

– Alice, compreenda: Samuel e eu somos noivos e temos a aprovação de todos, mas você e Leôncio namoram às escondidas.

Alice encerrou a conversa dizendo:
– Não se preocupe, não farei nada que venha a envergonhar meu pai.
Rita, olhando para o alto, comentou:
– Senhor, dê juízo a essa criatura.
Alice sorriu.
– Agora vou descansar e depois vou me encontrar com Leôncio no cafezal. E quanto a você, fique de boca fechada.
– Fique tranquila, não direi nada a ninguém, mas tenha cuidado.
Alice deitou-se enquanto Rita saiu do quarto. Ficou pensando nos carinhos e beijos de Leôncio, e seu coração disparou.

A felicidade de Leôncio era percebida por todos que o conheciam, porém todos atribuíram tamanha felicidade ao fato de ele ter sido promovido a administrador da fazenda. O que ninguém imaginava era que ele estava namorando a filha do coronel.

Naquele dia, Leôncio pediu licença a Teotônio para ir à vila, a pretexto de comprar um outro par de botas.

O coronel, intrigado, perguntou:
– Mas para que comprar outro par de botas? Essa não está boa?
Leôncio, que era rápido em seu raciocínio, foi logo dizendo:
– No sábado haverá um baile na fazenda do senhor Ernesto, e eu não quero ir com botas velhas.
O coronel respondeu:
– Quando um homem começa a se preocupar com a aparência, é porque tem um rabo de saia por trás.
Leôncio sorriu e com coragem disse:
– Coronel, estou apaixonado.
Teotônio desatou a rir sem parar e com isso ajuntou:
– Eu não disse que havia um rabo de saia? Mas quem é ela?
O sorriso de Leôncio logo se apagou. Com voz baixa, disse:
– Estou apaixonado, mas trata-se de um amor impossível.
Teotônio, preocupado, indagou:
– Não é nenhuma mulher casada? Estou enganado?

– Não senhor, ela é solteira.

Teotônio acreditou que o amor do rapaz não estava sendo correspondido e, com um sorriso mordaz, disse:

– Você é jovem e fique tranquilo que viverá muitos amores em sua vida.

Leôncio em sua ingenuidade disse com sinceridade:

– Coronel se eu não puder ficar com ela, nunca mais olharei para mulher alguma, pois o que sinto é puro e verdadeiro.

– Você diz isso agora, mas o tempo cura velhas feridas e logo você encontrará outra moça que te amará e te fará feliz.

Leôncio com lágrimas nos olhos disse:

– Jamais serei feliz com outra pessoa, ela é fonte de inspiração e contentamento, jamais vou amar alguém como a amo.

Teotônio levando a mão no ombro do rapaz disse gargalhando:

– Não se preocupe; isso passa... Se essa moça não lhe dá o valor que você merece é porque ela não é digna de você.

Leôncio continuou:

– Coronel, eu nunca imaginei que um dia amaria alguém dessa maneira, e mesmo o senhor rindo, acredite: essa moça é o grande amor da minha vida.

Teotônio ao ver o rapaz chorando, sentiu pena e com isso disse:

– Compreendo pelo que está passando. Quando conheci Clementina, fiquei assim como você, mas os pais dela não queriam porque eu era um rapaz não tão rico quanto ela, era um simples estudante, e meu pai vendeu o único pedaço de terra para que eu me formasse bacharel em Direito. Começamos a nos encontrar às escondidas, e assim que o pai dela ficou sabendo, me chamou na casa-grande e começou a me dizer impropérios como: "Você não é digno de minha filha, você é um borra-botas", e coisas do gênero. Fui obrigado a ouvir calado os desaforos, mas mesmo assim disse: "Eu amo sua filha e vou me casar com ela quer queira quer não". Fomos obrigados a nos separar, pois ele não deixava Clementina sair de casa, mas, logo que o pai dela adoeceu, a mãe dela me aceitou como genro e cuidei dele até sua morte. Clementina, como filha única, herdou tudo que era de seu pai, mas eu consegui duplicar a fortuna da família em apenas três anos e logo em seguida me envolvi em política. Antes de morrer, o coronel, pai de Clementina, ficou sabendo que eu me interessava por política, e sendo assim passou a me admirar quando fui eleito com setenta por cento dos votos; apenas então ele mudou comigo. O tempo é o melhor remédio; fique calmo, continue a desempenhar seu serviço e logo tudo vai melhorar. Mas essa moça gosta de você?

Leôncio viu-se obrigado a mentir.

– Infelizmente não.

O coronel voltou a rir e com isso disse:

– Leôncio tudo é ilusão, quando nos apaixonamos acreditamos que seremos felizes para sempre, mas as coisas não são bem assim, pois nem tudo são flores.

Leôncio enxugando as lágrimas que escorriam pelo rosto com a costa da mão disse:

– Preciso recontar as sacas de café, pois temos um grande estoque.

Teotônio ao pensar no café que tinha em seu celeiro disse:

– Se o preço do café estivesse bom, lucraria em mais de duzentos por cento, mas sou obrigado a me sujeitar a preço de mercado e não lucrarei muito com essa venda.

– Coronel, por que o senhor não deixa as suas sacas de café estocadas e vende quando o preço estiver melhor?

– O preço do café está despencando a cada dia. E se eu deixar, e o preço cair ainda mais?

– É um risco que o senhor corre, mas pense que se o preço melhorar o senhor ganhará um pouco mais.

Leôncio logo percebeu que estava se metendo em assuntos que não lhe convinham e dessa forma disse:

– Desculpe pela minha intromissão coronel, o senhor sabe o que faz, como posso ensinar o vigário a rezar?

O coronel nada disse e viu quando Leôncio andou rapidamente em direção ao curral.

As palavras de Leôncio ficaram martelando em sua cabeça quando pensou:

– Talvez Leôncio tenha razão, pois no ano passado todo mundo vendeu seu café e dois meses depois ele teve uma alta absurda.

Ao pensar sobre o assunto, o coronel decidiu fazer o que o rapaz lhe sugerira e com isso não vendeu suas sacas de café, deixando no celeiro.

Naquela tarde, Leôncio aguardava ansiosamente por Alice e ficou observando o pôr do sol quando a moça chegou dizendo:

– Boa tarde nobre cavalheiro; perdoe-me pelo atraso, mas foi difícil sair de casa, mamãe queria conversar e eu já estava agoniada.

Leôncio sem pensar puxou a moça beijando-lhe várias vezes nos lábios e assim que serenou seu coração respondeu:

– Pensei que não fôssemos nos encontrar hoje.

– Não pense em nada, o importante é que estou aqui e não podemos perder tempo.

Leôncio sem compreender o que a moça estava querendo dizer perguntou:

– Perder tempo? Como assim?

Alice olhando nos olhos do rapaz respondeu:

– Leôncio, eu o amo e jamais amarei alguém dessa maneira, e hoje decidi que quero ser sua mulher.

Leôncio logo percebeu o que a moça estava querendo dizer, e com isso disse:

– Alice, Deus é testemunha do quanto eu a amo, mas não podemos fazer isso, pois se isso acontecer eu estarei traindo a confiança de seu pai.

Alice levantou as sobrancelhas quando perguntou:

– Você não me quer?

– Eu a quero como jamais imaginei querer alguém, o problema é que eu não posso fazer uma coisa dessas.

Alice irritada disse:

– Para você basta me encontrar todas as tardes e ficarmos olhando o pôr do sol e recitando poesias, mas para mim isso não basta, eu quero ser sua mulher. Se você não quer, isso é com você, mas vou informando que logo arrumarei um pretendente e me entregarei para ele.

Aturdido com as declarações da moça, Leôncio disse:

– Alice, o respeito que tenho por você é a prova de meu amor.

Irritada Alice disse:

– Eu não quero ser respeitada, eu preciso me sentir amada e desejada.

Leôncio, sem saber o que fazer, disse:

– Mas você é amada e muito desejada, porém não posso fazer isso, por favor, peço que me compreenda.

Alice, olhando nos olhos do rapaz, deu seu ultimato:

– Bem, já que é assim, não nos encontraremos mais, e peço que não me acompanhe mais de volta para casa.

Leôncio sentiu como uma faca traspassar-lhe o peito e, sem pensar, a enlaçou e a amou sob um pé de café.

Depois que serenaram as emoções, Alice disse feliz:

– Agora você é meu assim como eu sou sua, e juro que jamais serei de homem algum.

Leôncio sentiu um misto de sentimentos, pois, ao mesmo tempo em que se sentia feliz, sentia um medo que fazia sua alma estremecer.

Leôncio finalmente disse:

– Alice agora você é uma moça desonrada, e lhe devo casamento.

Alice sorriu feliz em ouvir tais palavras e com isso disse:

– Isso é simples de resolver; vamos embora para bem longe e só voltaremos quando estivermos casados, pois papai não poderá falar nada.

Preocupado o rapaz disse:

– Alice as coisas não são tão simples assim, pois seu pai colocará homens em nosso encalço.

Despreocupada e feliz a moça respondeu:

– Pare de se preocupar com meu pai, eu agora sou tua mulher.

Alice puxou novamente o rapaz e novamente se amaram.

Depois daquele dia, o casal passou a se amar quase diariamente, e Leôncio logo perdeu o medo do coronel, pai de Alice.

O casal de jovens descobriu o amor, e isso era fascinante para ele, pois a cada dia que passava ele sentia que a amava ainda mais.

Certa tarde, Alice chamou Rita até seu quarto e confessou o que havia acontecido. A moça estremeceu, pois não sabia o que o coronel era capaz de fazer ao saber que sua filha fora desonrada.

Rita passou a tremer qual vara verde enquanto Alice ia descrevendo todas as emoções que sentia ao lado de Leôncio.

Rita perguntou:

– E agora o que pretende fazer?

– Não farei nada; as coisas continuarão como sempre foram.

Rita, preocupada, informou:

– Ouvi dona Clementina dizer a Almerinda que sábado seu Ernesto virá com seu filho Venâncio para pedir sua mão em casamento.

Alice que nada sabia ficou irascível ao dizer:

– Como eles podem fazer isso comigo sem me consultar? Não vou me casar com ninguém que não seja Leôncio, e além do mais já sou sua mulher.

Rita tremendo disse:

– Alice você arrumou uma grande confusão.

Alice andando de um lado a outro disse:

– Papai pode me matar, mas eu não me caso com Venâncio, aquele idiota!

Rita levou a mão à testa, demonstrando preocupação.

– Vou colocar meu plano em ação!

– Que plano?

– Vou-me embora com Leôncio, tenho algum dinheiro guardado e ele também; iremos embora para bem longe e depois nos casaremos. No começo levaremos uma vida simples, mas, depois que estivermos casados, voltaremos se papai aceitar bem. Se não aceitar, partiremos de novo.

Ritinha disse em voz alta:

– Valei-me, minha Nossa Senhora! Coloque um pouco de juízo na cabeça de Alice.

Alice, olhando para Rita, disse revoltada:

– Deixe de ser dramática, Rita. Vou-me embora para casar com o homem que amo e ninguém nos impedirá.

Rita perguntou:

– Quando pretende fazer isso?

– Não sei; mas hoje mesmo vou conversar com Leôncio para decidirmos o que iremos fazer.

Rita saiu do quarto de Alice irritada, afinal se casaria no dia seguinte.

Naquela mesma tarde, Alice contou a Leôncio o que seu pai estava pretendendo fazer e com isso disse:

– O que faremos Leôncio? Sou tua mulher e com você vou até os confins da terra se preciso for.

Leôncio pensou por alguns instantes e estava visivelmente nervoso, e depois de muito pensar disse:

– Vamos embora, tenho treze contos de réis e assim que chegarmos na primeira cidade nos casaremos e arranjaremos uma casa, mas quero que saiba que nada tenho a lhe oferecer além do meu amor, a meu lado você terá que se habituar a uma vida simples, arranjarei um trabalho e viveremos como for possível.

Alice logo retrucou:

– Não pretendo ficar muito tempo longe de minha mãe; portanto assim que nos casarmos, voltaremos e papai terá que aceitá-lo como genro.

Leôncio estava visivelmente preocupado, porém não resistindo aos encantos da moça, deitaram-se novamente sob o pé de café.

Naquela noite, Alice voltou para casa dizendo que estava atrasada para lecionar e com isso recusou o jantar.

Tudo ocorreu como sempre, Leôncio e o casal de amigos a acompanharam de volta para casa.

Ao anoitecer, os pensamentos de Leôncio estavam em torvelinho, pois não conseguia fixar suas ideias em lugar algum, e Rita, para provocar, perguntou:

– O que está acontecendo com você, Leôncio? Está me parecendo disperso.

Leôncio educadamente respondeu:

– Não está acontecendo nada, apenas estou pensando que amanhã será o grande dia de vocês.

Rita desde que soubera que Alice havia perdido a virgindade com Leôncio passou a não gostar do rapaz e sempre que podia lhe alfinetava dizendo:

– E você, Leôncio, quando vai arranjar uma moça e se casar?

Leôncio sempre ignorava as provocações da moça em respeito ao amigo, e rapidamente mudava de assunto.

Alice não gostava da atitude de Rita, e com isso se arrependeu por ter lhe contado seu segredo.

No dia seguinte, Rita e Samuel se casaram, e o coronel mandou trazer o padre e matar um boi para as comemorações do enlace.

Alice, naquela tarde, não pôde se encontrar com Leôncio, que ficara preocupado desde que soubera que o pai estava arranjando um pretendente para a filha.

Samuel e Rita não ficaram até o final da festa, pois o rapaz quis logo levá-la para casa.

Naquela noite, Alice disse:

– Amanhã mesmo iremos embora, você já comprou a charrete e o cavalo?

– Sim, mas como faremos para sair da fazenda sem sermos vistos?

– Vamos sair de madrugada, quando todos estiverem dormindo.

Leôncio achava aquela ideia estapafúrdia, porém como amava a moça se deixou levar por ela.

223

Samuel e Rita casaram-se numa quinta-feira, e a visita do senhor Ernesto e seu filho Venâncio ocorreria no sábado.

Na noite seguinte, Leôncio puxou a carroça até a estrada e ficou esperando a moça aparecer. Já passava das três horas da manhã quando Alice apareceu com uma trouxa de roupas.

Leôncio estava visivelmente abatido, porém sabia que aquela era a única maneira de ficar com a mulher que amava.

Os dois saíram sorrateiramente, e não demorou a amanhecer o dia.

No dia seguinte, Clementina foi chamar a filha, como de costume, pois sabia que ela teria que dar aulas. Bateu à porta, porém tudo permanecia em silêncio. Clementina bateu diversas vezes, e o silêncio permanecia, até que decidiu entrar, mesmo sem o consentimento da filha. Viu a cama desarrumada e pensou: "Alice levantou cedo, mas onde poderá ter ido?"

Clementina desceu e encontrou Juca na cozinha.

– Juca, onde está Alice?

– Não vi, senhora.

Clementina perguntou a Almerinda:

– Alice já tomou café?

– Não senhora, ela ainda não desceu.

Preocupada, Clementina comentou:

– Como não desceu? Fui a seu quarto, e ela não está!

Almerinda, preocupada, disse:

– Talvez ela já tenha ido à escola, pois ontem eu a ouvi dizer que tinha muitas provas para corrigir.

Clementina ordenou a Juca:

– Vá até a escola; se ela estiver lá, diga que venha tomar café.

Juca sabia que a moça não estava na escola, porém obedeceu sem reclamar. Ao chegar lá, encontrou as portas fechadas e, sendo assim, voltou para casa e informou a patroa que a moça não se encontrava na escola.

Clementina então mandou chamar o marido, e em desespero foi logo dizendo:

– Alice não está em casa; já procuramos por toda parte, e ela simplesmente desapareceu.

Desesperado, o coronel mandou chamar Leôncio para formar uma diligência a fim de procurar Alice. Contudo, para sua surpresa, o rapaz também havia desaparecido.

O coronel logo se lembrou da conversa que tivera dias atrás e da revelação que Leôncio fizera sobre estar apaixonado por uma moça, e não foi difícil concluir que a tal moça era sua filha.

Naquele momento, o coronel sentiu seu sangue subir à cabeça. Mandou chamar Samuel.

Este, ao ficar sabendo do desaparecimento do casal, logo imaginou que estivessem juntos, pois Leôncio estava muito estranho nos últimos dias.

O coronel, com rispidez, perguntou:

– Onde está Leôncio?

Samuel, trêmulo, respondeu:

– Não sei dizer, senhor.

– Mas como não sabe? Vocês não eram amigos inseparáveis?

– Somos amigos, senhor, mas confesso que nos últimos dias Leôncio estava agindo de maneira estranha; falava pouco e passava a maior parte do tempo sozinho.

O coronel, desconfiado, perguntou:

– Acaso ele disse que estava apaixonado pela minha filha?

– Não senhor – mentiu Samuel –, Leôncio sempre foi muito discreto e nunca foi dado a falar sobre sua vida.

Completamente fora de si, o coronel ordenou:

– Reúna quatro ou cinco homens, pois preciso ir atrás daquele calhorda que roubou minha filha.

Samuel entrou em desespero, pois sabia o que poderia acontecer caso o coronel descobrisse seu paradeiro. Com rapidez, reuniu quatro homens e os apresentou ao coronel. Entre eles estavam Bernardo, Daniel, Joaquim e Benício.

O coronel deu a cada um uma espingarda com a ordem de que aquele que descobrisse o paradeiro de Leôncio poderia passar fogo nele, que Teotônio se responsabilizaria.

Não demorou para que os cinco homens saíssem no encalço de Leôncio e Alice, mas foram em direção contrária à do casal. Passaram por alguns vilarejos e algumas cidadezinhas, porém ninguém havia visto ninguém com a descrição dada pelo coronel.

Os dias foram passando e a busca continuava, até que o coronel disse:

– Impossível eles terem sumido sem deixar nenhuma pista; acho que estamos na direção contrária.

O coronel dormia ao relento à procura do casal, e as buscas continuavam.

Duas semanas tinham se passado desde que o casal sumira, e o coronel já estava cansado e, sobretudo, desanimado em procurar.

Daniel perguntou:

– Para onde iremos agora, coronel?

O pai, aflito, levando a mão à cabeça, deixou uma lágrima escorrer.

– Não sei, já procuramos por tudo, visitamos vilarejos e algumas cidadezinhas, e nada. Parece que eles desapareceram com o vento.

Naquele final de tarde, o coronel, cansado, chegou a um vilarejo e procurou uma hospedaria, pois precisava tomar um banho e fazer uma boa refeição.

CAPÍTULO 11

O casamento

Leôncio e Alice chegaram a um vilarejo e logo avistaram uma igreja. Ficaram em uma pequena hospedaria e, pela primeira vez, dormiram juntos, pois os dois disseram que eram casados.

Leôncio estava apreensivo, pois não sabia qual seria a reação do coronel caso descobrisse seu paradeiro. Alice, ao contrário, sentia-se radiante, afinal tivera uma noite inteira junto de seu amado e pouco se preocupava com seus pais.

Os dois ficaram três dias na hospedaria, quando então Leôncio foi à capela do vilarejo procurar pelo padre. Entrou e encontrou padre Antonio rezando junto da cruz de Jesus. Esperou o padre terminar suas rezas para conversar com ele sobre o casamento.

– Bom dia, padre – cumprimentou.

O sacerdote olhou para as roupas sujas de Leôncio.

– Quer se confessar, meu filho?

– Não senhor; vim aqui para pedir que o senhor faça meu casamento.

O padre esboçou um sorriso.

– Mas onde está a noiva?

– Ela está na hospedaria, e, se o senhor nos casar ainda hoje, vou buscá-la.

– Sinto muito, meu filho, mas só poderei casá-los na semana que vem, pois um casamento não é assim feito de última hora. E, além do mais, amanhã tenho batizado.

Leôncio sentiu-se desanimado, porém decidiu aceitar, afinal no coração já estava casado com Alice.

– Que dia o senhor poderá nos casar?

O padre convidou o rapaz para uma pequena sala, que ele chamava de eucaristia, e, abrindo um livro de capa marrom, falou:

– Só vou poder casá-los no dia vinte e um.

– Está bem, padre.

– Mas quem serão os padrinhos?

Leôncio não havia pensado nisso.

– Não conheço ninguém no vilarejo. O senhor pode nos ajudar?

O padre achou estranha a atitude do rapaz.

– Por que tanta pressa em se casar?

Leôncio, que não era dado a mentiras, contou toda a verdade ao padre, inclusive que já havia se deitado com Alice.

O padre exclamou:

– Meu Deus! Vocês estão vivendo em pecado.

Leôncio abaixou a cabeça e uma lágrima rolou em seu rosto, porém o bondoso sacerdote disse:

– Se Jesus não condenou Maria Madalena uma pecadora, quem sou eu para julgá-los? Fique tranquilo, meu filho, que farei o casamento de vocês na terça-feira, e arranjarei os padrinhos.

Leôncio ficou feliz ao ouvir as palavras do sacerdote e, sorrindo, voltou à hospedaria para dar notícias a Alice, que ficou muito entusiasmada.

O rapaz, apesar de estar feliz ao lado da mulher amada, em seu íntimo sentia-se oprimido, pois a fisionomia do coronel não lhe saía da mente.

Alice, percebendo o olhar vago de Leôncio, perguntou:

– O que há com você? Vez por outra percebo que seus pensamentos não estão comigo.

Leôncio fixou o olhar em Alice e respondeu:

– Eu a amo, e você sabe muito bem disso, mas seu pai não me sai da cabeça. Penso que ele já deva estar em nosso encalço. O que acha que ele poderia fazer comigo?

Alice, em tom displicente, tornou:

– Não se preocupe. Mesmo que papai esteja em nosso encalço, quando ele nos encontrar, já estaremos casados, e ele nada poderá fazer.

Leôncio continuou:

– Nós vamos nos casar, mas ele jamais vai me aceitar como genro.

Alice, irritada com a conversa, retrucou:

– Meu avô não queria que meu pai se casasse com minha mãe, e ele se casou mesmo assim. Embora o pai de minha mãe tivesse fama de valentão, ele nada fez. Por fim, teve que aceitar e no final da vida até pediu perdão a meu pai.

Leôncio, que conhecia a história, comentou:

– Embora seu avô não quisesse que sua mãe se casasse com o coronel, ele tinha uma coisa que eu não tenho.

– O quê? – perguntou Alice, curiosa.

– Ele tinha o diploma de bacharel em Direito. Quanto a mim, não passo de um matuto que só sei cuidar de coisas da fazenda. Se hoje sei assinar meu nome, foi porque você me ensinou.

– Quando voltarmos à fazenda, tenho certeza de que papai vai pagar seus estudos e você também será bacharel em Direito.

Leôncio sabia o quanto o coronel gostava da filha, e duvidava que ele aceitasse aquele casamento, porém decidiu encerrar a conversa.

A pequena comitiva do coronel, formada por quatro homens e ele, continuou a andar de vilarejo a vilarejo, porém sem sucesso.

Foi quando Daniel sugeriu:

– Coronel, há um vilarejo chamado Barro Roxo, e lá ainda não fomos.

Teotônio pensou por alguns instantes, depois falou:

– Para chegarmos a esse vilarejo, levaremos quatro dias, pois fica a cinquenta léguas daqui e nossos cavalos já estão cansados.

Daniel disse incisivamente:

– Podemos viajar durante o dia e descansar à noite. Os cavalos aguentarão tal empreitada.

O coronel, desanimado, tornou:

– Não acho uma boa ideia! O melhor que temos a fazer é voltar para a fazenda e esperar os dois voltarem.

Daniel era um homem ciumento e não gostava de Leôncio, de modo que insistiu:

– Não podemos desistir, coronel, pois é a honra de sua filha que está em jogo.

Teotônio, ao pensar que a filha poderia já estar desonrada, ordenou:

– É verdade, não podemos perder tempo. Vamos mudar o rumo e ir ao vilarejo do Barro Roxo o quanto antes.

Os dias foram passando até que, em certa tarde, o padre mandou chamar Leôncio e Alice para celebrar o casamento. Ele havia convidado as pessoas da vila para irem ao casamento dos dois forasteiros e arrumado dois padrinhos: um para o noivo e outro para a noiva.

Alice se esmerou em arrumar-se, enquanto Leôncio vestiu as roupas que dona Clementina mandara fazer para ele. Os dois chegaram e, para a surpresa de ambos, a capela estava cheia de pessoas desconhecidas.

Alice sentia-se feliz, mas Leôncio continuava preocupado, temendo que o coronel os encontrasse.

O padre Antonio celebrou o casamento e, assim que terminou, todos aplaudiram o novo casal. Ao saírem da capela, qual não foi a surpresa quando depararam com o coronel do lado de fora.

Leôncio, ao ver Teotônio, sentiu as pernas bambearem, porém, ao olhar para o pai de Alice, falou:

– Coronel, posso explicar o motivo pelo qual fiz isso.

O coronel começou a esbravejar diante de todos:

– Você é um cachorro! Um ingrato! Depois de tudo o que fiz por você, é assim que me paga?

Alice interveio:

– Papai, se Leôncio pedisse minha mão, o senhor jamais iria aceitar. Essa foi a única maneira de ficarmos juntos. Além do mais, o senhor não pode fazer mais nada, pois estamos casados, tal como manda a Santa Madre Igreja.

Os olhos de Teotônio faiscavam de ódio.

– Você não sabe o que está falando; ele a seduziu e a obrigou a fugir com ele.

Alice, defendendo seu amado, respondeu:

– Não é verdade! Leôncio não queria fugir comigo, mas eu praticamente o obriguei a fugir, pois jamais me casaria com Venâncio, filho de Ernesto.

O coronel nesse momento se aproximou dos dois, deu um sonoro bofetão no rosto de Leôncio e puxou Alice para seu lado. Olhando para seus homens, que estavam armados até os dentes, gritou:

– Fogo!

Dos quatro homens, somente Daniel atirou, acertando Leôncio várias vezes. O rapaz cambaleou e, olhando para o coronel, disse:

– Eu amo Alice como jamais imaginei amar alguém um dia; nunca quis trair sua confiança...

Alice gritava histericamente, enquanto Leôncio se esvaía em sangue. Ela tentou se desvencilhar da mão do pai, porém o coronel ficou olhando o rapaz agonizar e morrer ali mesmo, no degrau da pequena capela.

Assim que o coronel percebeu que Leôncio estava morto, disse a Daniel:

– Amarre esse canalha na garupa de seu cavalo. Vamos voltar à fazenda.

Daniel sentiu-se orgulhoso por receber uma ordem direta do coronel e, mesmo se sujando de sangue, fez o que o coronel ordenou.

O padre Antonio, ao assistir tal cena, falou ao coronel:

– O senhor não precisava ter feito isso; ele já havia reparado o mal casando-se com sua filha.

O coronel ignorou as palavras do padre e rapidamente colocou Alice na garupa de seu cavalo. A moça chorava desmedidamente enquanto via o cavalo de Daniel trotar, e o sangue de Leôncio escorrer como se fosse um porco que houvesse ido ao abate.

Ao chegar à fazenda, o coronel mandou chamar o delegado, e Clementina, ao deparar com a cena, berrou:

– Teotônio, o que você fez?

– Lavei a honra da minha filha com o sangue desse canalha.

Logo todos na fazenda ficaram sabendo da morte de Leôncio, e foi com tristeza que os colonos o enterraram.

Alice, ao chegar, abraçou a mãe dizendo:

– O coronel não precisava ter feito isso, afinal, tínhamos acabado de nos casar. Estávamos saindo da capela quando esse homem que se diz seu marido cometeu essa atrocidade.

Alice foi ao enterro de Leôncio e, ao vê-lo inerte no caixão, falou:

– Meu amado marido, um dia iremos nos encontrar, e ninguém vai nos separar.

Os colonos, ao ouvirem as palavras da moça, penalizaram-se dela, dizendo que havia perdido o juízo.

O enterro de Leôncio seguiu sob forte chuva, e Alice acompanhou chorando copiosamente ao lado de Rita.

Samuel ajudou a levar o caixão que ele mesmo havia feito e, chorando, colocou-o em uma cova funda.

Alice pediu a Samuel que fizesse uma cruz de madeira para enterrar na cabeceira do caixão.

Clementina, pela primeira vez, posicionou-se contra o marido e, aos gritos, disse:

– Por que matar o pobre rapaz? O mal já havia acontecido, e eles já haviam se casado. Você não tinha o direito de tirar a vida daquele infeliz.

Teotônio, aos berros, retrucou:

– Aquele cachorro traiu minha confiança! Fiz tudo por ele e lhe dei o mais alto cargo na fazenda, e o que ele fez? Desonrou nossa filha debaixo de minha barba!

Clementina, odiando a atitude do marido, disse:

– Por que você não o aceitou como genro? Leôncio era um homem trabalhador e honesto, nunca deu motivos para desconfiarmos dele, e quer saber? Pare de ver nossa filha como uma mocinha indefesa; ela é uma mulher e sabia muito bem o que estava fazendo. Você esqueceu que papai também não queria nosso casamento? Mas nós não desistimos, e papai acabou por aceitá-lo. Mas agora vejo o quanto meu pai tinha razão de não aceitá-lo como genro, pois você se tornou um assassino frio e sem coração.

– Cale a boca, Clementina, caso contrário...

– Caso contrário o quê? Vai me bater?

O coronel, percebendo que a esposa estava com os nervos alterados, decidiu trancar-se em seu gabinete, ficando lá até o delegado chegar.

Assim que o delegado Aparício entrou, o coronel contou tudo o que havia acontecido e arrematou a conversa dizendo:

– O senhor vai me prender?

– De forma alguma! Colocarei nos autos que o senhor agiu em legítima defesa da honra, e nada vai lhe acontecer.

O coronel esboçou um sorriso triste e se despediu do delegado.

Uma semana havia se passado desde que Alice voltara para casa, porém ela evitava o pai de todas as maneiras.

Clementina, ao ver a tristeza da filha, comentou:

– Querida, você precisa comer. Já faz uma semana que não come nada, e até emagreceu.

Alice nada dizia, apenas chorava, sem parar.

Certa noite, Teotônio perguntou por Alice.

– Ela, desde que voltou, não se sentou mais à mesa conosco. Mande chamá-la para jantar.

Clementina levantou-se da mesa e, sem olhar para o marido, subiu as escadas dizendo:

– Alice, seu pai está chamando você para jantar.

A filha, revoltada, retrucou:

– Eu não me sento à mesa com aquele assassino.

– Mas filha...

– Mamãe, compreenda: nunca mais dirigirei a palavra ao coronel Teotônio.

– Não fale assim; ele ainda é seu pai.

– Não tenho pai; meu pai morreu no dia em que tirou a vida do meu marido.

Clementina, percebendo que não demoveria tal ideia da cabeça da filha, disse:

– Vou pedir a Rita que lhe traga um prato de sopa.

– Não quero! Por favor, minha mãe, respeite minha dor.

Clementina desceu, e Teotônio perguntou:

– Onde está Alice?

– Ela não quer jantar.

Teotônio, perdendo a cabeça, levantou-se da mesa e foi ao quarto da filha, entrando sem nem mesmo pedir licença.

Alice, ao ver o algoz de Leôncio, nada disse, e o pai, vendo que a filha havia emagrecido a olhos vistos, falou com brandura:

– Alice, um dia você será mãe e saberá o que é ter amor de filho. Você é minha filha única e sei que errei, mas o que está feito não se muda mais.

A moça levantou o olhar com ódio ao dizer:

– O coronel não é meu pai; se fosse, teria respeitado minha decisão. Portanto, peço que nunca mais me dirija a palavra, pois eu não responderei. Decidi também morar na casa em que Leôncio morava, pois só assim sentirei que ele está perto de mim.

– Jamais permitirei um desatino como este. Você é minha única filha e continuará levando a vida de antes.

Alice continuou:

– A partir de hoje não vou mais lecionar. Minha vida acabou no momento em que o coronel deu ordem para atirar em meu marido. Peço que esqueça que um dia teve uma filha.

Teotônio sentiu-se desnorteado ao ouvir as palavras de Alice e, sem nada dizer, saiu do quarto da filha, trancando-se em seu quarto.

Alice ia todos os dias à casa em que Leôncio havia morado. Cada objeto seu ela beijava, falando em voz alta sobre os bons momentos que tinham tido juntos e da saudade que sentia. Chorava por horas a fio e não permitia que ninguém entrasse na casa.

Com o passar dos dias, Alice passou a ficar definitivamente na casa que fora de Leôncio, e permitia apenas que a mãe entrasse na pequena tapera.

Clementina sofria ao ver o sofrimento da filha, e com isso levava frutas e alimentos para a moça, que mal tocava na comida.

Teotônio estava extremamente arrependido pelo mal que fizera, mas, para desculpar sua consciência, dizia:

– Agora, quem vai querer casar com uma moça desonrada? Fiz isso em nome da honra de nossa família.

Rita, por diversas vezes, foi até a choupana, porém Alice gritava:

– Vá embora; não quero ser incomodada.

Almerinda, ao saber do sofrimento de Alice, tentou ir à choupana também, mas Alice se recusava a vê-la.

E assim o tempo foi passando.

Certo dia, Alice acordou enjoada, sentindo que seu corpo estava estranho; preocupada, foi até a casa-grande e disse para a mãe:

– Acho que estou doente. Sinto enjoo, e meu corpo está diferente.

Almerinda, ao ouvir a conversa, estremeceu.

– Quando foi sua última regra? – a cozinheira perguntou.

Alice deu de ombros.

– Não me lembro. Por quê?

Almerinda olhou para Clementina, que estava pálida, e as duas apenas se entreolharam, sem nada dizer. Clementina se aproximou da filha e, passando a mão na barriga dela, falou com sinceridade:

– Filha, não quero lhe impor medo, mas pelo que tudo indica você está grávida.

Alice, ao ouvir as palavras da mãe, ficou aturdida a princípio, mas depois esboçou um largo sorriso.

Alice perguntou:
– Mamãe, como posso estar grávida se Leôncio está morto?
Almerinda intrometeu-se na conversa.
– Quando você se deitou com ele, ele estava bem vivo...
Alice passou a mão na barriga e, com lágrimas nos olhos, falou:
– Se isso for verdade, Leôncio deixou um pedacinho dele em mim. Não é maravilhoso, mamãe?
Clementina, chorando, disse:
– Tenho medo da reação de seu pai.
Alice, com altivez, retrucou:
– O que a senhora pensa que ele irá fazer? Matar meu filho também? Não tem motivos para ficar bravo, mesmo porque sou viúva.
Clementina abraçou a filha com lágrimas nos olhos.
– Minha filha, não permitirei que ninguém faça nada a meu neto, nem mesmo seu pai.
Depois daquele dia, Alice voltou a se alimentar, porém não voltou para casa, decidindo morar onde Leôncio havia vivido.

Duas semanas haviam se passado desde que Alice descobrira que estava grávida, e era com alegria que ela esperava aquele filho, produto de um amor puro e sincero.
Certa noite, durante o jantar, Clementina decidiu remexer na ferida:
– Alice está grávida; logo teremos um neto.
Teotônio passou do rubor à palidez em poucos minutos.
– Você tem certeza?
– Sim; ela está morando na casa que foi de Leôncio e está feliz.
Teotônio, sem pedir licença, levantou-se da mesa e trancou-se em seu gabinete, pensando: "Meu Deus, me perdoe pelo mal que fiz a minha filha! Por que não deixei Leôncio viver para conhecer o filho?" Naquele momento, o coronel chorou copiosamente, afinal, tinha mandado matar o pai do seu neto.

Leôncio acordou em um lugar estranho. Olhou para todos os lados e não viu ninguém. À esquerda havia uma grande janela, que permitia a entrada do sol. Olhou para uma pequena mesa com um jarro de água, quando de repente um homem entrou dizendo:

– Que bom que acordou. Eu me chamo Mário e sou responsável pela sua recuperação.

Leôncio olhou para aquele homem, que aparentava uns cinquenta anos, e então perguntou:

– Onde estou?

Mário, olhando com carinho para Leôncio, falou:

– Você está em um posto de ajuda, e sou o responsável por ajudá-lo.

Leôncio não se lembrava do que havia lhe acontecido e, com voz tímida, comentou:

– Estou sentindo fortes dores, na barriga e na cabeça; o senhor poderia me ajudar?

Mário respondeu:

– Certamente que sim.

Leôncio rapidamente se lembrou de Alice e, esboçando um triste sorriso, perguntou:

– Onde está minha esposa?

Mário, com seu jeito espirituoso, respondeu:

– Primeiro pense em você e em sua recuperação, depois lhe darei todas as informações de que precisar. – Leôncio observou Mário levantar o fino lençol. – Não pense em nada, pense somente em Jesus.

Leôncio estranhou, afinal nunca tivera tempo para se dedicar a religião alguma, e com sinceridade falou:

– Não consigo pensar em Jesus, pois nunca o vi.

– Está vendo aquele quadro na parede? – Mário indagou. – Aquele é Jesus.

– Sempre que eu penso em Jesus, penso no homem pregado na cruz, mas nunca o vi dessa maneira.

Mário comentou:

– A maioria das pessoas tem na mente um Jesus indefeso preso a uma cruz, mas a verdade é que Jesus foi pregado na cruz, porém depois foi libertado pela morte.

Leôncio não compreendeu aonde Mário queria chegar, contudo ficou com os olhos fixos no quadro e logo observou aquele bom homem levantar sua camisa.

– Quem atirou em você não teve compaixão – disse-lhe Mário. – Vejo algumas perfurações, mas não se preocupe, logo você ficará bem.

Leôncio observou enquanto Mário fechava os olhos. De suas mãos irradiava uma luz verde, e ele passou a mão sobre suas chagas. Com rapidez, as dores causadas pelos ferimentos sumiram, e Leôncio perguntou:

– O senhor é um curandeiro?

Mário, sorrindo, replicou:

– Não sou curandeiro; apenas trabalho em favor dos enfermos dessa ala.

Leôncio não compreendeu muito bem o que Mário queria dizer, porém limitou-se a ficar quieto.

Mário se antecipou, explicando:

– Você tem muitas indagações, mas saiba que cada coisa a seu tempo. Assim como não nasce uma flor só porque queremos, você não terá as respostas só porque as quer. Você tem duas coisas a fazer: a primeira é repousar, e a segunda é ter paciência.

Leôncio continuou calado, porém, Alice não saía de seus pensamentos.

Mário, ouvindo os pensamentos de Leôncio, continuou:

– Não se preocupe com Alice; ela está bem.

Leôncio assombrou-se, pois não havia dito nada. Mário parecia ter lido seus pensamentos.

Com um sorriso, o outro amavelmente esfregou as mãos e as levou à cabeça do rapaz. Este não pôde controlar o sono.

Cinco meses haviam se passado desde a morte de Leôncio, e Alice estava feliz, sorrindo para a mãe.

– Leôncio se foi, mas deixou em mim sua semente. Amo tanto essa criança que está em meu ventre, que não vejo a hora de tê-la em meus braços.

Clementina olhava para a filha, que, vez por outra, passava a mão na barriga, agora já grande.

Certa manhã, Alice perguntou a Almerinda:

– O que você acha que vai ser esta criança: menino ou menina?

Almerinda olhou para a barriga de Alice e respondeu:

– Tenho quase certeza de que será um menino.

Clementina interferiu:

– Ah, eu gostaria tanto que fosse uma menina! Se for menina, será muito parecida com você.

Nesse momento, o coronel entrou na cozinha, e Alice, olhando para as duas mulheres, falou:

– Vou para casa. Preciso repousar.

Teotônio, olhando para a filha, disse com mansidão:

– Aqui é sua casa.

Alice ignorou completamente as palavras do pai e se retirou sem nada dizer. Teotônio olhou para Clementina e falou:

– Jamais pensei que Alice fosse tão rancorosa; faz cinco meses que ocorreu aquela desgraça, e ela não me perdoou.

Clementina, aproveitando o momento, respondeu:

– O que você queria? Que ela o abraçasse e o chamasse de papai? Você matou o marido dela logo após o casamento, e ela será obrigada a criar um filho sem pai.

Teotônio, pisando duro, saiu da cozinha sem nada dizer.

Clementina permaneceu calada e, depois que o marido se afastou, disse a Almerinda:

– Teotônio errou ao mandar matar Leôncio, pois em nenhum momento ele pensou que Alice o amava. Além do mais, o moço foi tão honesto que se casou com minha filha, não se aproveitou dela somente.

Almerinda, com lágrimas nos olhos, comentou:

– O coronel manchou a mão de sangue honesto, e a vida se encarregará de cobrar isso dele.

– Não será a vida que cobrará esse assassinato, será sua própria consciência – disse Clementina. E prosseguiu: – Já que estavam casados, por que ele não os trouxe para casa, ajudando o pobre rapaz?

Almerinda, mexendo nas panelas, respondeu:

– Por orgulho, nada mais que isso.

Clementina, com lágrimas nos olhos, ajuntou:

– Agora minha filha terá que criar um filho sem pai.

A mulher saiu chorando da cozinha e foi se sentar na varanda para continuar com seus bordados.

Naquele dia, havia um alvoroço na casa-grande. Havia chegado a hora do nascimento da criança de Alice, porém ela fizera questão de que o filho nascesse na cama em que seu pai dormira.

O coronel, ao ficar sabendo que a filha estava em trabalho de parto, entrou em desespero e mandou que Daniel trouxesse Alice para a casa-grande.

Daniel, que passara a administrador da fazenda desde que Leôncio fora morto, fez o que o patrão havia ordenado.

Ao entrar na choupana, falou para Alice:

– O coronel mandou levá-la para a casa-grande.

A moça, mesmo sentindo fortes contrações, gritou:

– Mamãe, quero ter meu filho aqui, onde morou o pai dele. Por favor, não deixe que seu marido faça isso comigo.

Clementina, atendendo ao pedido da filha, respondeu:

– Minha filha terá seu filho aqui, pois esse é seu desejo. Já chega o que vocês fizeram com o marido dela!

Daniel sentiu-se mal, afinal, ele fora o único que atirara em Leôncio. Sem dizer uma palavra sequer, retirou-se, deixando a moça aos gritos.

O administrador voltou até o coronel e disse o que havia acontecido. Teotônio ficou furioso, pois não queria que a filha tivesse seu neto em um pardieiro. Munindo-se de coragem, dirigiu-se ao casebre onde se encontrava Alice e, com autoridade, disse:

– Você será levada à casa-grande, pois meu neto não irá nascer nesse pardieiro.

Alice gritou:

– Saia daqui! Não quero olhar para o senhor, afinal, se estou nessas condições, a culpa é sua!

Clementina ficou calada e por um momento sentiu pena do marido. Enquanto isso, Almerinda trazia água e panos para fazer o parto de Alice.

Passadas mais de duas horas, enfim a criança nasceu. Com alegria, Almerinda anunciou:

– É uma menina; nasceu forte e sadia.

Alice, ao ver a filha, chorou emocionada e, com tristeza, falou:

– Leôncio, este é o fruto de nosso amor...

Clementina, ao ouvir as palavras da filha, emocionou-se também, e juntas choraram.

Almerinda cortou o cordão umbilical da criança, banhando-a em seguida. Assim que a criança estava limpa, Alice ofereceu seu seio a ela, que o capturou instintivamente.

Clementina tentou demover a ideia da filha de ficar naquele lugar, mas a moça se mostrou impassível.

O coronel, ao ficar sabendo que havia nascido uma menina, sentiu-se triste. Andando pelo cafezal, pensou: "Errei quando mandei matar aquele miserável; agora minha filha terá que criar um filho sem pai". Desde que ocorrera o incidente com Leôncio, o coronel nunca mais tivera paz, e era comum se recriminar por sua atitude. Ao saber agora que tinha uma neta, sentiu imensa vontade de ver a criança, porém seu orgulho não lhe permitia, uma vez que a filha não o tinha mais como pai.

Teotônio voltou para casa e encontrou Januário à sua espera. O coronel emagrecera e sua barba estava por fazer, porém o amigo fez de conta que não havia reparado.

Teotônio perguntou:

– O que o amigo faz aqui?

Januário, esboçando um leve sorriso, passou a dizer:

– Quando o amigo resolveu deixar seu café estocado, achei um absurdo, mas vejo que o amigo fez bem. O preço do café aumentou em quase cinquenta por cento, mas agora já não tenho mais nenhuma saca em estoque.

O coronel, ao ouvir tal notícia, estremeceu, afinal seguira uma sugestão que Leôncio havia lhe dado tempos atrás.

Teotônio não se mostrou muito entusiasmado com a notícia, mas mesmo assim Januário continuou:

– O amigo que fez bem; agora vai encher as burras de dinheiro, pois segundo consta o amigo é o único que não vendeu seu café no tempo da safra.

Teotônio esboçou um sorriso triste e, com sua maneira habitual, respondeu:

– Agradeço ao amigo por ter vindo me avisar; amanhã mesmo venderei meu café, mas agora preciso ficar sozinho, se o amigo não se importar.

Januário sabia de toda a história, pois o escândalo havia se espalhado como um rastilho de pólvora na região. Portanto, disse educadamente:
– Está mesmo na hora de ir; tenho muita coisa para fazer na vila.
O coronel nada disse, acompanhando Januário até a porta principal da casa-grande. Teotônio já não era mais o mesmo homem; sempre a imagem de Leôncio lhe vinha à cabeça, principalmente aquela em que ele e Alice saíam felizes depois do casamento.
Teotônio já não fazia mais a barba e pouco se alimentava. Ele, que sempre fora um homem cuja barriga protuberante chamava atenção, agora tinha as calças folgadas. Ao pensar no lucro que teria com a venda do café, pensou: "Deveria ter trazido os dois de volta para casa e ter aceitado esse casamento, afinal, Leôncio tinha tino para os negócios". Em seguida, o coronel começou a pensar na neta que nascera e que ainda não pudera ver, pois a filha o odiava, e ele não lhe tirava mais a razão.

Alice estava feliz com o nascimento da filha.
– Minha filha se chamará Sarah – falou ela para Clementina –, pois sempre gostei desse nome desde que o vi na Bíblia.
Clementina, sorrindo, concordou com a filha.
– Alice, você não acha que está na hora de voltar para casa? Lá Sarah terá todo o conforto de que precisa.
Alice pensou por alguns instantes e em seguida respondeu:
– Quero que minha filha cresça onde seu pai morou, pois, embora ela não o tenha conhecido, saberá que ela só veio para esse mundo por meio de um amor que transcendeu até mesmo as barreiras sociais.
Clementina, olhando para a pequena menina que sugava o seio da mãe, perguntou:
– Não vai deixar seu pai conviver com a neta?
– Não sou tão má assim, mamãe. Deixarei seu marido ver a neta, desde que ele não me dirija a palavra.
Clementina, com tristeza, falou:
– Filha, seu pai errou, a bem da verdade, mas você também; por que não me contou que estava apaixonada por Leôncio? Eu os ajudaria.

– A senhora diz isso agora, depois que aconteceu essa desgraça toda, mas, na realidade, se eu lhe contasse sobre o nosso amor, a senhora se juntaria com o coronel e me impediria, jogando-o na rua da amargura.

Clementina olhou para a filha como se a visse pela primeira vez. Sentiu que não conhecia mais Alice, pois ela deixara de ser a moça meiga de antes e se transformara em uma mulher amarga. Com tristeza, falou:

– Se você não quer voltar para casa, a decisão é sua, mas você não acha que sua filha merece o mínimo de conforto? Reconheço que esteja ressentida com seu pai, mas sua filha não tem culpa por tudo o que lhe aconteceu.

– Acho que a senhora tem razão – disse Alice, depois de refletir um pouco mais. – Talvez eu deva um pouco de conforto à minha filha, mas não quero que seu marido fique a paparicá-la, pois criarei minha filha do meu jeito.

Clementina, satisfeita, observou:

– Hoje você ficará aqui, mas amanhã pedirei que alguém venha buscá-la. Você tem o resguardo de quarenta dias e precisará de cuidados.

Alice não gostou muito da ideia, mas logo percebeu que a mãe só queria seu bem. A pequena Sarah, por sua vez, depois de mamar, regurgitou nos braços de Almerinda, que se encontrava com elas. A cozinheira comentou:

– Sarah será tão loura quanto você; veja a penugem em sua cabeça, parece raio de sol.

Alice esboçou um sorriso triste.

– Preferia que ela se parecesse com o pai, a pele trigueira e aqueles olhos amendoados tão lindos.

Clementina ficou triste ao se lembrar de Leôncio. Ele não só era um belo rapaz como também um homem íntegro e de boa índole. Embora a mulher se lembrasse perfeitamente bem do rosto bonito de Leôncio, sentiu-se infeliz por ver as lágrimas escorrerem pelo rosto da filha.

– Está na hora de trocar a fralda – comentou Almerinda, com o a criança no colo.

Alice sentia-se fraca, pois fizera muita força. Com isso, pediu:

– Almerinda, por favor, troque-a, pois estou me sentindo muito cansada.

Clementina fez questão de trocar a criança enquanto Alice dormia.

A esposa do coronel disse em voz baixa:

– Vá chamar Teotônio para ver a neta, pois ele é avô e certamente está curioso para conhecê-la.

Almerinda saiu quase correndo. Logo chegou à casa-grande, encontrando o coronel sentado em uma poltrona na sala.

Almerinda disse com um sorriso:

– O coronel não quer conhecer a neta?

Teotônio olhou surpreso para a cozinheira.

– Alice quer me ver?

Almerinda, baixando o tom de voz, respondeu:

– Ela está dormindo, e dona Clementina mandou chamar o senhor para conhecer a neta.

Teotônio pensou por alguns instantes, depois falou:

– Claro que quero conhecer minha neta, afinal, ela é sangue do meu sangue.

Rapidamente os dois saíram em direção à choupana onde estava Alice. O coronel entrou e viu primeiro a filha, que dormia a sono solto. Ao vê-la ali, sentiu tanto remorso, que mal pôde segurar as lágrimas.

Clementina entregou a neta em seus braços, e Teotônio chorou, pois a menina era muito parecida com Alice quando era pequena. Observando-a melhor, falou:

– Ela é parecida com Alice, mas tem algo que faz lembrar Leôncio.

Clementina comentou:

– Talvez seja o furinho no queixo. Leôncio tinha o mesmo furinho, que lhe dava um charme todo especial.

Teotônio pediu:

– Por favor, não mencione o nome daquele infeliz!

Clementina solicitou que Almerinda tomasse a criança em seu colo e, chamando o coronel para fora da choupana, disse asperamente:

– Não basta o que você fez? Nossa filha teve essa criança, fruto de um amor puro, que pouco se vê por aí. Você, com seu orgulho, roubou dessa criança a presença do pai; agora peço que deixe o pobrezinho descansar em paz!

Teotônio ficou mudo diante das palavras da mulher, e com isso decidiu voltar à casa-grande.

Clementina passou a noite com a filha e mandou Almerinda descansar, afinal o trabalho seria dobrado no dia seguinte.

Com cuidado, a esposa do coronel colocou a neta ao lado da mãe, e a pequena criança chorou algumas vezes durante a noite, sentindo fome.

Teotônio voltou para casa sentindo um misto de sentimentos. Por um lado estava feliz por ver sua neta, mas o ressentimento da filha lhe feria a alma. Não tomou banho; apenas vestiu-se para dormir e se deitou, porém o sono foi inquieto e cheio de pesadelos.

    Sonhou que estava em frente à capela e viu Leôncio sair alegre ao lado de Alice, mas ao vê-los disse:

– Leôncio, você teve uma filha.

    O rapaz olhou para o coronel e, naquele momento, começou a sair sangue de sua boca.

    Teotônio acordou assustado, e com rapidez pegou um copo e entornou a água que estava no jarro. Pensou consigo: "Que sonho terrível, talvez seja porque esse rapaz não me sai da cabeça". Olhou para o lado e não viu a esposa. Logo se lembrou de que ela estava com a filha, naquela casa que ele mesmo chamava de pardieiro.

    O coronel desceu e trancou-se em seu gabinete. Depois de muito pensar, olhou para uma garrafa de cachaça que estava em uma bandeja e começou a beber. Nunca fora dado a bebidas, porém sua consciência não lhe dava trégua.

    O dia já quase amanhecia quando o coronel, vencido pela bebedeira, adormeceu, a cabeça debruçada sobre a mesa.

    Leôncio acordou e percebeu que se sentia bem melhor. Mal se lembrara do que lhe acontecera, porém o rosto de Alice não lhe saía do pensamento. Levantou-se devagar e foi olhar a janela; não sabia há quanto tempo estava naquele lugar.

    Ao olhar para fora, viu um belo jardim e algumas pessoas conversando alegremente. Naquele momento, lembrou-se de que se casara com Alice e fora surpreendido pelo coronel com seus capangas. Recordou que apenas Daniel atirara nele. Leôncio pensou: "Talvez o coronel tenha se arrependido e me trazido para um hospital da capital. Mas onde está Alice?" Com esse pensamento, viu a porta abrir e novamente Mário entrou, encarando-o com um sorriso.

– Vejo que você está bem melhor.

Leôncio, olhando para seu interlocutor, perguntou:

– Onde está minha esposa? Há quanto tempo estou aqui? Que lugar é este?

Mário, sorrindo amavelmente, respondeu:

– Acalme seu coração, Leôncio. Você obterá resposta a todas as suas perguntas no tempo certo.

Leôncio, perdendo a timidez, voltou a perguntar:

– Mas por que tenho que esperar? Por que não posso obter as respostas de que preciso agora?

Mário voltou a sorrir.

– Um sábio rei chamado Salomão disse certa vez: "Para tudo há um tempo determinado debaixo do céu: há tempo de nascer e tempo de morrer, tempo de plantar e tempo de arrancar o que se plantou, tempo de matar e tempo de curar; tempo de derribar e tempo de edificar; tempo de chorar e tempo de rir; tempo de prantear e tempo de saltitar de alegria; tempo de espalhar pedras e tempo de juntar pedras; tempo de abraçar e tempo para se afastar dos abraços; tempo de buscar e tempo de perder; tempo de guardar e tempo de deitar fora; tempo de rasgar e tempo de coser; tempo de estar calado e tempo para falar; tempo de amar e tempo de se aborrecer; tempo de guerra e tempo de paz".

Leôncio não compreendeu o que Mário tentava lhe dizer. Por isso, voltou a perguntar:

– Por que está me dizendo essas coisas?

Mário respondeu:

– Como disse o sábio rei Salomão, para tudo há um tempo, e ainda não é tempo de você saber de determinadas coisas. Portanto, acalme seu coração e espere com paciência.

Leôncio sentiu-se envergonhado diante das palavras de Mário. Voltou a se retrair, e Mário lhe falou:

– Não se sinta envergonhado, pois todos os que chegam aqui querem respostas imediatas, porém nem sempre estão prontos para ouvi-las. Não tenha medo, pois saberá de tudo, mas cada coisa no seu tempo.

Leôncio, sem saber por que, sentiu simpatia por aquele homem que lhe era completamente estranho.

– Já não sinto dor de cabeça nem no peito – falou.

– Pense em Jesus – Mário pediu com um sorriso.

Leôncio olhou para o quadro de Jesus à sua frente. Viu quando Mário novamente esfregou as mãos e, das palmas, saíram raios verdes. Por diversas vezes, Mário repetiu o mesmo gesto, como se limpasse seu peito, depois fazendo o mesmo na cabeça.

Leôncio comentou:

– Mário, cada vez que você faz isso, eu me sinto ainda melhor.

– Isso que faço se chama emanação, ou seja, estou emanando bons eflúvios para curar suas chagas – explicou Mário.

– Sinto muitas saudades de Alice. Há quanto tempo estou aqui? – perguntou Leôncio.

Mário replicou:

– O tempo necessário para se curar dessas feridas, e somente depois saberá com detalhes tudo o que lhe aconteceu.

Leôncio, enquanto ouvia aquelas palavras, sentiu mais uma vez um sono incontrolável, voltando a dormir.

Mário saiu do pequeno recinto e, ao encontrar com Jorge, comentou:

– Leôncio está curioso para saber onde está, mas, como o irmão disse que ainda era cedo para lhe dizer alguma coisa, fiz novas emanações, e ele voltou a dormir.

Jorge era um senhor de bigode e barbas brancas. Com um sorriso, ele falou:

– Leôncio sempre foi um bom rapaz, mas, se souber que foi obrigado a se afastar de Alice, forçosamente vai se desesperar, e isso poderá lhe causar certo desequilíbrio vibracional.

Mário fixou o olhar em Jorge.

– Meu irmão, ainda não era hora de Leôncio voltar para a pátria espiritual, ou estou enganado?

Jorge era um senhor que trabalhava há mais de quarenta anos na mesma função.

– Todos os encarnados sabem que um dia terão que deixar seus corpos físicos – explicou ele –, e para isso há sempre um tempo determinado. Leôncio voltou para casa no momento certo, pois, se o coronel não o assassinasse, ele teria voltado de qualquer maneira; a morte arruma sempre um pretexto para trazer de volta um irmão para casa. Além do mais, existe uma lei imutável que se chama causa e efeito; para o coronel agir daquela forma, pode ter certeza de que havia um motivo latente, que virá à tona em seu devido tempo.

Mário, não querendo tomar mais tempo de Jorge, pediu:

– Peço encarecidamente que o irmão faça uma visita a Leôncio, pois ele sentirá paz.

Jorge, espírito experiente, respondeu:

– Leôncio se casou, porém sua esposa vive chorando sua ausência. Mantenha-o adormecido a maior parte do tempo, pois, se ele sentir a vibração de dor da amada, isso vai dificultar seu entendimento da vida espiritual.

Mário anuiu com a cabeça, dizendo em seguida:

– Mas logo seu corpo perispiritual estará plenamente recuperado, e eu ainda não tenho entendimento necessário para lhe explicar tudo o que ocorreu.

Mário estava na colônia há pouco mais de dez anos e ainda sentia que tinha muito que aprender. Jorge, ouvindo seus pensamentos, disse:

– Não se preocupe com isso; no momento certo você saberá o que dizer, mas fique tranquilo que estarei a seu lado.

Mário, ao ouvir as palavras de Jorge, sorriu, aliviado.

– Preciso ir ao quarto do senhor Virgílio; ele já está bem.

– Por que você não o convida para dar um passeio no jardim, afinal, ele está há muito tempo deitado, e os raios do sol lhe fortalecerão as pernas.

Mário decidiu seguir a sugestão de Jorge, que entendia de recuperação melhor que ninguém.

Alice estava feliz, afinal ela tinha Sarah, que já contava com cinco meses. A menina, embora fosse loura, tinha os olhos castanhos do pai e era muito esperta. O coronel ia todos os dias ver a neta. Apesar de Alice não gostar da visita do pai, nada dizia.

Certa manhã, o coronel foi visitar a neta e encontrou Alice acendendo o fogão de lenha.

– Você não precisa disso, minha filha, volte para casa e lá terá tudo de que precisa. Por que levar essa vida miserável e privar Sarah de conforto?

Alice fingiu que nada ouvira e continuou a acender o fogo.

Teotônio sentiu-se mal ao ser ignorado pela filha, de modo que foi ao quarto ver a menina.

Clementina fazia questão de dar boas roupas à menina, e ao vê-la naquela cama com colchão de palha sentiu seu coração se despedaçar. Voltando à cozinha, falou:

– Alice, sei que errei, mas ainda sou seu pai e com a autoridade que me confere ordeno que volte para casa imediatamente!

Alice olhou para o pai e respondeu em tom respeitoso:

– Não vou sair de minha casa; compreendo que a fazenda é sua, mas, se nossa presença o incomoda, posso ir morar na vila.

– Nunca! Jamais permitirei que saia daqui e vá viver com aqueles miseráveis da vila.

Alice encheu a chaleira de água quando a pequena menina chorou, comentando apenas:

– Por favor, peço que saia, pois tenho que amamentar minha filha.

O coronel saiu da choupana desalentado, pois pela primeira vez percebeu que havia perdido sua filha.

Teotônio voltou para casa e encontrou Clementina sentada à mesa, tomando calmamente seu desjejum. Ele se sentou e disse para a esposa:

– Alice é teimosa feito uma mula. Onde já se viu morar naquele pardieiro com nossa neta?

Clementina, sorvendo uma xícara de café com leite, respondeu:

– Teotônio, você não percebeu que nossa filha está sofrendo? Você cometeu um erro gravíssimo ao tirar a vida daquele rapaz, afinal se ela fez o que fez, foi por amor.

– Que amor que nada! Aquele maldito não passava de um conquistador barato e com aquela cara de anjo seduziu nossa filha.

Clementina que havia conversado muito com a filha passou a dizer:

– É aí que você se engana, quem se apaixonou por ele primeiro foi ela, e quem na verdade o seduziu foi ela. Ela me contou que ele não queria trair sua confiança nem se deitar com ela, mas ele só o fez quando ela o ameaçou de aceitar o namoro com Venâncio, filho de Ernesto. Como ele a amava profundamente, fez o que ela pediu, e os dois se deitaram sob o pé de café. Alice me disse que queria ser dele, e foi; e ele foi tão honrado que não quis viver em pecado, por isso tratou de se casar assim que chegaram ao vilarejo. Mas você, com sua arrogância, fez questão de estragar a vida de Alice e de Sarah, que jamais conhecerá o pai honrado que lhe concedeu a vida.

O coronel, irritando-se com aquela conversa, gritou com orgulho:

– Isso é o que ela diz; se tivesse que matá-lo novamente, faria mil vezes se fosse possível!

Clementina, descansando a xícara de café no pires, respondeu:

– Tenho pena de você, pois agora vejo que nunca conheceu o amor.

Irado o coronel gritou:

– Não me venha com tolices! Você melhor que eu sabe que tudo não passa de ilusão, se ele estivesse vivo, não daria um ano para se arrepender da bobagem que havia feito.

Clementina sentiu-se ofendida e com firmeza perguntou:

– Então o nosso casamento é uma mentira, pois se todo amor for ilusão, eu me iludi quando acreditei que você me amava.

Teotônio logo percebeu que havia falado demais e com isso disse:

– Desculpe Clementina, não foi isso que eu queria dizer. Mas como que os dois iriam viver? Você não sabe, mas quando a miséria entra pela porta o amor foge pela janela.

Clementina irritada disse:

– Nossa filha não iria viver na miséria, pois eles pretendiam voltar casados, e ele sonhava em se tornar bacharel em Direito. Mas você tolheu o sonho de um casal apaixonado que tinha tudo para dar certo.

Teotônio, cansado de ouvir os argumentos da esposa, se levantou irritado e trancou-se em seu gabinete, ficando lá a manhã inteira.

O coronel Teotônio pensou: "Nunca pensei que minha filha fosse tão leviana... Deitou-se com aquele matuto, só para não se casar com Venâncio. Quer saber? Ela não quer conversa comigo, eu também não vou mais vê-la, nem a ela nem a Sarah, pois ela não merece meu sofrimento. Fiz bem em mandar matar aquele ordinário, pois ele esperava que eu pagasse seus estudos. Na verdade, ele deu o golpe do baú, e essa idiota de minha filha fica venerando a imagem daquele aproveitador de mulheres".

Teotônio completou o pensamento em voz alta:

– Se ela diz que não tem mais pai, agora sou eu que não tenho mais filha. Alice para mim morreu no mesmo dia em que morreu aquele filho de um cão!

O coronel estava tomado pela raiva e não viu que uma figura esguia e escura estava a seu lado. Ele era homem de palavra, e depois daquele dia não foi mais ver a filha e muito menos a neta.

Em uma noite chuvosa, Alice estava deitada com a pequena Sarah, quando as goteiras começaram a molhar a cama, mas, como o quarto era pequeno, ela não tinha como mudar a cama de lugar.

Sarah acordou com as trovoadas e começou a chorar compulsivamente, e foi nesse momento que Alice decidiu que não poderia mais morar naquele lugar.

No dia seguinte, Alice pegou a filha e a trouxa de roupa e, ao entrar na cozinha, encontrou Almerinda, que disse:

– Alice, o que faz aqui a uma hora dessas?

Clementina, ao ouvir os cumprimentos da filha perguntou:

– Você está voltando para casa, minha filha?

Alice, chorando, disse:

– Mamãe não há como eu ficar com a pequena Sarah naquela casa, choveu muito à noite e eu mal consegui dormir.

Clementina feliz disse:

– Minha filha, volte para seu quarto e mandarei colocar um berço lá para a pequena Sarah.

– A senhora não pode tomar decisão alguma, pois tudo dependerá do coronel.

Clementina respondeu:

– Não se preocupe; seu pai está arrependido pelo que fez e não vai se importar se você decidir voltar para casa. Confie em mim, isso eu garanto.

Clementina mandou que levassem a menina a seu antigo quarto e voltassem para tomar café.

Alice sentiu-se humilhada, afinal ela disse que não voltaria para casa, mas no momento não tinha outra escolha a não ser voltar para seu antigo quarto.

Clementina sabia que o coronel estava trancado em seu gabinete e que naquela manhã não havia ido ao celeiro para recontar as sacas de café.

A mulher bateu delicadamente à porta, ouvindo um tom grave dizer:

– Quem é? Não quero ser incomodado, tenho muitas coisas a fazer.

Clementina disse do outro lado da porta:

– Teotônio, sou eu; preciso falar com você urgentemente.

O coronel queria na verdade ficar sozinho, pois ele tinha muito em que pensar, mas, como era sua esposa, deu-lhe permissão para que entrasse.

Clementina, ficando frente a frente com o marido, disse à queima-roupa:

– Nossa filha acaba de voltar para casa com a criança, portanto temos que comprar um berço para colocar em seu quarto.

Ao ouvir a notícia, o rosto do coronel se iluminou, e ele perguntou:

– Sarah vai morar conosco?

– Sim – respondeu Clementina sorrindo.

O coronel disse:

– Mandarei trazer um berço da capital para minha neta, pois ela merece todo conforto que nossa filha teve.

Clementina, fechando o cenho, falou:

– Vá com calma! Não faça nada sem que Alice saiba, pois você sabe o quanto ela é caprichosa.

O coronel disse:

– Alice nunca foi caprichosa, ela é muito mansa, nunca me respondeu, compreendo que agora ela esteja um pouco revoltada, mas tenho certeza que com o tempo tudo voltará ao normal.

Clementina continuou:

– Peço que não a obrigue a sentar-se à mesa conosco, pois ela está muito ressentida com você, e não se zangue se ela o evitar dentro de casa.

Teotônio pensou por alguns instantes quando perguntou:

– Você acha que ela vai impedir minha neta de conviver comigo?

– Ainda não posso afirmar, mas só peço que evite qualquer discussão com nossa filha, ela está muito magra e abatida, por favor, tenha compaixão da nossa pobre filha.

O coronel remexeu-se em sua cadeira.

– Vou respeitar todas as vontades de nossa filha, mas com o tempo ela compreenderá que só cometi esse erro por amá-la demais.

Clementina pela primeira vez sentiu pena do marido, porém não deixou de pensar que a convivência entre pai e filha seria difícil.

Clementina disse:

– Não diga nada a respeito do berço para a pequena Sarah, deixe ela pensar que a ideia foi minha, pois caso contrário ela não irá aceitar.

Teotônio compreendeu a preocupação da esposa.

– Está bem; faça como quiser, mas sem que ela fique sabendo, mandarei Daniel à capital para escolher o berço mais luxuoso que houver.

Clementina pensou por alguns instantes antes de dizer;

– Você conhece bem a filha que tem, ela é orgulhosa e não aceitará esse presente, o melhor que tem a fazer é falar com ela.

– Mas como vou falar com ela, se ela não quer nem mesmo se sentar à mesa comigo?

Clementina voltou a pensar, levando a mão ao rosto.

– Você tem razão; direi que eu mesma comprarei um berço para a pequena Sarah, talvez ela não arranje confusão.

Irritado o coronel disse:

– Discordo! Alice tem que saber que ela e a minha neta estão sob minha responsabilidade, portanto não admitirei que minta.

Agora vá e a chame em meu gabinete, pois preciso ter uma conversa com ela.

– Teotônio, isso só vai dar confusão...

– Ela que não se atreva a me desafiar, afinal ela está voltando para minha casa, comendo da minha comida e tem como obrigação aceitar as minhas decisões.

Clementina sabia o quanto o marido era turrão, e sendo assim decidiu obedecer.

Ao entrar no quarto da filha, disse com mansidão:

-Alice seu pai está feliz por você voltar para casa, e está lhe chamando no escritório.

– Alice olhando surpresa para a mãe respondeu com descaso:

– Mamãe o coronel é teu marido, mas ele não é meu pai, portanto não sou obrigada a agir como se fosse um de seus empregados.

– Minha filha, está na hora de você perdoar a seu pai, ele errou a bem da verdade, mas tenho certeza que ele já se arrependeu.

– Se a sua consciência o acusa isso é problema dele, pois ele destruiu minha vida e disso eu jamais o perdoarei.

Clementina percebendo que as lágrimas de Alice estavam prestes a irromper abraçou a filha dizendo:

– Infelizmente minha filha, seu pai errou, na tentativa de acertar.

– Acertar o que mamãe? Ele matou o homem que amava e tirou de Sarah a esperança de conhecer seu pai que era um homem bom e honesto.

Clementina segurando as lágrimas disse:

– Filha se você não quer mais conversar com teu pai, eu posso compreender a sua dor, mas nesse momento vá até seu gabinete e converse com ele, por favor, faça isso por mim.

Alice ao ver a súplica da mãe sentiu pena e com isso disse:

– Está bem, vou ver o que o seu marido quer, mas fique sabendo que esta será nossa última conversa.

Clementina ajuntou:

– Irei com você, pois a última coisa que quero é que haja uma discussão entre vocês.

As duas mulheres desceram e logo entraram no gabinete de Teotônio que a aguardava ansiosamente.

Alice, ao ver o pai, não deixou de perceber o quanto ele havia emagrecido e envelhecido nos últimos meses, porém não sentiu compaixão por aquele homem que assassinara seu marido.

Teotônio pediu gentilmente para que ela se sentasse, enquanto Clementina sentou-se em outra cadeira, ao lado de Alice. A filha nada disse, e aguardou seu pai iniciar a conversa.

Teotônio, ao ver o abatimento de Alice, sentiu remorso e, com ternura na voz, falou:

– Minha filha, fiquei feliz em saber que voltou para casa, e quero que saiba que para mim nada mudou, o motivo pelo qual a chamei aqui é para pedir sua autorização para comprar um berço para Sarah, afinal você está precisando descansar, e aviso de antemão que poderá contar com a ajuda de Olinda para cuidar da criança.

Alice pensou por alguns instantes antes de falar:

– Não se preocupe com Sarah, ela continuará a dormir comigo e também não será necessária a ajuda de Olinda, afinal a filha é minha e quem tem o dever de cuidar dela e protegê-la sou eu.

Controlando a irritação, Teotônio replicou:

– Minha filha, cuidar de uma criança não é fácil, ainda mais sozinha.

Alice irritou-se mais ainda.

– Eu não precisaria passar por isso se o senhor não tivesse tirado a vida de meu marido, pois se ele estivesse a meu lado tudo seria mais fácil, e além do mais vou avisando: vou reformar a casa onde Leôncio morou e voltarei para lá, portanto não se preocupe; ficarei em sua casa por pouco tempo.

– Não seja idiota! – estourou o coronel. – Não permitirei que minha neta cresça naquele pardieiro.

Alice sorriu com ironia

– Se hoje tenho Sarah devo isso a Leôncio, que plantou sua semente, e, como o coronel não o aceitou como genro, Sarah não é sua neta.

Teotônio naquele momento perdeu completamente a compostura e começou a dar socos na mesa.

– Você é minha filha e Sarah é minha neta, e eu jamais permitirei que saiam de minha casa. Aqui quem manda sou eu, e cabe a você obedecer.

Alice lançou um sorriso atrevido para o coronel.

– O senhor coronel deixou de ser meu pai, quando matou meu marido no dia de meu casamento, portanto saiba que sou uma mulher emancipada, pois sou uma mulher viúva, graças ao senhor.

Alice levantou-se quando o coronel gritou:

– Espere ai mocinha, ainda não acabamos com nossa conversa!

– Não tenho assunto algum para tratar com o senhor coronel, se deseja poderei voltar ainda hoje para minha casa.

Alice sem olhar para trás se retirou batendo a porta com força atrás de si.

Teotônio olhando para Clementina disse:

– Maldita hora que dei guarida para aquele cachorro do Leôncio.

Clementina olhou para o marido como se fosse a primeira vez e percebeu que ele não havia se arrependido por ter mandado matar Leôncio e com firmeza disse:

– Onde está aquele homem por quem me apaixonei?

– Que conversa é essa mulher?

– Teotônio, somente agora vi que não se arrependeu por ter matado aquele pobre rapaz, agora compreendo o que meu pai sempre dizia: – Ninguém conhece ninguém, e realmente eu não te conheço.

Se eu estivesse em teu lugar, estaria me acabando em remorso, mas você não sente pela morte do rapaz, mas sim pelo fato de sua filha o desprezar.

Teotônio com sua habitual grosseria respondeu: – Aquele cachorro foge com minha única filha e você acha que eu me arrependeria por tê-lo matado? Por favor, não seja ingênua, realmente o que me dói é o fato de minha filha me desprezar.

Clementina era uma mulher forte e decidida e com isso disse:

– A partir de hoje vou passar a dormir no quarto de hóspedes, pois me recuso a dormir com um assassino.

– Você vai continuar a dormir em nosso quarto como sempre foi; pois basta o desprezo de minha filha e agora tenho que conviver com o desprezo de minha esposa?

– Não! Recuso-me a deitar-me com um assassino frio e calculista como você.

"Quando o conheci me apaixonei, pois acreditei que você fosse um homem bom, mas agora percebo que estava enganada, pois você é um homem capaz de tudo para conseguir seus objetivos, inclusive matar um homem com a mesma frieza que se mata um de seus bois.

"Você não se importou com os sentimentos de nossa filha, e além do mais não havia motivo para você fazer o que fez, afinal eles já estavam casados.

"Alice tem razão em te desprezar e saiba que eu também o desprezo."

Clementina, ao dizer essas palavras, foi até a cozinha e ordenou a Olinda que tirasse todos os seus pertences de seu quarto e os levasse para o quarto de hóspedes.

Olinda era uma moça discreta e obedeceu sem nada questionar.

Almerinda ao ouvir as ordens da patroa e amiga perguntou:

– A senhora não vai mais dormir com o coronel?

Clementina chorando respondeu:

– Não! Teotônio não é o homem que acreditei ser durante todos esses anos, ele mandou matar o pobre rapaz e nem se arrependeu por isso. Alice tem razão em não querer conversar com o assassino do marido dela.

Almerinda, tirando os olhos da panela que mexia, viu o quanto a patroa estava decepcionada.

– Não despreze seu marido, pois se assim o fizer ele sempre achará que estava com a razão por fazer o que fez; antes procure tratá-lo com brandura, pois somente assim ele perceberá o erro que cometeu.

A senhora se lembra do que Padre Ozório falou quando veio almoçar aqui há um ano atrás?

Clementina nervosa respondeu alterada:

– Como posso me lembrar do que o padre falou, se não me lembro nem do que aconteceu ontem?

Almerinda disse com humildade:

– Dona Clementina eu não sei ler e nem escrever, mas tudo que ouço fica guardado em minha mente, ele usou o texto das Escrituras Sagradas, do livro de Romanos, capítulo doze versículo dezenove.

Clementina assustada perguntou:

– E o que ele disse?

Almerinda falou:

– A senhora tem as Escrituras em casa e por que não lê para relembrar?

Duvidando da memória de Almerinda, Clementina foi até o seu quarto e pegando a Bíblia achou o texto que Almerinda havia dito.

Ao ler ela ficou lívida, afinal como poderia Almerinda se lembrar de um texto bíblico que nem ela se lembrava mais?

Clementina pegou a bíblia e voltou à cozinha e com voz embargada leu:

– "Não vos vingueis a vós mesmos, amados, mas daí lugar à ira; porque está escrito: A mim me pertence a vingança, eu é que retribuirei, diz o Senhor."

E continuou a ler:

"Pelo contrário, se o teu inimigo tiver fome, dá-lhe de comer; se tiver sede dá-lhe de beber; porque, fazendo isso amontoarás brasas acesas sobre tua cabeça.

Não vos deixeis vencer do mal, mas vence o mal com o bem".

Almerinda, ao ouvir a leitura, completou:

– O padre Ozório disse que, quando pagamos o mal com bem, amontoamos brasas acesas sobre a cabeça; isso quer dizer que, ao praticarmos o bem a quem fez o mal, isso o fará se arrepender pelo mal praticado, afinal ele mesmo vai pensar: "Como ela pode me tratar bem depois de tudo que fiz?" A prática do bem vai ajudá-lo a chegar à razão. Agora, se a senhora sair de seu quarto mostrando sua indignação, vai aumentar o seu orgulho e ele vai acreditar que fez o que tinha que ser feito.

Clementina, surpresa diante das palavras da cozinheira, disse:

– Você tem uma mente privilegiada, pois eu já nem me lembrava mais da conversa que tivemos com o padre Ozório.

Almerinda respondeu:

– Procuro prestar atenção em tudo que ouço e depois pensar sobre o assunto, e essas coisas ficam guardadas em minha mente.

Clementina levou a mão ao ombro de Almerinda.

– Você tem razão; Teotônio ficou fora de si quando Alice fugiu com Leôncio, mas um dia ele recobrará o bom senso e verá o quanto errou.

Almerinda sorriu ao ouvir a nova decisão de Clementina, que rapidamente saiu atrás de Olinda, ordenando que deixasse tudo como estava.

CAPÍTULO 12

Uma outra realidade

Leôncio passou um tempo acordando e voltando a dormir, mas quando estava em vigília, ouvia os lamentos de Alice virem de dentro de seu coração.

Naquele dia, estando ele sozinho no quarto, pode sentir a aflição de Alice dizendo:

– Leôncio sinto-me tão culpada por sua morte, pois se eu não tivesse insistido tanto nós não teríamos fugido e nada disso teria acontecido.

Leôncio sentiu seu coração oprimir-se e aos poucos se lembrou da cerimônia simples do casamento e da fisionomia do coronel o esperando na porta da capela.

Leôncio não queria ouvir o choro convulsivo de Alice e por alguns instantes tapou os ouvidos, porém as palavras vinham do âmago de seu ser.

Nesse momento Mário entrou no quarto e ao ver o sofrimento de Leôncio disse:

– Não se perturbe com os lamentos de sua esposa, quando estamos desse lado da vida nos tornamos mais sensíveis do que éramos quando estávamos na Terra.

Mário levou a mão ao peito de Leôncio e deixou raios de luzes azuis saírem de suas mãos.

Depois de alguns segundos Leôncio novamente voltou a dormir.

Mário ao ver Leôncio dormindo pensou:

– Logo ele acordará de vez e eu precisarei da ajuda de Deus para confortá-lo.

Nesse momento Jorge entrou no quarto e pôde ouvir os pensamentos de Mário, e com um sorriso disse:

– Não se preocupe, Deus nos ajudará. A princípio Leôncio ficará inconformado por ter partido da Terra tão cedo, mas depois ele compreenderá que nada acontece por acaso. Trata-se de um bom rapaz, claro que sem nenhum conhecimento espiritual, mas isso vem com o tempo.

Mário perguntou:

– Por quanto tempo ele dormirá?

Jorge refletiu por alguns segundos.

– Leôncio já está aqui a algum tempo, e não devemos deixá-lo dormir, afinal seu perispírito já está completamente refeito.

Jorge espalmou suas mãos sobre a cabeça de Leôncio e rapidamente o rapaz acordou.

Leôncio, ao ver aquele senhor estranho, nada perguntou, e Jorge com sua amabilidade respondeu:

– Como se sente Leôncio?

– Estou me sentindo bem, mas preciso saber de algumas coisas. Porque estou aqui? Onde está Alice minha esposa?

Jorge respondeu:

– Calma, meu jovem, uma coisa de cada vez. Primeiro temos que nos conhecer. Eu me chamo Jorge e sou responsável por essa unidade; você está aqui para se tratar e curar as chagas que foram abertas no seu corpo e em sua alma.

Leôncio logo se lembrou da fisionomia do coronel e da ordem que dera para atirar. Com humildade, Leôncio falou:

– O coronel tentou me matar por ter fugido e me casado com Alice, mas graças a Deus ele não conseguiu.

Jorge lançou um olhar significativo a Mário.

– Do que você se lembra?

– Me lembro de tudo, apesar de eu respeitar muito o coronel ele não vai conseguir me afastar de Alice, pois nos amamos.

Jorge esboçou um sorriso e com delicadeza perguntou:

– Leôncio, o que é a morte para você?

– A morte é o fim.

– É só isso que pensa sobre a morte? Que ela seja o fim de tudo?

Leôncio com simplicidade respondeu:

– A vida acaba ao morrermos, portanto quando a pessoa morre; ela volta ao pó, e deixa de existir.

Jorge olhando compassivamente a Leôncio passou a dizer:

– Você não é o único a pensar que a morte é o fim de tudo e que ao morrermos nada somos, a não ser um eco que algumas pessoas de quando em vez se lembra. Mas a verdade é bem diferente; antes de termos um corpo físico, nós somos espíritos imortais, criados por Deus. Deus, em sua infinita bondade e misericórdia, dá a oportunidade para cada espírito revestir-se em um corpo de carne, para reparar erros passados, por meio de um fenômeno da qual chamamos de reencarnação. Embora muitos pensem que ao morrer tudo se acaba com a morte, podemos afirmar com veemência que as coisas não são bem assim, pois há o espírito e a matéria de carne que reveste esse espírito.

Ao morrer, o corpo de carne morre, porém o espírito continua a viver, sentindo as mesmas sensações de quando estava na matéria. Esta é densa, enquanto o espírito é levemente sutil, porém nem sempre ao morrer a pessoa sente essa sutileza do espírito. Assim como há diversos tipos de pessoas, há diversos tipos de espíritos, pois a morte não muda quem realmente somos, aliás, só sabemos quem verdadeiramente somos ao nos depararmos com nossa própria consciência.

Embora Leôncio estivesse prestando mais que a costumeira atenção na conversa, não conseguia compreender o que Jorge queria dizer e, em sua simplicidade, disse:

– Por favor, seja mais claro, pois não estou entendendo o que o senhor está querendo dizer.

Jorge olhando com doçura para Leôncio perguntou:

– Você não se lembra do que lhe aconteceu?

Leôncio puxando os fatos pela memória passou a dizer:

– Fui trabalhar com o coronel Teotônio e acabei me apaixonando por sua filha Alice, porém ele nunca iria permitir que ela se casasse com um homem matuto como eu; foi então que resolvemos fugir e nos casar, porém ao sair da capela o coronel deu ordem para que atirassem em mim. Não me lembro ao certo de onde vieram os tiros, no momento não senti nada, apenas o líquido quente que saía do meu peito, e depois tudo se tornou escuridão e quando acordei já estava nesse lugar.

Jorge com mansidão passou a dizer:

– Ao ser alvejado pelos disparos de arma de fogo, o cordão fluídico que ligava seu espírito ao corpo foi interrompido e dessa forma seu espírito foi forçado a deixar o corpo de carne.

Estupefato com a revelação, Leôncio perguntou:

– O senhor está querendo dizer que estou morto?

Jorge riu da ingenuidade do rapaz e voltando a falar com brandura continuou:

– Como lhe disse a morte não é o fim de tudo, o coronel acabou com seu corpo de carne, porém você continua vivo, pois não está aqui conversando comigo?

O seu corpo de carne foi depositado novamente na terra, pois nada se destrói, tudo se transforma, e quanto a você continua vivo em espírito.

Leôncio mal podia acreditar no que estava ouvindo e em sua habitual ingenuidade perguntou:

– Então quer dizer que todos aqui estão mortos?

Mário riu e olhando para Jorge interferiu na conversa dizendo:

– Não! Aqui não há mortos, todos estamos bem vivos, a única diferença é que já não temos mais o corpo de carne, pois esse foi depositado no campo santo da terra.

Todos nós estamos vivos, porém vivemos de uma maneira um pouco diferente da Terra.

Jorge disse:

– Por agora chega de informações. Vamos deixá-lo sozinho para pensar em tudo que ouviu, mas lembre-se: a resignação é um dom divino. Peça a Deus para lhe dar a resignação que você precisará no momento. Lembre-se desta oração: "Concedei-nos, Senhor, serenidade necessária para aceitar as coisas que não podemos mudar, coragem para modificar aquelas que podem ser mudadas e sabedoria para distinguirmos umas das outras."

Jorge, olhando para Mário, disse em pensamento:

– O rapaz precisa ficar sozinho, pois ele terá que digerir tudo que ouviu nesse momento e compreender que somente a resignação e o perdão o farão ser feliz nesse lugar bendito de nosso Pai.

Mário, sem dizer uma só palavra, saiu, e Jorge foi logo atrás, deixando-o sozinho com seus pensamentos.

Leôncio recostou-se em seu travesseiro e procurou dormir, porém naquele momento o sono não veio.

O rapaz passou a pensar em tudo que ouvira de Jorge e com voz assustada disse:

– O coronel me matou! Logo eu, que tinha uma vida inteira pela frente ao lado de Alice.

Naquele momento, sentiu a raiva brotar em seu peito e, com ódio, disse:

– Maldito! Procurei fazer tudo certo, me casei com ela, e só tive três noites a seu lado. Por mais que me falem sobre perdão eu jamais o perdoarei por me afastar da mulher que amo.

Com esses pensamentos, Leôncio novamente passou a ouvir o choro pungente de Alice, que dizia:

– Leôncio, como viverei sem você? Meu pai acabou com minha vida e eu jamais o perdoarei.

Quanto mais o rapaz tapava os ouvidos para não ouvir os lamentos de Alice, mais ele ouvia. Só então percebeu que as palavras de Alice surgiam em seu íntimo. Leôncio disse a si mesmo: "Estou ficando louco e essas pessoas também são loucas; preciso encontrar uma maneira de fugir e voltar para casa".

Jorge e Mário estavam do lado de fora do quarto e mesmo a certa distancia, conseguiam ouvir os pensamentos do rapaz que estava em franco desespero.

Mário, penalizado, disse:

– Irmão Jorge, não acha que devemos voltar e ajudar esse pobre rapaz?

Jorge, com seu jeito manso, respondeu:

– Só há uma maneira de ajudá-lo, fazer prece por ele. Todos que sofrem uma morte como a dele costumam se revoltar a princípio, mas depois acabam aceitando sua nova realidade.

Mário estava preocupado com Leôncio, e Jorge completou:

– Não se preocupe, com o tempo ele compreenderá que nada acontece por acaso e que o momento de sua partida da Terra havia chegado.

Mudando de assunto, Jorge disse:

– E Virgilio, como está?

– Virgilio está melhor, inclusive pediu-me para levá-lo para tomar sol nessa manhã.

– Isso é muito bom, agora vamos ver os outros recém-chegados, pois eles também precisam de auxilio.

O irmão Ireneu me falou sobre um senhor que desencarnou na estrada, sentindo muita fome e muito frio e as feridas em suas pernas estão fétidas e purulentas.

Mário perguntou:

– Mas em que quarto esse irmão está?

– Segundo o irmão Irineu, esse senhor foi colocado na ala junto aos leprosos.

Mário naquele momento sem pensar perguntou:

– Mas esse senhor tem lepra?

– Essa expressão era muito conhecida nos dias de Jesus, tanto que seu termo usado era *léprêã*, que significava desonra, vergonha e desgraça.

Alguns chamam até mesmo de mal de Lázaro, ou de lazarento, pois segundo os evangelhos Lázaro sofria de lepra.

Mas muitas pessoas que sofrem desse mal sentem vergonha, pois na maioria das vezes essa doença chega a mutilar as pessoas, fazendo com que elas tenham mal cheiro quase que insuportável.

Infelizmente ao desencarnarem elas continuam a sentir dores horríveis principalmente nas articulações onde são mais atingidas.

A lepra chega também a ulcerar órgãos internos, fazendo com que a pessoa desencarne mais depressa; infelizmente esses irmãos mesmo após o desencarne continuam a sentir dores horríveis, e é aí que nós entramos com o tratamento adequado a cada caso.

Mário perguntou:

– Mas por que ninguém me levou ao leprosário?

Jorge olhando de soslaio para Mário disse em voz alta:

– Leprosário era o lugar onde se colocavam esses doentes e ficavam lá até seu último dia de vida, mas aqui nós não chamamos de leprosário, mas antes de um local de tratamento onde a cura é garantida. Mário, nunca diga a nenhum desses irmãos a palavra lepra, pois eles se sentirão envergonhados. Por pior que seja a chaga, procure ver de maneira natural e, mesmo que venha a sentir o mau cheiro, procure dissimular, para deixar o paciente tranquilo.

Mário curioso perguntou:

– Mas como vou poder ajudar se não sei como fazer isso?

Jorge disse:

– Esfregue as mãos e pense em Jesus, depois abra as mãos.

Mário fez como Jorge o orientara e, depois de alguns instantes, abriu as mãos e viu eflúvios verdes e lilases saírem das palmas de suas mãos.

– Essa emanação é de cura para doenças que ainda na Terra são incuráveis. Não se deixe desequilibrar, pois você verá pessoas sem os dedos dos pés, chagas abertas nas pernas ou em outras partes do corpo, além do mau cheiro, que costuma ser atroz. O amor cura todas as feridas, portanto, ao fazer essas emanações, faça-o com muito amor ao próximo, e verá os resultados quase que imediatamente.

Mário perguntou:

– Fiz isso em Leôncio e as feridas fecharam instantaneamente. Por que com eles demoram um pouco mais?

– Porque esses pobres irmãos sofreram por anos com essa doença, e quanto mais tempo a pessoa sofre mais ferido fica o perispírito. Leôncio foi ferido por bala e, quando é assim, a cura é instantânea. Mas, quando se trata de doenças como a lepra, precisa de um longo tratamento para refazer tanto a parte afetada como também sua autoestima.

Mário compreendeu o que Jorge queria dizer e pela primeira vez foi até a ala dos portadores de lepra.

Ao entrar, Mário sentiu o mau cheiro, parecendo de carne em decomposição, e ao olhar para Jorge, falou em pensamento:

– Meu Deus, quanto sofrimento!

Jorge sorrindo respondeu:

– É por isso que estamos aqui, para ajudar nossos irmãos.

Depois de passarem por um longo corredor, logo os dois entraram em um grande salão, onde havia vários leitos.

Nesse salão havia cinquenta e dois leitos, porém muitos desses leitos estavam vazios.

Jorge se aproximou de um senhor chamado Anastácio e com amabilidade perguntou:

– Como se sente Anastácio?

– Estou bem melhor, veja as feridas estão fechando, o senhor é um santo.

Jorge respondeu:

– Não sou santo, apenas amo a cada um como meu próximo assim como Jesus ensinou.

Jorge pediu para que Mário ficasse à cabeceira do leito e com voz firme disse:

– Feche os olhos e mentalize luzes vinda do alto sobre Anastácio, agora vou fazer a quarta emanação em suas pernas.

Mário fez o que Jorge solicitou, porém ficou de olhos abertos.

Jorge esfregou as mãos de olhos fechados e depois abriu os olhos e de suas mãos saíram raios luminosos verdes e ele passou a limpar as chagas de Anastácio.

Anastácio sabia que havia partido da Terra, pois quando o fato se deu ele estava em um leprosário.

O paciente fez uma prece mental para ajudar Jorge e naquele momento as suas chagas se fecharam.

Depois de alguns minutos, Jorge disse:

– Anastácio está na hora de você sair desse leito e ir para a ala dos que estão se recuperando.

Anastácio mal podia acreditar no que estava vendo, as forças em suas pernas retornaram e elas ficaram sãs.

Anastácio sentou-se na cama e temeroso que não fosse aguentar com o peso do corpo segurou no leito, porém sentiu suas pernas firmes e, sorrindo, disse:

– Veja! Estou andando e os dedos dos pés que caíram voltaram.

Jorge falou:

– Que Deus o abençoe.

Mário ficou perplexo com o que vira e Jorge disse:

– Vamos ao último leito, lá está o irmão recém-chegado da Terra.

Jorge e Mário se aproximaram do leito de um homem aparentando ter mais de cinquenta anos, ele estava gemendo e dizendo que sentia dores por todo o corpo.

Jorge sorrindo disse:

– Mantenha a calma, meu irmão; Deus irá lhe ajudar e nós seremos os instrumentos.

O homem disse com revolta:

– Se Deus existisse, eu não estaria em tão triste situação.

Jorge ignorou as palavras daquela pobre criatura, que já não tinha os dedos dos pés e cujas pernas estavam com as feridas abertas.

Mário, olhando melhor para o homem, percebeu que ele estava sem uma das orelhas.

Jorge fez uma prece em voz alta e, esfregando as mãos, começou a emanar luz para as chagas daquele pobre homem, que logo foi parando de gemer.

Mário permaneceu com as mãos espalmadas, e de suas mãos saíam raios de todas as cores.

Em seguida. Jorge começou a passar a mão sobre as chagas sem encostar no homem, e logo as chagas pararam de secretar pus. Após alguns minutos, Jorge disse:

– Como o senhor está se sentindo?

– Por incrível que possa parecer, eu já não estou sentindo mais dores. – O homem acrescentou: – Senhor, estou com fome, não há algo para comer?

Jorge respondeu:

– Espere um momento que lhe serviremos sopa e em seguida o senhor irá dormir.

Jorge, olhando para Valério, um dos trabalhadores da ala, pediu:

– Por favor, providencie sopa para esse irmão, mas ele não está em condições de tomá-la sozinho, peço que o ajude.

Mário foi logo dizendo:

– Deixe comigo que eu o alimentarei.

Jorge sorriu em ver a boa vontade de Mário, e apenas anuiu com a cabeça.

Em poucos minutos, Valério trouxe um pequeno prato, e o homem ao ver o caldo perguntou:

– Essa sopa é de quê? Não estou vendo nem um pedacinho de carne.

Jorge foi explícito ao dizer:

– Não faça perguntas, apenas sirva-se e durma.

Mário pegou o primeiro prato e passou a servir o homem, que disse:

– Essa sopa é a mais gostosa que já experimentei.

Mário, depois de servir a sopa ao homem, perguntou a Jorge:

– Posso fazê-lo dormir?

– Certamente, meu irmão.

Mário fez uma prece em pensamento e depois de esfregar as mãos emanou luz à cabeça daquele senhor que logo adormeceu.

Mário decidiu visitar cada um em seu leito, e de modo compassivo disse:

– A lepra é uma doença terrível, veja quantos irmãos estão mutilados, será que não irão descobrir a cura para essa doença degenerativa?

Jorge respondeu:

– Para tudo há um tempo, e logo os cientistas na Terra descobrirão a cura, pois segundo me informei já foi descoberta a cura em outra colônia, e logo chegará às mãos dos cientistas encarnados. Enquanto isso, vamos cuidar dessas almas infelizes que sofrem em decorrência da doença.

Mário sorriu feliz e com isso disse:

– Se Deus assim permitir, logo não haverá ninguém sofrendo nesse pavilhão.

Jorge sorrindo explicou:

– Logo haverá a cura para a lepra; vamos confiar em Deus.

Mário, sem saber o porquê, sentiu grande simpatia por aquele senhor que havia acabado de chegar da Terra e com timidez perguntou:

– Conversamos com aquele senhor, fizemos o tratamento, mas não perguntamos seu nome.

Jorge, sem esboçar nenhuma reação, respondeu:

– Seu nome é Manuel, era casado e tinha filhos, mas quando ficou doente saiu de casa e se tornou um nômade, até que certo senhor, o vendo em tão triste situação, permitiu que ele ficasse morando em um casebre em suas terras. Porém, as pessoas tinham medo de pegar a doença e ninguém o visitava, deixando somente a comida na soleira da porta. O pobre homem desencarnou sozinho e agora está entre nós, onde não só será curado, mas também recuperará a autoestima.

Mário sorriu feliz e com um olhar enigmático disse:

– Dou graças a Deus por estar aqui adquirindo esses conhecimentos.

Jorge completou:

– Você ainda não viu nada, aqui convivemos de perto com as misérias humanas que ceifaram muitas vidas da Terra.

Jorge rodopiou calmamente nos calcanhares e Mário o acompanhou.

Enquanto andavam por um longo corredor, Mário perguntou:

– Como estará Leôncio?

Jorge respondeu:

– Leôncio terá um longo caminho a percorrer, mas com a ajuda divina ele conseguirá vencer.

Sem compreender as palavras de Jorge, Mário voltou a perguntar:

– Que longo caminho é esse?

– O caminho do perdão; ele foi tirado dos braços da mulher que ama e terá que perdoar seu algoz. Olha que essa não será uma tarefa muito fácil, tanto para ele como para ela, que se voltou contra seu pai.

Mário, com preocupação, disse:

– Que Deus os ajude!

O coronel decidiu respeitar a filha e, desse modo, só falava com ela por meio de Clementina e por mais que ele tivesse insistido para que ela aceitasse o berço, a moça decididamente o rejeitou.

Clementina já não aguentava mais aquela situação e sendo assim resolveu reunir os dois, pai e filha, para uma conversa.

Clementina disse com lágrimas nos olhos.

– Alice, seu pai errou em ter mandado atirar em Leôncio, mas não acha que está na hora de perdoá-lo? Essa situação está ficando insustentável.

Tanto o coronel como Alice permaneceram em silêncio, e Clementina então continuou:

– Onde já se viu pai e filha ficarem sem se falar? Isso é um absurdo, compreendo sua dor, minha filha, mas entenda: ele é seu pai.

Alice com frieza respondeu:

– A senhora está enganada, minha mãe, o coronel é seu marido, mas ele deixou de ser meu pai no dia em que mandou matar Leôncio sem nem ao menos me deixar me despedir do único homem que amei na vida.

Teotônio permaneceu de cabeça baixa, pois embora soubesse que tinha cometido um grave crime sempre se justificava dizendo que o fizera para proteger sua filha.

Clementina disse:

– E então vocês farão as pazes?

Teotônio resmungou:

– Por mim, tudo bem.

Alice olhando com raiva para o pai respondeu:

– Para mim não está nada certo; continuarei a não falar com o coronel até a minha morte.

As palavras de Alice foram como um punhal traspassando o coração de Teotônio que mostrando sua autoridade, finalizou a conversa dizendo:

– Se Alice não me vê mais como pai, eu a renego como filha, portanto quero que ela saia de minha casa imediatamente.

Alice sentiu-se terrivelmente ofendida e com altivez respondeu:

– Bem, já que sou uma filha renegada, farei o que me pede coronel, mas quero que morra sem ninguém nem mesmo para lhe dar um copo d'água, pois o senhor terá que pagar pelo mal que fizera a mim e a minha filha.

Vou arrumar as minhas coisas agora mesmo.

Clementina chorando disse:

– Você não irá a lugar algum, afinal você é minha filha e eu também sou dona dessas terras.

Teotônio sentiu-se completamente desautorizado perante a filha e com sua habitual grosseria disse:

– Sou o senhor dessas terras e aqui quem manda sou eu.

Clementina sentindo raiva do marido disse:

– O senhor dessas terras foi meu pai, que à custa de muito trabalho construiu essa fortuna, deveria tê-lo ouvido e jamais me casado com você, que era apenas um bacharel em Direito sem ter onde cair morto.

Teotônio se levantou e espalmou a mão para esbofetear a esposa e Clementina se levantando disse:

– Não faça isso; pois irá se arrepender amargamente, pois se o fizer vou-me embora com minha filha e com minha neta.

Teotônio abaixou a mão sentindo seu coração disparar.

O coronel se retirou trancando-se em seu gabinete, e com lágrimas nos olhos disse:

– Maldita a hora em que admiti aquele cachorro em minha fazenda, por causa dele estou perdendo minha família.

O coronel ficou lá por cerca de uma hora quando finalmente saiu e foi atrás de Clementina dizendo:

– Se quiser ir com Alice, pode ir, não vou segurá-la.

Clementina revoltada com a atitude do marido respondeu:

– Posso ir com minha filha, mas quero que venda a fazenda e dê-me metade do dinheiro; além disso, quero metade do dinheiro que você tem em casa.

Teotônio pensou que a esposa fosse ingênua e com isso disse:

– Não lhe darei nada.

Clementina ironicamente disse:

– Se eu procurar um bom advogado e explicar a situação, ele dirá que tenho direito à metade de tudo que tem, afinal tudo isso foi parte da herança que meu pai me deixou.

Teotônio passou do rubor à palidez e, batendo os pés, ia se retirando, quando Clementina falou:

Um milagre chamado perdão

– Minha filha não irá sair de casa, afinal o assassino aqui é você.

As palavras de Clementina caíram sobre Teotônio como uma bomba, e dessa forma ele respondeu:

– Já que tudo isso é herança de seu pai, de hoje em diante não cuidarei mais de nada; continuarei a morar nessa casa, mas você comandará os assuntos da fazenda.

Clementina, sentindo-se desafiada, respondeu:

– Farei de bom grado, a começar pelas contas da fazenda. Mandarei Daniel embora, afinal foi ele que matou Leôncio, e contratarei um novo administrador. Se pensa que não tenho pulso firme, o senhor se enganou, meu marido. Ah, por falar em marido, a partir de hoje você passará a dormir no quarto de hóspedes, pois, se minha filha não tem pai, eu agora já não tenho mais marido.

Teotônio ficou abismado com a posição franca da mulher. Desse modo, tentou contemporizar a situação:

– Clementina, estou nervoso, e além do mais foi você quem quis manter essa conversa.

– Eu quis manter uma conversa civilizada entre pai e filha, mas você não percebeu o quanto nossa filha está magoada e ferida com a perda do pai da filha dela, mas fez questão de manter a sua posição autoritária esquecendo da chaga que nossa filha trás na alma, chaga esta que você causou.

Mas o que mais me assusta em tudo isso é saber que realmente eu não o conheço, pois se fosse um ser mais humano, perceberia que a vida tem muito valor, e não é posição social ou dinheiro que faz a vida valer mais ou menos.

Teotônio abaixou a cabeça e com lágrimas nos olhos disse:

– Você e Alice são tudo que tenho, portanto não quero que ela se mude para a vila, para levar uma vida miserável, ainda mais com uma criança para cuidar.

Já pedi perdão a Deus pelo mau que cometi, será que vocês nunca irão me perdoar?

Clementina com olhos fixos em Teotônio respondeu:

– Não adianta pedir perdão a Deus, e manter a mesma posição que estava com razão, somente porque o rapaz era pobre e sem nenhuma instrução.

Teotônio, deixando as lágrimas escorrerem pelo seu rosto, disse:

– Clementina, você não tem direito de reclamar, afinal sempre fui bom marido e bom pai também; compreenda sou um homem bom.

Irritada Clementina disse:

– O homem que se diz ser bom, na verdade não o é, pois ele usa máscara e você se faz de bom somente para ganhar votos de seu eleitorado em época de eleição.

Indignado com a resposta de Clementina, o coronel disse:

– Sou bom, ajudo os colonos dando trabalho e casa, ajudo doutor Frederico a comprar as essências para seus medicamentos, para ajudar a toda essa gente, enfim, posso dizer que Deus sabe o quanto sou bom e além do mais ao deitar-me fecho os olhos com a consciência tranquila.

Clementina surpresa com as palavras do marido disse:

– Você se tornou um homem presunçoso, afinal quem dirá se você é bom ou não é Deus.

O doutor Frederico, na última vez que veio em nossa casa, disse algo que me chamou a atenção.

– O que ele disse? Perguntou Teotônio nervoso.

Clementina depois de um longo suspiro repetiu as palavras do velho médico:

"– A morte nos faz depararmos com a nossa própria consciência, e ver quem verdadeiramente somos."

Portanto coronel, não seja presunçoso a ponto de se achar bom; pois isso você só descobrirá ao morrer, afinal a morte não acaba com a vida, pois embora a morte extermine o corpo físico, ela não consegue exterminar com o nosso espírito que é imortal.

Teotônio perplexo com as palavras da esposa ficou calado por alguns segundos e depois de muito pensar pediu:

– Clementina eu vos suplico que continue a ser minha esposa e quanto a Alice com o tempo ela esquecerá aquele rapaz e se casará novamente e será muito feliz.

Clementina ao ver o marido em prantos disse:

– Está bem; não vou embora, porém você passará a dormir no quarto de hóspedes.

Teotônio enxugando as lágrimas com o lenço que trazia no colete respondeu:

– Por favor, diga a Olinda para levar todas as minhas roupas para o outro quarto.

O coronel continuou:

– Só vou te pedir uma coisa.

Clementina sem olhar em seu rosto perguntou:

– O que você quer?

Humildemente o coronel pediu:

– Por favor, peço que interceda junto a Alice, para que me perdoe, pois eu quero conviver com minha neta.

Clementina friamente respondeu:

– Cuja neta é filha do homem que você matou. Não farei isso, afinal você só está colhendo o que plantou.

Todo amor e admiração que Alice tinha por você acabaram no dia em que você ordenou que Daniel o matasse, portanto não posso fazer nada.

– Mas Alice sempre foi uma menina compreensiva, pois todas as vezes que briguei com ela, ela sempre me perdoou.

– Teotônio será que você não compreende que dessa vez você foi longe demais com seu orgulho? Nossa filha nunca havia amado ninguém, e por infelicidade ela descobriu o amor ao lado de um homem pobre e sem instrução, mas quem pode mandar no coração? Nossa filha está magoada e decepcionada com você.

– Mas será que um dia ela não irá me perdoar?

Clementina, percebendo a aflição do marido, disse:

– Discordo com o padre Ozório quando diz nas missas que perdoar é esquecer, pois ninguém esquece uma ofensa.

Em minha concepção o verdadeiro perdão é quando a pessoa ofendida se lembra da ofensa e isso já não lhe causa dor.

Não adianta pedir isso a Alice, afinal ela está sofrendo muito pela falta de Leôncio; portanto só o tempo poderá curar essa ferida que você causou em seu coração.

Teotônio permaneceu calado enquanto Clementina continuou:

– Estive conversando com Alice, afinal eu queria saber como tudo começou, e ela me contou que descobriu que amava a Leôncio quando ele ainda era responsável pela construção da escola.

“Mas o rapaz sempre foi respeitador, e que foi ela quem deu a entender que estava apaixonada por ele.

"Segundo ela, eles começaram a se encontrar no cafezal todas as tardes, e ele conversava, brincava com ela, a mimava e dava a ela tudo que uma mulher precisa; afinal mulher precisa de atenção e isso ele dava demasiadamente a ela."

Teotônio ao ouvir as últimas palavras da mulher perguntou:

– Mas onde nossa filha foi desonrada?

– No cafezal, mas por insistência dela, afinal ela ficara sabendo que você estava arranjando Venâncio como pretendente para ela e foi quando ela quis ser mulher dele.

"O pobre coitado disse que não iria fazer aquilo, pois estaria desrespeitando a você, mas ai ela deu um ultimato a ele, dizendo que se ele não se deitasse com ela, fatalmente ela se casaria com Venâncio, e como ele estava demasiadamente apaixonado fez o que nossa filha queria."

– Não acredito nessa história! – Gritou o coronel, – ele a seduziu e depois a induziu a fugir, isso não é coisa de homem, mas de um cafajeste.

Clementina disse furiosa:

– Por que você tem que colocar a culpa somente no rapaz? Pelo que eu saiba o rapaz não a pegou à força, e se houve a desonra foi porque ela queria.

Naquele momento o coronel ficou mudo, afinal ele nunca havia pensado por esse lado.

O coronel, não querendo mais prolongar o assunto, decidiu trancar-se em seu gabinete, afinal aquele era o único lugar em que ele podia ficar a sós com seus pensamentos.

Clementina sentiu-se vitoriosa diante daquela discussão e de cenho fechado foi até a cozinha para conversar com Almerinda.

Ao entrar encontrou Almerinda no fogão, Clementina disse muito irritada:

– Almerinda, Teotônio desde que mandou matar Leôncio perdeu completamente a razão, primeiro ele cometeu um assassinato e acha que está certo no que fez e segundo que ele quer que nossa filha o perdoe de qualquer maneira.

Papai sempre dizia que ninguém conhece ninguém nesse mundo, e agora vejo o quanto ele tinha razão, pois esse Teotônio que está à minha frente eu não conheço.

Almerinda parou o que estava fazendo.

– Tenha calma Sinhá, um dia o coronel vai descobrir o quanto errou e se arrependerá por ter ter tirado a felicidade de sua filha.

– Não se fie nisso Almerinda, Teotônio é muito orgulhoso para voltar atrás em seus conceitos. Para ele, Leôncio seduziu a nossa filha e a desonrou contra a vontade, por mais que eu o diga não acredita.

Almerinda mexendo no lenço em sua cabeça voltou a dizer:

– Por mais orgulhoso que alguém seja, um dia reconhece o quanto errou e se arrepende, geralmente isso acontece quando a pessoa cai em uma cama e tem tempo suficiente para pensar em tudo que fez.

"Vou falar o que penso de toda essa história, se o fato chegou aonde chegou foi porque Alice quis, comecei a perceber no dia da inauguração da escola, ela não tirava os olhos dele, que estava junto a Samuel.

"O rapaz se deixou levar pelos encantos de Alice, portanto a vejo como responsável por toda a desgraça que se abateu sobre essa família.

"Um dia o coronel vai reconhecer isso, e quanto ele querer o perdão da filha é natural pois ele ainda não pensou que aquele rapaz matuto era o grande amor da vida dela."

Clementina olhou surpresa para Almerinda e disse com voz embargada:

– Penso da mesma maneira.

Almerinda esboçou um sorriso triste.

– Alice deve perdoar o pai, mas, enquanto isso não acontece, acho que ela deve permitir que ele acompanhe o crescimento da neta.

– Pedir que ela perdoe o pai, isso não posso fazer; afinal o perdão deve vir do coração e não de um pedido, mas posso pedir que ela permita que o pai conviva com a neta, afinal ela não pode impedir que Teotônio conviva com a pequena Sarah.

Clementina era uma mulher decidida, e depois de pensar resolveu ir até o quarto da filha. Ao chegar lá, encontrou Alice amamentando a pequena menina e, sorrindo, a mãe perguntou:

– Como vai a minha princesinha?

– Está bem, veja como mama com força.

Clementina disse:

– Minha filha, compreendo seus motivos para não perdoar seu pai, mas como mãe posso pedir ao menos que o deixe conviver com a neta?

Alice fechou o cenho.

– Mamãe, não vou permitir que o coronel se aproxime de minha filha, ainda mais depois de tudo o que ele me fez.

Clementina esboçando um sorriso tentou contemporizar a situação dizendo:

– Minha filha eu não aprovo o que seu pai fez, compreendo que é difícil perdoar em uma situação como essa, mas pense em sua filha, ela verá em seu pai a figura paterna que ela não tem.

– Não! Ele não vai se aproximar de minha filha, se não fosse por ele, minha filha teria um pai.

Clementina suspirando longamente respondeu:

– Minha filha, somente o perdão leva à perfeição. Que seu pai errou, disso não há dúvida, mas, se você continuar agindo dessa forma, vai estar se equiparando a ele. Mostre que é diferente e, além do mais, a pequena Sarah não deve sofrer pelos erros do avô.

– Está bem; vou provar a ele que não sou mesquinha nem preconceituosa como ele. Diga que poderá ver minha filha, mas sob uma condição.

– Qual, minha filha?

– Quando ele quiser ver Sarah, a senhora a levará até ele, pois eu não quero que ele se aproxime de mim.

Clementina respondeu:

– Eu não esperava outra coisa de você, minha filha.

Depois que a pequena Sarah mamou, a avó a pegou nos braços e começou a fazer mimos, enquanto Alice a olhava com ternura.

– Mamãe, minha filha é muita amada, pois ela foi gerada com tanto amor...

Clementina perguntou:

– Minha filha, como Leôncio a tratava?

Alice olhou para um canto do quarto, um ponto distante, e passou a dizer:

– Embora Leôncio fosse um matuto, ele me tratava como uma rainha. Quando nos encontrávamos no cafezal, nós deitávamos e conversávamos sobre vários assuntos; ele era carinhoso, falava sobre a lua, as estrelas, as montanhas e seu maior sonho, que era conhecer o mar. Ele dizia que um dia ele ficaria rico e aí sim poderíamos nos casar, porém papai teve a infeliz ideia de arranjar-me um pretendente e isso foi o estopim para eu tomar a decisão que tomei. Se o coronel não tivesse tido essa ideia infeliz, hoje Leôncio estaria aqui conosco.

Clementina perguntou:

– Mas na época em que vocês se encontravam no cafezal ele nunca tentou nada com você?

– Mamãe, vou lhe dizer uma coisa: Leôncio foi o homem mais honrado que já conheci. Se me deitei com ele, foi porque praticamente o obriguei a isso, pois ele dizia que para tudo havia uma solução. Mas eu queria ser sua mulher e, quando disse que aceitaria o pretendente que meu pai estava me arrumando, ele sentiu medo de me perder, e fez o que eu queria. Não me arrependo, minha mãe, por nada do que fiz, afinal Leôncio foi e sempre será o único homem que me fez feliz.

Clementina atônita disse:

– Alice, você é jovem e, além do mais, é viúva. Pode ser que apareça um bom rapaz que assuma a paternidade de sua filha e se case com você.

Alice, com lágrimas nos olhos, disse:

– Mamãe, uma coisa eu lhe juro: jamais me deitarei com outro homem, Leôncio foi o único homem que amei e jamais trairia a nossa história de amor, que foi tão bonita.

Clementina percebeu que as feridas da filha eram bem mais profundas do que ela poderia imaginar.

Leôncio acordou novamente e, desta vez, já não sentia mais as dores que o incomodavam, porém sentia em seu íntimo as lágrimas pungentes de Alice, e isso o atormentava profundamente.

A cada minuto que estava sozinho, sua aflição aumentava, e o rapaz passou a se lembrar das quatro noites que passara com Alice antes do casamento, em uma hospedaria, e das juras de amor que fizeram um ao outro.

Ao mesmo tempo, também se lembrava do coronel e da maneira cruel que ele dera ordem para que atirassem, mas logo se lembrou que somente Daniel apontara a arma e atirara.

Leôncio passou a sentir raiva de Daniel e do coronel, e, levando a mão à cabeça, disse em voz alta:

– Por que o coronel mandou me matar, uma vez que eu já havia me casado com Alice? Por que não me deu a chance de explicar o motivo pelo qual fugimos?

Leôncio olhou para um quadro de Jesus na parede e ficou observando a expressão serena daquele homem que fora grande, porém pouco conhecia sobre sua história.

Nesse momento, Mário entrou no quarto e perguntou:

– E então Leôncio, como se sente?

Leôncio, com humildade, respondeu:

– Estou me sentindo aflito, agora lembro com detalhes o que aconteceu comigo, mas o que mais me aflige são as lágrimas de desespero de Alice, que ouço como se estivessem dentro de mim. Olhando para aquele quadro, senti algo estranho.

Mário perguntou:

– Você sabe quem foi aquele homem?

Leôncio falou:

– É Nosso Senhor Jesus Cristo?

Mário, que também olhava para o quadro, passou a dizer:

– Sim! É Jesus, mas sabe quem foi esse personagem tão ilustre?

Leôncio, prestando atenção na expressão de Jesus, disse:

– Ouvi muito pouco a respeito de Jesus, pois, quando estava vivo, eu apenas trabalhava e nunca fui a uma igreja.

Mário abriu um largo sorriso e indagou:

– Por que diz quando estava vivo? Acaso está morto?

Leôncio respondeu:

– O coronel mandou atirar em mim, acordei e adormeci diversas vezes, porém não posso voltar aos braços da mulher que amo e sem ela estou morto.

Mário puxou a cadeira que estava a um canto do quarto.

– Você continua vivo, o coronel mandou atirar em você e isso levou a vida do seu corpo físico, mas agora você está vivo em espírito, pois a morte não significa o fim de tudo, como pensa a maioria.

Leôncio em sua ingenuidade perguntou:

– Isso quer dizer que estou no céu?

Mário abriu um largo sorriso quando respondeu:

– Você ainda não está no céu, meu irmão, você está num posto de socorro onde vem espíritos para serem atendidos e recuperados.

Leôncio não compreendeu bem as palavras de Mário, porém decidiu voltar ao assunto dizendo:

– Mas quem foi Jesus?

Mário voltou a olhar para o quadro.

– Jesus é o que chamamos de Espírito Puro, pois ele não mais voltará à Terra, afinal ele foi até a crosta terrestre com uma única missão: amar e ensinar o homem a amar, tanto fez isso que deu sua vida em sacrifício para que os espíritos encarnados em seu tempo e aqueles que viessem a reencarnar pudessem aprender sobre a lei de amor.

"Muitos na Terra ainda veem Jesus como Deus, tanto que fala-se muito sobre o menino Deus.

"Mas na verdade Jesus não é o Deus Supremo Criador de todas as coisas, mas antes filho de Deus e nosso Irmão Maior.

"Jesus foi exemplo de bondade, caridade, altruísmo e seus ensinamentos se perpetuarão para sempre.

"Você pensa que está morto, mas Jesus disse certa vez algo que o fará mudar de ideia.

"Ele disse o seguinte: 'Não se turbe o vosso coração, credes em Deus, credes também em mim. Há muitas moradas na casa de meu pai; se assim não fosse, já eu vo-lo teria dito, pois me vou para vos preparar o lugar. Depois que me tenha ido e que vos houver preparado o lugar, voltarei e vos retirarei para mim, a fim de que onde estiver, também vós aí estejais' ".

Mário suspirou e continuou:

– A casa do Pai é o universo. As diferentes moradas são os mundos que circulam o espaço infinito e oferecem, aos espíritos que neles encarnam, moradas correspondentes ao adiantamento dos mesmos espíritos.

Pois bem, aqui onde nós nos encontramos é uma das moradas do Pai, e são em lugares como esses que os espíritos são levados ao deixarem o corpo físico.

Mas não se esqueça, cada pessoa encarnada ou não está em um grau evolutivo diferente, é como uma sala de aula, embora o professor explique as matérias de maneira uniforme, ou seja, para todos, há alguns que estão em estágio avançado e outros atrasados.

Assim são com a evolução espiritual, cada um está em um patamar diferente, e a prova disso é que ninguém é igual a ninguém.

Leôncio pensou por alguns instantes.

– Então quer dizer que o coronel ao morrer virá para cá também?

Mário lançou um olhar sério para o rapaz.

– Leôncio, sinceramente quando o coronel deixar o corpo físico não sei para onde será levado, pois isso dependerá muito de suas ações.

Há uma lei divina e imutável que se chama Lei de Ação e Reação, ou Causa e Efeito, segundo a interpretação de cada um; tudo que o espírito faz quando está encarnado contará muito quando ele voltar ao estado espiritual.

Não fique a pensar no que aconteceu e nem da maneira que deixou seu corpo físico, pois de que lhe valerão tais lembranças?

Lembranças tristes só lhe trarão aflições e principalmente revolta.

Jesus o Grande Mestre ensinou uma lei difícil para espíritos ainda debilitados e fracos.

– Que lei é essa? perguntou Leôncio a Mário.

Mário respondeu:

– A lei do perdão.

Leôncio pensou por alguns instantes antes de responder:

– Como posso perdoar o coronel, sendo que ele me tirou a vida, quando ainda eu tinha uma vida inteira pela frente? Eu jamais o perdoarei, pois ele se esqueceu de que um ignorante também ama, e eu amei sua filha como nunca havia amado ninguém em toda minha vida. Compreendo que errei ao fugir, porém tentei me redimir me casando com ela na primeira oportunidade que tivemos; mas ele foi irredutível e me condenou à morte. Matou-me como a um cão em frente à capela logo após o casamento; para isso não tem perdão, e isso jamais esquecerei.

– Mas quem foi que disse que perdoar é esquecer? Perdoar independe de esquecer, afinal uma coisa nada tem a ver com outra. Nosso cérebro registra todos os fatos ocorridos, inclusive os agravos sofridos, porém perdoar é algo bem diferente. Você, enquanto estiver conosco, jamais esquecerá o que lhe aconteceu, mas isso não quer dizer que não poderá perdoar o pai da jovem que você amou. Esquecer é quando algo se apaga de nossa memória; e perdoar é quando nos lembramos dos agravos sofridos e isso não nos traz dores. Enquanto houver lembranças que tragam dores, fica evidente que a pessoa ainda não conseguiu perdoar, pois o perdão é como uma cicatriz de um ferimento: você olha para ela, lembra-se de como se machucou, porém aquele ferimento fechou-se e isso não dói mais. Esse é o verdadeiro perdão; não estou aqui dizendo para você perdoar imediatamente o coronel, pois isso seria impossível, uma vez que as lembranças lhe trazem muitas dores, mas com seu aprimoramento espiritual, o aprendizado sobre as leis de Jesus e a busca de autoconhecimento, você se lembrará do ocorrido e ele não mais lhe afetará.

Fazendo uma pausa, Mário prosseguiu em instantes:

– Jesus disse: "Bem aventurados os que são misericordiosos, porque obterão misericórdia". Jesus ensinou uma oração a seus seguidores, cuja parte diz: "Perdoai as nossas ofensas, assim como nós perdoamos a quem nos tem ofendido". Mas agora lhe pergunto: como podemos pedir perdão a Deus se não conseguimos perdoar os nossos irmãos? Para que possamos nos aproximar de Deus em oração pedindo perdão, é necessário perdoarmos o nosso próximo.

Leôncio pensou por alguns instantes, deixando que lágrimas escorressem de seus olhos.

– Mário, por favor, me ajude a perdoar, pois as lembranças daquele dia fatídico não me saem da cabeça.

Mário penalizou-se do rapaz.

– O Espírito só é grande quando consegue perdoar a seu irmão, aqui na colônia você terá todas as instruções que necessita e com o tempo essa ferida irá cicatrizar e não lhe causará mais dor.

Procure não pensar naquele dia, antes se apegue aos momentos felizes, isso o ajudará a perdoar ao coronel.

Leôncio ao se lembrar da fisionomia alegre de Alice esboçou um largo sorriso, e em seguida voltou a ficar sério dizendo:

– Amei muito e convivi tão pouco com Alice...

– Não importa o tempo de convivência que tiveram, o importante é que vocês foram felizes enquanto estavam juntos.

Leôncio olhou para o piso e viu os raios do sol da tarde invadirem o quarto. Com sorriso triste perguntou:

– Mário, posso me levantar e ir até a janela?

Mário respondeu:

– Pensei que nunca fosse dizer isso, pois você não está doente para ficar preso a esse leito. O que acha de ir até o jardim e caminhar um pouco?

Leôncio, apreensivo, levantou-se lentamente, porém logo percebeu que estava forte e, ao olhar para as pessoas que conversavam em pequenos grupos, perguntou:

– Todas essas pessoas estão mortas?

Mário gargalhando respondeu:

– Todas essas pessoas estão tão vivas quanto você, só que não estão mais presas à matéria. Leôncio, entenda uma coisa: A MORTE NÃO EXISTE. O que existe é a extinção do corpo físico, mas a pessoa continua a viver apesar da morte do corpo físico. Você não morreu, apenas abandonou o corpo físico, uma vez que não tinha condições de continuar a viver jungido a ele.

Leôncio olhou o lindo pôr do sol e logo se lembrou das tardes alegres com Alice e naquele momento ele sentiu uma saudade imensurável daquela a quem tanto amara.

Mário ao ouvir os pensamentos de Leôncio disse:

– Veja o belo pôr do sol. Isso mostra a grandeza de Deus, e se você estivesse morto como diz não estaria presenciando tão bela paisagem.

Leôncio riu feliz, e voltando o olhar para Mário perguntou:

– Por que ouço Alice me chamar e soluçar? Isso me deixa aflito.

– Quando isso acontecer, entregue-se à prece e peça ajuda divina para amainar suas aflições.

Mário se aproximou de Leôncio e, espalmando as mãos sobre sua cabeça, concentrou-se, e logos raios luminosos saíram da palma de suas mãos e também do seu peito.

Leôncio sentiu a boa vibração de Mário e depois de alguns instantes já não sentia mais a aflição de Alice em seu coração.

Leôncio, satisfeito, disse:

– Isso é um milagre; já não me sinto aflito.

Mário respondeu:

– Não é um milagre, é apenas um processo natural de emanação de bons fluidos para equilibrar você. Toda vez que sentir esse desespero tomar conta de seu coração, basta pensar em mim que virei auxiliá-lo.

Leôncio sentiu vontade de caminhar no jardim, porém percebeu que o dia já findava e deixou para passear no dia seguinte.

CAPÍTULO 13

Difíceis decisões

Teotônio, desde que se separara de quarto com Clementina, já não era mais o mesmo. A esposa cumpria suas obrigações cuidando da casa e ajudando a filha a cuidar da neta, porém o coronel andava desleixado, com barba por fazer, e emagrecera visivelmente.

Clementina conversava somente assuntos triviais com o marido, porém estava preocupada com seu estado.

Como havia prometido, Alice deixara o pai se aproximar da neta, que se tornara sua única alegria.

O coronel pensava: "Pena Sarah ser filha de quem é... Aquele verme infame destruiu minha família, mas apesar de tudo amo minha neta".

Sarah já contava com pouco mais de um ano e, quando via o avô, abria os bracinhos pedindo colo.

Clementina ficava feliz em ouvir as gargalhadas do marido com a neta, pois a menina o amava profundamente. A princípio, Alice se irritava com a bem-querença da menina, porém com o tempo se acostumou.

A pequena Sarah ficava toda dengosa quando estava com o avô, e isso o deixava imensamente feliz.

Alice, como havia prometido, nunca mais dirigira uma palavra sequer ao pai e, ao ver a decadência física do homem, pouco se importava.

Clementina sempre dizia:

– Estou preocupada com seu pai, ele emagreceu a olhos vistos, já não cuida mais da aparência nem recebe seus amigos de política em casa. Ontem ele me disse que não quer saber mais de política, pois ele era um idealista e agora ele já perdeu todas as ilusões de fazer um país mais justo.

Alice pouco se interessava pelo que seu pai dizia e, dando de ombros, comentou:

– Sabe o que isso se chama, mamãe? Remorso por ter destruído minha vida.

Clementina, surpresa com as palavras da filha, disse:

– Se sabe o quanto ele está sofrendo por um erro cometido, por que não perdoar?

Ressentida, a moça ajuntou:

– Mamãe, peça-me o que quiser, menos que eu perdoe seu marido, pois quando ele mandou Daniel atirar ele não pensou em mim e muito menos em meus sentimentos. Isso para mim não tem perdão.

Clementina logo tratou de mudar de assunto.

– Alice, seu pai está na sala. Ele anda desanimado; posso levar Sarah para lhe fazer companhia?

– Pode levar, mas não se esqueça de que logo terei que banhá-la, portanto seja breve.

Clementina pegou a neta nos braços e, conversando com a criança, levou-a até o avô, que ao vê-la abriu um largo sorriso.

Teotônio disse:

– Nossa neta é linda, faz lembrar Alice quando tinha essa idade.

Sarah sentia-se bem no colo do avô, e, a cada gesto da criança, Teotônio soltava altas gargalhadas.

Clementina ficou observando o avô com a neta e percebeu que a menina gostava de estar nos braços dele.

Depois daquele dia, por diversas vezes ao dia, Teotônio pedia para que Clementina trouxesse a menina. Ora ficava com Sarah na varanda, ora ficava na sala, ora a levava ao gabinete.

E assim três anos se passaram desde que Teotônio começara a conviver com a neta.

Sarah, ao ver o avô, abria os bracinhos pedindo colo, porém Alice não gostava daquela proximidade. No entanto, sabia que não podia negar à filha a presença do avô, que lhe fazia todas as vontades.

O coronel mandou trazer da capital um cavalinho de madeira que tinha rodinhas, e não raro puxava a menina pela casa, que ria sem parar.

Teotônio a carregava e dizia:

– Quem é a princesinha do vovô?

A menina logo levantava os bracinhos, fazendo com que o coronel se enchesse de orgulho.

Clementina, ao longo do tempo, começou a perceber que a pequena Sarah era a única alegria que o coronel tinha na vida.

Certo dia, estando o coronel a brincar com a menina na varanda, Clementina, que estava sentada bordando, pensou: "Teotônio agia da mesma forma com Alice...". Com tristeza, refletiu: "Por que, meu Deus, essa desgraça veio se abater sobre nossa família?" Com lágrimas nos olhos, ouviu:

– Sarah, logo o vovô vai lhe dar um cavalo de verdade.

Clementina, preocupada, disse:

– Ela é muito criança para ter um cavalo.

Teotônio, feliz, respondeu:

– Alice teve seu primeiro potro quando tinha cinco anos de idade, e você se lembra como ela ficou feliz com o animal?

Clementina percebeu que Teotônio estava fazendo com Sarah tudo que ele havia feito com Alice.

Alice gostava de cavalos, porém logo que ficou mocinha deixou de cavalgar. Seu cavalo ficou no pasto por muitos anos, até que teve uma das patas quebradas, e o coronel foi obrigado a sacrificar o animal.

Clementina naquela tarde percebeu o quanto Teotônio havia envelhecido depois do ocorrido, porém nada disse. Ele brincava feliz com a neta, quando Alice saiu e disse para a menina:

– Sarah, venha tomar banho.

A menina lançou um olhar para a mãe e disse:

– Agora não; estou brincando com vovô.

Teotônio, para não arranjar encrencas, disse para a neta:

– Vá tomar banho, depois continuaremos a brincar.

Contrariada Sarah foi em direção da mãe, e Alice pegando em sua mão a levou para dentro de casa.

A verdade era que Alice se irritava com as gargalhadas do pai e por esse motivo levou a menina para o interior da casa.

Teotônio, de cenho fechado, disse à esposa:
– Por que Alice levou a menina para tomar banho? Ela nunca dá banho na criança a essa hora.
Clementina continuou a bordar.
– Você sabe como é Alice... Não se importe com isso.
– Alice não gosta que eu fique com Sarah, compreendo os seus motivos para não gostar de mim, mas não aceito que a menina seja penalizada por isso.
Clementina permaneceu em silêncio, sabendo que o coronel se trancaria em seu gabinete. Sentiu pena do marido, porém sabia que nada podia fazer, pois tinha a esperança de que o tempo curasse todas as suas feridas.

Leôncio caminhava todas as tardes pelo belo jardim da colônia, e não raro pensava em Alice e nos momentos em que passaram juntos. A imagem dela ainda se conservava fresca em sua mente e, revoltado, perguntava: "Por quê? Por que o coronel preferiu me matar a me ver junto com sua filha? Sempre procurei ser honesto e trabalhador... Por que ele não me aceitou como genro e não permitiu que eu constituísse família com Alice?" Presos em suas reflexões, se aproximou dele um jovem rapaz de nome Dráusio e, sorrindo, perguntou:
– O que acha do jardim?
Leôncio em poucas palavras respondeu:
– Trata-se de um belo jardim, mas vejo flores aqui que nunca vi antes.
Dráusio respondeu:
– As irmãs que cuidam do jardim plasmam flores diferentes, que não há na Terra. Veja essa, que se chama arco-íris. Note: ela tem as sete cores do arco-íris.
Leôncio aproximou-se da flor e viu que realmente ela se parecia com o arco-íris, pois havia faixas coloridas em suas grandes folhas.
Leôncio comentou:
– É simplesmente maravilhosa.
Dráusio em tom sério perguntou:
– Você gosta desse lugar?
Leôncio pensou por alguns instantes, depois respondeu:
– Esse lugar é maravilhoso, porém me sinto só.

Dráusio perguntou:

– Como pode se sentir só num lugar como esse? Aqui você poderá travar boas amizades...

Leôncio, com sua maneira simples de falar, disse:

– Nunca fui homem de ficar sem fazer nada, mas aqui passo o dia andando de um lugar a outro e pensando no passado e no quanto poderia ter sido feliz com Alice; afinal, eu tinha uma vida inteira pela frente.

Dráusio respondeu:

– É comum pensarmos que tínhamos uma vida inteira pela frente, porém nem tudo é como pensamos.

Curioso, Leôncio perguntou:

– O que está querendo dizer com isso?

– Já parou para pensar que o acaso não existe? E que tudo que nos acontece tem sempre uma razão?

Leôncio franziu a testa.

– Está querendo dizer que o coronel tinha que fazer o que fez?

Dráusio pensou por alguns instantes.

– Não é isso que estou querendo dizer. Deus deu a cada um de nós o livre-arbítrio, e o coronel não precisava ter feito o que fez, mas ele fez uma escolha que por sinal irá lhe trazer muitas dores. O que estou querendo lhe dizer é que no momento que o coronel mandou atirar em você ele estava sendo obsediado por espíritos inferiores, porém a escolha cabia somente a ele. Compreendo sua dor de ter sonhado em casar-se e formar uma família, porém a revolta em nada vai mudar os fatos; muito pelo contrário, só está lhe trazendo dores e sofrimentos, e você em nenhum momento agradeceu a Deus por ter sido amparado no momento de seu desencarne.

Leôncio indagou:

– Mas todos que morrem não vêm para esse lugar?

Dráusio respondeu:

– Que bom se assim fosse, mas infelizmente nem todos que desencarnam são trazidos para cá.

– Por quê? – perguntou Leôncio.

Dráusio passou a explicar:

– Leôncio, porque nem todos que estão encarnados estão na mesma escala evolutiva.

– Escala evolutiva? O que isso quer dizer? – indagou ele, curioso.

Dráusio continuou:

– Existe uma lei denominada Lei da Evolução, cujo princípio reza que tudo que existe está paulatinamente em progresso, e isso inclui o universo e os mundos.

Nós, seres vivos, estamos em constante progresso, principalmente moralmente. Resumindo: tudo muda o tempo todo, porém isso acontece gradualmente, e as pessoas mal se dão conta das mudanças que ocorrem. Assim como tudo muda no mundo, o mesmo acontece com o espírito, pois em cada nova encarnação o homem progride um pouco mais, quer moral quer espiritualmente. Mas cada ser encarnado está em uma escala evolutiva diferente, ou seja, cada um encontra-se em um estágio moral e espiritual diferente. Podemos usar o exemplo de uma escola. Numa classe onde há vários alunos e são explicadas as mesmas matérias, uns absorvem mais rápido e outros não. Mas no final todos acabam aprendendo. O coronel tomou essa medida desatinada contra você porque ainda é um espírito atrasado espiritualmente.

Se ele estivesse em um grau evolutivo um pouco mais elevado, jamais faria isso contra você, afinal um dos mandamentos dados a Moisés é: "não matarás", e ele ainda não o assimilou. Pense nisso, meu amigo, e reflita, pois quando perdoamos tiramos um fardo desnecessário de nossas costas. Lembre-se: o perdão eleva o espírito à redenção. Enquanto você não perdoar, ficará sofrendo e pensando no que poderia ter sido de sua vida. A sua vida agora é esta, e agradeça a Deus, pois infelizmente muitos espíritos retrógrados encontram-se em lugares horrendos.

Dráusio pensou por alguns instantes, depois perguntou:

– Que lugar é esse?

Dráusio respondeu:

– Uma coisa de cada vez; primeiro pense em perdoar seu algoz e depois voltaremos a falar sobre o assunto.

Leôncio ficou observando Dráusio se afastar lentamente e, esboçando um leve sorriso, falou:

– Esse espírito é evoluído, mas será que um dia conseguirei ser assim como ele?

Leôncio voltou a observar o lugar e pensou: "Nenhum lugar na Terra se assemelha a este. Dráusio tem razão: em vez de ficar pensando o tempo todo no coronel, tenho que atentar a este lugar e procurar uma maneira de ser útil".

Alice mudara muito desde a morte de Leôncio. Apesar de ter a companhia da pequena Sarah, ela se tornara taciturna e passara a falar menos, até mesmo com sua mãe.

Sarah já contava com três anos, e havia se tornado uma menina esperta que amava profundamente seu avô.

Alice ficava a maior parte do tempo em seu quarto, pois a melancolia tomara conta de seu coração. A pobre viúva pensava em como seria sua vida ao lado de Leôncio, porém ao mesmo tempo vinha uma raiva incontida de seu pai; afinal, ele fora responsável por ela estar naquela situação. Ora Alice chorava, ora ficava tempos olhando na janela e, quando saía, ia ao cafezal andar pelos lugares em que fora feliz ao lado de Leôncio.

Por outro lado, Teotônio se consumia ao ver o estado tristonho da filha, e sua única alegria era Sarah.

Teotônio pensava: "Deveria ter poupado a vida daquele infeliz, a tristeza de Alice está acabando comigo".

O coronel já não ficava tanto tempo no terreiro de café nem no celeiro. Com o tempo, passou a se enclausurar em seu gabinete.

Clementina passou a se preocupar com o marido, que ficava a cada dia mais desleixado, já sem se importar com a aparência.

Certo dia, estando o coronel em seu gabinete, Clementina o chamou para uma conversa.

Ao entrar no gabinete do marido, a mulher percebeu que suas olheiras estavam profundas e suas roupas ficavam mais e mais folgadas. Olhando-o com firmeza, perguntou:

– Teotônio, o que está havendo com você? Já não vai ao terreiro, não cuida do celeiro e já não conversa mais com seus amigos de política; até mesmo suas roupas estão folgadas e você tem olheiras profundas.

Teotônio, olhando para a esposa, com tristeza respondeu:

– Meus pensamentos estão confusos, há momentos que acho que fiz bem em mandar matar o infeliz, mas há momentos que penso que não, pois ver o quanto nossa filha está sofrendo está acabando comigo.

Clementina, surpresa com as palavras do marido, respondeu somente:

– Você tem que superar isso, afinal o que está feito não se muda mais;

nossa filha está sofrendo e com uma filha pra criar, mas nós estamos dando todo o suporte de que ela precisa.

Teotônio com amargura respondeu:

– Ela tem o nosso apoio, mas Sarah está crescendo sem pai e logo ela começará a perguntar por que somente ela não tem pai.

Clementina pensou por alguns instantes.

– Não podemos esconder da menina o que aconteceu; falaremos a verdade, pois se ocultarmos o ocorrido um dia ela terá raiva de todos nós.

– É nisso que penso; sei que um dia Sarah me odiará, afinal ela está crescendo sem pai por minha culpa.

Clementina pela primeira vez sentiu pena do marido.

– Sarah ainda é uma criança; talvez, quando ela souber o que você fez ao pai dela, você já nem esteja entre nós. Olhe para você: em pouco mais de três anos transformou-se em um homem velho e cansado, deixando o remorso consumi-lo. Errar é humano e perdoar é divino, portanto perdoe-se e você viverá melhor.

Teotônio pensou por alguns segundos quando enfim revelou o motivo maior de sua angústia.

– O problema é que nossa filha nunca me perdoará, pensei estar fazendo o melhor para ela e olha no que deu; ela voltou para casa com um filho na barriga e sem o marido para ampará-la. Antes fazíamos as refeições juntos, conversávamos, e hoje para ela eu não passo de um estranho. Quando nos encontramos pela casa, ela me ignora como se eu fosse um fantasma e ela não estivesse me vendo. O desprezo de minha filha me dói, porém nada posso fazer, afinal eu tirei a chance de ela ser feliz com aquele pobre rapaz.

Clementina olhou para o marido com orgulho e perguntou:

– Você se arrependeu por ter feito o que fez?

Teotônio, remexendo-se na cadeira, disse com sinceridade:

– Não me arrependo por tê-lo matado, mas me arrependo por fazer minha filha sofrer. Leôncio me traiu, eu o recebi em minha fazenda e o coloquei como homem de minha confiança e, no entanto, o que ele fez? Seduziu minha filha e ainda fugiu com ela. Maldita hora em que o recebi em minhas terras, pois aquele infeliz só veio para destruir minha família.

Clementina ficou horrorizada com as palavras do marido e, com altivez, disse:

– Nossa filha se apaixonou! Será que você não entende isso? E, além do mais, ninguém pode mandar no coração; confesso que eles erraram ao fugir, mas o pobre rapaz redimiu-se de seu erro desposando-a em seguida, de modo que nossa filha não é uma mãe solteira, antes, ela é viúva, porque ela assina o sobrenome de Silva que herdou do marido. Você se deixou levar pelo orgulho, afinal ter um matuto como genro era para você a maior das ofensas.

– Nossa filha viúva... Tão jovem e com a vida totalmente destruída.

Clementina, com sua língua ferina, concluiu:

– Quando você mandou matar Leôncio, acabou por destruir três vidas, já parou para pensar nisso?

– Como três vidas?

Clementina soltou um longo suspiro.

– Você às vezes me parece irracional; pense: você destruiu a vida de um rapaz que tinha um futuro promissor, pois além de trabalhador e honesto era muito inteligente, destruiu a vida de Alice e também de Sarah, que está crescendo sem a figura de um pai.

Teotônio levou a mão à cabeça.

– Não havia pensado nisso; você, em vez de me apoiar, vem me colocar ainda mais culpa? Por favor, peço que me deixe sozinho.

Clementina, furiosa, saiu do gabinete do marido, deixando-o sozinho com seus pensamentos.

Teotônio, ao lembrar-se de Leôncio, disse com ódio:

– Maldito! Que o inferno o acolha!

Com esses pensamentos, Teotônio não viu, mas duas criaturas sinistras estavam ao seu redor, inspirando-lhe ainda mais ódio.

Alice já não era mais a mesma menina que chegara da capital, traquina e feliz; agora andava pelos cantos, ora conversando com Almerinda, ora conversando com Rita, que fora sua pajem desde tenra idade.

Naquela manhã, Rita ajudava Almerinda quando Alice entrou na cozinha e, ao ver as duas mulheres, esboçou um triste sorriso, cumprimentando-as em seguida.

Rita estava feliz e não escondia seu estado de espírito. Alice, ao ver a amiga feliz, perguntou:

– Qual o motivo de tanta felicidade?

Rita respondeu:

– Estou esperando um filho.

Alice a abraçou e lhe deu os parabéns. Rita ajuntou:

– Peço que seja madrinha de meu filho.

Alice pensou por alguns instantes quando respondeu:

– Como poderei ser madrinha de seu filho se nem mesmo tenho marido?

Rita sorrindo respondeu:

– Já pensei nisso; o que acha de convidar seu pai para ser o padrinho?

Alice ao lembrar-se de seu pai respondeu:

– Se pretende chamar a meu pai para ser o padrinho de seu filho, talvez seja melhor convidar minha mãe; afinal eles são casados e certamente minha mãe se ressentiria com você.

Alice sabia que sua mãe pouco se importaria com o assunto, porém ela se recusava a ficar perto do pai, por menor que fosse o tempo.

Rita ficou triste, e foi Almerinda quem disse:

– A menina Alice tem razão; você convida Alice e seu pai e deixa dona Clementina de fora?

Rita pensou por alguns segundos.

– Almerinda, você tem razão, vou convidar os patrões para serem os padrinhos de meu filho.

Alice sentiu-se aliviada, pois a presença de seu pai a incomodava.

– Faça isso; tenho certeza de que meus pais ficarão muito felizes.

Rita passava a mão na barriga a todo momento.

– Alice, o que sentiu quando descobriu que estava grávida de Sarah?

Alice passou a falar sobre os enjoos, e principalmente no quão dolorido era pôr um filho no mundo. De supetão, perguntou:

– E seu casamento, como está indo?

Rita, ao se lembrar de Samuel, respondeu:

– Samuel é bom, trabalhador, honesto. Você acredita que ele nunca brigou comigo? Ele é calmo e, quando estou nervosa, ele me acalma com boas palavras.

Curiosa, Alice voltou a perguntar:

– E como ele reagiu ao saber que iria ser pai?

Rita respondeu:

– Samuel está feliz, disse pra todo mundo que irá ser pai e todos os dias não sai sem passar a mão em minha barriga, dizendo a mesma coisa: "Meu filho, cuida bem de sua mãe". Samuel, que já era bom, ao saber que seria pai se tornou ainda melhor. Ele faz tudo para não me deixar nervosa, inclusive me ajuda nos deveres domésticos.

Alice sorriu ao saber que sua amiga e ex-pajem estava feliz. Curiosa, voltou a perguntar:

– O que você prefere? Menino ou menina?

Rita respondeu:

– Eu prefiro menina, mas para Samuel não importa, ele quer apenas que venha com saúde.

Almerinda, ouvindo a conversa, respondeu:

– Ele tem razão, o importante é a criança nascer perfeita e com saúde.

Alice esboçou um sorriso e pediu licença, voltando ao quarto, afinal Sarah ainda estava dormindo. Ao trancar-se em seu quarto e ver a pequena Sarah dormindo, pensou: "Meu pai tirou o direito de Leôncio de conhecer a filha, e impediu-me de viver esse momento lindo ao lado do homem que eu amava".

Deixou que lágrimas escorressem pelo rosto, pois ao ver a filha dormindo reconhecia nela alguns traços do pai.

Alice pensou: "Quando Sarah crescer vou falar a ela sobre a nobreza de espírito do pai; porém não vou esconder que foi seu avô que o mandou matar". A moça arremeteu-se no passado, no momento em que Leôncio fora alvejado por Daniel. Com isso, disse em voz alta:

– Odeio Daniel, pois ele foi o único que atirara em Leôncio, bajulador sem escrúpulos!

Alice passou a pensar em Daniel e num rompante saiu do quarto, encontrando com sua mãe no corredor, a quem, com lágrimas nos olhos, disse:

– Vou sair e peço a senhora que fique atenta quando Sarah acordar.

Clementina, sem compreender, perguntou:

– Aonde você vai?

– Vou sair um pouco, estou me sentindo sufocada aqui dentro dessa casa.

Clementina não fez mais perguntas e entrou no quarto onde dormia a pequena menina.

Alice saiu pela porta da frente e foi ao terreiro de café, onde sabia encontrar Daniel. Ao chegar ao terreiro, Daniel não estava, e com autoridade perguntou a um dos empregados:

– Onde posso encontrar Daniel?

José respondeu:

– Daniel está no cafezal, sinhá.

– Peça para alguém chamá-lo, preciso conversar com ele, peça que vá até a casa-grande para conversar comigo.

José não pediu para ninguém e foi ele mesmo chamar por Daniel no cafezal e o encontrou xingando um dos colonos dizendo que ainda havia grãos de café em muitos pés de café.

José afoito disse:

– Daniel a sinhazinha Alice mandou chamá-lo para ter um dedo de prosa com ela na casa-grande.

Daniel irritado gritou:

– Mas o que ela quer comigo? Se ela pensa que sou como ela que passa o dia sem ter nada para fazer, eu tenho muitas coisas a resolver na fazenda; afinal o patrão deixou tudo em minhas mãos!

José intimidado pelas gritarias de Daniel resmungou:

– Eu só estou lhe transmitindo o recado, agora é com o senhor.

Daniel era um homem arrogante, grosseiro e mal-encarado, porém quando estava junto ao coronel se transformava em outra pessoa, se tornando cordial e até mesmo simpático.

Todos os colonos gostavam de Leôncio, pois ele era manso de natureza e tratava a todos com educação.

Daniel se retirou irritado do cafezal e aproveitou para gritar com José:

– E você, o que está fazendo ainda aqui? Volte ao terreiro, pois há muito trabalho a se fazer e pelo jeito vai chover.

José se afastou do cafezal e viu quando Daniel subiu em seu cavalo, dirigindo-se à casa-grande.

José disse:

– Maldito! Matou Leôncio somente para ficar com o cargo de administrador! Eu quero que o diabo o carregue para o inferno, pois é o que ele merece!

Daniel rapidamente chegou à casa-grande e, entrando na cozinha, disse em voz mansa:

– Almerinda, a sinhazinha Alice quer conversar comigo. Acaso sabe o que ela quer?

Almerinda, que não gostava de Daniel, respondeu com rispidez:

– Como vou saber se não saio da cozinha? Espere para saber o que ela quer com você, agora peço que espere lá fora; vou pedir para avisar Alice que você o espera.

Daniel sentiu-se ofendido, afinal ele não era homem de levar desaforos para casa. Ao sair com chapéu em punho, disse:

– Todos estão contra mim, só porque obedeci as ordens do coronel.

Almerinda pediu para Juca avisar Alice que Daniel o esperava do lado de fora da casa.

Alice, ao saber que Daniel a esperava, disse à mãe:

– Tomei uma decisão e, se o coronel for contra as minhas vontades, irei embora, levando minha filha comigo.

Clementina preocupada perguntou:

– Que decisão você tomou, minha filha?

– Vou mandar o assassino de Leôncio embora da fazenda.

Clementina disse:

– Minha filha, você não pode fazer isso, pois seu pai jamais deixará Daniel partir sem sua autorização.

Alice, não dando ouvidos à mãe, se retirou, pois tinha muitas coisas para falar com o novo administrador da fazenda.

Ao chegar à soleira da porta, viu Daniel andando de um lugar a outro.

– Daniel, entre! Vamos até a sala; preciso conversar com você.

Daniel obedeceu sem nada dizer. Embora expressasse humildade, ele estava sentindo muita raiva, pois justamente naquele dia havia muita coisa a ser feita, porém limitou-se a se calar.

Alice chamou o homem à sala e foi logo ordenando que se sentasse.

Daniel se recusou, dizendo:

– Pode falar, sinhazinha, pois tenho muitas coisas a resolver.

Alice abriu o coração:

– Naquele dia em que atirou em Leôncio, você destruiu a minha vida, e agora vou fazer o mesmo com você, seu verme! Se você queria o cargo de Leôncio, era somente mostrar competência, pois meu pai logo o colocaria como administrador.

Daniel, ao ouvir as palavras de Alice, tentou contra-argumentar:

– Fiz somente o que seu pai mandou.

– Você é um homem desprezível, pois matou um homem de bem. Os outros se recusaram a atirar, mas você foi o Judas que traiu Leôncio por um cargo na fazenda de meu pai.

Daniel, a cada palavra, sentia a raiva aumentar, porém tentou se segurar, afinal tratava-se da filha do patrão e ele teria que ouvir as ofensas e se calar.

Alice continuou:

– Quero que saia das terras que um dia serão minhas.

Daniel, irritado, disse, esboçando um sorriso de deboche:

– Essas terras um dia serão suas, mas ainda pertencem ao coronel, e é a ele que devo obediência.

Alice retrucou:

– Se eu fosse você faria o que estou mandando, pois posso ir à polícia e contar justamente o que aconteceu. Meu pai foi o mandante, porém você é um criminoso; com papai nada acontecerá, porque ele é rico e tem nome, mas, quanto a você, passará anos a fio na cadeia.

– Seu pai já acertou tudo com o chefe de polícia, e saiba que nada acontecerá comigo.

Alice disse:

– Não tenha tanta certeza disso, pois papai tem costas quentes e, se eu contar ao chefe de polícia tudo que aconteceu, você pagará sozinho pelo assassinato de meu marido.

Daniel soltou uma gargalhada de ironia.

– Não vou pedir demissão de meu trabalho, afinal o patrão aqui é o coronel e a senhora é apenas sua filha, e como disse o patrão tem costas quentes e irá me defender.

Irritada; Alice gritou:

– Agora você vai sair daqui, pois posso ir agora mesmo à chefatura de polícia e contar como tudo aconteceu. Papai alegou legítima defesa da honra, porém ele se esqueceu de que eu já estava casada com Leôncio, tanto que carrego comigo seu sobrenome.

O coronel, ao ouvir a gritaria na sala, saiu de seu gabinete indagando:

– O que está acontecendo aqui?

Daniel adiantou-se em dizer:

– Sua filha está me mandando embora, coronel.

Teotônio, sentindo-se ofendido, perguntou à filha:

– Por que está despedindo meu homem de confiança?

– É simples, senhor meu pai; esse verme matou meu marido, certo que foi com suas ordens, mas os outros se recusaram a atirar. Eu o odeio e quero ele fora de nossas terras. Se acaso o senhor não o fizer, vou à chefatura da polícia e falarei tudo o que realmente aconteceu naquele dia. O senhor alegou legítima defesa da honra, mas esqueceu que, quando o matou, ele já era meu marido.

Teotônio, sentindo-se desmoralizado, disse:

– Enquanto eu for vivo, quem toma as decisões aqui nessa fazenda sou eu e Daniel continuará a trabalhar comigo.

Alice, com ódio, disse:

– A escolha é sua; mas saiba que eu sairei dessa casa agora mesmo e levarei minha filha comigo.

Daniel, olhando para o coronel, lançou um sorriso, que foi prontamente observado pelo coronel.

Atônito, Teotônio tentou contemporizar a situação:

– Alice, compreenda, nada do que fizer poderá trazer seu marido de volta, esse mal é irreparável!

Alice, com lágrimas nos olhos, disse:

– Mas saber que o assassino de meu marido mora nas mesmas terras que eu me incomoda; a escolha é sua, senhor meu pai: ou Daniel vai embora, ou eu irei e entregarei Daniel à chefatura de polícia.

Teotônio sabia que havia mentido para o chefe de polícia e, se Alice resolvesse contar tudo como fora exatamente, ele poderia ter graves problemas com a lei, e isso seria o fim de sua carreira política.

Teotônio pensou por alguns instantes.

– Está bem; Daniel, você está despedido.

Daniel mal pôde acreditar no que ouvia.

– Eu só matei aquele infeliz porque o senhor mandou que eu atirasse.

Alice, com os olhos cheio de ódio, esbravejou:

– Meu pai deu ordem para que todos atirassem, mas os outros dois se recusaram a fazer isso, pois não queriam manchar suas mãos com sangue inocente, mas você o fez sem nem ao menos pensar que ele já estava casado e que em breve se tornaria um chefe de família.

Daniel, olhando com raiva para o coronel, falou:

– Se o coronel me mandar embora, vou à chefatura de polícia e contarei tudo que aconteceu naquele dia e a ordem que veio do senhor.

Teotônio tinha um grave defeito: odiava quando alguém o ameaçava. Por isso, com raiva, disse:

– Pode ir até a chefatura de polícia, mas lembre-se de que comigo nada acontecerá, pois sou o coronel Teotônio, e quem passará longos anos na cadeia será você, pois eu mandei, mas a decisão de atirar ou não foi sua. Portanto, você carrega em suas costas a morte de Leôncio.

Daniel sentiu-se traído pelo patrão.

– Vou-me embora, mas quero que o senhor apodreça sobre uma cama, pois um homem que dá ordens e depois as lança nas costas de um simples empregado não é homem!

Irritado, Teotônio disse:

– Bem, eu ia pagar a você um pouco a mais do que tinha direito, mas agora você sairá daqui apenas levando consigo os dias trabalhados; peço que saia de minhas terras agora!

Daniel, com ódio, disse:

– Vou-me embora, mas um dia nos encontraremos nos infernos, e lá acertaremos nossas contas.

– Que seja! Agora saia! Quem não quer mais você em minhas terras sou eu!

Daniel lançou um olhar de ódio para o patrão.

– Por ser fiel ao senhor, eu me transformei em um assassino, e agora o senhor me dispensa como se faz a um traste velho?

Alice, pela primeira vez desde o incidente, alegrou-se com a decisão de seu pai, porém ela se manteve de cenho fechado, denotando todo seu ressentimento.

Daniel, ao olhar para Alice, falou:

– Você é uma moça desgraçada e ninguém vai querê-la para esposa.

Teotônio, ao ouvir as palavras de Daniel, não se conteve e lançou-se contra ele, dando-lhe uma surra e jogando-o para fora de sua sala.

Daniel saiu rogando muitas pragas, principalmente em Alice. Ele era um homem solteiro e namorava uma moça da vila chamada Teresa, portanto, pegou suas poucas roupas e, como o coronel lhe dera o cavalo de presente, colocou a pequena trouxa no lombo do animal e saiu rapidamente.

Antes que Daniel deixasse as terras do coronel, Juca levou a ele um pequeno maço de cédulas, pagando seus dias trabalhados.

Daniel contou as cédulas e percebeu que mesmo assim o coronel fora generoso para com ele, mas isso não diminuiu o ódio que ele sentia no momento.

Daniel chegou em casa de Teresa e contou a ela que havia sido despedido da fazenda do coronel Teotônio, e com isso disse:

– Teresa, você quer se casar comigo?

A moça foi pega de surpresa e sendo assim disse:

– Daniel nós namoramos há poucos meses e papai não vai permitir que eu me case com um homem que não tem um trabalho fixo.

Daniel sentiu sua raiva aumentar.

– Se você se casar comigo, não irá se arrepender, pois vou me tornar um homem rico e lhe proporcionarei a vida que sempre pediu a Deus.

Teresa achou que Daniel estivesse delirando e respondeu:

– Não preciso de nada, para mim basta o que já tenho, sempre sonhei em casar com você e constituir família, mas agora você precisa arranjar trabalho antes de pedir minha mão a meu pai. – Olhando nos olhos do rapaz, perguntou: – Por que motivo você saiu da fazenda do coronel Teotônio?

Daniel, sentindo o ódio tomar conta de cada fibra de seu coração, respondeu:

– Vou lhe contar um segredo, mas peço que guarde isso só para você.

Teresa ficou observando a expressão séria do rapaz.

– Juro que não contarei a ninguém.

Daniel passou a relatar tudo que havia acontecido, desde a fuga de Leôncio e Alice, até a morte do rapaz. Não contou toda a verdade à moça, afinal ele mentira, dizendo que todos atiraram e que ele não sabia de qual rifle haviam saído as balas que atingiram Leôncio.

Teresa ficou penalizada ao ouvir o relato de Daniel, que se fizera de vítima o tempo todo, porém continuou a escutá-lo.

– Quando saímos em pequena comitiva, eu disse ao coronel que eles estavam longe dali e que logo voltariam, mas ele não me ouviu. Procuramos em alguns vilarejos distantes daqui até que encontramos o casal que saía da igreja. Eles haviam se casado momentos antes. Então o coronel ordenou: "Atirem nesse infeliz". Eu, por minha vez, segurei a arma em direção ao rapaz, mas não queria apertar o gatilho, só atirei quando ouvi os estampidos das outras armas.

Alice, a filha do coronel, passou a odiar-me, pois ela acredita que as balas saíram do meu rifle, mas sinceramente eu não sei; porém mesmo assim me sinto um assassino.

Teresa, penalizada pelo rapaz, respondeu:

– Você foi obrigado a atirar, mas como você mesmo disse, não se sabe de que rifle saíram as balas que mataram o rapaz, então não tem por que se culpar.

Daniel deixou as lágrimas banharem seu rosto quando disse:

– As balas que mataram o infeliz não podiam ser de meu rifle, pois eu esperei que os outros dois atirassem e somente depois atirei, mas não mirei para atirar.

Teresa quis abraçar o rapaz, porém se restringiu, pois sua mãe a vigiava da janela.

Daniel perguntou:

– Será que dona Etelvina permitiria que eu morasse aqui por uns tempos, até eu encontrar trabalho?

A moça respondeu:

– Você deve perguntar isso a meu pai, porque quem dá as ordens aqui é ele, mas como ele gosta muito de você talvez não faça objeções.

Daniel, ainda com a trouxa no lombo do cavalo, disse:

– Vou conversar com seu pai em seu trabalho.

Justino, pai de Teresa, trabalhava como ajudante na venda de Crispim, e com isso o rapaz se despediu da moça e foi até a venda para conversar com Justino.

Ao chegar lá, encontrou Justino carpindo em volta da venda e, aproximando-se, passou a contar a mesma história para o pai de sua namorada.

Justino coçou a cabeça e foi logo dizendo:

– Permitirei que fique em minha casa até arranjar trabalho, mas peço que não se acomode, pois sabe como a vida é difícil, e uma boca a mais faz muita diferença.

Daniel tirou um maço de cédulas do bolso.

– Quanto a isso não se preocupe, sempre fui um homem econômico e trago comigo todos os pagamentos que recebi do coronel.

Ao ver o maço de cédulas, Justino, o pai de Teresa, arregalou os olhos.

– Já que você tem dinheiro, por que não se casa logo com minha filha?

Daniel gostou da proposta do futuro sogro.

– O senhor dá permissão para me casar com Teresa? Tenho dinheiro suficiente para comprar um pedacinho de terra e fazer uma casinha.

Justino concordou imediatamente, mas voltou a afirmar:

– Você precisa voltar a trabalhar o quanto antes se quer se casar, pois é muito difícil para um homem manter uma família.

Daniel pensou por alguns instantes.

– Vou procurar trabalho na fazenda do coronel Matias, pois cuidar de terra é a única coisa que sei fazer.

Justino gostou da ideia e com isso arrematou a conversa dizendo:

– Enquanto você não arranjar emprego, poderá ficar em casa, mas não quero você de namoricos com Teresa; sou homem e sei que a carne é fraca, e não quero que minha filha se torne uma moça desgraçada.

Daniel disse:

– Não se preocupe com isso, Justino, não desonrarei Teresa. Para falar a verdade, amanhã mesmo irei à fazenda do coronel Matias pedir emprego.

Os dois homens se acertaram, e Daniel foi até a casa de Teresa dizendo a Etelvina que seu marido havia permitido que ele ficasse lá por uns dias até arranjar outra colocação.

Teresa ficou feliz, pois amava Daniel, e vê-lo todos os dias seria a maior felicidade para ela.

Etelvina era uma mulher com pouco mais de quarenta anos, mas a vida rude e os trabalhos pesados faziam com que ela aparentasse mais idade do que realmente tinha. A mulher, ao saber que o marido permitira que o rapaz ficasse em sua casa, disse:

– Se Justino permitiu, eu não me oponho, só peço que não nos falte com respeito.

Daniel jurou que respeitaria sua casa, fazendo-se de bom moço.

Naquela tarde, ele ficou no fundo do quintal, onde havia um velho abacateiro, e lá refletiu sobre uma maneira de se vingar de Alice, afinal ela fora culpada por ele perder o emprego.

Ao ver Daniel sair praguejando a família inteira, Teotônio olhou severamente para a filha dizendo:

– Você me fez perder um bom administrador, e agora quem colocarei no lugar?

Alice olhou com firmeza para o pai.

– Não se preocupe com isso, eu mesma tomarei conta da fazenda em lugar de Daniel, até encontrar alguém que possa realizar o trabalho.

O coronel, espantado com a empáfia da moça, falou:

– Você é mulher! Ninguém vai obedecer suas ordens.

Alice, em tom desafiador, respondeu:

– Vamos ver se esses colonos me obedecem ou não; aquele que não me obedecer, despedirei sem dó e nem piedade.

Teotônio olhou para a filha como se a estivesse vendo pela primeira vez.

– Minha filha, as coisas não funcionam dessa maneira. Se usar punho de ferro com essa gente, ficaremos sem empregados.

Alice levantou a cabeça e disse:

– Não se preocupe, uma coisa eu lhe juro: farei com que essa fazenda produza duas vezes mais, pois o fato de ser mulher não me faz incapaz de comandar algo que será meu no futuro.

Teotônio achou graça e sorrindo disse:

– Estou cansado e já não tenho o mesmo vigor de antes para cuidar de tudo. Primeiro você terá que aprender as contas da fazenda, o preço da saca de café, cuidar do cafezal, do milharal, das cabeças de gado e do celeiro onde se estoca as sacas de café, e além do mais você terá que ser firme com os colonos.

Alice logo percebeu que seu pai fazia troça de sua capacidade, e com isso disse:

– Bem, a partir de hoje me tornarei a administradora da fazenda e guarde esse sorriso maroto para depois.

Teotônio não aguentando soltou imensa gargalhada e com isso voltou a dizer:

– Minha filha, você terá que madrugar e não terá hora para parar de trabalhar.

– Sou mulher, mas não como as mulheres que o senhor está acostumado a ver por aí; antes, sou forte e determinada. Se for para levantar às três da manhã, levantarei, e peço que me dê um prazo de cinco meses. Se meu trabalho não estiver rendendo, o senhor poderá colocar outra pessoa em meu lugar.

Teotônio concordou, pois aquela era a primeira vez em três anos que a filha estava conversando com ele.

Teotônio encaminhava-se para seu gabinete quando disse à filha:
– Por favor, chame sua mãe, preciso ter um dedo de prosa com ela.

O homem entrou em seu gabinete e logo se arrependeu por ter despedido Daniel, afinal, ele era eficiente; não tanto quanto Leôncio, mas era esforçado, e por um momento Teotônio pensou em não permitir que a filha tomasse posse da administração da fazenda.

Clementina entrou no gabinete do marido e o encontrou com as mãos na cabeça. Preocupada, perguntou:
– Por que mandou me chamar, Teotônio?

O coronel relatou tudo que havia acontecido e encerrou a conversa dizendo:
– Nossa filha quer administrar a fazenda e eu lhe dei permissão.

Atônita Clementina disse:
– Como pôde permitir tal coisa? Nossa filha é mulher e ninguém irá respeitá-la.

– Eu disse isso a ela, mas ela não me ouviu, agora vou deixar ela ver com os próprios olhos o que é administrar uma fazenda.

Eu a fiz professora, mas depois da morte do infeliz ela não quer lecionar, agora ela quer ser administradora, fique calma ela não aguentará duas semanas e logo me entregará o cargo.

Clementina conhecendo a filha como conhecia disse:
– Nossa filha é teimosa como uma mula, e não acredito que ela vá abandonar o cargo tão facilmente.

Clementina logo ficou preocupada e decidiu ter uma conversa com a filha. Pediu licença e se retirou da presença do marido, indo procurar Juca.

– Onde está Alice? – perguntou ao encontrá-lo.
– A sinhazinha Alice está na sala de panos.

Clementina, assustada, perguntou:
– Mas o que ela está fazendo na sala de panos?

Juca deu de ombros, sinalizando que não sabia.

Clementina entrou na sala de panos e encontrou Ondina tirando algumas medidas.

Clementina perguntou:

– O que você pretende fazer, minha filha?

Alice, sem olhar para a mãe, respondeu:

– Pedi a Ondina que faça algumas calças compridas para que eu possa trabalhar.

Clementina, não concordando com a ideia da filha, foi logo dizendo:

– Você enlouqueceu, minha filha? Esse é trabalho para homens!

Alice olhou surpresa para a mãe.

– Mamãe, não existe trabalho que homens façam que uma mulher não possa fazer; reconheço que o homem tenha mais força, mas a mulher é mais astuta.

Clementina, discordando da ideia da filha, continuou:

– Minha filha, compreenda: é humilhante para um homem aceitar as ordens de uma mulher.

Alice, discordando da mãe, respondeu:

– Aquele que não aceitar minhas ordens será demitido, e saiba, mamãe, num futuro não muito distante as mulheres começarão a tomar espaço no mercado que hoje é dominado somente por homens.

Clementina, desviando do assunto, perguntou:

– E quem cuidará de Sarah?

Alice, que não havia pensado nisso, refletiu por alguns minutos e respondeu:

– Pedirei a Rita que cuide de Sarah enquanto eu estiver trabalhando.

– Mas ela sentirá sua falta, minha filha!

Alice, irritada com a conversa, respondeu de maneira grosseira:

– Um dia essas terras serão minhas e eu terei que administrá-las. Chegou o momento de aprender enquanto papai está vivo. Não posso deixar meu patrimônio nas mãos de colonos; lembre-se, mamãe, do que papai sempre diz: O que engorda o gado são os olhos do dono.

Clementina era totalmente contra a decisão da filha, porém percebeu que ela não iria demover de sua mente tal ideia.

Alice, ignorando a presença da mãe, disse a Ondina:

– Não quero que faça calças iguais às dos peões da fazenda, faça com pregas e sem braguilhas.

Alice escolheu alguns tecidos e mandou fazer uma para que ela pudesse usar no dia seguinte. Em seguida, mandou que se fizesse também uma camisa, e olhando para um pano azul-claro disse:

– Faça a camisa com esse tecido. Ainda hoje irei à vila e comprarei mais tecidos, pois não posso trabalhar com a mesma roupa todos os dias.

No final da tarde, Alice mandou reunir os colonos em frente à casa-grande e assim que todos estavam presentes ela começou a falar:

– Quero que todos saibam que Daniel foi despedido e eu assumirei o seu cargo a partir de amanhã. Só peço que me respeitem, não porque sou a filha do dono dessas terras, mas antes quero que me respeitem como a nova administradora da fazenda. Aquele que não me obedecer só porque sou mulher será imediatamente despedido, e eu mesma farei as contas dos dias trabalhados.

"Meu marido foi o melhor administrador que essa fazenda já teve e, quanto a mim, seguirei os seus passos. Aquele que não estiver comigo estará contra mim, e vou avisando que não terei pena em demitir, mesmo aqueles que têm família. Quem é sábio me obedecerá, mas o estúpido se revoltará e será demitido, portanto peço que pensem em suas famílias. Durante minha administração, farei o que estiver ao meu alcance para ajudar a quem quer que seja, mas a única coisa que espero é que produzam e me obedeçam. Alguém tem alguma coisa a perguntar?"

Todos ficaram em silêncio, e Terêncio, ex-administrador, foi logo dizendo:

– Não sou homem de aceitar ordens de mulher; se quiser me despedir, que o faça.

Alice olhou para Terêncio com olhar desafiador e sem conter a raiva respondeu:

– Que bom que alguém teve coragem de falar. Portanto, Terêncio, você está despedido, e darei apenas uma hora para que você e sua família saiam das minhas terras. Agora mesmo entrarei e farei as contas de seus dias trabalhados, e depois poderá sair.

Terêncio se arrependeu em desafiar Alice, mas o orgulho o impediu de voltar atrás.

Quanto aos demais, ficaram quietos, segurando os chapéus no peito sem nada dizer.

A dispensa de Terêncio mostrou aos outros que Alice era uma mulher firme e determinada.

O coronel Teotônio ficou na sala ouvindo a filha falar com os colonos e não deixou de sentir orgulho de Alice. Sorrindo, voltou ao seu gabinete e, com voz alta, disse:

– Estou vendo que Alice irá surpreender a todos nós.

O coronel pegou o livro-caixa para deixar a filha a par dos preços das sacas de café e para ensiná-la como administrar o dinheiro da fazenda. Pensou: "Estou velho e já não tenho o mesmo desempenho de antes, talvez seja melhor Alice se inteirar dos negócios, afinal ela não terá a mim para fazer tudo o tempo todo".

Teotônio estava fazendo contas, quando de repente ouviu leves batidas à porta. Impaciente, o coronel gritou:

– Entre!

Juca entrou no gabinete e timidamente disse:

– Coronel, Januário e Mariano acabaram de chegar.

O coronel levou a mão à cabeça e sentiu vontade de dizer que não estava disposto a receber visitas, porém logo chegou à conclusão de que esses amigos sempre estiveram do seu lado em assuntos políticos.

Teotônio foi logo dizendo:

– Diga a Clementina para servir-lhes café que eu já vou ter com eles.

Juca pediu licença e se retirou do gabinete do coronel, indo diretamente à cozinha para informar sobre as ordens de Teotônio.

O coronel não sentia vontade de conversar com ninguém, porém sabia que era obrigado a receber seus amigos, de modo que terminou algumas contas e logo se levantou, indo recebê-los.

Os dois homens que estavam confortavelmente sentados levantaram-se ao ver o coronel Teotônio, e foi Januário quem disse:

– Viemos fazer uma visita ao amigo, afinal já faz algum tempo que não nos vemos.

Mariano completou:

– O amigo está nos abandonando, temos achado sua falta nas reuniões do partido.

Teotônio esboçou um sorriso e com aspecto cansado disse:

– Não vou mais às reuniões, porque cheguei à conclusão que tudo não passa de uma grande ilusão. Nós sonhamos em transformar o mundo e não somos capazes nem mesmo de transformar nosso interior.

Januário, que nunca vira o amigo tão abatido, disse:

– Mas por que diz uma coisa dessas?

Teotônio sorrindo respondeu:

– Como os amigos podem ver, estou ficando velho e cansado, há tempos venho pensando seriamente em abandonar a política.

Mariano interveio dizendo:

– O amigo não pode fazer isso conosco, precisamos lutar contra as injustiças desse país.

Teotônio sorrindo respondeu:

– O governo jamais ouvirá três vozes solitárias no deserto, de que vale nós querermos resolver os problemas políticos do país se não somos capazes nem mesmo de resolver nossos próprios problemas?

Januário discordando do coronel disse:

– O amigo não pode desistir assim; antes dizia a todos que não podíamos ficar de braços cruzados e aceitar a tudo com mansidão, agora vejo que o amigo caiu numa imensa prostração.

Nesse momento Clementina entrou com uma bandeja e serviu café aos três homens na sala, inclusive seu marido.

Clementina pediu licença aos três e se retirou deixando-os sozinhos.

Teotônio voltou a falar:

– Veja: nem mesmo o amigo Romão é capaz de fazer alguma coisa, como deputado, e por mais que tenha boas ideias muito depende da banca dos deputados.

Agora nós o que podemos fazer?

Mariano disse:

– Concordo que não podemos solucionar todos os problemas políticos do país, mas, se ficarmos de braços cruzados, veremos nossa pequena cidade afundar. Galdério como prefeito está nos decepcionando, pois em sua campanha fez muitas promessas, mas pelo que ficamos sabendo ele anda comprando cada vez mais cabeças de gado, agora pergunto: com que dinheiro?

Teotônio ficou esperando a resposta enquanto Mariano continuou:

– Com o dinheiro da verba que vem do governo. Nós erramos em apoiá-lo na campanha, pois agora ele está mostrando quem realmente é.

Teotônio que não estava sabendo do assunto perguntou:

– Galdério jamais faria uma coisa dessas, sinceramente não acredito.

Januário em tom sério disse:

– Pelo que fiquei sabendo, ele foi à capital e pediu ajuda a Romão em seu nome.

Ao ouvir essas palavras, o coronel sentiu-se atordoado e mal podendo pensar no assunto disse:

– O que? Galdério foi pedir ajuda ao amigo Romão em meu nome?

Mariano ajuntou:

– E tem mais, ele não só pediu ajuda em seu nome, como tem deixado a prefeitura abandonada, pois ele passa a maior parte do tempo em sua fazenda e nada está fazendo por nossa cidade, e tem mais, ele aumentou os impostos e o povo está sofrendo.

Irritado o coronel gritou:

– Maldito! Confiei nele e ele faz uma cachorrada dessa comigo?

Januário disse:

– Enquanto o coronel estava inteirado dos fatos e fazia cobranças a Galdério, as coisas já não iam muito bem, pois ele é ambicioso e sem escrúpulos, mas agora que o amigo não apareceu mais na prefeitura, ele está fazendo o que bem entende.

Teotônio ficou irritadíssimo com as informações obtidas e com isso disse:

– Não posso permitir que Galdério use de minha influência para enriquecer, amanhã mesmo irei à prefeitura e se não o encontrar irei até sua fazenda e chamarei sua atenção, mas antes mandarei um telegrama ao amigo Romão pedindo que venha até minha fazenda para conversarmos.

Januário e Mariano apimentaram a conversa dizendo:

– O pior de tudo é que o povo está contra o amigo e se continuar assim o amigo não ganha eleição nem para vereador.

Irritado o coronel se levantou e passou a andar pela sala. Quase aos berros disse:

– Por que vocês não me avisaram disso antes?

Januário escolhendo as palavras disse:

– Por que sabemos que o amigo está passando por um momento difícil, e não queríamos incomodá-lo, mas depois da verba extra que Galdério recebeu achamos que o amigo deveria saber.

O coronel disse:

– Januário você está com seu automóvel?

– Sim, por que pergunta?

– Quero que me leve à cidade agora mesmo, preciso passar um telegrama ao amigo Romão.

– Mas o que o amigo dirá nesse telegrama? – Perguntou Januário.

– Vou dizer que não é para ele arranjar verba para Galdério em meu nome, pois estou afastado da política.

Januário não esperava outra atitude do coronel e rapidamente se levantou dizendo:

– Temos que ir logo, pois o telégrafo fechará em duas horas.

Os três homens saíram rapidamente e seguiram em direção à cidade.

A estrada era ruim e o Ford de ano 30 de Januário era lento. O coronel ia dizendo:

– Não dá para ir mais rápido? Se eu fosse a cavalo chegaria primeiro que o automóvel.

Januário respondeu:

– Essas estradas de terra estão muito cheias de buracos, se eu correr muito poderemos sofrer um acidente.

Debochando do automóvel de Januário o coronel disse:

– Acidente nessa velocidade? Não quero zombar do amigo, mas isso seria impossível.

Januário não gostou da brincadeira do coronel, e decidiu se calar, logo os três entraram na cidade seguindo para o telégrafo.

Teotônio passou o telegrama com as seguintes palavras:

"Romão espero você em minha fazenda no domingo".

Depois de enviar o telegrama, Teotônio resolveu ir à prefeitura para ter uma conversa com Galdério e ao entrar a moça que trabalhava como secretária foi logo dizendo:

– O prefeito não se encontra, o coronel quer deixar algum recado?

Teotônio esboçando um sorriso cínico perguntou:

– Que horas se costuma encontrar o prefeito?

A moça pensou por alguns instantes antes de dizer:

– O prefeito costuma vir todas as manhãs, e a tarde ele vai resolver alguns assuntos da cidade.

– Está certo, obrigado.

Os três homens saíram e foram diretamente à fazenda de Galdério; ao chegar encontraram o prefeito andando pelas cercanias da fazenda.

Assim que o prefeito viu o coronel pensou:

– Lá vem confusão...

Galdério embora fosse padrinho de Teotônio não tinha o mesmo escrúpulo político que o amigo.

Teotônio, junto com Mariano e Januário, foi convidado a entrar, e foi o coronel que começou perguntando:

– O prefeito não deveria estar na prefeitura a uma hora dessas?

Galdério disse friamente:

– Não! Sou o prefeito e faço o meu horário.

Irritado o coronel disse:

– Mas o amigo no momento da posse da prefeitura prometeu que tudo faria ao povo e pelo povo, mas não é isso que vejo.

Galdério ficou calado enquanto o coronel continuou:

– Quero que o amigo me explique por que pediu uma verba extra a meu amigo Romão em meu nome.

Galdério nesse momento sentiu um frio percorrer-lhe a espinha e em poucas palavras disse:

– Para cumprir as promessas em campanha preciso de dinheiro, e estou fazendo um bom mandato.

Teotônio gargalhando disse:

– O amigo está fazendo um bom mandato a sua fazenda não é mesmo? Fiquei sabendo que suas cabeças de gado aumentaram vertiginosamente, ou estou errado?

Galdério disse:

– Assim o amigo me ofende, tenho comprado cabeças de gado, mas também tenho vendido muitas cabeças, e isso nada tem a ver com as verbas que a prefeitura recebe.

Teotônio fuzilando Galdério com o olhar perguntou:

– É bem verdade que o amigo fez muitas promessas, mas agora quero saber: de todas as suas promessas quais foram cumpridas?

Galdério nesse momento sentiu-se acuado, e o coronel aproveitando da fragilidade do prefeito continuou:

– O amigo não cumpriu nenhuma de suas promessas e para onde está indo a verba que recebe do governo?

Galdério preferiu atacar para se defender dizendo:

– Se quer saber o que faço, vá até a cidade e veja quantos benefícios foram feitos com essas verbas.

Irônico o coronel disse:

– Estivemos na cidade e não vi nada que já não houvesse visto antes.

Galdério disse asperamente:

– Tenho respeito pelo amigo, mas não lhe dou o direito de cobrar nenhuma satisfação do que faço ou deixo de fazer na prefeitura.

Januário e Mariano estavam gostando da conversa, porém permaneceram calados.

O coronel perdendo a paciência disse:

– O amigo esqueceu que, se não fosse pelo meu apoio, não seria eleito? Fui prefeito três vezes na cidade e o povo aprovou meus mandatos, e agora o que vejo? Meu nome ser enxovalhado pela sua má administração e, além do mais, quero que fique sabendo que não terá nenhuma verba extra; deixei as coisas de lado, mas saiba que agora vou retomar o meu posto. Eu o coloquei lá e tenho influência suficiente para fazer com que não ganhe nem mais uma eleição. Doravante irei à prefeitura todos os dias, pois preciso ver o livro-caixa e estudar para onde está indo o dinheiro que a prefeitura vem recebendo do governo. Mas fique sabendo que, se eu constatar desvio de verba, o amigo terá que vender todas as suas cabeças de gado e devolver o dinheiro aos cofres públicos.

Galdério gritou:

– Não lhe dou o direito de ver conta nenhuma, afinal eu sou o prefeito.

Teotônio sorrindo disse:

– Se o amigo não aceitar é um direito seu; mas saiba que vou informar a meu amigo Romão tudo que está acontecendo e ele poderá pedir contas da verba.

Como sabe o amigo Romão me é muito próximo, portanto ele saberá o que você está fazendo e a prefeitura não receberá nenhuma verba.

Teotônio pensou por alguns instantes e sem olhar para seus dois amigos disse:

– A escolha é sua, ou eu vou ver o livro-caixa da prefeitura ou o amigo Romão irá certificar-se com seus próprios olhos e o obrigará a devolver o dinheiro.

Galdério, sentindo-se totalmente acuado, disse:

– Vamos agora à prefeitura, entregarei o livro-caixa em suas mãos.

– Assim é melhor.

Galdério não quis ir com os três, antes preferiu ir com seu próprio automóvel, pois assim pensaria melhor o que fazer.

Os dois automóveis saíram em direção à cidade e enquanto o carro deslizava pela estrada poeirenta, o coronel disse:

– Hoje vou desmascarar Galdério e além do mais contarei tudo que está acontecendo na vila, pois essa conversa se espalhará como rastilho de pólvora e o povo saberá que eu não concordo com a roubalheira de Galdério.

Logo os dois automóveis chegaram à prefeitura e a moça que trabalhava como secretária do prefeito já não estava em seu posto.

O coronel pegou o relógio que trazia atrelado a seu colete e olhando as horas disse:

– Que horas sua secretária sai da prefeitura?

Galdério com raiva disse:

– Ela sai às quatro da tarde.

– Mas por que ela sai às quatro da tarde, se o horário é até as seis?

Galdério preferiu se calar, e nesse instante foi até sua sala e entregou vários livros-caixa ao coronel.

Januário e Mariano estavam gostando de ver os apuros do prefeito e foi Januário quem disse:

– Não fique nervoso, há um velho ditado que diz: "Quem não deve não teme".

Galdério preferiu ignorar as palavras de Januário e com ódio disse:

– Está satisfeito agora? Todas as verbas que a prefeitura recebeu estão registradas aqui, agora faça o que quiser.

Teotônio pegou os seis livros-caixa de capa preta dizendo:

– Esses livros levarei comigo, pois preciso estudar com calma.

Galdério objetou dizendo:

– Esses livros não podem sair da prefeitura.

Teotônio sorrindo respondeu:

– Quero ver quem me impedirá de levá-los.

Galdério sabia que o coronel encontraria muitas falcatruas e temendo disse:

– Teotônio sempre fomos amigos, não vejo motivos para desconfianças.

O coronel imponente respondeu:

– O prefeito além de amigo é meu compadre, mas não posso permitir coisa errada, afinal eu emprestei o meu nome para que você se elegesse.

Galdério nada disse e o prefeito saiu levando os pesados livros consigo.

Sentou-se em sua mesa pensando:

– Ele vai descobrir que a prefeitura tem recebido as verbas e outras verbas extras, e agora o que farei? Conhecendo o compadre como conheço, ele vai me expor a fim de limpar seu nome.

Estou arruinado...

CAPÍTULO 14

Corrupção

Enquanto os três voltavam à fazenda do coronel, Mariano disse:
— De uma coisa tenho certeza: o amigo Galdério deve estar em franco desespero numa hora dessas.
Teotônio gritou:
— Patife! Galdério me traiu e, assim que eu descobrir todas as sujeiras que anda fazendo, eu o obrigarei a vender as cabeças de gado e devolver o dinheiro aos cofres públicos.
Mariano esboçou um sorriso.
— Que bom que o amigo está de volta!
Teotônio disse:
— Por problemas familiares, deixei as coisas de lado, mas jamais permitirei que meu nome seja enxovalhado por um calhorda como Galdério; depois que eu provar que ele está roubando os cofres públicos, informarei meu amigo Romão, que virá no domingo.
Januário foi logo dizendo:
— O amigo não terá tempo para ver todo o registro até domingo. Se quiser ajuda, estamos à sua inteira disposição.
Teotônio pensou por alguns instantes antes de falar:
— Quer saber? Não vou me fazer de rogado; peço que me ajudem a levantar provas para mostrar ao amigo Romão.
Mariano e Januário ficaram felizes em ver que o coronel voltava a ser como antes.
Naquela mesma noite, Teotônio começou a ver os livros-caixa da prefeitura, e percebeu que havia algumas rasuras. Observou que o valor da verba

estava modificado, pois havia uma rasura onde dava para ver o valor anterior. Irritado, pensou: "Nunca imaginei que meu compadre e amigo fosse tão ambicioso. Veja isso: está roubando o dinheiro do povo".

Indignado, o coronel resolveu passar a noite vendo as contas da prefeitura, e, nesse envolvimento, não se deu conta do adiantado das horas. Quando o coronel parou, já ouvia um galo cantar ao longe.

Clementina, ao acordar, percebeu que o marido não havia ido dormir e, preocupada, decidiu ir a seu gabinete, encontrando-o no recálculo de algumas contas.

– Você não dormiu? – ela perguntou.

O coronel mal ergueu os olhos para a esposa.

– Não! Estava aqui refazendo algumas contas da prefeitura e mal posso acreditar no que vejo; há muitas rasuras nos livros-caixa, e Galdério sempre diminuiu o valor da verba que vem para o município. Isso explica por que suas cabeças de gado aumentaram consideravelmente nos últimos tempos.

Clementina, não acreditando, disse:

– Você está insinuando que o compadre Galdério está roubando a prefeitura?

Irritado, o coronel respondeu:

– Não tenho dúvida alguma! Aliás, tenho certeza. Observe essas rasuras nos livros-caixa. Quando terminar o seu mandato, ele terá aumentado duas vezes a sua fortuna.

Clementina, sem compreender, comentou:

– Mas ele não precisa disso, afinal, já é rico de berço.

O coronel retrucou:

– O problema não é o dinheiro, mas antes a ganância que se apoderou dele. Como nos enganamos com as pessoas... Justo o compadre, que sempre foi um homem de bem, agora está metido em tantas falcatruas.

Clementina, percebendo que o marido estava obstinado com a ideia de vasculhar as contas da prefeitura, disse:

– Teotônio, deixe isso pra lá e vá descansar, pois você passou a noite fazendo e refazendo contas. Venha, vamos tomar café. Depois você dorme um pouco. Primeiro que saco vazio não para em pé, e segundo que o homem precisa de algumas horas de sono para recompor sua vitalidade.

O coronel, percebendo que a esposa estava preocupada com seu bem-estar, sorriu amavelmente para ela.

– Clementina, há tempos você não se mostra preocupada comigo.

A mulher decidiu ficar calada.

– Estou com fome; vou fazer meu desjejum e esperar Januário chegar, pois ele disse que me ajudaria a ver as contas da prefeitura – Teotônio falou.

Clementina ordenou:

– O senhor vai fazer seu desjejum e dormir um pouco, pois o cansaço mental não permitirá que seu trabalho flua livremente.

O coronel se deu conta de que a esposa tinha razão.

– Vou me deitar um pouco, pois já não estou conseguindo raciocinar direito.

Clementina ajuntou:

– Teotônio, quando Januário chegar não vou chamá-lo; deixe um pouco de trabalho para ele.

Teotônio pensou por alguns instantes e respondeu:

– Talvez você tenha razão; já trabalhei muito esta noite, vou deixar um pouco do trabalho para Januário. – Depois completou: – Peça a ele que, antes de começar a ver as contas da prefeitura, chame Mariano, pois um é pouco, mas dois são suficientes para fazer um bom trabalho.

Clementina puxou o marido pelo braço.

– Vamos fazer nosso desjejum, pois a mesa já está posta.

Teotônio obedeceu a esposa e, ao se levantar, espreguiçou-se a ponto de estralar alguns dos ossos.

Clementina, sorrindo, comentou:

– Teotônio, você já não tem mais idade para perder uma noite de sono; compreenda que o tempo passou e seu corpo está exigindo descanso.

O coronel sorriu aliviado, pois percebera que as coisas entre ele e a esposa melhoravam.

O casal rapidamente entrou na copa, encontrando o café fumegando no bule e o leite em uma leiteira de porcelana.

Teotônio procurou não pensar mais no assunto, afinal sentiu-se imensamente feliz acreditando que as coisas voltavam ao normal.

Os dois começaram a fazer o desjejum, quando Alice desceu vestindo uma calça comprida e uma camisa verde de mangas compridas. Teotônio pegou o relógio que trazia no bolso do colete e perguntou:

– Por que levantou-se tão cedo, minha filha?

Alice, sem saber que o pai havia passado a noite em seu gabinete, respondeu em monossílabos:

– Começarei hoje a trabalhar como a mais nova administradora da fazenda, o senhor se esqueceu?

Teotônio percebeu a austeridade da filha para com ele.

– Minha filha, você não precisa passar por isso, pois temos homens capazes de desempenhar tal empreitada.

– O senhor já deveria saber que a engorda do boi muito depende dos olhos do dono, portanto vou cuidar desta fazenda como se fosse minha.

Preocupado, o pai disse:

– Minha filha, com alguns dos colonos você terá que ter punho de ferro, pois se nem mesmo Daniel eles obedeciam, imagina se vão obedecer você.

– O senhor está certo; mas não sou o Daniel, e comigo as coisas serão bem diferentes. Fiquei sabendo que ele tratava a todos usando força bruta, e tenho certeza de que não precisarei disso.

Teotônio olhou para a filha em tom desafiador.

– Se não pretende usar força bruta, como fará para que a respeitem?

Alice, sem pensar, respondeu:

– Coronel, à medida que respeitamos os outros, eles automaticamente nos respeitarão. Um bom patrão não é aquele que ameaça e xinga, mas antes aquele que observa e chama a atenção com discrição.

Teotônio não gostou da filha tê-lo chamado de coronel, porém decidiu nada dizer, pois era a primeira vez em três anos que a filha conversava com ele. Abrindo um largo sorriso, falou:

– Isso só funciona nas histórias de livros que leu, pois a vida real é muito diferente.

Alice, não querendo se estender muito no assunto, comentou:

– Vamos esperar; pois somente o tempo irá dizer se darei conta do trabalho ou não.

Teotônio ficou calado, e viu a filha sorver rapidamente uma xícara de café com leite.

– Não vai comer pão com manteiga? – perguntou Clementina.

– Não posso, mamãe; preciso ver por onde começar.

Teotônio observou a filha se retirar de sua presença, e com tristeza disse à esposa:

– Você viu? Nossa filha agora me chama de coronel.
Clementina, sem querer voltar a um velho assunto, tornou:
– Nossa filha está ferida. Respeite sua dor; com o tempo, tudo isso se acalmará.
Teotônio terminou seu desjejum.
– Vou me deitar – falou ele. – Preciso descansar um pouco, pois a noite passou rapidamente, mas meu corpo está exigindo que eu durma.
Clementina concordou com o marido, dizendo a Olinda que não fizesse muito barulho, pois o patrão iria descansar.

Alice chegou ao terreiro de café e encontrou alguns dos colonos esparramando os grãos quando perguntou a José:
– José onde estão todos?
José sem pensar respondeu:
– Os que trabalham na lavoura já foram para o cafezal, quanto a Elias, Chico e eu somos responsáveis por espalhar o café e cuidar do celeiro.
Alice gostou de José de modo que disse:
– José venha comigo; vamos ao celeiro para contar as sacas de café que há em estoque, depois quero que me acompanhe no cafezal e mais tarde quero ver o resto da fazenda.
José com humildade foi logo dizendo:
– Mas para cuidar do terreiro são necessárias três pessoas; se eu sair, os outros dois terão que trabalhar dobrado.
– Não se preocupe com isso; vamos ao cafezal e trarei alguém para tomar o seu lugar. Nos primeiros dias precisarei de sua ajuda para comandar a fazenda do meu pai.
José nada disse, seguindo obedientemente a filha do coronel.
Alice pediu a Juca que atrelasse o cavalo mais manso para que ela pudesse ir ao cafezal, e o menino, desconhecendo Alice, falou:
– O cavalo mais manso que temos aqui é o Trovão, mas ele se assusta com qualquer coisa e não é difícil disparar.
– Pegue esse mesmo. Assim que nascer um potro, vou mandar adestrar, e esse será só meu.

Juca falou:

– Temos uma égua que dará cria na próxima lua, se quiser poderei pedir que deixem um potro para você.

Alice sabia que Juca era íntimo, e com discrição chamou o rapazote de lado dizendo:

– Juca, quando estiver trabalhando, peço que me chame de senhora, pois se os outros colonos virem você me tratando com tamanha intimidade logo vão pensar que poderão fazer o mesmo, e isso poderá me trazer muitos problemas.

Juca não estava acreditando no que ouvia e, ressentido, disse:

– Sim senhora! Não lhe faltarei mais com respeito.

Alice sentiu pena do rapaz, porém sabia que não havia outra maneira de impor respeito. Voltando para junto de José, disse:

– Juca, quando a égua der cria, diga a Chico Preto que me avise.

Juca anuiu com a cabeça em um gesto afirmativo, indo em seguida atrelar o cavalo que Alice havia ordenado.

Depois de quinze minutos, Juca voltou puxando o animal e alertou:

– Cuidado! Trovão é meio traiçoeiro; ele dispara com facilidade. Quando ele disparar, puxe forte as rédeas, levando seu corpo para trás. Quando cansar ele para, mas tome cuidado para não cair.

Alice respondeu:

– Farei isso, Juca, não se preocupe, tudo dará certo.

Alice olhando viu que Juca havia atrelado somente um cavalo e sendo assim voltou a dizer ao rapaz:

– Por que você não atrelou um cavalo a José?

José olhou surpreso para Alice, afinal nem o coronel e nem Daniel permitiam que os colonos montassem nos cavalos da fazenda.

Juca sem saber o que dizer ajuntou:

– A senhora quer um cavalo para José?

– Sim! Quero chegar junto com José no cafezal, pois isso diminuirá tempo.

José pensou: "A sinhazinha não é diferente de Leôncio, pois ele permitia que qualquer um montasse nos cavalos da fazenda; que Deus o tenha em bom lugar".

Juca rapidamente perguntou:

– Que cavalo dou a José?

Alice olhando para José perguntou:

– Você gosta de algum animal em especial José?

José se lembrando dos tempos de Leôncio respondeu:

– Gosto do Fumaça, ele é ligeiro e obediente.

Alice rapidamente mandou que Juca atrelasse o cavalo Fumaça e o trouxesse a José.

Juca rapidamente atrelou o cavalo e logo o trouxe a Alice, que continuava esperando.

Alice e José montaram nos respectivos cavalos e saíram tranquilamente em direção ao cafezal.

Ao chegar ao cafezal, encontrou Tonico xingando um dos colonos e, ao se aproximar, perguntou:

– Tonico, o que está havendo aqui?

Tonico, achando que a moça seria como Daniel, respondeu com orgulho:

– Horácio é preguiçoso; ele está deixando grãos nos pés, se o coronel vir vai ficar muito bravo.

Alice pensou por alguns instantes e então falou:

– Mostre-me onde Horácio está errando.

Tonico orgulhoso levou Alice aos pés de café pelos quais Horácio ficou responsável e viu que havia somente alguns grãos verdes e com isso disse:

– Só por isso você está chamando atenção de Horácio? Não vê que os grãos ainda estão verdes?

Tonico foi logo dizendo:

– Esses grãos verdes amadurecem no terreiro.

– Tonico, não vejo motivos para tamanha humilhação, portanto peço que respeite os colonos, pois caso contrário vou colocar outra pessoa em seu lugar.

Tonico não gostou das palavras duras de Alice, mas logo se lembrou de que se respondesse ela o dispensaria sem piedade. Nesse momento, o homem pensou para onde iria com sua família caso fosse dispensado da fazenda. Sendo assim, Tonico resolveu se calar.

Horácio ficou surpreso com a maneira de agir de Alice e, satisfeito, esboçou um leve sorriso para a mulher que um dia se tornaria dona daquelas terras.

Alice andou pelo cafezal junto com José.

– Vou chamar Horácio para ficar em seu lugar no terreiro; você será meu braço direito e me ajudará a aprender o serviço.

José ficou satisfeito com o cargo que estava recebendo e sorrindo disse:

– Não quis falar nada sinhazinha, mas Horácio é um homem muito trabalhador; o problema é que Tonico não gosta de Horácio e sempre vivia a entregá-lo ao coronel, como a Daniel.

"Houve uma ocasião em que Horácio chegou a pedir as contas ao coronel, porém ele não permitiu que Horácio saísse de suas terras.

"Essa é uma boa informação, mas agora te pergunto:

Quem deixou Tonico responsável pelos colonos no cafezal?"

José pensou e foi logo dizendo:

– Foi Daniel, senhora.

Alice pensou por alguns instantes e decidiu que começaria a observar melhor as atitudes de Tonico.

Alice se aproximou de Horácio.

– Horácio, quero que vá agora mesmo ao terreiro ajudar a esparramar o café, pois José ficará comigo a maior parte do tempo.

Horácio, que não gostava de Tonico, anuiu com a cabeça, porém seu coração estava em festa, pois a presença de Tonico lhe fazia mal.

Horácio humildemente perguntou:

– Quando que a senhora quer que eu comece a trabalhar no terreiro?

Alice respondeu à queima-roupa:

– Quero que vá agora mesmo ao terreiro.

Horácio foi até um pé de café onde pegou sua marmita e se retirou deixando Tonico se mordendo de raiva.

Tonico pensou: "Não vou permitir que essa moça se intrometa no meu trabalho, pois se ela começar a me arranjar problemas vou ter uma conversa com o coronel. Nunca obedeci mulher nenhuma, e agora me vejo obrigado a obedecer a essa dondoca filha de papai".

Tonico era um homem trabalhador, mas tinha a péssima mania de humilhar a todos, inclusive sua esposa e filhos. Além de rude, Tonico era um homem odiento e naquele dia seu novo alvo era Alice a filha do coronel.

Ao passar junto à cerca que fazia divisa com outra fazenda, Alice logo se lembrou de Leôncio e dos bons momentos que vivera ao lado do único homem que ela amou e por um momento seus olhos ficaram úmidos e foi nesse momento que José se aproximou dizendo:

– Como vê o trabalho no cafezal está indo bem, talvez esteja na hora da senhora conhecer o resto dos trabalhos da fazenda.

Alice olhou para José.

– Vamos, temos muito que fazer.

Não demorou e os dois logo subiram em seus cavalos e foram ao pasto. Naquele momento, a moça se deu conta de quão rico seu pai era, pois havia mais de trezentas cabeças de gado de corte, sem contar as vacas leiteiras.

Alice perguntou a José:

– Quem são os compradores de gado de meu pai?

José não soube responder, e Alice percebeu que, para administrar a fazenda, deveria estar a par de tudo. Com esse pensamento, decidiu que deveria ter uma longa conversa com seu pai, porém decidiu conhecer melhor os trabalhos antes de conversar com o coronel.

José ajuntou:

– Há muito trabalho na fazenda, além de cuidar do cafezal, o administrador tem que saber distribuir bem os trabalhos, saber como se cuida do gado, observar a limpeza da fazenda, contar as sacas produzidas naquele dia, e saber o momento certo de vender as sacarias de café. Há coisas que somente o coronel sabe, como por exemplo, o preço do café e das contas da fazenda. Os colonos recebem mensalmente, e a senhora terá que saber quanto é pago para cada colono. Todo dia vinte se faz o pagamento, e será a senhora que deverá fazer as contas; é muito trabalho, já vou adiantando.

Alice com altivez disse:

– Se um homem é capaz de administrar uma fazenda por que uma mulher não conseguiria? Concordo que a princípio será difícil, mas não impossível de realizar.

José sorrindo respondeu:

– A senhora é determinada e tenho certeza que fará uma boa administração.

Alice sorrindo respondeu:

– Esforçar-me-ei para aprender o serviço e ser diferente de meu pai.

José pensando em Tonico alertou:

– A senhora deve tomar cuidado com Tonico, ele não é homem de esquecer fácil uma ofensa, pode ter certeza que depois que mandou Horácio ao terreiro arranjou um inimigo.

Alice abriu um largo sorriso.

– Não se preocupe, se ele me arranjar problemas, eu o dispenso juntamente com sua família.

José, pensando em Durvalina, esposa de Tonico, falou:

– Tenho pena de Durvalina, pois ela é uma boa mulher, mas Tonico a maltrata, assim como seus filhos.

Alice, interessada, perguntou:

– Mas o que ele faz à esposa?

José respondeu:

– Tonico tem a mania de surrar tanto ela quanto os filhos, principalmente aos sábados, quando se entrega à bebida.

Estupefata com a revelação de José, a moça perguntou:

– Mas ele bebe todos os sábados?

José, com seu jeito roceiro, respondeu:

– Para falar a verdade, Tonico costuma beber todos os dias, mas aos sábados ele se entrega totalmente à bebida, deixando a venda altas horas da noite. Quando chega em casa, sempre arranja uma maneira de arrumar confusão, e surrar mulher e filhos.

Alice procurou disfarçar, pois ficar sabendo que Tonico era tirano em casa com a família a deixou irritada.

– José, de hoje em diante você passará a trabalhar diretamente comigo, portanto quero que me diga tudo que estiver acontecendo, tanto no trabalho como na vida particular dos colonos. Homens como Tonico me dão náusea, e quanto a esse problema vou averiguar. Vou pedir a você que no momento que Tonico estiver surrando mulher e filhos, por favor, vá me chamar, pois não vou permitir violência doméstica em casa durante minha administração.

José continuou dizendo:

– Tonico odiava a Leôncio, que por diversas vezes o chamou para aconselhar a não beber tanto, e ele sempre gritava que era ele quem mandava na casa, na esposa e nos filhos, e o pobre homem sempre ficava quieto. Tonico é um homem irascível e guarda ressentimento, portanto tome cuidado, pois víbora perto daquele homem é bicho bom.

Alice respondeu:

– Não permitirei violência dentro de minhas terras, se Tonico não se enquadrar em minha administração pedirei que vá embora, mas ele irá sozinho se for da vontade da esposa e dos filhos.

José abriu um largo sorriso e continuou com sua narrativa:

– Senhora, na casa dos colonos é comum as mulheres apanharem de seus maridos, afinal como eles mesmos dizem: "Mulher merece apanhar."

– Que horror! Meu pai sabe de tal coisa?

– Todo mundo sabe, porém ninguém pode fazer nada, pois como o coronel sempre dizia: "Em briga de marido e mulher ninguém mete a colher".

Alice sentiu-se decepcionada com os dizeres de seu pai, e nesse momento apenas balbuciou:

– Meu pai é como todos os outros, só eu que não o via como realmente era.

José advertiu:

– Tome cuidado com Tonico, ele é um homem perigoso.

Alice não se deixando intimidar perguntou:

– O que esse infeliz poderá fazer contra mim? Ele irá me bater? Irá me preparar uma emboscada? Por favor, Tonico não poderá fazer nada contra mim, e vou começar a provocá-lo desde já, a começar não permitirei que ele comande os outros colonos, vou passar esse cargo a outro homem, mas quem?

José pensou por alguns instantes e depois comentou:

– O que acha de dar esse cargo a João ligeiro? Ele é trabalhador e todos gostam dele.

– Mas quem é esse João? Nunca ouvi falar dele.

José continuou:

– João tem o apelido de Ligeiro porque é muito trabalhador e bom; inclusive em casa ele é um exemplo: não bebe nem fuma cigarro de palha, e posso dizer que tem caráter.

Alice ordenou:

– Quero conhecer esse João; todos o têm como bom homem, mas ele terá que me provar, pois, como diz meu pai: só conhecemos verdadeiramente um homem quando damos poder a ele.

José, sem compreender o que a filha do dono da fazenda queria dizer, ajuntou:

– Por que a senhora não dá uma chance a ele?

Alice respondeu:

– Quero conhecê-lo, depois verei se dou esse cargo a ele ou não; e além do mais preciso flagrar ele surrando a esposa e somente depois disso o tirarei do cargo.

José foi logo dizendo:

– A senhora não tem medo de enfrentar Tonico dessa maneira?

Alice deu de ombros.

– De maneira alguma! Se ele ousar fazer qualquer coisa contra mim, me amparo na lei, e pode ter certeza de que a minha palavra tem mais valor do que a dele, afinal sou filha do homem mais influente da região. A sua casa não é perto da de Tonico?

– Sim – respondeu José.

– Então fique de olho e quando houver qualquer escândalo vá me chamar.

José replicou:

– Contra a senhora Tonico não poderá fazer nada, mas contra mim ele pode. Confesso que tenho medo dele, pois segundo ele mesmo fala ele veio fugido das Minas Gerais, pois cometeu assassinato.

Alice abriu um largo sorriso.

– Não tenha medo, de todas as informações que você me deu essa é a mais valiosa, pois posso usar isso contra ele. Confie em mim, você terá minha cobertura.

José sentiu-se confiante, pois percebera que Alice embora fosse mulher era determinada; e Tonico não iria fazer nada contra ele.

Alice foi logo dizendo:

– Vamos ao celeiro, preciso saber como anda o estoque de café.

Os dois seguiram em direção ao celeiro enquanto José pensava: – "Sinto que as coisas irão mudar por aqui...".

CAPÍTULO 15

Trabalho espiritual

Leôncio estava triste, sentado em um banco no belo jardim da colônia, quando Dráusio se aproximou.

– Por que sente-se tão triste, meu jovem?

Leôncio, olhando para Dráusio, respondeu:

– Estava pensando em minha vida desde que cheguei e confesso que a vida aqui não tem muita graça. Das poucas vezes que fui à igreja, o padre sempre falou que o homem nasceu para gozar da felicidade, mas confesso que nunca fui feliz. Quando vivia na Terra era infeliz, e agora depois de morto continuo sendo infeliz. Por que Deus nos criou? Para sermos eternamente infelizes? Para lhe ser sincero gostaria que a morte fosse o fim de tudo, pois morrendo o corpo acabaria também a infelicidade.

Dráusio olhou para Leôncio e com suavidade na voz perguntou:

– O que lhe falta para ser feliz?

Leôncio, soltando um longo suspiro, disse:

– Como disse, eu nunca fui feliz, exceto nos momentos em que estava com Alice, mas agora estamos separados e essa infelicidade me acompanha.

Dráusio, esboçando um leve sorriso, começou a falar:

– Você disse que nunca foi feliz enquanto encarnado, e isso é uma grande verdade, porque a Terra é um mundo de expiação e provas; por isso a felicidade total não se pode encontrar naquele planeta, mas em mundos mais evoluídos. A felicidade na Terra é algo relativo e não definitivo. O que quero dizer é que todos que vivem na Terra podem ter momentos de felicidade, mas esses momentos são transitórios, ou seja, passageiros. Você disse que era feliz quando estava com Alice, mas você acha que essa felicidade duraria para sempre? Pense comigo: sendo a Terra um lugar de provas e expiação, logo que os problemas surgissem esse sentimento seria abalado pelo dia a dia, e você voltaria a pensar que, mesmo vivendo ao lado da mulher que ama, você não seria totalmente feliz. Agora sua realidade é outra, pois continua vivendo em sua forma original, num lugar onde se tem tudo para ser feliz, e mesmo assim você se sente infeliz. Porém, em vez de pensar em infelicidade, por que não muda seus pensamentos e passa a fazer algo de útil? Como disse, você sempre foi um homem trabalhador, e olha que nesse lugar o que não falta é trabalho.

O trabalho é uma das leis imutáveis de Deus, pois sem trabalho não há progresso, e sem progresso o espírito fica estagnado e não continua sua evolução.

Leôncio foi logo dizendo:

– Mas como o trabalho poderia me ajudar a amenizar a falta que sinto de Alice?

Dráusio esboçou um leve sorriso quanto prosseguiu:

– Leôncio, quando se trabalha, a mente está repleta de bons pensamentos, principalmente nesse lugar onde todos se preocupam com o bem comum. Desde que saiu da casa de recuperação, você tem passado longos dias andando a esmo, de um lugar a outro, preso em suas recordações e sentindo raiva de seu algoz, mas, se você estivesse fazendo algo de útil, você não perderia tanto tempo pensando no passado e no que viveu ao lado de Alice, e muito menos no mal a que foi submetido. Pense comigo: se você chegasse a uma casa e encontrasse pessoas morando lá, você se atreveria a morar na mesma casa?

– Logicamente que não! Pois isso seria uma invasão.

Dráusio sorriu novamente.

– Isso mesmo, ninguém invadiria uma casa onde tivesse moradores, e assim é com a casa mental.

Leôncio não compreendeu quando seu interlocutor mencionou sobre casa mental, por isso perguntou:

– Mas o que é casa mental?

Dráusio continuou:

– A nossa mente é como uma casa; quando estamos trabalhando e com pensamentos elevados, podemos dizer que nossa casa mental está cheia de bons pensamentos; mas quando uma pessoa passa boa parte do tempo sem nada fazer, podemos dizer que sua casa mental está vazia e suscetível a maus pensamentos. Quando as mãos estão em movimento, a mente está repleta de bons pensamentos. Agora observe como estão seus pensamentos, presos a um passado onde nada poderá ser mudado. Você se tornou escravo do passado e do ressentimento. E o que está fazendo para mudar?

Leôncio não respondeu à pergunta de Dráusio, com isso o amigo continuou:

– Você não está fazendo nada; passa o dia andando, remoendo o passado e presos a ressentimentos onde o coloca como vitima de toda aquela situação.

Enquanto você sentir pena de si mesmo, será incapaz de perdoar seu algoz. Leôncio, ao pensar no coronel Teotônio, foi logo dizendo:

– Não estou me colocando como vítima da situação; ele acabou com minha vida e com meus sonhos de felicidade.

Dráusio, olhando seriamente para o jovem, disse:

– Novamente você se colocou como vítima, pois continua afirmando que ele foi o responsável pela sua infelicidade. Você ainda não pensou que você foi o responsável por tudo que lhe ocorreu?

Indignado, Leôncio mencionou:

– O quê? Está querendo dizer que a culpa foi minha?

Dráusio, com paciência, respondeu:

– Não foi isso que eu quis dizer; estou lhe dizendo que a vida dá a resposta exata a cada decisão tomada. Veja bem, quando você se envolveu com Alice sabia que se tratava da filha única do patrão; estou apenas alertando você sobre uma outra lei divina, que se chama Lei de Causa e Efeito. Você causou profunda dor em Teotônio ao fugir com sua filha, pois ele o acolheu em suas terras, o tratou bem a ponto de lhe dar o cargo de administrador, e o que fez? Fugiu com a filha dele. Como acha que ele se sentiu?

Leôncio, que nunca havia pensando no assunto, nada disse, e Dráusio aproveitou o silêncio e respondeu:

– Certamente ele se sentiu traído.

As palavras de Dráusio causaram imenso impacto sobre Leôncio, que tentou argumentar:

– Eu não tive culpa de me apaixonar por Alice; quando o amor acontece não há regras e nem rédeas, ninguém consegue segurar um coração apaixonado.

Dráusio disse:

– Havia um profeta nos tempos bíblicos que se chamava Jeremias, e ele disse, no capítulo dezessete, versículo nove, o seguinte: "O coração é traiçoeiro mais do que qualquer outra coisa, e está desesperado". Se ao menos os seres encarnados e desencarnados soubessem que têm um inimigo dentro de si, certamente não dariam ouvidos a seus apelos.

Leôncio, não compreendendo o que Dráusio queria dizer, perguntou:

– Mas como o coração pode ser nosso inimigo?

Dráusio respondeu:

– Quando falo em coração, não estou falando do órgão físico que mantém a vida, mas antes falo de um coração figurativo, pois, quando falamos em coração, é no sentido figurado, como a sede de todas as nossas emoções. Portanto, como seres em evolução, muitas vezes nos deixamos levar por nossas emoções e teremos que arcar com as consequências de nossas ações. Sendo assim, o que nos trai são nossas emoções, pois ficamos cegos a ponto de não medirmos as consequências de nossos atos. Você se apaixonou e se deixou levar por suas emoções, mas não pensou em como o pai de Alice reagiria diante do fato de seu homem de confiança fugir com sua filha. A fuga para ele não foi somente uma afronta, mas também uma traição.

Leôncio tentou redarguir, dizendo:

– Mas nós estávamos apaixonados; será que ele nunca se apaixonou?

Dráusio continuou:

– Concordo que isso não era motivo para tirar a vida de uma pessoa, mas apenas quero que se coloque em seu lugar. Digamos que você tivesse uma filha e esta fugisse com um homem qualquer, como se sentiria?

Leôncio parou por alguns instantes antes de responder:

– Se o rapaz fosse bom eu permitiria o namoro sem levantar qualquer tipo de objeção, mas se eu percebesse que se tratava de um mau elemento certamente ficaria muito irritado. No meu caso, eu sempre procurei ajudar as pessoas, ser trabalhador e honesto; será que isso não bastava para ele?

Dráusio, fixando os olhos em Leôncio, respondeu:

– Sabemos que você sempre foi um bom rapaz, mesmo porque se não o fosse não teria recebido ajuda rapidamente como recebeu; mas compreenda: na Terra, as pessoas se prendem a certos convencionalismos que não passam de ilusões; ou seja, um pai rico quer um rapaz rico para se casar com sua filha, pois para ele não importa se o rapaz é bom ou não; o importante é o número de terras que possui. E infelizmente você era apenas um trabalhador braçal em suas terras que nada tinha a oferecer à sua filha.

Leôncio concordou com Dráusio.

– Na Terra não importa quem somos, o importante é o que temos.

– Isso mesmo, por esse motivo ele se sentiu traído duas vezes, primeiro por você a quem confiou a administração de suas terras e depois por sua filha a quem criou e deu uma boa educação.

Antes de você se posicionar como vítima não se esqueça de pensar nos sentimentos do coronel.

Leôncio não se dando por vencido disse:

– Concordo que ele se sentiu traído; mas isso não era motivo para me matar mesmo porque eu já havia reparado meu erro com o casamento.

Dráusio se levantou do banco em que estava sentado.

– Meu jovem, vou lhe dar dois conselhos: o primeiro é que aproveite o tempo que está neste lugar para aprender e trabalhar, pois somente assim você quebrará o elo que tem com o passado.

Leôncio perguntou:

– E o segundo?

– Perdoe o coronel e procure se colocar em seu lugar, pois ao perdoar você passará a se sentir melhor e verá que pode encontrar a felicidade nessa morada maravilhosa de Deus. – Com um sorriso, Dráusio falou: – Agora preciso ir, pois como sabe procuro usar meu tempo com sabedoria, uma vez que os sábios procuram evoluir intelectualmente. Desse modo, dou aulas para os recém-chegados da Terra. Eu os ensino a viver como desencarnados, e também aprendo muito com as histórias de cada um. Por que não começa a usar seu tempo com sabedoria? Aqui na colônia você pode trabalhar e aprender; isso o ajudará a perdoar.

Leôncio viu Dráusio se afastar e, desanimado, voltou a sentar no banco, pensando em tudo que havia ouvido do amigo

Depois de algumas horas, Leôncio levantou e disse para si mesmo: "Dráusio tem razão; o que não tem remédio remediado está; preciso voltar a trabalhar, pois nunca fui um homem vagabundo, e aproveitarei também para aprender".

Mas, após tomar essa decisão, Leôncio voltou à sua velha postura, refletindo: "Porém, como posso trabalhar se a única coisa que entendo é de terras e de gado? Aqui não há nada disso".

Um milagre chamado perdão

Leôncio levantou-se e foi andando lentamente, quando encontrou com Andréas, um senhor que havia conhecido por intermédio de Dráusio.

Leôncio disse:

– Andréas, estou há muito tempo sem nada fazer e gostaria muito de trabalhar, mas como poderei trabalhar se não sei nada sobre o funcionamento desse lugar?

Andréas disse:

– Estamos precisando de ajudantes no Posto de Recuperação das zonas inferiores, se quiser posso lhe apresentar como voluntário.

Os olhos de Leôncio se iluminaram, porém logo a tristeza voltou a fazer parte de seu semblante.

– Mas o que se faz nesse posto de socorro?

Andréas respondeu sorrindo:

– Venha, antes de levá-lo ao Posto de Recuperação das zonas inferiores, você terá que aprender a trabalhar no Posto de Recuperação da colônia. Vou lhe apresentar Alípio, meu amigo, e ele o ajudará na função de aprender a trabalhar.

Leôncio perguntou:

– Pensei que depois de morto teria o descanso eterno.

Andréas respondeu:

– Nunca se esqueça, meu amigo, de que o progresso é algo contínuo e que não existe progresso sem trabalho.

Andréas levou a mão ao ombro de Leôncio.

– E então, quer trabalhar e progredir ou quer ficar estagnado pensando no sofrimento passado?

– Quero trabalhar, só assim o tempo passa rapidamente.

Os dois seguiram ao Posto de Recuperação da colônia e, ao chegarem diante de um prédio de quatro andares, Leôncio argumentou:

– Mas esse é o lugar em que fiquei quando cheguei da Terra.

Andréas disse:

– Todos que chegam da Terra trazem chagas em sua alma e lembranças dolorosas, é nesse lugar que se recuperam.

Para Leôncio, o lugar já lhe era conhecido de modo que ficou observando e se lembrando de tudo que havia acontecido enquanto ainda se recuperava da alvejada de balas que culminou sua morte física e por um momento o rapaz sentiu mal estar.

Andréas, sabendo que o companheiro não estava se sentindo bem, perguntou:

– Procure enterrar as lembranças dolorosas do passado e aprender a trabalhar, pois verá que com o tempo essas lembranças não lhe causarão o desconforto que está sentindo agora.

Leôncio e Andréas entraram rapidamente no edifício onde ficava o Posto de Recuperação e, assim que chegaram à recepção, uma jovem senhora perguntou:

– Em que posso ajudá-los, meus irmãos?

Andréas respondeu:

– Talvez conheça esse jovem; ele está querendo trabalhar, e o melhor lugar para se começar é aqui, aonde muitos de nossos irmãos chegam todos os dias da Terra.

Leôncio se precipitou dizendo:

– Eu me lembro da senhora, pois no dia que saí do Posto de Recuperação vi Mário conversando alegremente com a senhora.

A senhora perguntou:

– Você me viu, mas não sabe meu nome, não é mesmo?

Leôncio envergonhado passou a dizer:

– Desculpe; vim da roça e todo roceiro é tímido por natureza.

A senhora sorriu dizendo:

– Sempre há tempo para as devidas apresentações; eu me chamo Margareth e trabalho na recepção do posto há mais de quarenta anos.

Leôncio, em sua simplicidade, perguntou:

– A senhora está aqui há quarenta anos?

A senhora sorridente respondeu:

– Não exatamente; que eu cheguei da Terra faz cinquenta e dois anos. Depois que saí do Posto de Recuperação como interna fiquei muito revoltada, pois deixei filhos adolescentes e, por longos doze anos, passei andando de um lugar a outro, me achando vítima da situação. Apenas com a ajuda de uma irmã é que pude ver que estava perdendo tempo, pois aqui há muito trabalho e principalmente muito estudo. O segredo de viver bem nesse lugar é: "Trabalhar e aprender sempre".

Andréas completou dizendo:

– O trabalho é fundamental a todos os seres, pois quem não trabalha não produz, e quem não produz não progride.

Leôncio simpatizou-se com Margareth.

– Gostaria de continuar essa conversa com a senhora, afinal já estou começando a aprender que não existe progresso sem trabalho.

Margareth aparentava ser uma senhora com pouco mais de quarenta anos. Sorrindo, ela completou:

– O que acha de ir a minha casa logo depois do trabalho?

Leôncio perguntou à queima-roupa:

– Onde a senhora trabalha?

Margareth respondeu:

– Hoje você conversará e observará, e, assim que sair, você me acompanhará a minha casa.

Leôncio esboçou um largo sorriso.

– Eu a procurarei assim que sair.

Andréas disse:

– Gostou da irmã Margareth?

Leôncio respondeu que sim, e seu interlocutor continuou:

– Leôncio, nesse lugar todos somos irmãos, afinal somos filhos do mesmo Deus e o amor fraternal é algo inerente nesse lugar.

Leôncio sorrindo disse:

– Preciso fazer novos amigos, pois nos últimos três anos me senti muito só; e achei a vida entediante nesse lugar, mas estou começando a ver que estava enganado.

Andréas falou:

– Antes de conversarmos com irmão Alípio, venha, vou lhe contar uma história.

Leôncio perguntou:

– Você irá me contar uma história?

Andréas sorrindo anuiu com a cabeça e, ao entrar no primeiro andar, procurou um banco e convidou Leôncio a se sentar.

Leôncio viu um banco branco e comprido, e convidou:

– Vamos nos sentar nesse banco.

Andréas sem nada dizer se aproximou do banco dizendo:

– Venha sente-se; vou lhe ensinar uma outra lição.

Leôncio nada disse e sorrindo sentou-se ao lado de Andréas.

Depois de alguns segundos, Andréas começou a falar:

– Num tempo muito distante, havia um rei conhecido como Salomão. Ele era filho de Davi com Bate-Seba, sendo o terceiro rei de Israel. Reinou por quarenta anos, se tornando o rei mais rico e mais sábio do seu tempo. Salomão se notabilizou pela sua sabedoria e pelas suas construções monumentais da sua época; sua sabedoria foi tamanha, que durante o seu reinado não houve guerras, tornando-se assim um governo pacífico. Salomão construiu um templo cuja riqueza estampava a prosperidade do país. Durante o reinado do rei Salomão, ele construiu cisternas e muitas outras coisas beneficiando assim o povo. Mas não vamos comentar sobre os feitos de Salomão, mas antes sobre sua sabedoria. Certa feita, apareceu diante do rei duas mulheres: uma trazia em seu braço uma criança morta, e a outra, uma viva. Uma mulher dizia que a criança viva era dela, e a morta era da outra e sendo assim as duas mulheres começaram a discutir sobre quem era a mãe verdadeira da criança viva.

Interessado na história, Leôncio perguntou:

– E como o rei Salomão resolveu essa questão, sendo que não tinha prova de quem era a criança viva?

Andréas respondeu:

– Ele agiu com uma sapiência incomum; mandou que um de seus soldados cortasse a criança em duas partes e desse cada parte a uma mulher que reclamava a maternidade da criança.

Indignado, Leôncio exclamou:

– E ainda você diz que esse era um bom rei?

Sorrindo, Andréas continuou:

– No momento em que o soldado pegou a criança para cortar a criança ao meio, uma mulher dizia: "Mate!", enquanto a outra suplicava pela vida da criança, dizendo: "Não mate a criança, rogo ao rei que deixe a criança viva".

Atônito com a história, Leôncio se adiantou perguntando:

– E então, ele mandou matar a criança?

Andréas não se preocupou em responder e continuou com seu relato.

– O rei observou a expressão de cada mulher e chegou à conclusão de que a mulher que suplicava pela vida da criança era a verdadeira mãe e sendo assim mandou que entregasse a criança à mulher.

Leôncio, sem conseguir compreender, perguntou:

– Mas por que ele fez isso?

Andréas respondeu:

– Porque ele sabia que para a mãe verdadeira seria muito dolorido receber em pedaços seu filho, e com isso ele identificou como mãe à mulher que estava disposta a dar a outra o seu filho, mas não queria vê-lo morto.

Leôncio comentou:

– Esse rei realmente era muito inteligente.

Andréas prosseguiu:

– Mas a inteligência de Salomão não se resumia apenas a questões de divisões e contendas, tanto que ele escreveu o livro de Provérbios, que contém muitos ensinamentos práticos para a vida.

Leôncio perguntou:

– Mas que ensinamentos são esses?

Andréas fitando a fisionomia interessada de Leôncio ajuntou:

– O rei Salomão escreveu no livro de Provérbios, capítulo dezoito, versículo um, as seguintes palavras: "Quem se isola busca interesses egoístas e se rebela contra a sensatez".

Leôncio pensou por alguns instantes quando perguntou:

– Mas o que tem essa história e as palavras desse rei a ver comigo?

Andréas sorrindo passou a dizer:

– Por três longos anos, você se isolou de todos, e pensava somente em seu algoz e na atrocidade que sofrera. Você andava isolado de um lado a outro, ruminando sobre um passado que não poderá ser mudado, e com isso deixou de travar boas amizades nesse lugar, onde tudo é belo e as pessoas são verdadeiramente agradáveis. Por falta de sabedoria, você se tornou um insensato, pois à medida que pensava no mal que sofrera sua raiva não o deixava ver quão bom e justo é Deus, que permitiu que fosse acolhido em uma de suas moradas.

Leôncio pensou por alguns instantes e depois falou:

– Andréas, você tem razão, confesso que por diversas vezes me senti entediado e com raiva desse lugar e das pessoas; achava que o coronel fora o responsável por eu ter minha vida interrompida e não conseguia ver nada de bom; mas hoje, ao entrar na recepção, senti um carinho especial por Margareth, e isso acalentou meu coração. Agora estou conseguindo perceber as palavras do rei Salomão, e confesso que realmente fui um insensato, pois eu só pensava em minha dor e na revolta por ter minha vida interrompida pelos caprichos de um homem preconceituoso.

Andréas, com seu jeito manso, comentou:

– Procure não pensar mais nisso, pense somente que doravante sua qualidade de vida irá mudar, pois é servindo ao próximo que esquecemos de nossos padecimentos.

Leôncio levantou-se do banco.

– Agora quero conhecer Alípio, pois você falou que ele é seu amigo e, sendo assim, amigo de meu amigo é meu amigo também.

Andréas sorriu e rapidamente disse:

– Venha! Alípio é um trabalhador incessante na seara do bem e, sendo assim, iremos encontrá-lo ajudando algum recém-chegado da Terra.

Leôncio parou no longo corredor, quando perguntou:

– Mas, se todos que chegam da Terra são ajudados por alguém, por que nunca vi Alípio antes?

Andréas respondeu:

– Nosso irmão Alípio trabalha somente com casos urgentes.

– Mas, todos que chegam aqui não chegam da mesma maneira e com os mesmos problemas?

Andréas respirou fundo quando respondeu:

– Infelizmente não; o desencarne não é padrão, pois cada um desencarna de uma maneira, e para cada desencarne há um tratamento específico.

Leôncio sem compreender perguntou:

– O que está querendo dizer com isso, Andréas?

Andréas voltou a respirar fundo, depois voltou a dizer:

– Não há somente um tipo de desencarnação, como sabe alguns desencarnam por doenças horríveis, outros morrem assassinados, outros por acidentes e para cada caso há um tratamento diferente.

Leôncio respondeu com humildade:

– Sou ignorante e tenho muito a aprender.

Andréas, com sua habitual calma, esclareceu:

– Você não é ignorante, pois você não tem conhecimentos, mas tenho a plena convicção de que você aprenderá muito trabalhando com o irmão Alípio.

Leôncio permaneceu em silêncio e logo entraram por uma porta, onde havia um outro longo corredor.

Leôncio disse:

– Eu não conheço esse lugar.

– Estamos indo ao lugar onde há recém-chegados da Terra que vieram em estado crítico, pois é nesse lugar que esse irmão trabalha.

Andaram por mais alguns minutos e logo entraram em um enorme galpão; lá havia vários leitos, e em cada leito havia desencarnados, ora gemendo, ora gritando de dor.

Leôncio olhou para alguns e viu que muitos pareciam queimados, em outros faltavam partes do corpo, e outros, ainda, apresentavam graves ferimentos.

Leôncio perguntou:

– Quando vim a esse lugar acordei em um quarto onde tudo era tranquilo, graças a Deus.

Andréas nada disse e, andando lentamente, encontraram Alípio trabalhando com um desencarnado que havia tido sua perna esquerda completamente decepada.

Horrorizado, Leôncio perguntou:

– Mas por que alguns não têm pernas e outros não têm braços? Por que há tantos queimados?

Andréas, percebendo a decepção e horror estampados no rosto do companheiro, respondeu:

– Isso ainda é resultado da ignorância de pessoas que combateram com sua própria gente por motivos políticos. Como sabe, na Revolução de 1932, havia dois partidos, um a favor do presidente Getúlio Vargas e outro contra, pois aqueles que estavam contra o presidente queriam que se fizesse uma Constituição, pois o país ainda não tinha uma carta magna. E o resultado dessa luta insana foi que muitos desencarnaram nas mais terríveis condições, por isso há muitos mutilados e outros tantos queimados.

Leôncio disse:

– Eu me lembro dessa revolução, mas não participei dela, pois ainda não tinha idade para me oferecer como voluntário, não compreendo por que ainda muitos sofrem apesar do tempo.

Andréas respondeu:

– Muitos foram ajudados imediatamente depois dessa guerrilha, mas muitos outros ficaram perambulando ainda pela crosta terrestre, pedindo ajuda depois de algum tempo. Esses ainda são os remanescentes da revolução, pois a maioria já foi ajudada.

– Por que muitos permaneceram na Terra depois da revolução?

Andréas continuou:

– Por falta de aceitação, pois a maioria dos voluntários paulistas tombados em combates eram jovens e não aceitaram o fato de terem desencarnado.

Andréas, ao ver Alípio trabalhando, disse:

– Deixe as perguntas para depois; veja, aquele é o irmão Alípio e sua equipe, observe como eles trabalham.

Alípio era um senhor com pouco mais de cinquenta anos, estatura baixa e silhueta esguia. Ele estava ao lado de um leito onde um rapaz sentia fortes dores nas pernas, e seu rosto e abdômen estava completamente queimados.

Alípio fechou os olhos e, esfregando as mãos, pousou-as sobre as feridas. Naquele momento, um raio de luz passou a sair de suas palmas.

A luz era em tom verde bem suave, e, depois de vários movimentos, naquele mesmo momento as chagas se fecharam. No lugar das queimaduras ficaram apenas cicatrizes. Depois Alípio levantou o lençol e viu que havia uma grande ferida aberta na coxa do rapaz, e ele novamente fez o mesmo movimento, deixando sair de suas mãos luzes reluzentes de suas palmas. Após alguns movimentos, a ferida foi se fechando.

Leôncio ficou atônito com o que estava vendo, afinal jamais pensara que aquilo pudesse ser possível.

Depois de alguns instantes, Alípio voltou suas mãos à cabeça do jovem, e ele rapidamente caiu em sono profundo.

Leôncio disse surpreso:

– Esse senhor é Deus?

Andréas olhou assustado para Leôncio.

– Certamente que não! Aqui nesse lugar somos todos irmãos, e as luzes que você viu sair das mãos de Alípio foram luzes reparadoras, vindas de seu profundo desejo de ajudar.

Leôncio perguntou:

– Todos nós temos essa luz?

Andréas respondeu:

– Todas as criaturas têm em seu íntimo a centelha divina que é constituída de luz.

Leôncio ficou maravilhado em saber que ele poderia fazer o mesmo que Alípio.

– Certamente irei gostar de trabalhar nesse lugar, já tenho a centelha divina em mim, devo trabalhar em favor do bem.

Andréas respondeu:

– É assim que se pensa meu rapaz, agora venha, o irmão Alípio está terminando seu trabalho e quero que o conheça.

Alípio, ao ver o amigo Andréas, sorriu e rapidamente foi a seu encontro.

Andréas disse, sorridente:

– E os trabalhos, como vão?

Alípio, olhando para alguns leitos, respondeu:

– Como pode ver o campo é vasto, porém os trabalhadores são poucos, todos os dias chegam muitos irmãos da Terra e nosso pessoal mal pode dar conta.

Andréas sorrindo respondeu:

– Conheço bem a rotina desse lugar, esqueceu que trabalhamos juntos por mais de trinta anos? Como sei que precisa de ajuda constante, trouxe o irmão Leôncio para aprender o trabalho, mas vou logo avisando: assim que ele estiver apto para o trabalho o levarei para trabalhar no Posto de Recuperação das zonas inferiores.

Alípio disse:

– O rapaz mal começou a trabalhar e você pretende levá-lo embora? Isso é inadmissível – brincou Alípio.

Andréas soltou uma gargalhada, mas depois voltou a ficar sério:

– Meu irmão, infelizmente há muito trabalho nas zonas inferiores e precisamos de ajuda, pois nas zonas sombrias o trabalho é mais denso e mais pesado, peço encarecidamente ao irmão que ensine Leôncio a trabalhar, pois ele nos será muito útil nessa empreitada.

Alípio respondeu:

– Não se preocupe meu amigo, ensinarei o trabalho ao amigo Leôncio, pois sei que o trabalho o ajudará a perdoar as ofensas recebidas.

Leôncio ficou atônito ao ouvir as palavras de Alípio, afinal ele não havia falado nada sobre sua vida.

Andréas percebendo a admiração do rapaz foi logo dizendo:

– Não se preocupe, eu não disse nada a Alípio sobre sua vida, quem fez foi você mesmo.

Leôncio olhando surpreso para Andréas disse:

– Mas eu nada falei, permaneci calado todo o tempo.

Alípio respondeu:

– Meu jovem, quando nos encontramos nesse estado, podemos nos comunicar por telepatia, ou seja, eu posso ouvir seus pensamentos ainda que seus lábios permaneçam fechados. Enquanto estava trabalhando, Andréas me disse que queria conversar comigo e por isso vim até vocês.

Estupefato, Leôncio perguntou:

– O senhor está querendo dizer que se lê pensamentos aqui?

Alípio sorrindo respondeu:

– Não é isso que eu disse meu filho, o que quero lhe dizer é que podemos transmitir nossos pensamentos de um para o outro sem o uso habitual dos lábios, afinal o pensamento nada mais é que uma onda vibratória e nós aprendemos a transmiti-la a quem quiser, não há mistério nisso.

Leôncio não compreendeu muito bem, porém preferiu deixar esse assunto para uma hora mais oportuna, pois no momento ele queria aprender a trabalhar.

Andréas disse:

– Meu amigo Alípio como sabe estamos precisando de ajuda no Posto de Recuperação nas zonas inferiores, e Leôncio decidiu nos ajudar nessa tarefa, mas, para que ele possa trabalhar conosco é necessário que aprenda, por isso peço encarecidamente que o ensine a trabalhar, afinal ele é interessado.

Alípio lançou um olhar meticuloso em Leôncio, o que o deixou desconcertado, e abrindo um largo sorriso, disse:

– Seja bem-vindo; espero que goste do trabalho e estarei a seu lado para que possa aprender a trabalhar e ser útil.

Leôncio sorriu.

– Para mim será um prazer aprender a trabalhar com o senhor, cheguei da Terra há três anos e nada fiz de útil.

Alípio continuou:

– Saiba que a colônia não é só trabalho, há cursos, teatro, passeios turísticos pela nossa colônia que é imensa, se sua vida se tornou um tédio foi pela falta de informação.

– O que é teatro? Perguntou Leôncio interessado.

Andréas interveio na conversa dizendo:

– Teatro é um lugar onde se tem vários assentos, com um palco à frente e as pessoas fazem encenações de diversas espécies. Na semana passada estava em cartaz uma peça intitulada *O que é a morte?* Infelizmente não tive tempo de assistir, mas quem assistiu recomendou-me dizendo que se tratava de um homem chamado Severino que desencarnou e antes foi parar nas zonas inferiores, e ficou lá por longos anos, até se arrepender de seus atos, e depois de ajudado desejava ardentemente visitar sua família que deixara na Terra. Mas mesmo assim ele continuou a ser o mesmo homem arrogante e via a todos com desprezo, afinal ele era bacharel em Direito e continuava a achar que sempre tinha razão. O tempo passou e ele aprendeu que na colônia são duas coisas que contam: primeiro o arrependimento e depois a fé. Assim que aprendeu essas lições, ele foi visitar sua família e para seu desespero tudo que havia conquistado a duras penas, seus filhos e netos haviam acabado com tudo, e a família estava na mais completa miséria. Ele queria voltar à Terra para recomeçar a vida e voltar a ser rico, mas depois de muito tempo ele aprendeu que ele jamais voltaria no mesmo corpo e que por sua família ele não podia fazer nada a não ser preces. Em resumo, Severino aprendeu que os bens materiais deixados na Terra nada valem e os títulos que ostentam para nada servem, pois todos somos iguais e filhos do mesmo Deus.

Alípio comentou:

– Fui assistir a essa peça e confesso que o final foi surpreendente, parece-me que no final de semana essa peça estará novamente em cartaz, se quiser poderá me acompanhar.

Leôncio não compreendeu muito bem, porém aceitou de imediato o convite de Alípio.

Andréas, suspirando, disse ao amigo:

– Alípio, por favor, ensine o trabalho a Leôncio e assim que estiver pronto, avise-me, pois ele me será muito útil nas zonas inferiores.

Alípio sorrindo respondeu:

– Não se preocupe, cuidarei bem de seu pupilo.

Leôncio achava as palavras estranhas, mas preferiu permanecer em silêncio.

Andréas rodopiou lentamente nos calcanhares quando exortou:

– Leôncio, obedeça a Alípio em tudo, ele conhece bem o trabalho, e somente a obediência irá lhe trazer a sapiência que precisa.

Alípio, ao se ver a sós com Leôncio, começou a dizer:

– Talvez já tenha aprendido que os desencarnes não são iguais, assim como os motivos que levam as pessoas a desencarnarem também não. Infelizmente muitos que desencarnam chegam mutilados, e por isso ficam aqui até cobrarem a consciência que seus corpos físicos foram mutilados, mas não seus perispíritos.

Intrigado Leôncio perguntou:

– Mas o que é perispírito?

Alípio com tranquilidade passou a explicar:

– Perispírito é o que chamamos de corpo semimaterial, que é revestido pelo corpo carnal quando estamos na Terra.

– Pensei que fôssemos almas – disse Leôncio.

Alípio explicou:

– Podemos chamar de alma quando o espírito ainda está envolto em um corpo material, mas ao chegar aqui podemos classificar como perispírito ou simplesmente espírito. Mas a verdade é que o perispírito, devido a suas muitas encarnações, vai evoluindo a ponto de se tornar espírito.

Leôncio em sua ingenuidade perguntou:

– E qual a diferença entre espírito e perispírito?

Alípio deu um breve suspiro e respondeu à queima-roupa:

– O espírito é o princípio inteligente da criação. São criados todos da mesma maneira, ou seja, simples e ignorantes, e estão sujeitos à Lei da Evolução, que é conquistada por meio das inúmeras encarnações, passando pelos caminhos do instinto, inteligência e razão. O perispírito é o elo que liga o espírito à matéria e deriva do fluido universal, sendo que sua textura varia de acordo com o ambiente do planeta onde o espírito habita. O perispírito é o intermediário entre o corpo físico e o espírito, por isso o chamamos de semimaterial. Morfologicamente, seria como uma cópia do corpo físico, porém menos densa, pois é constituído de matéria menos densa que o corpo físico, tratando-se de uma matéria diferente da que você conhece, pois é imponderável e imperceptível aos sentidos dos espíritos encarnados. Para simplificar, o próprio apóstolo Paulo chamou-o de corpo espiritual, ou seja, quanto mais evoluído for o espírito, mais etéreo será seu corpo espiritual.

Leôncio, em sua simplicidade, disse com sinceridade:

– Talvez o senhor não saiba, mas nasci em uma fazenda e fui criado no mato, portanto sou matuto e ignorante, confesso que não compreendi muito sobre o assunto, mas prometo que vou aprender.

Um milagre chamado perdão

Alípio gostou da posição humilde de Leôncio, de modo que resumiu a conversa:

– Aqui na colônia há cursos nos quais todos têm a oportunidade de aprender. Recomendo que comece a fazer um curso básico e, à medida que for aprendendo o simples irá entender o mais complexo.

– O senhor não acha que estou muito velho para estudar?

Alípio esboçou um largo sorriso.

– Quando estamos desencarnados não há idade; o tempo não interfere em nosso corpo, como acontece quando se está encarnado; todos são iguais, não importando com quantos anos a pessoa desencarnou. Quando se está encarnado, o tempo pesa sobre os ombros das pessoas, o corpo muda o tempo todo, e em vinte anos a pessoa já não é mais a mesma, começando a sentir o efeito do tempo. Na Terra, o passar do tempo significa velhice e posteriormente a morte; ao contrário de aqui na colônia, que significa experiência para enfrentar as novas encarnações que ainda virão, portanto, aproveite o tempo para trabalhar e estudar, pois assim você estará angariando sabedoria.

– O que significa o curso básico? – Leôncio perguntou.

– Há diversos cursos na colônia, o primeiro módulo ensina os recém-chegados a aprenderem a viver como espíritos desencarnados e depois você aprenderá sobre os diversos cursos que a colônia ensina, não tenha pressa.

Agora você aprenderá como funciona o trabalho nesse local, e nunca se esqueça de que o melhor aluno é sempre o melhor servidor. Aqui nesse lugar costumamos pensar no bem-estar dos nossos irmãos, e você aprenderá como aliviar as chagas que cada um traz em sua alma enferma. Na Terra, os médicos cuidam do corpo, e aqui nós cuidamos da alma.

Leôncio, com expressão serena, respondeu:

– Quero trabalhar, preciso aprender, pois sinto que só serei feliz quando for útil e deixar o passado de lado.

Alípio sorriu aliviado.

– É assim que se pensa, quando servimos a um irmão curamos também as chagas das nossas almas.

Nos primeiros dias, Leôncio seguia Alípio por toda parte, e o trabalho o deixava extasiado e agradecido por ter sido levado a um lugar onde todos se preocupavam com o bem-estar alheio.

Leôncio mudou completamente sua rotina; costumava trabalhar durante o dia e fazer o curso à noite, e nas horas de folga costumava ir ao teatro, ou conversar com outras pessoas da colônia.

Certa noite, ao sair do curso, Leôncio encontrou com Andréas, que se aproximou sorrindo.

Leôncio não parecia mais o mesmo de outrora, que ficava isolado pensando no passado, sua expressão era de alegria.

Andréas sorrindo perguntou:

– Como vão as coisas, Leôncio?

Sorrindo, o rapaz respondeu:

– Estão indo muito bem. O irmão Alípio tem me ensinado muito, sem contar com que estou aprendendo no curso.

Andréas comentou:

– A noite está bela. O que acha de passearmos pela alameda principal?

Entusiasmado, Leôncio respondeu:

– Era justamente isso que estava pensando em fazer.

Os dois caminhavam lentamente e Leôncio contava sobre alguns casos do Centro de Recuperação com euforia.

Andréas ouvia atento o relato de Leôncio e com alegria perguntou:

– Leôncio, seja sincero, acaso tem pensado no passado?

Leôncio olhou pela longa alameda devidamente arborizada quando respondeu:

– Se eu disser que não penso estarei mentindo, penso em tudo que ocorreu em meu casamento, mas isso já não me causa tanta dor como antes. Tenho pensado muito no coronel Teotônio e, para falar a verdade, tenho sentido pena, pois ele não sabia o que estava fazendo e dos resultados que teria ao tomar aquela ação truculenta.

Andréas abriu um largo sorriso e, batendo palmas, falou:

– Meu amigo, essa é a melhor notícia que você poderia me dar.

Leôncio não compreendeu a euforia do amigo e com fisionomia séria perguntou:

– Por que encara isso como uma boa notícia?

Andréas respondeu:

– A resposta é simples, meu amigo, acabo de constatar que você conseguiu algo que para muitos é quase impossível...

Intrigado, Leôncio perguntou:

– Do que está falando?

Andréas, levando a mão no ombro de Leôncio, disse:

– Você conseguiu um verdadeiro milagre.

Leôncio continuou sem compreender.

– Que milagre é esse?

Andréas respondeu simplesmente:

– Você foi agraciado com um milagre chamado perdão.

Leôncio disse:

– Mas eu não o perdoei; pois se isso fosse verdade eu teria esquecido o mal que ele me fez.

Andréas voltou a sorrir.

– O perdão não é esquecer as ofensas sofridas, mas sim lembrar e não doer. Pelo que acabou de me dizer essas lembranças não lhe doem mais e isso significa que você conseguiu perdoar seu algoz.

Leôncio pensou por alguns instantes antes de dizer:

– Antes quando eu me lembrava da alvejada de tiros isso me causava mal-estar, mas depois que comecei a trabalhar e a fazer o curso me lembro do que aconteceu, mas isso se tornou indiferente para mim, afinal estou tão feliz por estar aqui nesse lugar que todos os dias agradeço a Deus por ter me acolhido aqui. Andréas sorrindo disse:

– Bendito perdão... Jesus sabia do bem que o perdão causa e por esse motivo Ele recomendou: Perdoai os vossos inimigos; afinal o perdão faz bem tanto a quem perdoa como, principalmente, a quem é perdoado.

Leôncio ficou feliz em saber que havia conseguido perdoar o coronel Teotônio, mas logo seus olhos marejaram ao dizer:

– Hoje a única coisa que me entristece é saber que fui obrigado a deixar Alice sozinha.

Andréas sorrindo perguntou:

– Mas como sabe que Alice ficou sozinha?

Leôncio pensou por alguns instantes e deixou uma lágrima rolar pelo rosto ao perguntar:

– Alice se casou novamente?

Andréas ficou sério ao responder:

– Graças a Deus ela não está sozinha, mas ela não se casou novamente.

Leôncio ao saber que Alice não havia se casado novamente sentiu um alívio em seu coração e foi então que perguntou:

– Se Alice não se casou, quem está a lhe fazer companhia?

Andréas sorrindo respondeu:

– Chegou o momento de você saber que, quando partiu, deixou uma sementinha em seu ventre e hoje ela é mãe de uma linda menina.

Leôncio mal pôde conter a emoção ao saber que tivera uma filha e, chorando, perguntou:

– Como sabe disso?

Andréas respondeu:

– Há pouco mais de um ano, fui até a fazenda e conheci sua filha, que se chama Sarah, e quanto a Alice está comandando a fazenda do pai. O coronel deixou de cuidar da fazenda ao ver o sofrimento da filha, e os negócios foram a maneira que encontrou de deixar a tristeza de lado.

Leôncio ficou feliz em saber que tivera uma filha com Alice, porém preocupou-se ao saber que ela estava administrando a fazenda, afinal ele sabia que comandar uma fazenda como aquela era trabalho para homem.

Nesse momento, Leôncio caiu em prantos.

Andréas disse:

– Não se lamente por Alice estar à frente dos negócios do pai; pelo que pude ver ela está cuidando da fazenda melhor que o pai; ela é firme e decidida, o que deixa o coronel orgulhoso pela única filha.

Leôncio entusiasmou-se e começou a perguntar:

– E o coronel, como está?

– O coronel, desde que você partiu, e vendo o sofrimento da filha, caiu em grande prostração. Deixou de se interessar pelos assuntos da fazenda e passou a ficar trancado horas a fio em seu gabinete pensando no passado. Quem ficou em seu lugar foi Daniel, o mesmo que o atingiu com vários tiros, e Alice, ao ficar sabendo do desinteresse do pai, tratou de demitir Daniel da fazenda e comandar ela mesma todos os assuntos. Ela cuida muito bem do cafezal, do gado, do pomar, do celeiro, da venda do café, e pelo que vi aumentou ainda mais a fortuna do pai. Quanto a Sarah, fica com a avó e Almerinda; é uma menina feliz e ama o avô. Hoje o coronel não fica mais em seu gabinete, afinal ele está entrevado na cama devido a um derrame cerebral, e a esposa cuida dele juntamente com outros empregados da casa.

Leôncio, que nunca pensara no assunto, perguntou:

– Não sei há quanto tempo estou aqui; quantos anos tem minha filha?

– Sua filha conta com treze anos e já é quase uma mocinha.

Leôncio pensou:

– Estou na colônia há treze anos?

– O tempo é contado somente para os encarnados, para nós o tempo não existe.

Leôncio, entusiasmado, perguntou:

– E como está Alice?

– Alice continua uma mulher bonita, porém nunca se interessou por ninguém e não pretende se casar novamente.

– E os demais da fazenda? Juca, Almerinda e Olinda, como estão?

– Almerinda já tinha certa idade quando você estava entre eles; ela continua a cuidar da cozinha, mas não como antes, afinal sua idade não lhe permite fazer o mesmo. Quanto a Juca, se casou com uma moça da fazenda e se tornou o braço direito de Alice. Olinda tornou-se ajudante de Almerinda, uma vez que já tem mais de quarenta e cinco anos.

Leôncio comentou:

– O tempo passa, e o corpo envelhece.

Andréas, filosofando, disse:

– A vida na Terra é como uma flor que desabrocha ao amanhecer e desvanece ao anoitecer. O tempo corre inexorável e implacavelmente, fazendo com que os corpos físicos percam sua vitalidade e as coisas mudem; esse é um processo natural na vida. Nascer, crescer, envelhecer e morrer, e o tempo se encarrega de fazer com que cada coisa aconteça a seu tempo.

Leôncio ficou pensativo por um bom tempo.

– Pensando bem – falou ele –, a vida na Terra não passa de ilusão, pois as pessoas nascem, crescem, trabalham, lutam para enriquecer e, ao partir, deixam tudo para trás.

Andréas respondeu:

– Se observarmos por esse ângulo você não deixa de ter razão, pois na Terra tudo é transitório, cada encarnado é um inquilino na Terra, porém não são donos de nada, nem mesmo do corpo que reveste seu espírito. A Terra é um lugar de aprendizado constante, onde cada espírito evolui moral e espiritualmente.

Leôncio falou:

– A verdadeira vida é aqui; pois é aqui que deparamos com nossa própria consciência e avaliamos o que fizemos de bom ou de ruim enquanto estávamos encarnados.

Andréas respondeu:

– Ao ouvir você falar, percebo o quanto você tem aprendido na colônia.

Leôncio, mudando de assunto, disse:

– Todos os dias tiro um tempo para ir à biblioteca e tenho lido ótimos livros, além de conhecido várias pessoas que se interessam pela leitura. Ontem conheci uma irmã chamada Margarida; ela é estudiosa e costuma ler muito.

Andréas puxou pela memória, depois disse:

– Ainda não tive o prazer de conhecê-la.

– Assim que tiver tempo, vou apresentá-la. Trata-se de uma moça que viveu no tempo da escravidão e lutou contra o sistema de sua época, fazendo as devidas mudanças em sua fazenda. Mas ela não mora nessa colônia; diz que é forasteira residente e gosta de saber das experiências das pessoas.

– Mas por que forasteira residente?

Leôncio riu ao dizer:

– Ela visita muitas colônias e fica por algum tempo em cada uma delas, recolhendo depoimentos.

– Interessante... – disse Andréas.

Leôncio mudou de assunto:

– Gostaria de rever Alice, será que isso é possível?

– Tudo é possível, mas lembre-se de que cada coisa tem seu tempo; você está em processo de aprendizado e trabalho, e quando estiver equilibrado o suficiente você poderá visitar Alice; não precisa ter pressa.

Leôncio disse:

– Por favor, peço que não deixe de me trazer notícias de Alice, afinal fiquei tanto tempo sem nada saber...

– Prometo, meu amigo, e assim que for possível o levarei à fazenda.

Leôncio abriu um largo sorriso e, abraçando Andréas, falou:

– Obrigado, meu irmão, você não sabe o bem que me fez.

Andréas apenas sorriu e acompanhou Leôncio até a casa em que estava morando.

Ao se despedir do amigo, disse:

– Logo você estará pronto para trabalhar comigo, nas zonas inferiores.

Leôncio concordando disse:

– Tenho aprendido muito com o irmão Alípio e tenho certeza que muito tenho a aprender com você.

Andréas rodopiou lentamente nos calcanhares e passou a caminhar lentamente voltando pela longa alameda.

CAPÍTULO 16

Sarah

Alice acordou pela manhã irritada, pois sua mãe recomendou que estava na hora de Sarah ir para a capital estudar e ela não estava querendo ficar longe da filha.

Sarah, apesar da idade, continuou a dormir com a mãe, e todas as noites as duas conversam até a menina adormecer.

Sarah tornava-se uma mocinha bonita, com a tez branca como a mãe e com os traços marcantes do pai.

Alice, todas as vezes que olhava para a filha, lembrava-se de Leôncio e sentia seu coração oprimir-se, por esse motivo ela se apegava cada vez mais ao trabalho para não pensar em seu drama pessoal.

O coronel havia sofrido um derrame cerebral há dois anos e ela pouco ia ver o pai, que estava acamado.

Almerinda, embora estivesse com quase setenta anos, procurava fazer as mesmas coisas de antes, mas quem comandava a cozinha era Olinda, que nunca se casara.

Naquela manhã, enquanto fazia seu desjejum, dona Clementina se aproximou de Olinda dizendo:

– Olinda, Teotônio acordou; peço que prepare a bandeja e leve seu café da manhã.

Olinda fez o que dona Clementina havia ordenado e, assim que viu a filha, percebeu que Alice não estava em seus melhores dias.

Clementina disse:

– Bom dia, minha filha, dormiu bem?

Alice, mal-humorada, respondeu:

– Confesso que não dormi muito bem, pensei muito na conversa que tivemos ontem à noite.

Clementina observando a filha de cenho fechado disse:

– Minha filha, sofri muito quando seu pai a mandou para a capital estudar, mas confesso que ele estava certo, não é somente uma moça bonita, como principalmente educada.

Alice, fixando os olhos na mãe, respondeu:

– De que me valeu tanta educação? Hoje tenho que cuidar dos assuntos da fazenda e tudo que aprendi no colégio não me serviu de nada. Lecionei por pouco tempo, papai fez aquele alarido para inaugurar a escola, trazendo até mesmo o deputado Romão às comemorações, e de que adiantou? A escola só não está abandonada porque tive a iniciativa de continuar com o projeto de papai trazendo uma professora da capital. Sarah está sendo bem instruída por dona Valdete, que, aliás, foi a única a concordar em lecionar nesse fim de mundo.

Clementina ajuntou dizendo:

– Dona Valdete só aceitou vir lecionar na fazenda, por ser uma solteirona invicta, pois se ela fosse casada jamais viria.

– Não importam as condições que fizeram dona Valdete aceitar meu convite, pois papai só fez a escola para se promover politicamente e quanto a mim trouxe dona Valdete porque me interesso realmente pela educação dessa pobre gente.

Clementina, percebendo o tom agressivo da filha, foi logo dizendo:

– Calma, Alice! Não estamos discutindo, sei de suas intenções e concordo que ela é uma excelente professora, mas Sarah está se tornando uma moça e precisa aprender bons modos, algo que dona Valdete não pode lhe oferecer.

– Mamãe, papai quis que eu fosse estudar na capital, e somente eu sei o quanto sofri longe de casa, portanto não quero que minha filha passe pelo que passei com professoras e regras rígidas. Aqui ela é livre e pode ficar tranquila. Eu mesma posso ensinar a minha filha tudo que aprendi no colégio.

Clementina tentou argumentar:

– Minha filha, você não tem tempo para ensinar nada a Sarah, pois trabalha demais nessa fazenda.

Alice pensou por alguns instantes e percebeu que a mãe estava certa, porém seu orgulho a impedia de falar, de modo que disse:

– Mamãe, compreenda: contratarei outra professora para ensinar bons modos a Sarah aqui mesmo em casa; não quero minha filha longe de mim, sem saber o que está acontecendo ou como ela está se sentindo.

Clementina se lembrou o quão difícil foi para ela ficar longe de Alice em seu tempo estudantil, de modo que disse:

– Minha filha, não quero me intrometer na educação de Sarah e você é mãe e sabe o que é melhor para ela.

– Assim é melhor, se sou capaz de comandar uma fazenda a senhora acha que não serei capaz de conduzir minha própria filha?

Clementina nada respondeu, embora seus olhos estivessem marejados, afinal sua filha que antes era doce e meiga havia se tornado uma mulher dura e amarga. Deixou uma lágrima escorrer pelo rosto e, enxugando discretamente, disse:

– Faça como quiser, minha filha; saiba que vou apoiá-la em qualquer decisão que tomar.

Alice, ao ver as lágrimas escorrerem no rosto da mãe, se levantou e, abraçando-a, disse:

– Mamãe, peço que confie em mim; sei o que estou fazendo.

Clementina sorrindo entre lágrimas respondeu:

– Você sempre foi uma moça lúcida minha filha e por esse motivo a apoio em cada decisão que tomar.

Eu só queria que minha neta tivesse a mesma educação que a mãe teve, no colégio você aprendeu tantas coisas, como a bordar, pintar, tocar piano e tantas outras coisas que uma só professora não conseguirá ensinar.

Alice pensou por alguns instantes antes de falar:

– Tive uma ideia, mandarei construir quatro casas boas e trarei da capital professoras de diferentes categorias para ensinar minha filha. Elas darão aulas que incluirão bordado, piano, pintura, e principalmente boas maneiras. Minha filha será uma dama, e provarei para papai que, se ele tivesse boa vontade, eu não teria que estudar na capital, onde quase todas as noites eu chorava sentindo a falta de todos aqui da fazenda.

Clementina, ao ouvir a confissão da filha, sentiu-se culpada, porém decidiu nada falar, afinal, se ela tivesse sido firme com o marido, sua filha jamais teria saído de casa para estudar fora, pensava ela.

Alice, ao fixar os olhos em sua mãe, perguntou:

– Mamãe por que está com os olhos marejados?

Clementina finalmente confessou:

– Minha filha, você tem razão; quando foi embora para estudar na capital, não houve uma só noite em que eu não chorava sentindo sua falta; portanto, filha, já que decidiu que Sarah ficará conosco, terá todo meu apoio.

Enquanto as duas mulheres conversavam, Olinda voltou correndo do quarto e gritando:

– Dona Clementina, venha! O coronel não está nada bem.

Desde que o coronel Teotônio ficara doente, Clementina mandou que lhe preparasse um quarto, a fim de deixá-lo descansar tranquilamente.

Ao entrarem no quarto do coronel, mãe e filha observaram e viram que o coronel estava sofrendo uma forte convulsão.

Olinda dizia:

– O coronel começou a fazer seu desjejum quando de repente ele ficou assim, não sei o que está acontecendo!

Acho que a culpa foi minha, o café com leite estava muito quente.

Alice ao ouvir o comentário de Olinda foi logo dizendo:

– Acalme-se Olinda, você não tem culpa de nada, chame Juca e mande ir até a cidade chamar o doutor Frederico, precisamos de seus serviços com urgência.

Alice pensou melhor.

– Mudei de ideia; irei eu mesma à vila chamar o doutor Frederico, pois Juca não sabe dirigir o automóvel.

Alice rapidamente foi até o celeiro onde se guardava o automóvel da família, um Ford 1932, e rapidamente partiu.

Ao chegar à vila, foi até o consultório do doutor Frederico e, ao ver as muitas pessoas, resolveu entrar no consultório do velho médico, dizendo:

– Doutor, preciso que me acompanhe até a fazenda, meu pai não está nada bem.

O médico perguntou:

– Mas o que há com o coronel?

– Não sei, doutor, ele está estremecendo e não está falando.

O médico, ao ouvir o relato da filha do coronel, foi logo dizendo:

– Certamente está sofrendo uma convulsão; vamos, pegarei alguns medicamentos que combatem a convulsão.

O médico pediu desculpas a todos os pacientes que ainda estavam esperando consulta e rapidamente entrou no automóvel de Alice.

Em pouco mais de quarenta minutos, o médico entrava na fazenda do coronel mais bem-afamado da região. Com agilidade, o doutor foi conduzido ao quarto onde se encontrava o enfermo.

– Estava certo, ele está convulsionando; vou aplicar uma injeção.

Clementina estava desesperada; embora o coronel fosse um homem duro durante toda a sua vida, ela não podia negar que ele fora um bom marido e um excelente pai.

O médico aplicou a injeção em Teotônio, que, em poucos minutos, foi se acalmando.

O médico foi logo dizendo:

– Quando se trata dessa doença é comum o enfermo ter convulsões; agora ele dormirá, mas vou esperar para ver como ele irá acordar.

Alice, naquele momento, sentiu pena de seu pai, afinal ele havia cometido um erro, mas, como ela mesma dizia: "Mesmo causando minha infelicidade, ele não deixa de ser meu pai".

Naquele dia, Alice mandou que José e Horácio tomassem conta do serviço. Ela ficaria com sua mãe, caso precisassem de sua presença.

O médico ficou quase o dia inteiro no quarto de Teotônio, por quem tinha verdadeira simpatia, e assim que o homem acordou o médico perguntou:

– Como se sente, coronel?

Teotônio ainda estava abobalhado e, sem nada compreender, disse com dificuldade:

– Estou me sentindo esquisito.

O médico sorrindo disse:

– Descanse um pouco mais.

Teotônio apesar de estar doente continuava o mesmo homem pertinaz de sempre quando disse:

– O que o senhor está fazendo aqui?

O médico com delicadeza nas palavras respondeu:

– O senhor não passou bem e vim atendê-lo.

As palavras do médico pareceram estranhas ao coronel, e ele recostou-se em seu travesseiro.

– Quando chegamos a uma certa idade e ficamos doentes, o melhor caminho é a morte.

O médico respondeu:

– Seria, se a morte fosse o fim de tudo; mas infelizmente não é bem assim, a morte é o fim somente ao corpo físico, mas nosso espírito é imortal e continuamos a viver de outra maneira no outro lado da vida.

Teotônio, com seu jeito abrutalhado, ralhou:

– Vire essa boca pra lá! Espero que a morte seja o fim de meus padecimentos.

O médico respondeu:

– Vamos deixar esse assunto para depois; agora o senhor tem que comer uma canja e descansar.

O coronel sentia o estômago enjoado.

– Não quero comer nada, não estou me sentindo muito bem.

Clementina, nesse momento, entrou com um prato de canja, e o coronel rejeitou veementemente a refeição.

Passava das seis horas da tarde quando o médico deu a Clementina alguns vidros de medicamentos e, escrevendo em um papel o horário que ele deveria tomar as medicações, pediu a Alice que o levasse à vila, pois ele precisava voltar para casa.

Alice levou o médico e, no caminho, perguntou:

– O senhor acha que meu pai irá melhorar?

O médico com sinceridade respondeu:

– No caso do seu pai, as convulsões são preocupantes, pois isso indica que a morte está se aproximando.

Alice, ao ouvir o comentário do médico, deixou que as lágrimas banhassem seu rosto enquanto dirigia.

O médico, com delicadeza, falou:

– Minha filha, sei o quanto o coronel errou ao mandar matar seu marido, mas recomendo que perdoe seu pai enquanto ainda há tempo.

Alice, embora estivesse dirigindo, enxugou as lágrimas com a costa da mão.

– Para falar a verdade, eu já o perdoei há muito tempo, pois o trabalho me fez bem e eu já não penso no passado, embora eu ainda continue a amar meu marido.

– Muito bem minha filha, mas diga isso a ele, pois isso fará bem a seu espírito.

Alice sem pensar perguntou:

– O senhor acha que ele irá morrer?

O médico esboçando um triste sorriso ajuntou:

– Todos nós iremos morrer um dia, felizmente não sabemos nem o dia e nem a hora para tal acontecimento.

Alice logo entrou na vila, deixando o médico em sua casa.

Ao voltar à fazenda, a moça foi ter com seu pai, que ainda estava acordado. Teotônio, que não estava acostumado com a visita da filha, esboçou um sorriso.

– Minha filha; você veio me ver?

– Sim, papai; como está se sentindo?

Teotônio, feliz em ver a filha, respondeu:

– Estou sentindo como se um cavalo tivesse caído sobre mim, pois as dores não me deixam em paz.

Alice, olhando para seu pai, logo percebeu que suas olheiras estavam profundas e que sua magreza era de causar espanto. Com lágrimas nos olhos, disse:

– Papai, passei muitos anos de minha vida sentindo raiva por tudo que me fez, mas agora quero que saiba que já o perdoei e que o senhor sempre foi um bom pai.

Teotônio, emocionado, esboçou um sorriso entre lágrimas.

– Um pai não acerta sempre, minha filha.

Alice que havia se tornado uma moça dura devido a todo o trabalho pesado na fazenda perguntou:

– O que posso fazer pelo senhor?

Teotônio pensou por alguns instantes.

– Por favor, chame Sarah. Quero conversar um pouco com ela enquanto ainda há tempo.

Alice se levantou da cadeira e fez o que o pai pediu.

Não demorou e logo Sarah entrou no quarto e com lágrimas nos olhos perguntou:

– Como está se sentindo, vovô?

O avô estendeu a mão direita à neta, pois seu lado esquerdo estava totalmente paralisado, e com sofreguidão disse:

– Minha neta, eu a amo tanto como amo sua mãe, só peço que cuide de sua mãe e de sua avó, pois você é a mais jovem da família.

– Não se preocupe, vovô, vou cuidar de minha mãe e de minha avó, isso eu lhe prometo; mas o senhor não vai morrer, não é mesmo?

Teotônio, com lágrimas nos olhos, respondeu:

– Minha filha, não sei quanto tempo de vida tenho, mas ao partir quero deixar minha família bem.

Sarah já sabia sobre o passado, mas como ela não conhecera seu pai, não deu muita importância ao assunto. Ela, que tinha o avô como pai, deitou-se em seu peito dizendo:

– Vovô, o senhor é o melhor avô do mundo, portanto não morra.

Teotônio com a mão direita afagou os cabelos da neta e perguntou:

– Você nunca sentiu falta de seu pai?

A quase mocinha levantou a cabeça.

– Como vou sentir falta de alguém que não conheci? Para mim, o senhor é meu pai.

O coronel deixou que as lágrimas banhassem seu rosto e, tentando disfarçar a tristeza, perguntou:

– E sua mãe, tem cuidado bem da fazenda?

Sarah respondeu:

– Mamãe trabalha dia e noite; durante o dia ela cuida da fazenda e à noite ela tem se trancado em seu gabinete fazendo as contas; geralmente quando ela vai dormir eu já estou dormindo.

– Sarah, vá chamar sua mãe, preciso ter um dedo de prosa com ela.

Sarah fez o que o avô pediu e em poucos minutos Alice entrou no quarto do pai.

– O senhor mandou me chamar?

– Sim, minha filha – respondeu o coronel. – Estive conversando com Sarah e ela me disse que você tem trabalhado demais, e pouco tem ficado com minha neta.

Alice, com olhar sorumbático, falou:

– O senhor sabe o quão difícil é comandar uma fazenda como a nossa; Sarah tem que compreender que preciso trabalhar.

Teotônio, sorrindo, disse:

– Você se tornou um coronel de saia... – Teotônio lançou um olhar triste para a filha. – Em todo esse tempo que estou entrevado nessa cama, tive tempo suficiente para pensar e cheguei à conclusão de que tudo isso não passa de ilusão: trabalho, venda, compra, aumento de terras, pois lembre-se: nada nos livra da doença e posteriormente da morte. Trabalhei muito durante toda minha vida para aumentar a fortuna que seu avô havia deixado a sua mãe. Consegui ser melhor que ele, mas isso consumiu meu tempo e eu pouco pude aproveitar a companhia de minha esposa e de minha única filha.

Depois me envolvi em política, e isso acabou com o tempo que restava para conviver com você e sua mãe; confesso que hoje me arrependo, portanto, minha filha, não se preocupe em aumentar a fortuna da família; aproveite melhor seu tempo ao lado de sua mãe, que já não é tão jovem, e da sua filha, que um dia arranjará um marido que certamente a levará embora. Não cometa o mesmo erro que seu pai cometeu. Em primeiro lugar vem a família, as outras coisas são secundárias. Soube que José é seu braço direito na fazenda; coloque-o como seu administrador, pois assim terá tempo para sua família.

Alice, com seu jeito impetuoso, perguntou:

– Sarah fez alguma reclamação ao senhor?

– Não, minha filha, ela apenas me disse que está trabalhando muito e que você não tem tempo para outras coisas.

Alice, com frieza nos olhos, respondeu:

– Vou pensar no assunto, meu pai.

Teotônio, ao dizer essas palavras, pediu para a filha chamar a mãe.

Clementina rapidamente foi ao quarto do marido para saber o que ele queria e, com um sorriso forçado no rosto, perguntou:

– O que quer, Teotônio?

Teotônio estendeu a mão para a esposa.

– Tina, você sempre foi uma boa esposa e uma excelente mãe; estava me lembrando de quando nos conhecemos, eu pobre e estudante de Direito e você filha de fazendeiro. Lembra que seu pai não queria nosso casamento?

Clementina sorrindo ao se lembrar dos velhos tempos respondeu:

– Papai não queria, mas você sempre foi um homem teimoso e obstinado e conseguiu fazer com que papai o aceitasse.

Teotônio sorriu ao ouvir o comentário da esposa.

– Não deixe Alice trabalhar demais, ela precisa cuidar de minha neta.

Clementina com tristeza respondeu:

– Já falei isso a ela, mas ela saiu a você e diz que faz o que precisa ser feito.

Teotônio disse:

– Quando você engravidou, desejei ardentemente que fosse homem, e agora vejo que Deus não me deu um filho homem, mas me deu um coronel de saias.

Clementina, ao ouvir o comentário do marido, abriu um largo sorriso, mas ao mesmo tempo sentiu-se inquieta, pois aquilo lhe parecia recomendações de um moribundo.

Clementina logo disse:

– Por que está dizendo isso agora?

Teotônio olhou fixamente para a esposa.

– Sinto que logo irei embora e quero que minha família fique bem.

– Deixe de bobagem homem, você irá ficar muito tempo conosco.

Teotônio lançou um sorriso triste para a esposa.

– Não tenha tanta certeza disso minha velha.

Clementina que não estava gostando nada daquilo resolveu mudar de assunto dizendo:

– O que acha de jantar um pouquinho? A canja de Olinda está ótima.

– Não quero jantar, estou com o estômago embrulhado, estou cansado e a única coisa que quero é dormir.

O coronel se ajeitou em seu travesseiro e não disse mais nada, pedindo para ficar sozinho.

Clementina, ao sair do quarto, sentiu seu coração oprimir-se e com tristeza disse em voz alta:

– Teotônio não vai muito longe, preciso me acostumar à ideia de ficar sem ele...

Clementina não conseguiu segurar as lágrimas e foi até seu quarto chorar sozinha.

Alice chamou Sarah para conversar em seu gabinete e em tom enérgico perguntou:

– Minha filha, o que disse a seu avô?

Sarah sem compreender aonde a mãe queria chegar respondeu:

– Não disse nada mamãe, a não ser a verdade.

Alice, olhando para a filha com carinho, perguntou:

– Que verdade, Sarah?

– Mamãe a senhora não deixa de trabalhar um minuto por dia, às vezes acho que vinte e quatro horas é pouco, pois se o dia fosse mais longo a senhora trabalharia mais de trinta horas por dia.

Alice, esfregando as mãos, respondeu:

– Minha filha, sei que não tenho lhe dado a atenção que você precisa, mas prometo que isso irá mudar; amanhã mesmo encarregarei José de ser o novo administrador da fazenda e com isso terei mais tempo para ficar com você e com sua avó.

Sarah era uma mocinha esperta e, sorrindo, disse:

– A senhora se refere somente à vovó; acaso não está preocupada com vovô?

– Estou, minha filha, mas não posso fazer nada para ajudá-lo, pois ele está nas mãos de Deus.

Sarah logo percebeu que sua mãe falava sobre a morte iminente do pai e com isso perguntou:

– Mamãe, a senhora acha que vovô irá morrer?

Alice, procurando as palavras certas, respondeu:

– Sarah, não vou esconder que seu avô não está nada bem; um dia todos nós iremos morrer e com seu avô não será diferente.

Sarah começou a chorar e, levantando-se da cadeira abraçou a mãe.

– Mamãe, não quero que vovô morra.

Alice, com lágrimas nos olhos, falou:

– Eu também não quero, minha filha, mas você há de convir que ele não está nada bem, portanto vá se preparando, porque uma hora ele nos deixará.

Sarah, ao pensar em perder o avô, chorou copiosamente abraçada à mãe.

– Mamãe, sei que vovô mandou matar meu pai, mas eu não consigo ter raiva dele, pois ele sempre foi muito bom para mim.

Alice, ao se lembrar do passado, começou a chorar e, sem ressentimento, disse:

– Sarah, já tive muita raiva de seu avô, mas hoje confesso que não tenho mais; ele achou que estava fazendo o melhor para mim. – Depois de chorar por alguns instantes, Alice resumiu a conversa: – Vamos esquecer esse assunto; o que seu avô fez ele irá acertar com Deus. Quanto a mim, só cabe perdoá-lo pela sua intolerância.

Sarah, que nunca tocara no assunto, perguntou:

– Mamãe, a senhora amava muito meu pai?

Alice, ao pensar em Leôncio, falou:

– Seu pai foi o único homem que amei em toda minha vida e não haverá outro; ele era gentil, bondoso, atencioso e muito educado. Se não pudemos ficar juntos, certamente deve haver alguma explicação para isso.

Sarah chorando disse:

– Mamãe, na semana passada sonhei com um homem alto e bonito que dizia ser meu pai. Ele contou que a senhora e ele eram um só enquanto foi permitido.

Alice, olhando assustada para a filha, perguntou:

– E como ele era?

Sarah passou a descrever o homem que vira em seu sonho, e Alice ficou surpresa, afinal não tinha nenhum retrato de Leôncio, porém naquele momento ela sentiu seu coração se enternecer e completou:

– Tenho certeza de que seu pai está olhando por nós, onde estiver.

Sarah ficou abraçada à mãe por alguns instantes, quando Juca bateu fortemente à porta.

– Alice! Venha, seu pai não está passando nada bem; dona Clementina mandou chamá-la.

Alice disse:

– José sabe dirigir o automóvel?

– Ele diz que sabe – respondeu Juca, que agora já era homem feito.

– Pois bem; mande José ir até a vila chamar o doutor Frederico; talvez seja melhor ele passar a noite conosco.

Sarah entrou em desespero, porém Alice não permitiu que a filha entrasse no quarto do avô.

Alice, ao entrar, viu que a respiração de seu pai estava pesada e ofegante, e que seus olhos permaneciam fechados. Alice e Clementina mandaram Olinda chamar Almerinda na cozinha. Esta subiu tropegamente, devido à idade avançada, e, ao entrar no quarto de Teotônio, ajeitou sua mão e disse:

– Mande Olinda pegar uma vela, pois o coronel não irá passar desta noite. O melhor que temos a fazer é rezar e colocar uma vela acesa em sua mão para que Deus o conduza a um bom lugar.

Clementina, ao ouvir as palavras de Almerinda, desatou a chorar, enquanto Sarah chorava do lado de fora.

Almerinda continuou:

– Deixe a menina Sarah se despedir do avô, pois ela não a perdoará por isso.

Alice deu ordem para a filha entrar e ver o avô, que respirava com dificuldade, causando um ronco estranho.

Passadas quase duas horas, o doutor Frederico entrou no quarto de Teotônio e, ao vê-lo, olhou para as duas mulheres e disse:

– Sinto muito, fiz tudo que estava a meu alcance, mas ele não conseguirá superar essa crise.

Clementina aos prantos perguntou:

– O senhor está dizendo que meu marido vai morrer?

Frederico com seu jeito manso respondeu:

– Dona Clementina a morte não é o fim, mas antes o começo para uma nova vida, o que podemos fazer por ele é prece nesse momento de agonia.

Nenhum de meus medicamentos irá ajudá-lo nesse momento.

As três abraçadas, Clementina, Alice e Sarah, choraram a partida daquele homem que errara muito, mas que muito bem fizera a muita gente.

Clementina perguntou:

– O senhor acha de devemos chamar o padre Ozório para dar a extrema-unção a ele?

– Se isso confortar seu coração, o faça, pois ele não amanhecerá com vida.

Alice mandou que José fosse até a cidade e trouxesse o padre Ozório para dar a extrema-unção ao coronel Teotônio.

José fez o que Alice havia ordenado e não demorou a trazer o padre, que não se recusou em dar a extrema-unção a um homem tão importante.

O coronel Teotônio continuou do mesmo jeito e já fazia quase duas horas que sua respiração ficava cada vez mais pesada.

Enquanto isso, Clementina disse que ele havia comentado que seu estômago estava enjoado e que não quis comer nada. A mulher falava e chorava ao mesmo tempo, fazendo com que Alice se preocupasse com seu bem-estar.

Alice abraçou a mãe.

– Mamãe, não fique assim, todos nós iremos morrer um dia e a hora de papai chegou; não se entregue ao desespero, pois isso não mudará os fatos.

Clementina apenas respondeu:

– Estou perdendo um companheiro de toda uma vida, o que faremos sem ele?

Alice, também chorando, respondeu:

– Vamos continuar vivendo, minha mãe, mas para isso precisamos ser fortes e enfrentar um fato imutável da vida que se chama morte.

Indignada, Clementina disse:

– Seu pai tinha seus defeitos, mas ele sempre foi um bom marido, assim como um bom pai.

Alice, ao ouvir o comentário da mãe, resolveu nada dizer, afinal ela nunca conseguira perdoar seu pai pelo mal que ele havia cometido contra ela.

Alice não se entregou ao choro como era de esperar, de modo que decidiu ficar no corredor esperando a última notícia que teria de seu pai.

Doutor Frederico saiu do quarto com aspecto preocupado e, ansiosa, Alice perguntou:

– Doutor, o senhor acha que poderá fazer alguma coisa por meu pai?

Doutor Frederico, levando a mão à testa, respondeu:

– A medicina vai até certo ponto, o restante está nas mãos de Deus.

Alice perguntou:

– O que o senhor acha?

O médico coçou a cabeça ao dizer:

– O melhor que temos é aguardar confiando que Deus fará o que será melhor para ele.

Nesse momento Clementina, que havia entrado no quarto, saiu para conversar com o médico e ouviu suas últimas palavras:

– Deus está no comando de tudo, o momento é de exercermos fé e confiar. Até este instante, tudo que estava a meu alcance foi feito, agora meu amigo está nas mãos de Deus.

Alice, ao ouvir as palavras do médico, concluiu que seu pai não iria escapar da morte.

Clementina se pôs a chorar copiosamente enquanto Alice a abraçava.

Nesse momento, quem se juntou às duas mulheres foi Sarah, que, vendo a avó chorar, perguntou:

– Mamãe, como está meu avô?

Alice com os olhos secos e de maneira firme respondeu:

– Minha filha, é melhor você entrar e se despedir de seu avô, pois pelo jeito ele não vai durar muito tempo.

Inconformada Sarah começou a gritar:

– Isso não pode ser verdade, meu avô sempre foi um homem forte e tenho certeza que ele conseguirá vencer essa batalha!

Clementina ao ver o desespero da menina disse a Alice:

– Alice, não permita que Sarah entre e veja seu avô daquela maneira.

Alice respondeu quase que friamente:

– Mamãe está na hora de Sarah saber o que é a morte e o mais importante: que ninguém escapa de suas garras.

Clementina observou a expressão da filha.

– Você está sendo dura, pois Sarah nunca irá esquecer da figura de seu avô agonizando.

Alice respondeu:

– Mamãe, por que acha que eu deveria poupar Sarah? Todos nós sabemos o que é a morte, e está na hora de ela saber também.

O médico, compreendendo a posição de Alice, interveio na conversa:

– A senhora Alice tem razão, pois se for negado à menina ver seu avô ainda com vida, um dia ela poderá se revoltar, pois o coronel é o único pai que ela conhece.

Alice ficou surpresa com as palavras do médico, mas depois de pensar disse:

– O senhor tem razão, vou entrar com Sarah.

Alice, abraçada à filha, entrou no quarto e a cena era aterradora: o ex-coronel estava com os olhos fechados, respirando com dificuldade.

Sarah, ao ver o avô, se aproximou e passou levemente a mão na cabeça dele. Chorando, falou:

– Vovô, o senhor sempre foi um pai para mim, mas vê-lo nesse estado me causa muita dor. Vá embora, meu vovozinho querido, que eu prometo que rezarei todas as noites pela sua alma.

Alice, ao ver o sofrimento da filha, não conseguiu conter as lágrimas e se aproximando de Sarah disse:

– Venha, minha filha, vamos deixar seu avô descansar.

Sarah resoluta disse:

– Mamãe, eu nunca a desobedeci, mas hoje eu não vou fazer o que deseja; quero ficar aqui até o fim.

Padre Ozório, que ainda estava ao lado do moribundo, disse:

– Deixe que a menina fique ao lado do avô, pois isso é importante para ela.

Alice levantando os olhos respondeu:

– Minha filha nunca viu nem um animal morrer na fazenda e agora terá que assistir à morte do avô? Certamente isso será para ela uma tortura.

O padre, falando baixinho, comentou:

– Se isso fará bem ou não, somente o tempo é que irá dizer, mas, se a senhora não a deixar ficar ao lado do avô, a culpará pelo resto da vida.

Alice pensou por alguns instantes, depois falou:

– Está bem, ficaremos juntas.

Sarah ora chorava, ora se lembrava dos bons momentos que passara ao lado do avô, e voltava a chorar.

Alice, que nunca vira sua filha sofrer, deixou-se levar pelas lágrimas pungentes da filha corando em seguida.

O padre percebendo que nada tinha a fazer disse:

– Agora preciso ir, tenho que celebrar a missa das sete.

Alice agradeceu a presença do padre e já ia se retirando.

– Padre Ozório, pedirei a José que o leve à vila de automóvel.

O padre não se fez de rogado, agradecendo a boa vontade da moça.

Alice deixou a filha por alguns instantes e saindo do quarto encontrou o médico que tentava consolar dona Clementina.

Alice disse:

– Doutor Frederico o senhor deve estar cansado, José irá levar o padre à Vila e se o senhor quiser poderá ir junto.

O médico disse com tristeza:

– De forma alguma! Ficarei aqui até o último instante do coronel, pois isso é meu dever cristão.

Alice respeitou a decisão do médico.

– Está bem, faça como quiser.

O médico, ao ver o padre sair do quarto, disse:

– Por favor, peço que o senhor avise minha esposa que passarei a noite aqui, e que amanhã avise a meus pacientes que não irei atender.

O padre, que era muito amigo do velho médico, respondeu:

– Não se preocupe; farei isso assim que chegar à vila.

O médico voltou ao quarto e viu a neta debruçada sobre o avô chorando.

O quadro clínico de Teotônio piorava minuto a minuto, e logo percebeu que suas unhas já estavam ficando arroxeadas e seus lábios e nariz estavam pálidos.

O médico resolveu chamar dona Clementina e Alice para ficarem ao lado de Teotônio, que apresentava os primeiros sinais da morte. Consternado, o doutor disse às duas mulheres que conversavam no corredor:

– Por favor, peço que venham até o quarto, pois em breve o coronel estará partindo e a presença da família é muito importante nessa hora.

Clementina, ao ouvir as palavras do médico, sentiu como se o aço frio de um punhal traspassasse seu peito e, não conseguindo se conter, olhou para a filha dizendo:

– Venha, Alice, está chegando a hora.

As duas mulheres entraram no quarto onde jazia o coronel e cada uma se postou ao lado da cama, enquanto Sarah chorava copiosamente.

Nesse momento, o coronel, que respirava com dificuldade, abriu os olhos e, olhando para Alice, disse com um fiapo de voz:

– Alice...

Alice mal pôde ouvir o que o pai queria lhe dizer e encostando o ouvido à boca de seu pai ouviu:

– Perdoe-me pelo mal que lhe causei...

Alice não compreendeu o restante da frase, mas entendeu que o pai estava lhe pedindo perdão.

Alice, com lágrimas nos olhos, disse:

– Eu o perdoo meu pai; agora descanse.

Teotônio olhou para Clementina e tentou esboçar um sorriso sem sucesso, mas seu olhar dizia o quanto ele a amava.

Sarah olhando para o avô disse:

– Vovô eu te amo.

O coronel voltou a fechar os olhos, e sua respiração piorou consideravelmente.

O tempo foi passando e já fazia três horas que o coronel estava naquele estado crítico.

Almerinda subiu as escadas com dificuldade e logo se juntou às três mulheres e o médico. A cozinheira, que gostava profundamente do coronel, disse:

– Coronel, vá com Deus, o senhor cuidou muito bem do que Deus lhe deu; mas saiba que nada nesse mundo nos pertence; da Terra somos apenas inquilinos e aquilo que julgamos ter foi somente emprestado com a permissão divina.

Teotônio ouviu as palavras de Almerinda, porém dessa vez não conseguiu abrir os olhos.

Passados trinta minutos, o coronel enfim deu seu último suspiro, soltando um ronco pavoroso.

O médico se aproximou do homem que jazia em sua cama e, depois de pegar em seu pulso e levar seu rosto até a boca do coronel, disse:

– Infelizmente, ele já não está mais entre nós.

Todos que estavam no quarto compreenderam que a morte finalmente chegara ao coronel, e nesse momento todos prantearam a morte de Teotônio, inclusive Alice, que mal podia acreditar no que via.

Clementina, não suportando a perda do companheiro de tantos anos, não aguentou, desmaiando em seguida.

O médico carregando dona Clementina a levou a seu quarto e lá prestou os primeiros socorros, dando-lhe uma injeção calmante.

Depois de quase uma hora, o médico voltou dizendo a Alice:

– Não se preocupe, dona Clementina agora está dormindo, para ela foi um choque perder seu companheiro.

Alice agradeceu ao médico e continuava abraçada à filha. Depois chamou José e mandou que ele fosse à vila e enviasse um telegrama ao deputado Romão que sempre fora seu melhor amigo.

José foi à vila e fez o que Alice havia ordenado. Aproveitando, foi até a venda para dar a notícia da morte do coronel.

Todos gostavam do coronel, afinal ele havia sido prefeito quatro vezes, favorecendo principalmente aqueles menos afortunados.

Crispim ao saber sobre a morte do coronel resolveu não vender cachaça em sinal de luto.

Embora o coronel fosse querido pelas pessoas, havia aqueles que não simpatizavam com ele, e foram justamente esses que acharam ruim com Crispim por não vender cachaça.

Crispim que não queria confusão mudou de ideia dizendo:

– Peço a todos que se retirem, vou à fazenda do coronel oferecer meus préstimos, afinal Teotônio sempre fora seu amigo.

Com muito custo, Crispim conseguiu fechar a venda e com tristeza disse:

– José vou acompanhá-lo até a fazenda do coronel, é nessa hora que provamos a simpatia que nutrimos pela pessoa que partiu.

José esperou que ele fosse até sua casa e avisasse sua esposa sobre a morte do coronel.

No dia seguinte, havia uma pequena multidão na porteira da fazenda, esperando que Alice desse ordem para entrar e prestar suas homenagens ao coronel, que era conhecido como homem do povo.

O deputado Romão, ao saber sobre a morte do amigo, pegou o primeiro trem que vinha da capital para ir ao funeral de Teotônio. Não só Romão viera da capital, assim como outros dois deputados que gostavam dos ideais políticos do coronel.

José e Crispim, durante a noite, fizeram o caixão de peroba, afinal fora a madeira que Alice escolhera. Enquanto o caixão não ficava pronto, o coronel estava coberto com um simples lençol.

Sarah não conseguiu dormir naquela noite, pois a tristeza não lhe permitia ter sono.

Passava das oito horas da manhã quando o médico colocou um terno no corpo do coronel, ajeitou-lhe os cabelos e cortou suas unhas, quando enfim José, Crispim e outros três homens levaram o caixão ao quarto.

O corpo fora revestido de flores campestres de várias espécie diferentes.

Sarah foi com algumas meninas colher flores para colocar no caixão em que jazia seu avô querido.

As cinco mocinhas trouxeram tantas flores, que foi difícil Alice escolher as mais bonitas para enfeitar o caixão de seu pai.

Depois que o corpo estava devidamente enfeitado, José, Crispim, Horácio e Álvaro levaram o corpo à capela da fazenda para o funeral.

Já eram dez horas da manhã, e quase todo o povo da vila ainda esperava na porteira a ordem para entrar.

Os três políticos que vieram da capital viram a pequena multidão aglomerada na porteira da fazenda. Romão era um homem sério por natureza e, com respeito, disse:

– O amigo sempre foi muito querido por essas bandas, a política no Brasil perdeu um de seus filhos ilustres.

Os outros concordaram e logo se fizeram anunciar.

Alice, ao saber que o deputado Romão e amigo de seu pai estava na porteira, pediu a José que o deixasse entrar.

Clementina acordou atordoada devido à medicação que tomara e, ao se lembrar do fato de perder o marido, se entregou novamente ao choro.

Almerinda, que passara a noite ao lado da amiga, comentou:

– Dona Clementina, a senhora precisará ser forte, pois a morte é um fato inadiável e ninguém foge dela.

Clementina chorando disse:

– Almerinda, perdi meu companheiro. E agora? O que será de minha vida?

Almerinda, com a experiência que a vida lhe conferira, respondeu:

– A vida da senhora será o que sempre foi, com a diferença de que seu marido não estará entre nós.

Clementina começou a gritar:

– Não quero continuar minha vida sem Teotônio; Deus é injusto de tirar de nosso meio um homem bom e deixar homens ruins vivendo. Teotônio tinha somente sessenta e dois anos, por que Deus o levou de mim? Veja aquele sem-vergonha do Matias: além de ser um péssimo patrão é também um péssimo marido, eu sei o quanto minha amiga Maria sofre em suas mãos. Por que Deus não levou Matias em vez de Teotônio? Isso é uma injustiça.

Almerinda, com ternura na voz, disse:

– Dona Clementina, não se revolte contra Deus. Ao nascermos, todos nós sabemos que um dia teremos que morrer, uns vão cedo e outros vão um pouco mais tarde, mas uma coisa é certa: todos nós iremos um dia e a morte é apenas uma viagem, pois um dia todos nós nos reencontraremos onde quer que estejamos.

Clementina surpresa perguntou:

– Você acredita mesmo nisso, Almerinda?

Almerinda respondeu:

– Não acredito na morte.

Clementina assustada perguntou:

– Como você pode dizer que não acredita na morte? Teotônio está morto, esqueceu?

Almerinda respondeu:

– Dona Clementina, quando digo que a morte não existe, não estou me referindo ao corpo de carne, pois esse morre e volta para a Terra, mas antes me refiro ao espírito que é eterno e imortal. O coronel deixou seu corpo de carne, mas pode ter certeza que ele continuará vivendo em um corpo espiritual. Um dia todos nós estaremos nesse estado e, pode acreditar, nos encontraremos em espírito.

Clementina ao ouvir as palavras de Almerinda sentiu-se confortada e com tristeza disse:

– Ao morrer a única coisa que quero é me reencontrar com Teotônio, meu bom companheiro.

– A senhora irá se encontrar, confie em Deus.

Almerinda, mudando de assunto, ajuntou:

– Crispim e José fizeram um caixão de peroba tão bonito e o coronel parece que está dormindo.

Transtornada, perguntou:

– Que roupa colocaram em Teotônio?

Almerinda respondeu:

– Alice ordenou que colocasse o melhor terno, portanto ele foi vestido com o terno cinza, o mesmo que ele estava usando quando a escola foi inaugurada.

Clementina, chorando, se lembrou:

– Ele mandou que Olívio, o alfaiate, fizesse, porque seu amigo, o deputado Romão, estaria aqui naquele dia, assim como esteve.

Clementina, ao se lembrar da alegria do marido naquele dia, voltou a chorar copiosamente. Ela se arrumou com a ajuda de Almerinda e rapidamente foi à capela, para ver aquele que fora seu companheiro por mais de quarenta e um anos.

A pobre mulher, ao chegar à capela, não deixou de perceber que ela estava repleta de pessoas, pois havia muita gente do lado de fora.

Alice e Sarah estavam recebendo as condolências de todos e, no momento que Clementina chegou, todos voltaram a atenção para a pobre viúva.

Os que estavam do lado de fora da capela deram abertura para que a viúva passasse, e ao se aproximar do caixão a mulher, não suportando a dor de perder o marido, passou a chorar alto, despertando a compaixão de todos.

Alice e Sarah abraçaram dona Clementina, que mal podia parar em pé, e com sofreguidão a fizeram se sentar na primeira fileira da capela.

Romão e os outros dois deputados foram os primeiros a dar as condolências à viúva e, depois, um a um foram dando pêsames à família enlutada.

Sarah chorou por algum tempo, e depois parou. Alice permaneceu serena diante da morte do pai, enquanto dona Clementina mal acreditava no que estava vendo.

Passava das seis horas da tarde quando o corpo fora levado ao jazigo da família que ficava em um lugar afastado da fazenda.

Alice, desde que Leôncio fora enterrado, nunca mais fora àquele lugar, mas ao chegar não deixou de lembrar-se do fatídico dia em que seu marido fora enterrado, com apenas alguns colonos da fazenda.

Alice olhou para o túmulo de Leôncio e não deixou de perceber que havia algumas flores murchas no jazigo do marido, o que a deixou imensamente feliz, pois ele continuava sendo uma pessoa querida por quase todos os colonos.

Alice naquele momento chorou, não pela morte do pai, mas pela passagem truculenta do marido.

Clementina foi amparada pelo deputado e amigo da família Romão.

Sarah entregou-se ao desespero ao ver o caixão de seu avô ser levado à terra, enquanto Alice tentava consolá-la.

UM MILAGRE CHAMADO PERDÃO

Depois do enterro, os que moravam na vila foram embora, uns a cavalo outros de carroça e outros andando a pé pela estrada poeirenta.

Dona Clementina voltou para casa acompanhada pelos amigos do marido e convidou-os a ficar.

Romão aceitou prontamente o convite, enquanto que os outros dois resolveram pegar o último trem que levava à capital.

Olinda preparou o jantar como de costume, porém a pobre mulher se recusou a comer, e foi Alice quem disse:

– Mamãe a senhora tem que aceitar que não há nada que possa reverter essa situação, a nossa vida continua e caso se recuse a comer logo quem ficará doente será a senhora.

Clementina com os olhos marejados respondeu:

– Peço que me perdoe deputado, mas estou sem fome.

Romão com toda a educação que lhe era peculiar, disse:

– Não se preocupe dona Clementina, é plenamente compreensível a sua dor.

Dona Clementina agradeceu a gentileza do amigo e resolveu permanecer sentada para fazer companhia a Romão, Alice e Sarah. Romão era um homem de personalidade firme e de caráter idôneo.

O deputado começou a falar:

– Devo confessar que ao ficar sabendo sobre o falecimento do amigo Teotônio, senti como se tivesse perdido a um irmão. Nunca vi um homem de caráter e de ideais nobres como ele, pois, sempre que vinha me pedir ajuda, fazia questão de prestar contas para onde ia o dinheiro. Era um trabalhador honesto que se preocupava realmente com os interesses do povo, não só nós perdemos um amigo, esposo, pai e avô, como o Brasil perdeu um grande político que poderia ajudar a melhorar as condições do país. Sempre o convidei a se candidatar a deputado e fazer parte da assembleia, mas ele sempre recusou dizendo que não podia ficar longe da família.

Clementina olhando para o deputado disse:

– Teotônio tinha o senhor em alta estima e fazia questão de enfatizar isso.

– Ora... Eu também o tinha em tão alta estima que sua partida arrancou-me lágrimas dos olhos.

Alice ficou observando o deputado enquanto falava e percebeu que as palavras dele eram sinceras e que gostava imensamente de seu pai.

Sarah permaneceu o tempo todo de cabeça baixa, pois a tristeza não lhe dava tréguas.

Depois do jantar, Romão perguntou a Alice:

– E então, minha jovem, como vão as coisas na fazenda?

– Estão indo muito bem, papai me ensinou tudo que sabia e já estou à frente dos negócios há alguns anos.

Romão com seu jeito seco disse:

– Perdoe-me a intromissão, mas não acha que está na hora de arranjar um pretendente e deixar a fazenda para ele comandar?

Naquele momento, Alice sentiu seu rosto ruborizar e, não querendo ser mal-educada, disse:

– O senhor há de me perdoar, mas não vejo necessidade alguma de arranjar um marido, pois mesmo antes de papai ficar doente venho administrando essa fazenda muito bem; inclusive aumentei sua fortuna, o que foi motivo de muito orgulho para meu pai.

O deputado Romão ficou envergonhado com a resposta da filha do melhor amigo, de modo que disse respeitosamente:

– Peço que me perdoe, por favor, não pense que quero me intrometer em seus assuntos, apenas a meu ver penso que esse trabalho é para homem.

Alice olhou com simpatia para Romão.

– Por favor, não se sinta vexado com minha resposta. Apenas usei de toda sinceridade. Como o senhor sempre foi amigo de meu pai, ofereço-lhe também minha amizade.

Romão logo percebeu que Alice era uma moça educada e, com um sorriso, disse:

– Pode contar com minha amizade, pois sendo filha de quem é só me resta apoiá-la em tudo que precisar.

Alice ficou feliz, enquanto Clementina disse:

– O que o senhor Romão acha de conversarmos na sala?

Sorrindo, Alice falou:

– Faço questão de lhe oferecer uma taça de licor de jabuticaba.

Romão aceitou de bom grado a oferta das duas mulheres e, sorrindo, passou a falar sobre a delicada situação política que o estado enfrentava.

Alice pela primeira vez expôs seus pensamentos com respeito à política.

Romão ouviu Alice com atenção e concordou com ela em alguns pontos.

No dia seguinte, Romão foi embora, e Alice, pela primeira vez, sentiu simpatia por um dos amigos de seu pai.

Teotônio acordou sem saber onde estava. Olhou ao redor e tudo que pôde ver foi sombra, e o silêncio se fazia presente.

O ex-coronel tentou se levantar, porém sentia que o lado direito de seu corpo continuava paralisado.

Teotônio tentou gritar, porém seu grito era surdo e não aparecia ninguém. Então disse em voz alta:

– Onde estou? Que lugar é esse? Estava em minha fazenda e agora me vejo aqui perdido nesse lugar estranho...

Teotônio sentia um cheiro nauseabundo, e por alguns instantes sentiu vontade de pedir ajuda a alguém, porém desde que acordara não vira ninguém. Sentia fortes dores nas costas e no calcanhar direito.

Com arrogância, ele disse:

– Tenho certeza de que isso é coisa de Alice. Ela, vendo que eu não estava nada bem, decidiu me mandar para esse lugar para ela ficar com toda minha fortuna.

Teotônio pensava, e a cada pensamento sentia raiva de sua esposa e de sua filha, falando em voz alta:

– Se estou nesse lugar certamente foi com o consentimento de Clementina. Ingratas! Eu que sempre pensei no bem-estar delas, agora elas me deixam nesse lugar fedorento e solitário.

Por um momento, Teotônio sentiu sua revolta explodir, gritando:

– Alice e Clementina, assim que voltar para casa, vocês vão me pagar.

Teotônio tentava se levantar, porém sentia que suas forças haviam diminuído sensivelmente e sendo assim disse mais uma vez:

– A culpa de tudo isso é de Alice, pois Clementina não faria isso comigo. Ela me fez isso só porque eu mandei matar aquele borra-botas, e quer saber? Nunca me arrependi do que fiz. Preferi vê-la viúva a casada com aquele matuto sem origem!

Teotônio pensou e, por alguns instantes, sentiu-se vitorioso por não ter deixado Alice casada com Leôncio. Sentia frio e fome, quando repentinamente ouviu vozes virem de seu lado esquerdo, embora ele virasse a cabeça não conseguia ver ninguém, pois a penumbra era densa e ele mal podia ver os vultos que se aproximavam.

No desespero, o orgulhoso homem começou a gritar por ajuda, quando um homem sem dente se aproximou dizendo:

– Por que está sozinho nessa região deserta? Por que não se junta aos outros?

– Não sei o que estou fazendo aqui; minha filha mandou-me para cá por vingança, porque não permiti que ela se casasse com um matuto pobre e ignorante.

O homem desatou a rir e, com naturalidade, falou:

– Por que não me acompanha?

Teotônio, com sofreguidão na voz, disse:

– Não posso me mover, estou completamente paralisado em meu lado direito.

O homem com sorriso maléfico disse:

– Você é aleijado?

Teotônio respondeu:

– Não sou aleijado, apenas sofri uma doença que me deixou nesse estado. Nos últimos três anos, minha família vinha cuidando de mim, mas agora me mandaram para esse lugar.

O homem com sorriso largo respondeu:

– Ninguém te mandou para cá, se você veio foi porque mereceu.

Teotônio sem compreender perguntou:

– Por que você diz que mereci vir a esse lugar? Você nem me conhece. Saiba que sou o coronel Teotônio, o maior fazendeiro daquela redondeza.

O homem gargalhou mais uma vez.

– Então você é coronel? Interessante... Mas saiba que o seu dinheiro ou suas terras aqui de nada valem, pois você é como qualquer um que está aqui.

Teotônio ficou sem entender, enquanto o homem se aproximou dizendo:

– Meu nome é Antonio Cintra, e vim parar nesse lugar por ter sido mau. Matei muitas pessoas inocentes, somente para ganhar algum dinheiro, e hoje pago um alto preço.

Atônito, o ex-coronel disse:

– Você é um matador?

– Sim! Sempre matei para defender os interesses de meu patrão, mas agora vejo que fui tolo.

Teotônio pensou por alguns instantes quando perguntou:

– Há quanto tempo está aqui?

– Não sei precisar o tempo, pois aqui o tempo não existe.

– Como pode dizer que não existe tempo? – Teotônio abriu seu paletó e procurou seu relógio de bolso, e logo percebeu que estava sem o relógio de que mais gostava, afinal ele tinha vários relógios. Continuou: – Alice mandou-me para cá sem meu relógio de ouro, que filha ingrata.

Antonio foi logo dizendo:

– Deixe de ser tolo! Ninguém te mandou para cá, se está aqui certamente fez alguma coisa por merecer.

Teotônio novamente não compreendeu as palavras daquele homem, e aflito disse:

– Não fiz nada a ninguém. O fato de estar aqui é uma grande injustiça.

Antonio disse:

– Se fosse bom certamente não estaria nesse lugar.

Teotônio pensou por alguns instantes antes de dizer:

– Por favor, dê-me água, sinto sede.

Antonio com raiva disse:

– Ali embaixo tem um córrego, se quiser vá beber.

– Córrego? Mas eu mal posso me mexer.

Antonio lançou uma gargalhada sinistra.

– Você não quer aceitar o fato de estar morto, não é mesmo?

– Morto? Mas eu não morri; estou vivo, e muito vivo.

– Acaso você nunca aprendeu que o espírito não morre? Você está vivo em espírito, pois seu corpo está apodrecendo em alguma cova funda.

Novamente Antonio começou a rir, enquanto Teotônio dizia:

– Estou entendendo o que está acontecendo, você é louco.

Antonio parou de gargalhar e com olhar furioso disse:

– Não sou louco, o que digo é verdade, você morreu e está vivo em espírito. Ninguém o mandou para cá, se veio é porque fez algo por merecer.

Antonio rodopiou nos calcanhares quando Teotônio gritou:

– Aonde vai? Por que não me ajuda?

Antonio voltou a se aproximar.

– Aqui ninguém ajuda ninguém, cada um faz o que pode para defender sua pele.

Antonio se afastou e deixou Teotônio sozinho com seus pensamentos. O ex--coronel sentia sede e se lembrou que Antonio dissera que ele havia morrido. Embora se lembrasse perfeitamente das palavras daquele homem que Teotônio julgava louco, logo recordou que estava em seu quarto, ao lado do médico e de sua esposa, e depois se lembrou de ter visto Alice e suplicado seu perdão com a voz fraca.

Teotônio pensava: "Será que estou louco, ou estou morto? Como poderei saber?" Teotônio sentiu o desespero tomar conta de todo seu corpo ao pensar que talvez pudesse ter morrido.

Não sabia quanto tempo estava naquele lugar, e vez por outra ouvia vozes, mas ninguém se aproximava para ajudá-lo a tomar água.

O cheiro nauseabundo causava enjoo em Teotônio, mas a sede era maior. Ele falou em voz alta:

– Quanto tempo estou aqui? Será que estou realmente morto? Se for assim, por que não fui para o céu como o padre Ozório dizia? Será que realmente existe céu? Meu Deus, acho que estou ficando louco.

Teotônio percebeu que uma luz muito tênue banhava o lugar, porém não via ninguém, e o cenário era formado por árvores ressequidas, o fedor tomando conta daquele local que ele nem sabia o que era.

Foi então que Teotônio se lembrou de algumas conversas que tivera com o doutor Frederico e uma frase ficou em sua cabeça: "É após a morte que ficamos frente a frente com nossa própria consciência e descobrimos quem verdadeiramente somos...".

Essas palavras não saíam de sua mente, e o coronel começou a achar que, se isso fosse verdade, Deus não era tão bom assim.

Leôncio havia progredido muito, pois fizera vários cursos, aprendera a trabalhar com Alípio e a cada dia se mostrava mais indulgente com aqueles que vinham da Terra.

O rapaz já não era mais o mesmo, pois sua revolta ficara para trás e a cada dia ele se entusiasmava mais com o trabalho.

Certo dia, estando Leôncio cuidando de um rapaz recém-chegado da Terra, ouviu uma voz atrás de si dizer:

– Bom trabalho, meu irmão; tem progredido muito desde que começara a trabalhar, agora está na hora de mudar.

Leôncio sem compreender disse:

– Por que mudar? O senhor não está gostando de meu trabalho?

Alípio sorrindo respondeu:

– Não se trata disso; você tem trabalhado muito e seu esforço é reconhecido por todos os companheiros, mas lembre-se: você veio para cá somente para aprender e com isso se passaram quatro anos.

Leôncio disse:

– Por favor, não me faça abandonar o trabalho, pois tenho sentido as suas bênçãos e isso só tem me feito bem.

Alípio sorrindo continuou:

– Todo trabalho é recompensador, nunca se esqueça disso.

Leôncio que havia se esquecido da conversa que tivera anos antes com Andréas perguntou:

– E agora onde vou trabalhar?

Alípio respondeu:

– Andréas vai lhe falar.

Nesse momento, Andréas entrou no recinto sorrindo e à queima-roupa perguntou:

– Como vai o meu pupilo?

Alípio respondeu:

– Leôncio é um aluno aplicado e tem vontade não somente de aprender como de trabalhar e isso é uma virtude.

Andréas sorrindo disse:

– Acho que chegou a hora de vir trabalhar comigo, nas zonas inferiores.

Leôncio, que já havia ouvido falar nas zonas inferiores, ficou hirto quando disse com humildade:

– Peço que me perdoe, mas acho que não estou pronto para trabalhar em tal lugar.

Andréas respondeu:

– Se você trabalha aqui com maestria, certamente o fará nas zonas inferiores; o trabalho é o mesmo, a única diferença é o lugar que não é tão belo quanto aqui.

– Estou aqui para trabalhar, não importa onde ou o que eu faça. Portanto, se for para meu aprimoramento, aceito de coração.

Alípio disse:

– Quanto progresso! Fico feliz quando um aluno reconhece a importância do trabalho seja onde for.

Andréas disse:

– O que acha de irmos às zonas inferiores para conhecer seus novos companheiros de trabalho?

Leôncio olhou com ternura para Alípio e se despediu, depois foi até cada um de seus companheiros de trabalhos se despedindo de todos.

Depois das despedidas, Andréas pegou na mão de Leôncio e disse:

– Agora você vai pensar em mim e eu o levarei até as zonas inferiores em questão de minutos.

Leôncio perguntou:

– Não estou entendendo...

Andréas passou a explicar:

– Quando estamos fora do corpo físico, o espírito tem em certo adiantamento a capacidade de voar, mas isso não se dá somente no sentido literal, mas também de maneira transcendental, ou seja, o espírito se transporta para onde quiser ou lhe for determinado, sob a ação e o impulso de sua própria inteligência, podendo fazer isso somente com a força do pensamento.

Leôncio abriu um largo sorriso quando perguntou:

– Eu posso viajar através do espaço somente com a força do pensamento?

Andréas sorriu sem nada dizer, e com aspecto sereno estendeu a mão ao rapaz e falou:

– Pense em mim, e eu o levarei, mas com o tempo você aprenderá a fazer o mesmo.

Leôncio despreocupadamente pegou na mão de seu interlocutor e sentiu como que uma brisa o envolvesse e embora mantivesse com os olhos fechados; sentia que voava, qual pássaro livre.

O rapaz sentiu-se imensamente feliz, porém permaneceu com os olhos fechados.

A viagem foi tão rápida que logo Leôncio sentiu o chão sob seus pés, e Andréas perguntou:

– Gostou da experiência?

Leôncio permaneceu com os olhos fechados, e sorrindo Andréas disse:

– Pode abrir os olhos, já estamos nas zonas inferiores.

Leôncio abriu os olhos e a visão foi aterradora.

Havia no local uma luz tênue e árvores ressequidas; um pequeno córrego passava à sua frente e o cheiro nauseabundo o fez sentir-se mal.

Leôncio olhou para o alto, mas não conseguiu enxergar de onde a parca luz vinha, e o frio passou a tomar conta de seu corpo. Viu um grupo de vândalos gritando, cujas fisionomias mais lembravam animais que seres humanos.

Outros se arrastavam, gemiam, e os gritos eram apavorantes.

Havia muitas rochas no local, que serviam de esconderijos para alguns.

Leôncio olhou tudo e por um momento sentiu vontade de correr.

Andréas, com serenidade, argumentou:

– Não tenha medo, eles não podem nos ver.

Leôncio percebeu que correr naquele local seria uma tolice e sendo assim se aproximou ainda mais de Andréas. O rapaz olhando todo aquele desespero disse:

– Como Deus pode permitir que seres humanos vivam em situação tão deplorável?

Andréas passou a explicar:

– Deus não envia ninguém a esse lugar; se estão aqui é porque ainda tem muita coisa a aprender.

Indignado Leôncio perguntou:

– Mas que lugar horrível é esse?

Andréas, com calma, passou a explicar:

– Nós costumamos chamar de zonas inferiores, mas há aqueles que o chamam de umbral. Como lhe disse, Deus nada tem a ver com isso, pois tudo que está vendo é consequência do que está dentro de cada um de seus moradores. Cada um dos moradores desse lugar acaba refletindo o que existe dentro de si. Os seus moradores estão na mesma faixa vibratória, e como são completamente desequilibrados se ligam por meio de seus pensamentos e desejos, pois até aqui existe a lei da afinidade. Essa é uma região energética onde os afins se encontram e vivem, onde podem dar vazão a seus instintos, onde convivem com o que lhes é característico.

– Mas eles vão viver sempre nesse local terrível?

Andréas olhando para um espírito que rastejava qual serpente disse:

– Ninguém está condenado ao sofrimento eterno, a única coisa que Deus requer é que eles reconheçam seus erros pregressos e se arrependa. Tenha a certeza de que quando alguém se arrepende prontamente é ajudado. Agora venha comigo, vou levá-lo ao Posto de Recuperação, e você verá quão gratificante é quando um espírito contrito volta seus pensamentos a Deus e pede perdão, mas lembre-se que muitos aqui te pedirão ajuda mostrando arrependimento, mas nem todos estão realmente arrependidos.

Leôncio pensou por alguns instantes e perguntou:

– Mas como saber se um espírito realmente se arrependeu?

Andréas sorrindo respondeu:

– Isso é simples, já ouviu falar que os olhos são o espelho da alma? Quando alguém se arrepende realmente ele deixa que seus olhos falem e depois eles mesmos comentam sobre seus erros e lamentam profundamente por eles.

Leôncio pensou por alguns instantes e depois disse:

– Quero conhecer o Posto de Recuperação.

– Só um momento, essa parte da zona inferior é onde ficam o que chamamos de espíritos recalcitrantes, por isso muitos deles têm essa forma animalizada. Antes de irmos ao posto peço que me acompanhe; vamos ao vale das sombras, ou seja, onde ficam os espíritos que desistiram de suas missões e voltaram-se para o suicídio. Temos a parte ainda daqueles que se entregaram à luxúria e acabaram por contrair doenças em decorrência do sexo imoderado.

Depois há também outros que estão aqui presos ao ódio e pensam somente em vingança, definindo-se como vingadores. Enfim, como já lhe falei, aqui também existe a lei da afinidade e estes se agrupam. Quando começar a trabalhar verá que cada caso é um caso, e que todos um dia chegarão à redenção por meio do arrependimento. Não se preocupe com o tempo, pois isso é o que eles mais têm quando estão fora do corpo físico.

Leôncio, levando a mão ao nariz, perguntou:

– Mas como alguém pode viver num lugar fétido como este?

Andréas esclareceu:

– Muitos gostam desse lugar, pois se acostumaram a viver na penumbra e no fedor; é o que chamo de adaptação.

Leôncio viu um espírito ainda na forma humana baixar e beber da água suja do córrego.

O rapaz, enojado, disse:

– Veja! Aquele coitado está tomando lama para matar a sede!

– Não se deixe levar pela compaixão demasiada, pois ela pode nos trair; se ele está ainda nesse lugar e matando sua sede nesse córrego imundo é porque não se arrependeu. Arrependimento requer esforço, pois o primeiro passo é reconhecer que errou e o segundo passo é lamentar de coração pelo ato praticado.

Leôncio, olhando para todos os lados, resmungou:

– Vejo que ainda tenho muito a aprender.

Andréas, que mudara de ideia quanto a levá-lo ao Posto de Recuperação, o convidou dizendo:

– Venha! Vamos dar um passeio pelo lugar, pois você ainda não viu nada.

Leôncio, assustado, disse:

– Talvez não seja necessário, acho que já vi o bastante.

Andréas sorrindo repetiu:

– Não se preocupe; eles não podem nos ver e não nos farão mal algum.

Leôncio decidiu se calar e seguir Andréas; andaram por uma boa parte da zona inferior, deixando de caminhar somente onde se encontravam os espíritos ignorantes.

Logo os dois andaram por um lugar e Leôncio viu um casarão, os portões e os muros eram altos, e Andréas disse:

– Vamos entrar, a irmã Matilde está querendo conhecê-la.

Assim que os dois entraram no casarão, Leôncio percebeu que a escuridão do lugar o deixara com as vistas sensíveis. O local era demasiadamente iluminado e limpo.

Por alguns instantes, Leôncio se lembrou da colônia.

Andréas sorrindo respondeu:

– Esse é o lugar onde trabalho e posso lhe garantir quão bom é quando alguém é recolhido e tratado nesse lugar para depois serem levados para a colônia.

Leônidas andou pelo longo corredor onde havia muitos quartos, e pessoas andavam de um lugar a outro, entrando e saindo dos quartos.

Andréas conhecia todos e com simpatia os cumprimentava, e foi nesse momento que Leôncio percebeu quão querido seu amigo era.

Andréas o levou para conhecer Matilde, uma senhora que trabalhava naquele local há mais de trinta anos.

Matilde sorrindo perguntou a Leôncio:

– Então você é o mais novo trabalhador da casa?

– Assim espero. Respondeu Leôncio com humildade.

Matilde sorriu ao ver a disposição do rapaz e com isso disse:

– Seja bem-vindo, o trabalho é uma bênção.

Leôncio agradeceu as boas-vindas e sentiu grande simpatia por sua interlocutora.

Andréas sorrindo disse:

– Venha, vamos conhecer as dependências do Posto de Socorro, o trabalho não é muito diferente do que é realizado na colônia.

Leôncio com olhar matreiro respondeu:

– O trabalho não é diferente, o que difere são as pessoas assistidas.

Andréas sorriu com as palavras de Leôncio, e nesse momento começou a andar.

O prédio era muito parecido com um grande hospital. Havia dois andares, cujas paredes eram brancas, no imenso corredor havia várias obras de artes, da escola de artes da colônia.

Leôncio observava cada detalhe e ao ver um quadro com imensa cascata e grandes rochas perguntou:

– Quem pintou essa tela?

Andréas olhou para o quadro e puxando pela memória disse:

– Essa tela foi pintada por Guilhermina, uma irmã que havia na colônia.

Leôncio voltou a perguntar:

– Visitei a escola de artes da colônia e não me lembro de tê-la visto.

Andréas por um momento demonstrou extremo saudosismo quando finalmente disse:

– Guilhermina está encarnada, e se Deus assim permitir logo ela estará entre nós.

Leôncio era observador por natureza e percebendo certa melancolia na voz do amigo disse:

– Você pareceu-me triste, posso saber qual o motivo?

Andréas, voltando a olhar para o quadro, respondeu perdido em recordações.

– Você tem razão meu amigo, a lembrança de Guilhermina me arremessa a um passado não muito distante onde ela foi minha mãe.

Leôncio logo compreendeu que não se tratava de tristeza, mas antes de saudades.

Leôncio, que se sentia à vontade na presença do amigo, voltou a perguntar:

– Onde sua mãe reencarnou?

– Minha mãe reencarnou na cidade de São Paulo, há mais de sessenta anos, o que me alegra é que ela logo estará de volta à pátria espiritual.

– Você nunca mais a viu? Perguntou Leôncio interessado pela história.

– Quando posso vou visitá-la, mas minha maior alegria será quando nos reencontrarmos.

Leôncio que não sabia sobre visitas de desencarnados na crosta, perguntou:

– Mas os desencarnados podem voltar à Terra para visitar seus parentes e amigos?

– Certamente que sim – respondeu Andréas sabendo das intenções do amigo.

Leôncio, permaneceu calado, porém esqueceu que seu amigo poderia ouvir seus pensamentos.

Andréas disse:

– Você tem se esforçado e merece visitar os seus; o que acha?

Leôncio pensou por alguns instantes quando perguntou:

– Tem certeza que posso visitar Alice e minha filha?

Andréas levou a mão no ombro do amigo, dizendo:

– Quer fazer essa visita ou não? Lembre-se que quando começar a trabalhar nesse lugar não terá tempo para visitas.

Entusiasmado, Leôncio respondeu:

– Para mim seria imenso prazer rever Alice e conhecer minha filha, andar pela fazenda onde fui feliz por curto período de tempo.

Andréas ordenou:

– Leôncio, feche os olhos, vamos fazer uma visita à fazenda, mas dessa vez eu não vou pegar em sua mão.

Atônito, Leôncio respondeu:

– Não sei como fazer isso.

– É simples, nós que estamos desencarnados viajamos somente usando a força do pensamento, se concentre na fazenda ou em Alice e em pouco tempo estaremos lá, mas lembre-se que você deverá pensar em tudo que aprendeu na colônia, pois como sabe a crosta é densa, para nós desencarnados é muito fácil nos desequilibrarmos. O equilíbrio é fundamental para uma visita bem-sucedida, não deixe que nenhum tipo de sentimento apodere-se de seu coração.

Leôncio, intimidado pelas palavras do amigo, perguntou:

– E se eu não conseguir manter o equilíbrio?

– Pegarei em sua mão e o levarei de volta à colônia para que retome o equilíbrio necessário para o trabalho.

Leôncio confiava plenamente em Andréas, de modo que disse:

– Desejo ardentemente visitar Alice, porém não quero causar mal-estar a ela e nem a minha filha.

Andréas disse:

– Não se preocupe, tudo dará certo.

Leôncio pensou na oferta por alguns instantes e perguntou:

– Mas nós não íamos conhecer o lugar?

– Não se preocupe com isso, você terá tempo suficiente para conhecer todas as dependências do local.

Leôncio estendeu a mão a Andréas e rapidamente os dois volitaram até a fazenda do extinto coronel Teotônio.

Andréas e Leôncio viram a casa-grande, porém foi com tristeza que o rapaz disse:

– Quando morava aqui, a casa e o jardim eram bonitos, e agora tudo parece abandonado.

Andréas fez o seguinte comentário:

– Meu amigo, as coisas mudam todo o tempo, você não poderia esperar que tudo estivesse como antes; principalmente quando a família passa por severo golpe.

– Mas que golpe eles sofreram? Acaso perderam a fortuna?

Andréas, em tom sério, respondeu:

– Não, meu amigo, a fortuna é o que menos importa, digo quando se trata de perder alguém querido.

Leôncio pensou por alguns instantes, depois perguntou:

– Quem morreu?

Andréas lamentou-se ao dizer:

– Foi o próprio Teotônio, mas isso já faz algum tempo.

– Mas eu nunca o vi na colônia.

– Meu irmão, nem todos, ao deixarem seus corpos físicos, vão para as colônias de regeneração; muitos precisam passar pela dolorosa experiência de ir às zonas inferiores.

– Está dizendo que o coronel foi para as zonas inferiores? Concordo que ele não agiu corretamente comigo ao mandar que Daniel me matasse, mas ele sempre foi um homem bom e compreensivo, apesar de ser um homem grosso.

Por que ele não foi encaminhado na colônia junto conosco? Certamente ele não merecia isso – continuou Leôncio, abismado.

Andréas alegrou-se em seu íntimo ao ver que realmente Leôncio havia perdoado seu algoz de outrora e com um sorriso disse:

– Leôncio, para cada ação, uma reação, e na maioria dos casos deve haver uma reparação, que se chama arrependimento. O coronel está em tão triste situação por não ter se arrependido de seus maus atos.

– Mas se eu que sofri já o perdoei, por que Deus não o perdoou?

– Deus nada tem a ver com isso, a vida é feita de escolhas, e ele escolheu por ignorância tirar a vida de uma pessoa inocente, e agora está colhendo os resultados, mas lembre-se: ele só receberá ajuda quando sinceramente ele se arrepender de seus atos. Deus não erra nunca meu amigo, confie em sua sapiência.

Leôncio percebeu que o amigo estava com razão, e com isso perguntou:

– O que posso fazer para ajudar o coronel?

Andréas respondeu:

– Há uma coisa que nós devemos fazer por todos, principalmente por aqueles que sofrerem no umbral.

– O quê? – perguntou Leôncio.

– Prece.

Leôncio, ao lembrar-se da fisionomia do coronel, fechou os olhos e fez prece em pensamento.

Andréas respeitou o silêncio do amigo e assim que este abriu os olhos, disse:

– Vamos entrar, preciso rever Alice.

– Para entrar é só pensar.

Leôncio pensou na sala do coronel, quando repentinamente abriu os olhos e viu dona Clementina conversando com Alice na sala.

Ao ver Alice, o rapaz sentiu enorme paz. Sorrindo, aproximou-se.

– Alice, o tempo passou e você continua linda.

Andréas disse:

– Realmente trata-se de uma bela mulher, mas ela já não tem a mesma jovialidade de antes; o tempo passa e as pessoas mudam, não se esqueça disso. Seja mero espectador; procure não ajudar nem se envolver nos problemas delas; lembre-se: você é um desencarnado e nada do que disser ou fizer será visto por elas, pois agora vocês vivem em mundos diferentes. Não deixe cair sua vibração, pois se você perder o equilíbrio o levarei de volta para a colônia.

Leôncio permaneceu calado e procurou não se envolver nos assuntos das duas mulheres.

CAPÍTULO 17

Mais uma morte na família

Alice e Clementina estavam conversando na sala de estar sobre Sarah, que, desde que o avô partira, se tornara revoltada com a vida, e de tudo reclamava, dizendo que se seu avô ainda estivesse vivo ela seria mais feliz.

Alice disse à mãe:

– Sarah quer que eu a mande para a capital, ela me disse que quem a segurava na fazenda era papai e agora que ele se foi não há motivos para ela continuar aqui.

Dona Clementina com aspecto cansado disse:

– Mas o que ela quer fazer na capital?

– Segundo me disse quer estudar no mesmo colégio que estudei.

Dona Clementina apenas respondeu:

– Minha filha, nos últimos tempos, Sarah está insuportável. Talvez seja melhor ela ir estudar na capital para dar valor a tudo que fazemos a ela dentro dessa casa.

Alice foi contra no primeiro momento.

– Mamãe, não quero que Sarah passe pelo que passei; ficar longe de casa é um sofrimento desnecessário.

– Alice, infelizmente não sabemos o que é melhor para nós, quanto mais para nossos filhos; você está sendo egoísta e talvez esteja privando minha neta de crescer e enfrentar a vida, além de ver como as coisas funcionam.

Alice exasperou-se.

– A senhora está me chamando de egoísta? Quero proteger minha filha dos sofrimentos que uma moça passa fora de casa.

Dona Clementina ajuntou:

– Minha filha, Sarah já conta com dezoito anos, e agora cabe a ela escolher se vai para a capital ou não; logo ela se interessará por alguém, se casará, enfrentará os dissabores do casamento e a culpará por não ter aproveitado sua juventude. Deixe-a escolher, minha filha, para você não ter que ouvir um dia que foi uma mãe possessiva.

Alice pensou por alguns instantes.

– Papai sempre papariquou muito Sarah e, agora que se foi, deixou um grande problema para eu resolver.

Clementina, ao lembrar-se do marido, interveio a seu favor:

– Minha filha seu pai foi o pai que Sarah não teve, portanto não seja ingrata, pois ele fez tudo que pôde para que Sarah fosse feliz.

Sarah ainda sofre com a ausência de Teotônio, pois todas as vezes que sonha com o avô ela acorda sobressaltada, pois nos sonhos seu pai está sofrendo.

– Impossível! Mamãe; Sarah quer acreditar que papai está vivo em alguma parte do espaço, o que é humanamente impossível, pois ele morreu e acabou assim como acontece com os animais.

Dona Clementina assustada com as palavras da filha perguntou:

– Você não acredita que continuamos vivos depois da morte?

– Não! Essa ideia é absolutamente ridícula, se tivéssemos dois corpos, ninguém iria querer vir à Terra para sofrer.

Clementina olhou para a filha como se a visse pela primeira vez.

– Minha filha, jamais pensei que fosse tão incrédula! Você, que sempre foi às missas e estudou num colégio de freiras, vem me dizer que não acredita em espíritos?

Irritada, Alice disse:

– Desculpe, minha mãe, mas eu não acredito mesmo. Se Leôncio estivesse vivo em algum lugar, certamente ele teria vindo se comunicar comigo, e não foi isso que se deu em nenhum dia desses últimos dezoito anos. Nosso amor foi o mais bonito e puro que podia existir, e Leôncio foi assassinado friamente por meu pai, deixando-me sozinha e com uma filha para criar.

Clementina mal podia acreditar no que ouvia.

– Minha filha, você mentiu para seu pai antes de morrer.

– Em que menti, minha mãe?

– Mentiu quando disse que o perdoava.

– Eu só queria que ele morresse em paz, mas para falar a verdade eu nunca o perdoei e jamais o perdoarei pelo mal que me fez.

Clementina, olhando para a filha, resmungou:

– Que Deus tenha misericórdia de sua alma minha filha; pois Jesus o filho de Deus ensinou que nós devíamos perdoar para sermos perdoados. Compreendo que tenha sofrido com a morte de Leôncio, mas não se esqueça que seu pai sempre fora bom para você e se esforçou muito para que você tivesse uma educação esmerada e não lhe faltasse nada, assim como fez para Sarah. A diferença entre Sarah e você é que minha neta amava o avô, e você o odiava.

– Eu nunca odiei papai, porém ele não pensou em mim no momento que mandou que atirasse em Leôncio.

– Minha filha, esqueça isso, pois se tornou poeira do tempo, e toda poeira é espargida no ar.

– Não para mim; ainda sofro com a ausência de Leôncio e penso que tudo seria diferente se ele estivesse a meu lado.

Clementina percebeu que sua filha havia se tornado uma mulher fria e de palavras duras, e pela primeira vez viu sua filha não como uma menina indefesa, mas antes como uma mulher altiva que muitas vezes apresentava os mesmos trejeitos do coronel.

– Minha filha, vou à cozinha, pois pedirei para fazerem feijoada no dia de hoje; o que acha?

– A senhora é quem decide, minha mãe, mas não faça nenhum esforço, pois a senhora já não tem mais saúde para isso.

Clementina se afastou da sala, e por um momento Alice, que não sabia da presença de Leôncio e Andréas no recinto, pôde sentir o mesmo cheiro de relva que sentia nos momentos que se encontrava com o jovem no cafezal. Naquele momento, sentiu vontade de chorar, porém com o coração aflito disse:

– Por que Sarah sonha com papai e eu não sonho com Leôncio? Gostaria de vê-lo mesmo em sonho.

Leôncio se aproximou de Alice e disse em seu ouvido:

– Meu amor, eu a amo e, mesmo que o tempo passe, continuarei a amá--la, pois você faz parte de mim assim como sei que faço parte de você...

Alice naquele momento sentiu indizível paz, e as lembranças de sua época de namoro começaram a fervilhar em sua cabeça.

Alice, não contendo as lágrimas, trancou-se em seu gabinete que outrora fosse de seu pai e ficou a pensar em Leôncio. Este sentiu um misto de sensações naquele momento, estava alegre por saber que ela verdadeiramente o amava e triste por saber que ela ainda sofria pela sua ausência.

Andréa disse:

– Contenha-se, pois caso contrário o levarei de volta à colônia.

Leôncio tentou não entrar na mesma faixa vibratória de Alice, pois queria permanecer ali por mais algum tempo. Foi nesse momento que Andréas disse:

– O que acha de conhecer sua filha?

Leôncio alegrou-se e imediatamente desligou-se das lembranças tristes de Alice.

Os dois saíram do gabinete e foram até a cozinha onde Clementina conversava com Sarah.

Ela era uma bela jovem, que tinha a tez branca da mãe e os traços do pai.

Leôncio, surpreso, disse ao amigo:

– Veja como minha filha é bonita.

Andréas sorriu com o entusiasmo do amigo e concordou. Pediu silêncio a Leôncio, e juntos os dois continuaram a ouvir a conversa entre a avó e a neta.

Sarah estava inconformada com a determinação da mãe em deixá-la ir à capital para concluir seus estudos.

Sarah disse:

– Vovó, a senhora acha justo o que mamãe está fazendo comigo? Ela estudou na capital e aprendeu tudo que uma dama deve saber, além do mais tem que entender que eu jamais assumirei a administração da fazenda, pois não nasci para isso.

Clementina, tentando acalmar os ânimos entre as duas, disse:

– Minha neta compreenda; sua mãe não quer vê-la sofrer assim como ela sofreu, ela apenas quer protegê-la.

– Vovó, já tenho dezoito anos e nunca saí dessa fazenda, preciso conhecer lugares e pessoas novas.

– Quando se é jovem minha neta queremos aproveitar tudo que a vida pode nos oferecer, isso é absolutamente natural, mas lembre-se que a liberdade muitas vezes acaba por trazer sofrimentos e é isso que sua mãe quer evitar.

Sarah fez bico quando continuou:

– Vovó minha mãe não quer que eu seja feliz! Ela é infeliz e por isso colocou vários professores para me ensinar, mas eu gostaria de ser como uma moça qualquer de minha posição, que estuda fora e se diverte muito.

Clementina se aproximou da neta e disse:

– Voltarei a conversar com sua mãe sobre o assunto, mas por enquanto não diga nada a ela.

Sarah estava visivelmente contrariada em relação à mãe, afinal ela queria o que qualquer moça de sua idade e posição queria.

Clementina viu a moça subir as escadas e disse em voz alta:

– Sarah é completamente diferente de sua mãe; Alice não queria estudar na capital, porém Teotônio foi irredutível, enquanto Sarah quer estudar fora e a mãe não deixa. – Olhando para o teto, a velha senhora disse: – Meu Deus, o que fazer diante de uma situação como essa?

Clementina resolveu conversar com Almerinda que mesmo não cozinhando mais, passava a maior parte do tempo na cozinha.

Clementina, olhando para a amiga, disse:

– Não sei como resolver o impasse que se estabeleceu entre Sarah e Alice; a menina quer estudar na capital, enquanto Alice não quer que a menina vá embora. O que acha que devo fazer?

Almerinda olhou para Clementina e pela primeira vez viu o peso do tempo sobre seus lombos e com ternura disse:

– Dona Clementina, acredito que a senhora não possa fazer muita coisa, afinal a mãe de Sarah é Alice, e se ela não quer que a menina vá estudar na capital é porque ela sabe o quanto sofreu longe de todos nós.

Clementina pensou por alguns instantes.

– Sarah é diferente de Alice. Ela quer se juntar a jovens de sua idade; talvez seja melhor deixá-la estudar na capital.

Almerinda prosseguiu:

– Não tenho filho, como a senhora bem sabe, mas penso que Alice está querendo fazer o melhor para a filha, porém nem sempre sabemos o que é melhor para os filhos. A senhora tem razão; Alice não deve segurar a menina na fazenda, cada um deve ter suas próprias experiências, e a menina Sarah também terá as dela.

– Tem razão; voltarei a conversar com Alice sobre o fato e depois deixarei para ela decidir.

Almerinda mudou o rumo da conversa, dizendo que Olinda era lenta no fogão e era orgulhosa demais a ponto de aceitar suas sugestões.

Clementina, ao ficar sabendo que Olinda não aceitava as sugestões daquela velha senhora que por muito tempo fora sua cozinheira, chamou-a, dizendo:

– Olinda, de hoje em diante quero que obedeça a Almerinda, afinal ela nos serviu por muitos anos e sabe muito bem como gostamos das coisas.

Olinda não gostou da reprimenda de Clementina, porém aceitou as ordens da então dona da casa.

Alice costumava comandar os serviços da fazenda na parte da manhã e na parte da tarde ficava em seu gabinete, verificando as contas da fazenda.

Naquela tarde, enquanto Alice fazia as contas de cada funcionário da fazenda, dona Clementina entrou dizendo:

– Não acha que está trabalhando muito, minha filha?

– Mamãe, agora somos só nós; cuidar de uma fazenda não é tarefa fácil.

Clementina olhou para a filha, que ocupava a cadeira do pai.

– Sinto orgulho de você minha filha.

Alice levantou os olhos e sorriu para a mãe.

Clementina continuou:

– O que me traz aqui é novamente o fato de Sarah querer ir estudar na capital.

Alice interrompeu a mãe:

– Sarah quer estudar na cidade, mas isso está fora de cogitação.

Clementina passou a dizer:

– Minha filha, não seja irredutível como seu pai foi com você; sei que sofreu enquanto esteve longe de nós, mas pense você teve suas experiências. Não acha que Sarah precisa vivenciar as experiências que a vida der a ela? Além do mais, se você não permitir que ela vá estudar fora, sua relação com Sarah ficará seriamente abalada.

Alice parou por alguns instantes, e então perguntou:

– A senhora acredita mesmo nisso?

Clementina fixou o olhar na filha e respondeu:

– Tenho certeza; Sarah é uma menina temperamental e mimada e, se você não permitir que ela vá estudar fora, ela sempre terá a sensação que não aproveitou nada da vida.

– Sou mãe e sei o que é melhor para ela.

– Minha filha, ninguém sabe o que é melhor para ninguém, seu pai a forçou a ir para a capital contra sua vontade e hoje sabemos o quanto ele errou; pense um pouco mais e veja se não está agindo como seu pai agiu com você.

Alice baixou os olhos sem nada dizer e viu a mãe se levantar.

– Minha filha, não queira proteger demasiadamente Sarah; ela precisa ter suas próprias experiências e fazer as próprias escolhas. Ela é sua filha, e não sua propriedade.

Clementina ao dizer essas palavras se retirou e sentou-se na poltrona da sala, a fim de continuar com seu bordado.

Alice ficou calada sem nada responder, e naquele momento mandou que chamasse Sarah para que ela pudesse ter uma conversa.

Sarah, ao entrar no gabinete que outrora fora de seu avô, encontrou sua mãe sentada com aspecto sério e de cenho fechado.

Alice disse:

– Entre e feche a porta, por favor.

Sarah sabia que quando sua mãe a mandava chamar em seu gabinete sabia que a coisa não era muita boa e dessa forma perguntou:

– O que eu fiz dessa vez mamãe?

Sarah percebeu que sua mãe estava visivelmente contrariada e dessa forma resolveu permanecer em silêncio e ouvir o que a mãe tinha a dizer.

Alice remexeu-se na cadeira.

– Estive conversando com sua avó e ela acabou me convencendo de que você deve ir estudar na capital.

Sarah não estava acreditando no que ouvia e, abrindo um largo sorriso, falou, feliz:

– Eu amo minha avó.

Alice continuou:

– Você irá estudar no colégio onde estudei, e saiba que arcarei com todas as despesas, mas lembre-se de que ter juízo é fundamental.

– Mamãe, eu só quero estudar; juro que nada farei de errado.

Alice, ainda de cenho fechado, viu a filha se aproximar e beijar-lhe ternamente a face.

Alice prosseguiu:

– Amanhã mesmo iremos à capital e a matricularei no colégio, e assim que começarem as aulas você seguirá para a capital.

Sarah ficou imensamente feliz e, sorrindo, pediu licença. Ao encontrar a avó bordando, disse:

— Vovó, obrigada por confiar em mim.

Clementina sem compreender perguntou:

— O que houve para você estar tão feliz?

— Mamãe deixou que eu fosse estudar na capital, a senhora conseguiu fazer com que ela mudasse de ideia.

Clementina falou:

— Minha neta, lembre-se de que toda liberdade vem acompanhada de responsabilidade, portanto, tenha juízo.

Sarah respondeu:

— Vovó, vou me formar professora e depois voltarei para prosseguir com o sonho de vovô de alfabetizar as pessoas das redondezas. Mamãe começou, mas, depois de tudo que aconteceu ela, deixou o sonho de vovô de lado.

Clementina, ao se lembrar de Teotônio, sentiu uma imensa tristeza invadir sua alma.

Depois de todos os preparativos, enfim chegou o dia em que Sarah iria estudar na capital como era de sua vontade.

Alice estava visivelmente triste, porém decidiu manter-se firme para não chorar.

Sarah foi matriculada no colégio em que Alice estudou, e como era colégio só para meninas, ele fornecia tudo, desde os cursos até alimentação e alojamento.

Clementina e Alice ficaram imensamente tristes ao ver a menina partir, mas naquele momento Alice percebeu que sua mãe estava com a razão, afinal a menina já contava com dezoito anos.

Sarah ficou na janela do trem acenando para a mãe e para avó, e as duas mulheres só saíram quando o trem sumiu em uma curva.

Alice, com lágrimas nos olhos, disse:

— Que Sarah se forme e volte para casa, pois se ela encontrar algum pretendente na capital dificilmente retornará.

Clementina disse:

– Agora você sabe como me senti quando foi embora.

Alice abraçou a mãe.

– Nunca pensei que um dia viveria longe de minha filha, mas, se isso for o melhor para ela, que assim seja.

As duas voltaram para a fazenda no automóvel de Alice.

O tempo passou inexoravelmente, e dessa forma oito anos haviam se passado desde que Sarah fora estudar na capital.

Alice já não tinha o mesmo vigor de antes, tendo delegado tarefas a José e Horácio.

Dona Clementina encontrava-se visivelmente debilitada pela idade e pela falta do marido.

Almerinda, a velha cozinheira, tinha falecido em uma noite triste de inverno, e as coisas na fazenda já não eram como nos tempos áureos. Embora a fortuna da família houvesse aumentado, Alice sentia-se cada vez mais sozinha.

Certa manhã de verão, ela ouviu o burburinho de um automóvel chegando à fazenda e, sem compreender o que acontecia, saiu para ver do que se tratava.

Sarah chegou acompanhada de um jovem que dirigia o automóvel, juntamente com duas moças. Sorrindo, falou:

– Mamãe, que saudades!

Alice, ao ver a filha, sorriu e rapidamente foi a seu encontro.

Sarah apresentou:

– Mamãe, esse é Alberto, de quem lhe falei nas cartas. Ele é filho de um deputado estadual afamado na capital, e estas são Maria e Cleuza, minhas melhores amigas. Formei-me e agora sou professora. Alberto quer conversar com a senhora e com vovó.

Clementina, que já estava usando bengalas, ao ver a neta, sorriu de felicidade.

Sarah perguntou:

– E como vão as coisas por aqui?

– Graças a Deus está indo tudo muito bem. Comprei mais terras, aumentei a criação de gado e a plantação de café.

– Mamãe, e como está a escola que vovô construiu?

– Está abandonada, minha filha, pois desde que a última professora foi embora não contratei mais ninguém para ficar em seu lugar.

Sarah falou:

– Minha mãe, peço que faça uma reforma na escola e, a partir do ano que vem, começarei a lecionar para as crianças e depois para os adultos da fazenda.

Alice respondeu:

– Quando nos formamos temos muitos sonhos, mas depois observamos que as coisas não são bem como gostaríamos.

Sarah não deixou de notar certa tristeza nos olhos da mãe.

– Mamãe, a senhora nunca quis ser professora, só o foi pelas exigências de vovô, mas, quanto a mim, ensinar me dá entusiasmo para viver; sempre que podia dava aulas para alunas que não compreendiam bem as matérias.

Alice convidou todos para entrar e, ao sentar-se em sua poltrona preferida, olhou para Alberto e foi direto ao assunto:

– Seu pai é deputado. E quanto a você, o que faz?

– Sou bacharel em Direito, senhora, e meu pai quer que eu ingresse na política e faça carreira.

Alice, que não gostava de política, comentou:

– Meu pai era político e isso só lhe trouxe dissabores.

Alberto era um rapaz alto, de tez alva como a neve, e tinha grandes olhos azuis, além de um sorriso cativante.

– Meu pai quer que eu faça carreira na política, mas não é isso que quero para mim. Gosto mesmo de cuidar das terras de meu pai, mas ele não admite, e sempre diz que não foi para isso que pagou meus estudos.

Alice simpatizou com o rapaz.

– Os pais acreditam que sabem o que é melhor para os filhos, mas nem sempre é assim...

Alberto respondeu:

– Concordo plenamente com a senhora. Ele gosta de política, mas eu sinceramente não vejo a política nem os políticos com bons olhos, pois todos prometem muitas coisas, mas se esquecem das promessas que fizeram ao ganhar as eleições.

Alice perguntou:

– E qual é o grau de amizade que você tem com minha filha?

Alberto, nesse momento, passou do rubor à palidez, sentindo-se acuado.

– Dona Alice, não vou mentir para a senhora. Gosto muito de Sarah e sinceramente gostaria de pedir seu consentimento para que possamos namorar.

– O que seu pai acha sobre o assunto? – Alice indagou.

Alberto, com altivez, respondeu:

– Meus pais sabem que Sarah e eu nos queremos bem e não levantam nenhuma objeção ao nosso namoro.

Alice olhou para a mãe, que prestava atenção na conversa, e, com clareza, falou:

– Darei o consentimento para vocês namorarem, mas só faço uma exigência: que seu pai venha pedir a mão de minha filha em seu nome.

Alberto suspirou aliviado.

– Papai gosta imensamente de Sarah e não esperava outra atitude da senhora.

Alice, surpresa, perguntou:

– Você a ama? Pois sei que os jovens da capital gostam de boemia e de mulheres.

O rapaz foi logo dizendo:

– Com todo o respeito, dona Alice, formei-me na Faculdade Largo de São Francisco, na capital, com louvor. Sempre fui muito responsável e nunca me juntei a outros rapazes. Meu pai sempre se orgulhou de minha postura como aluno e agora como bacharel.

Alice pensou por alguns instantes, então falou:

– Mas como pretende exercer sua profissão em uma fazenda longínqua como esta?

Alberto remexeu-se na poltrona.

– Dona Alice, formei-me em Direito por escolha de meu pai; obedeci, como todo filho deve obedecer, mas não vou exercer a profissão e muito menos seguir carreira política. Papai terá que aceitar minha escolha.

Alice gostou da resposta do rapaz.

– Peço que envie um telegrama a seus pais para que passem um final de semana em nossa fazenda.

Alberto concordou:

– Amanhã mesmo farei isso.

Nesse momento, Sarah, Maria e Cleuza entraram na sala. Alice disse à filha:

– Estava conversando com Alberto, e posso dizer que gostei de seu pretendente.

Sarah passou do rubor à palidez, afinal os dois tinham combinado que nada diriam a Alice sobre o namoro, que já vinha ocorrendo há pouco mais de um ano.

Sarah esboçou um sorriso sem graça e, olhando para o rapaz, comentou:

– Por que não esperou para que tivéssemos essa conversa juntos?

Alberto respondeu:

– Dona Alice logo percebeu que estávamos enamorados e me perguntou.

Alice, tentando acalmar a filha, falou:

– Minha filha, não se preocupe. Gostei de Alberto e apoio esse namoro.

Sarah abriu um largo sorriso.

– A senhora, debaixo dessa carapaça, é uma mulher sensível, minha mãe.

Alice sorriu e chamou sua mãe para conversar na cozinha, deixando os jovens palestrando alegremente na sala.

Clementina comentou:

– Gostei desse rapaz, ele me parece franco e honesto.

– Senti imensa simpatia por ele, mas...

– Mas o que, minha filha? – perguntou dona Clementina.

– Estou me sentindo velha, mamãe... Para mim, Sarah é uma criança, e agora aparece com um pretendente.

– Essa é a lei natural das coisas, minha filha; oito anos se passaram desde que Sarah partiu para estudar na capital, agora voltou formada e com um excelente pretendente.

Os pais de Alberto de Sá chegaram à fazenda e gostaram do que viram. Ao ficarem sabendo que a mãe de Sarah comandava os negócios da fazenda, entusiasmaram-se, afinal Sarah era uma excelente pretendente para seu filho.

As duas famílias apoiaram plenamente o namoro dos jovens, e sendo assim não demorou para que Alberto pedisse a mão de Sarah em casamento.

Assim o tempo foi passando, e logo Sarah e Alberto já estavam casados, sendo que o genro de Alice passou a tomar conta da fazenda.

O rapaz era tão bom quanto Alice, e todos os colonos tinham imensa admiração por sua liderança nata, embora ele a exercesse com esmerada educação.

Sarah passou a dar aula na fazenda, e Alice enfim decidiu descansar, afinal já estava cansada de tantos anos liderando aquelas terras.

Dona Clementina já não andava mais, e a idade avançada e os problemas de saúde que a acometiam faziam-na ficar todo o tempo em seu quarto.

Certa noite de outono, junto a todos os familiares, dona Clementina fechou os olhos para este mundo, deixando todos consternados.

Sarah já contava com 35 anos quando a avó tão querida partiu.

Alice sentiu muito a morte da mãe, e sendo assim passava o dia fazendo bordados nos mesmos lugares que a mãe costumava ficar.

Apesar do tempo decorrido, Alice jamais esquecera o único homem que amara em toda a vida, porém agora já não tinha o mesmo rancor de outrora.

E assim os dias foram passando, e as coisas na fazenda mudavam sensivelmente.

Leôncio aprendera a trabalhar nas zonas inferiores com Andréas, saindo pelo imenso pântano em busca de almas arrependidas.

Com o tempo Leôncio já não sentia o mal cheiro que aquele lugar exalava, pois o amor fraternal fazia com que visse a cada um como irmão.

Certa feita, estando Leôncio com Andréas e Jacinto, encontraram um homem cujas vestes eram sujas, os cabelos desgrenhados, e que se arrastava feito um réptil suplicar por ajuda.

Leôncio sentiu em seu coração que as súplicas daquele ser eram sinceras e olhando para Andréas disse:

– Sinto que este pobre irmão está cansado de viver nesse lugar, não acha que devemos levá-lo conosco?

Andréas sorrindo perguntou:

– O que diz seu coração?

– Meu coração diz que devemos ajudá-lo.

– Que assim seja.

Os três se aproximaram do homem e Andréas depois de fazer sentida prece perguntou:

– Por que acha que está nesse lugar?

O homem com voz sumida disse:

– Não sei há quanto tempo estou nesse lugar, mas saiba que eu que sempre pensei ser bom, não era tão bom assim. Quando encarnado fui dono de muitas terras, tornando-me o homem mais rico da região. Tinha amizade somente com pessoas influentes, e depois que morri vim parar nesse lugar, onde tive tempo suficiente para ver que não era tão bom assim. Cometi muitos erros em minha vida, mas o pior deles foi destruir a vida de minha filha, que se casara com um colono e no dia de seu casamento dei ordem para que o matasse. Por anos vi minha filha sofrer a falta de seu marido, mas isso pouco me importou, afinal acreditei estar fazendo o que era melhor para ela, mas, depois de todo esse tempo, percebi o quanto errei. Fiquei acuado nesse lugar por muito tempo, sentindo frio e fome, estando somente eu e a minha consciência a me acusar.

"A consciência é meu verdugo e não me dá paz. Peço a Deus que me liberte desse sofrimento."

Andréas, olhando para Leôncio, percebeu uma lágrima em seus olhos, e com suavidade disse:

– Mantenha o equilíbrio.

Leôncio no mesmo instante fez uma prece em pensamento pedindo a Deus a serenidade que necessitava naquele momento.

O homem, sem reconhecer Leôncio, prosseguiu:

– Não há perdão pelo mal que causei a minha filha e ao pobre rapaz, sendo assim peço que acabe com minha alma de uma vez.

Andréas disse:

– O corpo morre, mas o espírito é eterno, portanto você é uma criatura de Deus e terá tempo para reparar o mal que causou.

O homem disse:

– Não há perdão pelo mal que causei.

– Deus está sempre pronto a perdoar aquele que se arrepende de coração, a sua consciência o julgou e o condenou e agora chegou a hora de receber a absolvição de Deus.

Andréas perguntou:

– Qual é o seu nome?

– Teotônio.

Leôncio, ao ouvir o nome daquele homem, disse:

– Sou Leôncio, o mesmo que o senhor mandou matar no dia em que me casei com sua filha, portanto perdoe-se para que Deus possa te perdoar.

Teotônio sentiu medo de Leôncio e se encolhendo nada disse.

Leôncio continuou:

– Não tenha medo, somos irmãos e quando estamos encarnados somos suscetíveis a enganos. Foi isso que aconteceu ao senhor, mas Deus em sua infinita bondade e misericórdia nos enviou até aqui para ajudá-lo.

Teotônio, olhando para Leôncio, perguntou:

– E você me perdoa pelo mal que lhe fiz?

– Há muito já o perdoei; confie em Deus e aceite a ajuda que estamos lhe oferecendo.

Naquele momento, Leôncio abaixou-se e pegou na mão de Teotônio com ternura.

Teotônio sem se conter pranteou por todo o mal que havia cometido com Leôncio e repetidas vezes pedia perdão.

Logo os três perceberam que Teotônio estava paralisado e, com a ajuda de uma padiola, levaram-no ao Posto de Recuperação das zonas inferiores.

Leôncio sentiu imensa felicidade e, ao se ver sozinho, fez sentida prece em agradecimento a Deus por ter tido a oportunidade de ajudar aquele que fora seu algoz enquanto encarnado.

Teotônio chegou ao Posto de Recuperação em péssima condição, e ali foi tratado com muito amor por parte de todos os trabalhadores.

Leôncio sempre ia visitá-lo e certa ocasião Teotônio que ainda estava em uma das câmaras de recuperação, perguntou:

– Leôncio, por que ajudou-me em hora que eu julgava não ter mais esperança? Eu não permiti que ficasse com minha filha e ceifei sua vida, não acha que isso era motivo suficiente para deixar-me padecer naquele lugar?

Leôncio, olhando para Teotônio com ternura, respondeu:

– Teotônio, enquanto encarnado eu não passava de um simples colono, mas aqui aprendi que todos nós somos irmãos, o passado não importa, e o que me fez foi um grande bem, afinal você jamais iria me aceitar como membro da família e certamente eu iria sofrer muito mais. Confesso que ao chegar à colônia sentia ódio, e meu coração estava sofrendo pela ausência de Alice e pelo mal que me fizera, mas com muito trabalho e estudo aprendi que o perdão é o único caminho que nos tira da senda do sofrimento. Sinceramente eu o perdoei pelo mal que me fez, mas hoje vejo esse mal como um bem, onde eu pude crescer como espírito. Não se atormente pelo passado, pois a vida na Terra é breve como a bruma, e todos nós passamos por aquilo que precisamos passar para que possamos crescer moral e espiritualmente. Eu já o perdoei, agora resta saber se você já se perdoou, pois lembre-se: ninguém pode ser feliz carregando o fardo desnecessário da culpa. Perdoe-se meu irmão e verá que tudo transcorrerá de forma calma e serena.

Teotônio agarrou a mão de Leôncio com lágrimas nos olhos e, com tristeza, disse:

– Sinto sinceridade em suas palavras, mas infelizmente isso não aconteceu com Alice, por toda minha vida ela me olhava com olhar de reprovação, e a mágoa era visível em seus olhos.

Leôncio, que por diversas vezes fora visitar Alice, disse:

– Tenha paciência, meu amigo, um dia ela entenderá que você acreditava ter feito o melhor para ela.

Teotônio, olhando com tristeza para Leôncio, disse:

– Como estava enganado...

Leôncio prosseguiu:

– Nem sempre sabemos o que é melhor para os filhos, pois cada um tem suas provas e os pais não podem impedi-los de sofrer, afinal o sofrimento faz parte do crescimento.

Teotônio olhou para Leôncio e percebeu o quanto o rapaz mudara desde o fatídico dia em que morrera.

Leôncio, mudando de assunto, disse:

– Por que continua preso ao leito? Pode caminhar pelo Posto e travar novas amizades.

Teotônio com tristeza disse:

– Não consigo andar, como castigo tornei-me um aleijado.

Leôncio gargalhou dizendo:

– Você não podia andar enquanto estava preso ao corpo, agora está plenamente restabelecido.

Teotônio não entendeu o motivo da risada do rapaz e com raiva perguntou:

– Por que não acredita em mim? Estou preso à cama para o resto de meus dias.

Leôncio assustado olhou para Teotônio e disse:

– Por que pensa dessa maneira? Você passou o resto dos seus dias entrevado em uma cama enquanto estava encarnado, mas agora há uma grande diferença; você vive em espírito e para tal não há doenças ou morte. A paralisia que julga ter está em sua mente. A partir do momento que acreditar que poderá andar, o fará sem muito esforço.

Teotônio ao ouvir as palavras de Leôncio tentou mexer o braço paralisado sem sucesso e com tristeza disse:

– Está vendo? Continuarei entrevado nesse leito.

Leôncio voltou a dizer:

– Pense que você tem o comando de seu braço e de suas pernas, e sinta que eles já não pesam como antes. Sinta que todos os movimentos voltaram e que você pode andar e mexer-se como antes.

Teotônio foi fechando os olhos e deleitando-se com as palavras de Leôncio, e por um momento sentiu seus membros leves.

Leôncio continuou:

– Dê-me sua mão.

Teotônio sem perceber estendeu a mão paralisada a Leôncio e este sorrindo continuou:

– Agora sente-se à cama e abra os olhos.

Teotônio ao abrir os olhos constatou que estava sentado na cama e que seu braço e sua perna já não pesavam mais.

Teotônio assombrado perguntou:

– Você me curou?

Leôncio sorrindo respondeu:

– Não, meu amigo; faço minhas as palavras de Jesus: "A tua fé te curou".

Teotônio confessou:

– Mas eu nunca fui um homem de fé.

Leôncio passou a dizer:

– Como o amigo poderia definir a fé?

Teotônio pensou por alguns instantes.

– Nunca tive dúvida de que existe um Deus e que ele nos guia, mas sempre fui à igreja por mera formalidade, sinceramente nunca prestei atenção nos sermões do padre Ozório.

Leôncio, que havia participado de muitos cursos na colônia, passou a dizer:

– As pessoas pensam que pelo simples fato de acreditar em Deus e ir à igreja o faz uma pessoa de fé. Há alguns anos atrás tratamos desse assunto em um dos cursos que fizemos na colônia, e pude aprender que a fé é a confiança da criatura em seu criador, o qual sabemos bem se tratar de Deus, que é infinitamente justo e bom. Há dois tipos de fé: o que chamamos de fé cega, e a fé movida pela razão. A fé cega faz com que o homem caminhe pelos trilhos trevosos do fanatismo, anulando a razão que faz com que se aceite um corpo de doutrina como sendo verdadeiro ou falso, tornando-se escravos; quantas vidas se perderam em nome da fé. Aprendi muito nos cursos da colônia e me lembro de ter estudado sobre as Cruzadas, onde muitas vidas se perderam nas mãos dos Cavaleiros Templários, e a razão de tudo isso era o fanatismo religioso. A fé cega vai de encontro aos ensinamentos de Jesus, que muito falou sobre a fé raciocinada que mostra que o único caminho é o amor e o perdão. A verdadeira fé está na convicção que nos anima e nos arrebata para os ideais mais elevados e está interligada à confiança inabalável em Deus e em suas leis imutáveis e não em dogmas religiosos.

Teotônio, ao ouvir Leôncio falar, disse:

– Leôncio, você não é o mesmo rapaz que um dia foi pedir trabalho em minha fazenda, hoje você diz coisas que me deixam abismados.

Leôncio respondeu:

– Para ajudarmos os irmãos necessitados é necessário conhecimento, assim como um bacharel em Direito precisa conhecer as leis para defender seus clientes, nós precisamos ter conhecimentos para ajudar a todos que de nós precisarem. Para perdoarmos precisamos saber por que devemos perdoar e principalmente como esse ato pode ser benéfico para nós mesmos.

Teotônio surpreso com as palavras de Leôncio perguntou:

– Mas tudo isso você aprendeu depois de morto?

Leôncio gargalhou e depois de alguns instantes perguntou:

– Eu pareço morto?

Teotônio, percebendo o erro que cometera, ficou constrangido, e Leôncio, percebendo o constrangimento de seu interlocutor, voltou a ficar sério.

– Uma das coisas que você deve aprender é que a morte não existe. O que existe é o fim da vida no mundo material, mas o espírito que anima o corpo continuará vivo, afinal o espírito é imortal. A morte é apenas a mudança de vida material para a vida espiritual, e é assim que estamos nesse exato momento.

Teotônio ficou calado, e Leôncio respondeu:

– Você terá tempo suficiente para aprender, acho que está na hora de andar pelos corredores do posto e conhecer novos irmãos.

Teotônio estava receoso.

– Será que conseguirei andar?

– Se tiver fé em Deus e em si mesmo tenho certeza de que terá êxito nessa tarefa que no momento lhe parece impossível.

Teotônio, que estava sentado, lentamente foi colocando o pé no chão, porém Leôncio não o ajudou e, depois de alguns esforços, aquele que ficara por alguns anos se arrastando pelas zonas umbralinas deu seus primeiros passos.

Teotônio não conteve a felicidade de poder andar e, com lágrimas nos olhos, pediu:

– Venha! Dê-me um abraço.

Leôncio, sem nenhum ressentimento guardado em seu coração, abraçou Teotônio.

– Teotônio, vou ajudá-lo a dar os primeiros passos até o corredor, mas depois de alguns exercícios você fará isso sozinho.

Teotônio foi até o corredor e observou que tudo era limpo e organizado, e que as pessoas que circulavam pelos corredores eram sorridentes. Ao ver o cenário, olhou para o teto dizendo:

– Agradeço, Deus eterno, pela sua santa misericórdia.

Leôncio sorriu. Ao ver que Teotônio estava cansado, disse:

– Vou ajudá-lo a se deitar, mas faça isso todos os dias e logo estará andando normalmente.

Teotônio, ao ser levado de volta ao leito, fixou o olhar em Leôncio.

– Meu amigo, me perdoe pelo que fiz; impedi que fosse meu genro, mas ofereço a você minha sincera amizade.

Leôncio respondeu:

– Há muito o vejo como amigo; confesso que a princípio foi difícil, mas depois de muito trabalho e estudo, comecei a relembrar suas qualidades e sinceramente eu sempre desejei ser teu amigo.

Teotônio que já estava deitado quis beijar a mão de Leôncio, porém este o impediu dizendo:
– Não faça isso, sou apenas teu coirmão.
Teotônio disse:
– Quando me levantar dessa cama, quero que me ensine tudo que aprendeu nesse lugar bendito.
Leôncio sorrindo respondeu:
– Terei imenso prazer em poder ajudá-lo, amigo.
Leôncio pediu licença e lentamente rodopiou nos calcanhares dizendo que voltaria.
Enquanto Teotônio pensava: "Por que não deixei Alice ficar com Leôncio? Agora percebo que sempre fui escravo das convenções sociais, pois quando o impedi de permanecer casado com minha filha estava preocupado com o que meus amigos políticos iriam dizer ou pensar, que tolice...".
Teotônio percebeu que Leôncio era sincero em suas palavras, de modo que decidiu que estreitaria os laços de amizade com ele, afinal ele fora o responsável por tê-lo ajudado a sair de lamentável situação.

Alice estava cansada; felizmente, seu genro Alberto passara a tomar conta dos assuntos da fazenda.
Sarah era feliz no casamento, pois Alberto se mostrava sempre gentil e atencioso, fazendo com que Alice sentisse ainda mais orgulho da filha, que lecionava para os colonos da fazenda e para outros de outras fazendas.
O velho doutor Frederico havia falecido há alguns anos, e outro médico fora contratado pelo prefeito para atender à pequena população.
Almerinda havia falecido pouco antes de Sarah se casar, o que havia deixado na época tanto dona Clementina como Alice terrivelmente abaladas.
Alice passava longas horas bordando e pensando no passado, e depois de tantos anos ela nunca conseguira esquecer Leôncio e tudo que havia acontecido no dia em que se casara.
Alice tornou-se uma mulher triste devido aos golpes que a vida lhe infringira, e Sarah fazia de tudo para alegrar a mãe, sem sucesso.
O tempo passou, e Alice começou a sentir em seus ombros o peso da idade, que lhe fazia sentir as dores comuns dessa fase.

Certa noite, Alice disse à filha:

– Sarah, não vou jantar, não estou me sentindo bem e vou me deitar.

– Mas o que senhora está sentindo, mamãe?

– Estou sentindo uma dor no peito, mas não se preocupe, isso é comum em minha idade.

Alice sorriu para a filha e trancou-se em seu quarto, perdida em lembranças felizes e outras tristes, até que dado momento sentiu a dor aumentar e, não conseguindo levantar-se da cama, nem pedir ajuda, partiu sozinha, sem poder se despedir da filha e do neto.

No dia seguinte, Sarah pediu a Maria, uma jovem que trabalhava na casa, para chamar sua mãe para o desjejum. A moça bateu à porta e, não obtendo resposta, entrou e encontrou Alice descoberta.

Maria, em sua inocência, chamou por Alice, sem obter resultado. Aproximando-se, percebeu que o corpo da anciã já estava frio.

A moça gritando chamou por Sarah que imediatamente foi ao quarto da mãe e ao perceber que a mulher estava morta se entregou ao pranto, sendo amparada pelo marido.

O funeral de Alice foi triste, e todos os colonos da fazenda foram lhe prestar a última homenagem.

Sarah chorava copiosamente, quando Alberto disse:

– Querida não se entregue ao desespero, pense que sua mãe não morreu, ela apenas fez uma viagem.

Sarah sem compreender as palavras do marido disse:

– De que vale me enganar que mamãe foi fazer uma viagem sabendo que ela partira desse mundo?

Alberto esboçando consternação disse:

– A morte não existe, o que existe é uma grande viagem a qual todos nós faremos um dia.

O que Sarah não sabia era que Alberto havia ido à capital e comprado um livro intitulado *O Livro dos Espíritos*.

Alberto lia todas as noites e como Sarah não gostava de falar sobre o assunto disse:

– Sarah, se você lesse esse livro, não se entregaria ao desespero, mas antes confiaria em Deus e em sua misericórdia e aceitaria que todos nós um dia faremos essa viagem e partiremos para mundos felizes ou infelizes dependendo de nossas atitudes. Dona Alice sempre foi uma boa filha e mãe, assim como uma boa patroa para os colonos, e confio que nessa viagem ela encontrará com todos os que partiram antes dela.

Sarah ficou surpresa com as palavras do marido e sentiu indizível paz tomar conta de todo seu ser.

O enterro de Alice contou com a presença de vários fazendeiros e do prefeito da cidade.

CAPÍTULO 18

A nova realidade de Alice

Teotônio havia se tornado um grande amigo de Leôncio depois que ele o ajudara nas zonas umbralinas. O ex-coronel passou a participar com afinco de todos os cursos que a colônia oferecia.

Assim que Teotônio foi encaminhado à colônia, Leôncio sentiu sua falta, porém ainda trabalhou por mais dois anos.

Certo dia, se aproximando de Andréas, Leôncio comentou:

– Meu amigo, gostaria muito de voltar a trabalhar na colônia.

Andréas, sem compreender, perguntou:

– Por que gostaria de voltar à colônia?

Desconcertado, Leôncio respondeu:

– Não é isso; para falar a verdade, estou achando falta de Teotônio, pois durante o tempo que esteve aqui nos tornamos muito amigos e, sinceramente, estou sentindo sua falta.

Andréas respondeu:

– Sinceramente não gostaria que voltasse à colônia, pois como sabe é muito querido em nosso meio.

Leôncio, percebendo a sinceridade de Andréas, respondeu:

– Com o passar do tempo, descobri que nós somos uma grande família, e tenho certeza de que sentirei falta de todos, porém estou sentindo muita falta de Teotônio.

Andréas prosseguiu:

– Deus, em sua infinita bondade e misericórdia, permitiu que viesse trabalhar conosco para concretizar o perdão.

Leôncio, sem compreender, perguntou:

– Desculpe minha ignorância, mas não entendi.

Andréas continuou:

– Primeiro você professou o perdão e depois você o concretizou por meio de suas obras, ajudando Teotônio em um momento que mais precisava.

– Quando trabalhei com Teotônio, eu o admirava como patrão, mas hoje é diferente; não só o admiro, como passei a gostar imensamente de sua companhia.

Andréas completou:

– Poderá voltar à colônia e retornar a seu trabalho, mas lembre-se: se um dia quiser voltar, as portas estarão sempre abertas.

Leôncio indagou:

– Quando poderei voltar?

– Amanhã. Eu mesmo quero acompanhá-lo, porém hoje tenho alguns compromissos dos quais não poderei me esquivar.

Leôncio agradeceu a liberação de Andréas e abraçou seu orientador com alegria esfuziante.

Assim como prometido, Andréas cumpriu com sua palavra e foi com alegria que pôde presenciar o encontro dos amigos.

Teotônio, ao ver Leôncio, disse sorrindo:

– Leôncio, você voltou?

– Meu amigo, para falar a verdade, senti muito sua falta quando saiu do Posto de Recuperação, por isso pedi para voltar à colônia.

Teotônio, ao saber o motivo pelo qual Leôncio havia retornado, abraçou-o, dizendo:

– Errei muito enquanto estive encarnado, mas gostaria que soubesse que gosto de todos, porém você é um amigo especial para mim.

Depois do reencontro, Leôncio passou a trabalhar com Teotônio, e os dois se tornaram inseparáveis.

Teotônio logo soube do retorno de Clementina à pátria espiritual, e foi com alegria que decidiu visitá-la.

A mulher, ao ver Teotônio e Leôncio juntos, não compreendeu o motivo de tamanha amizade, por isso certo dia perguntou:

– Vejo que você e Leôncio são muito amigos. O que o fez mudar de ideia?

Teotônio passou a contar tudo o que lhe acontecera enquanto estivera

Um milagre chamado perdão

nas zonas inferiores, e foi com lágrimas nos olhos que a ex-esposa ouviu seu relato. Por fim, o ex-coronel falou:

– Deus é infinitamente bom, pois permitiu que Leôncio fosse meu orientador quando fui resgatado. Sempre pensei que tivesse agido bem ao mandar matar Leôncio, e, para ser sincero, o arrependimento só surgiu depois de toda a ajuda que me prestou. Leôncio me perdoou pelo mal que pratiquei, e isso aumentou ainda mais meu apreço por ele.

Clementina, ao pensar em Alice, disse:

– Quando estamos encarnados nos tornamos cegos e somos movidos pelas ilusões da crosta. Só reconhecemos o quanto erramos quando voltamos à verdadeira vida.

Teotônio se lamentou:

– Confesso que muitas vezes penso sobre tudo o que fiz enquanto estive encarnado, e não tenho orgulho disso.

Clementina, que já estava aprendendo sobre a vida espiritual, respondeu:

– Hoje o irmão Herculano disse que cada vida na Terra serve para nosso aprimoramento espiritual e que não devemos deixar que o sentimento de culpa se torne nossa pedra de tropeço.

Teotônio replicou:

– Clementina, sinceramente, jamais me perdoarei pelo mal que fiz a Leôncio.

– Teotônio, perdoe-se para que seja perdoado. Seu sentimento de culpa nada acrescentará à sua jornada, e tenha certeza de que esse erro você não voltará a cometer.

Teotônio, ao pensar nas palavras de Clementina, respondeu:

– Leôncio é meu melhor amigo, e isso será confirmado em nossas jornadas.

Clementina continuou:

– Não estou entendendo...

– Depois dessa lição que a vida me deu, Leôncio e eu seremos sempre amigos, não importam as objeções que possam surgir em nosso caminho.

Clementina, ao pensar em Alice, ponderou:

– Isso era tudo que nossa filha queria...

– Fiz tanto mal a minha filha – falou Teotônio. – Não vejo o momento de reaproximar os dois para me redimir de meus erros.

Clementina pensou em voz alta:

– Jamais pensei que a vida espiritual fosse tão intensa, pois quando se perdoa e é perdoado é tão intenso...

Teotônio, caminhando pela longa alameda, respondeu:

– Quando estamos desencarnados tudo é intenso porque nos tornamos mais sensíveis, talvez.

Clementina mudou de assunto, e juntos continuaram com o passeio.

Depois de algum tempo, Teotônio e Clementina ficaram sabendo que Alice voltaria à pátria espiritual e, com ansiedade, aguardaram o momento do regresso da filha amada, porém decidiram fazer surpresa a Leôncio, que nada sabia sobre o assunto.

Enfim chegou o momento esperado, e foi com alegria que Teotônio entrou no quarto em que a filha estava. Ao vê-la adormecida, pensou: "A vida na Terra é um breve sopro, e o tempo é implacável com todos. Minha filha amada se tornou uma anciã...". Foi com suavidade que Teotônio acariciou o rosto da filha desacordada.

Leôncio ainda nada sabia sobre o retorno de Alice, e foi Teotônio quem lhe deu a notícia. Ele se sentiu apreensivo ao saber que Alice havia retornado da Terra e, trêmulo, entrou no quarto em que ela convalescia.

Teotônio e Clementina entravam no quarto de Alice várias vezes ao dia, afinal a saudade era imensa.

Depois de um mês, Alice acordou e foi bem recebida pelos pais. Ficou feliz em revê-los, mas o velho ressentimento ainda estava vivo em seu coração.

Certo dia, estando Alice em seu quarto, dona Clementina entrou e comentou:

– Boa tarde, minha filha, como está se sentindo?

Alice respondeu:

– Este lugar é interessante, minha mãe. Sinto-me melhor a cada dia, ao contrário do que acontece na Terra.

Clementina replicou:

– Somos bem-aventurados por vir a um lugar como este, minha filha, pois aqui nos sentimos mais próximos de Deus.

Alice, ao se lembrar de Leôncio, perguntou:

– Mamãe, Leôncio também está aqui?

– Sim, minha filha. Ele veio visitá-la algumas vezes enquanto se recuperava, e disse a Teotônio que virá logo mais à noite, pois no momento ele está trabalhando.

Alice sempre fora mimada pelos pais, de modo que disse:

– Não acredito que Leôncio prefere o trabalho a me ver.

Clementina esclareceu:

– Minha filha, Leôncio não vê o momento de reencontrá-la, mas saiba que primeiro tem que cumprir com seu dever.

Alice não gostou da resposta da mãe.

– Então Leôncio não me ama como pensei, pois se fosse eu o teria visitado assim que soubesse que havia acordado.

Clementina ajuntou:

– Minha filha, entenda que aqui não há lugar para melindres, portanto, aprenda a ser resignada.

Alice ficou irritada, de modo que perguntou:

– E papai, onde está?

– Está trabalhando, minha filha. Ele também disse que virá para vê-la logo mais.

Alice, contrariada, comentou:

– Não acredito que temos que trabalhar mesmo depois de mortos.

Minha filha, nós não estamos mortos, pois se estivéssemos mortos não estaríamos conversando nesse momento.

Alice percebeu a bobagem que havia dito e desculpou-se com a mãe.

– Tem razão; estou irritada com papai e Leôncio, que me jurou amor eterno.

Clementina continuou:

– Minha filha, Leôncio a ama, porém ele tem que cumprir com algumas responsabilidades que assumiu voluntariamente.

Alice fez uma expressão de revolta, porém foi com calma que Clementina passou a falar sobre a colônia e tudo o que existia naquele lugar.

Alice, ao olhar para as mãos, percebeu que estavam envelhecidas. Com tristeza, perguntou:

– Leôncio ainda é jovem?

– Para todos os residentes da colônia, o tempo passa, porém não envelhecem. Você logo recobrará sua juventude.

– Não vejo a hora de sair desta cama, pois estou entediada de ficar sem fazer nada o tempo todo.

Clementina sugeriu:

– Por que não se levanta, vai até a janela e olha o pôr do sol, que é um verdadeiro espetáculo que temos todas as tardes?

Alice pensou por alguns instantes. Depois, resolveu obedecer a mãe, e logo percebeu que suas pernas já não pesavam como antes, e que seus movimentos voltaram a se tornar ágeis, lembrando o tempo de juventude. Ficou encantada com aquilo.

– Mamãe, não quero que Leôncio venha me ver; afinal, ele continua jovem, enquanto eu me tornei uma velha...

Clementina, percebendo que sua filha ainda pensava como encarnada, falou apenas:

– Alice não seja tola, para o amor não há idade e muito menos aparências; Leôncio continuará a amá-la como sempre amou.

Alice, sentindo o coração se enternecer diante daquele novo fato, falou:

– Quero estar bonita quando receber Leôncio.

– Você é bonita, minha filha, pois a beleza não se externa pelas aparências, mas antes pelo que o espírito verdadeiramente é por dentro.

Clementina decidiu deixar a filha sozinha com seus pensamentos. Como estava em hora de trabalho, disse:

– Preciso ir, mas, se se sentir mal, me chame.

– Como posso chamá-la?

Clementina respondeu:

– Basta pensar em mim que virei atendê-la imediatamente.

Alice ficou espantada com a revelação da mãe e, assim que o sol se pôs, voltou a seu leito e passou a pensar em tudo que lhe acontecera enquanto ainda estava na Terra. Por um momento, voltou a sentir raiva de seu pai, pois em seu coração não conseguia perdoá-lo por tudo que lhe fizera.

Depois de muito pensar, Alice enfim se entregou ao sono, acordando somente com a voz do pai e de Leôncio.

Ao ver Leôncio, Alice viu o mesmo jovem que fora assassinado no dia de seu casamento e com lágrimas nos olhos, comentou:

– Leôncio você continua lindo...

– E você também continua linda, minha querida.

Teotônio, ao ver lágrimas nos olhos dos dois, percebeu os próprios olhos ficarem úmidos.

Clementina também estava presente no momento do reencontro, e foi com alegria que Leôncio disse:

– Teotônio e eu somos grandes amigos; para falar a verdade, aprendi a amá-lo como a um irmão.

Teotônio, ao se aproximar do leito da filha, pegou sua mão e a uniu à de Leôncio.

– Um dia eu os separei, e isso me trouxe muitas dores, mas prometo que em minha primeira oportunidade os reaproximarei novamente, e, se for da vontade de Deus, quem sabe não poderão ficar juntos...

Leôncio respondeu:

– Não tenho dúvidas disso, meu amigo.

Os quatro ficaram conversando por algum tempo, mas Alice pediu licença a Teotônio e Clementina:

– Por favor, peço que me deem licença; preciso conversar com Leôncio.

Leôncio ficou observando a saída dos amigos e depois perguntou:

– Por que você pediu para se retirarem? Entre nós não há segredos.

Alice respondeu com outra pergunta:

– Não entendo... Meu pai nos causou tanto mal, e agora você fica com ele quase o tempo todo? Não vejo motivos para tanta bajulação; até onde sei, papai não trouxe nada de suas posses e, por esse motivo, não precisa ser bajulado.

Leôncio fixou o olhar em Alice.

– Alice, por que acha que devemos bajular alguém só porque ele tem posses? Seu pai foi rico em sua última encarnação, mas isso não muda nada. Aprendi a amá-lo como a um irmão.

– Você ama meu pai como a um irmão? Acaso já esqueceu o que ele nos fez?

Leôncio percebeu que Alice ainda não havia perdoado o pai, de modo que disse:

– Alice, o que seu pai fez não importa mais, pois se o fez é porque teve seus motivos. Além do mais, quem somos nós para não perdoar os erros dos outros? Seu pai errou conosco, bem o sabemos, mas acaso já pensou que ele foi o maior sofredor de tudo isso? Além do mais, quem somos nós para condená-lo se nem mesmo Deus o fez? O perdão é um bálsamo que fecha as chagas que trazemos da Terra após o desencarne, portanto perdoe seu pai, pois ele é valoroso em qualidades e aprendi a admirá-lo pelo espírito que se tornou após passar longos anos nas zonas inferiores. Para sermos grandes é necessário que aprendamos a perdoar as ofensas que nos são dirigidas, pois se nem mesmo Jesus condenou os pecadores quem somos nós para não perdoar as faltas de nossos irmãos?

Alice fixou o olhar em Leôncio, quase sem reconhecê-lo.

– Leôncio, você está mudado... O que fizeram com você neste lugar?

Ele pensou por alguns instantes e então respondeu:

– Este lugar me ensinou muitas coisas no decorrer do tempo, e uma delas é que nos tornamos melhores. Aprendi a perdoar, e somente com o perdão pude aproveitar melhor tudo de bom que este local oferece.

– Bobagem! Cada um é o que é; pois não acredito em santificações.

– Não disse que seu pai é santo, apenas disse que todos nós estamos sujeitos a erros. Seu pai errou, a bem da verdade, porém foi digno de meu perdão e confesso que quando consegui perdoá-lo passei a viver melhor.

Alice olhando com desdém para Leôncio finalmente disse:

– Se conseguiu esquecer o que papai te fez isso é com você, mas eu jamais esquecerei e talvez nunca venha a perdoá-lo.

Leôncio olhou para Alice com afabilidade e com um sorriso disse:

– O perdão é para os fortes, pois somente os fracos não perdoam.

Alice abriu um sorriso de deboche quando finalmente disse:

– Nunca disse a ninguém que sou forte, portanto não perdoo a meu pai, pois ele deu motivos de sobra para tal atitude.

Leôncio lançou um olhar piedoso à Alice de modo que disse:

– Não pense nisso agora, deixe para fazê-lo no momento certo.

Os dois conversaram por algum tempo quando Leôncio finalmente disse:

– Fiquei sabendo que amanhã poderá sair do quarto.

Alice respondeu que sim e com isso ajuntou:

– Pelo que observei pela janela, esse lugar é lindo. Quero caminhar, estou com saudades de pisar na grama e sentir o cheiro das flores.

Leôncio disse:

– Terá tempo suficiente para isso, agora pense em descansar, pois amanhã verá coisas novas e aproveito para lhe informar que só voltarei à noite para te ver.

Alice contrariou-se, dizendo:

– Como pode ficar longe de mim dessa maneira?

– Alice, não seja melindrosa; cada um de nós tem as próprias responsabilidades, cada coisa em seu lugar...

Alice não gostou do que ouviu, de modo que ficou calada, vendo Leôncio se afastar.

No dia seguinte, Alice saiu do quarto em companhia de Clementina, e juntas foram até o jardim do Posto de Recuperação.

Alice ficou encantada com o lugar e a cada coisa que via ficava extasiada com tamanha beleza.

Alice ficou por alguns meses no Posto de Recuperação, e sua rotina consistia em acordar e sair para o jardim conversar com outros internos, e à noite esperar com ansiedade pela visita de Leôncio.

Clementina trabalhava no Posto de Recuperação, de modo que sempre acompanhava a filha, fazendo parte de seu trabalho.

Alice gostava da companhia da mãe, mas gostava ainda mais da companhia de Leôncio, que a cada dia lhe ensinava coisas novas.

Com o passar do tempo, ficou conhecendo cada parte do posto, sentindo-se admirada com a administração do lugar.

Leôncio, nos momentos de folga, visitava Alice e, juntos, andavam também pelo lindo jardim.

Certo dia, estando Alice andando a esmo de um lugar a outro, Teotônio se aproximou e sorrindo disse:

– Fico feliz em vê-la tão bem, minha filha. Agradeço a Deus todos os dias, por estarmos amparados nesse lugar.

Alice olhou para o pai e por um momento as lembranças do passado borbulharam em sua mente.

Teotônio, ao perceber o que a filha pensava, começou a dizer:

– Minha filha, sei que errei. E, a bem da verdade, me arrependi por cada erro cometido, e o mais importante é que aprendi com eles, portanto peço que me perdoe pelo mal que sofreste, quando estamos encarnados pensamos de uma maneira e ao nos depararmos com a realidade espiritual percebemos que tudo na Terra não passa de ilusão. A ilusão é como uma alucinação; para nós, que a vivenciamos, tudo parece real, mas ao sermos recolhidos pelos amigos espirituais vemos que tudo não passou de uma miragem, uma ilusão que sem o percebermos nos leva a derrocada. Enquanto estava encarnado pensava somente na posição social que o dinheiro podia trazer e a política fazia parte dessa imensa ilusão, fazendo pensar somente em minha ascensão social. Mas, ao me ver nas zonas inferiores, tive tempo suficiente para pensar em tudo que havia feito e minha consciência foi meu verdugo condenatório. Sinceramente, não sinto orgulho em tudo que fiz, mas confesso que muito aprendi naquele lugar onde a dor e o ranger de dentes fazia parte do meu aprendizado. Filha, saiba que todos nós erramos muitas vezes, e como cristãos devemos perdoar liberalmente nossos irmãos, assim como Deus faz com cada um de seus filhos todos os dias. Errei quando a separei de Leôncio, mas felizmente tive a oportunidade de conhecê-lo profundamente e isso contribuiu ainda mais para meu arrependimento. Deus perdoa um coração arrependido, e como filho de Deus, será que não mereço o teu perdão? Perdoe-me, minha filha, e quem sabe na próxima reencarnação você possa ser novamente minha filha e então eu possa redimir-me dos erros passados...

Alice se lembrou de quando ainda era criança na fazenda e de como seu pai a amara. Sendo assim, percebeu a sinceridade nas palavras do pai.

– O senhor sempre foi um bom pai, errou quando mandou Daniel matar a Leôncio, mas se Deus o perdoou pelos seus erros quem sou eu para não perdoá-lo?

Alice, naquele momento, tomada pela emoção, lançou-se nos braços de Teotônio, dizendo:

– Eu sempre o amei, meu pai, portanto cabe a mim perdoá-lo, afinal o senhor não fez um mal direto a mim, e se a pessoa que foi ofendida já lhe perdoou faço o mesmo e de coração.

Os dois espíritos, em um momento de afeto, se reconciliaram procurando esquecer as rusgas do passado. Depois de serenar a emoção, Alice olhou profundamente nos olhos de Teotônio.

– Papai, o senhor sabe que o amo muito, porém assim como foi sincero comigo farei o mesmo. Não quero ser sua filha; se aceitar, quem sabe poderá ser meu irmão? Leôncio me disse em uma de suas visitas que todos nós estamos unidos irmanados pelo mesmo Pai que é Deus.

Teotônio sabia que aquele não era o momento para questionar a possibilidade de serem irmãos e, com lágrimas nos olhos, confessou seu amor paterno por Alice.

– Poderei ser seu irmão, mas agirei como seu pai.

Alice levantou os olhos e, com indignação, disse:

– De maneira alguma, não irei aceitar um irmão autoritário cuja vontade sempre prevalece. Portanto, se formos irmãos, quero que se comporte como tal.

Teotônio respondeu:

– Hum... Vejo que como irmãos teremos muitos desentendimentos, pois você saiu a mim.

Alice fechou os olhos e novamente voltou a abraçar o pai com carinho, respeito e muito afeto.

Dez anos haviam se passado desde que Alice voltara à pátria espiritual, e a mulher orgulhosa de outrora se tornara uma pessoa mansa e afável.

Trabalhava como assistente de um dos professores do centro educacional e como tal era estimada por todos.

Alice desenvolveu uma qualidade imprescindível que denotou seu crescimento espiritual: era a paciência. Clementina orgulhava-se de Alice, e as duas costumavam estar juntas todas as tardes.

Toda noite, Leôncio estava em companhia de Alice, e juntos caminhavam pela longa alameda que cortava a colônia, observando as noites enluaradas.

Certa noite, andando com Leôncio, Alice foi tomada por súbita curiosidade e sem pensar perguntou:

– Leôncio, nesses últimos dias tenho pensado demasiadamente em Daniel. Gostaria de saber: onde ele está neste momento?

Leôncio, com sentimentalismo, respondeu:

– Estive com Andréas nesses últimos dias e fiquei sabendo que ele desencarnou com quarenta e seis anos. O pobre acabou se envolvendo em uma briga e foi assassinado. Quando Teotônio o contratou, não sabia quem era Daniel, pois ele já havia cometido vários outros assassinatos em vários estados do Nordeste, até que um dia acabou se envolvendo com um valentão e foi assassinado a facadas.

– Por que o chama de pobre? Não se esqueça de que ele apenas colheu o que plantou.

– Sei disso, Alice, mas Daniel era um infeliz que se esqueceu de uma das máximas de Cristo: "Quem com o ferro fere com o ferro será ferido". Nunca se esqueça, Alice, de que quem precisa de médicos são os doentes. Daniel tinha o espírito adoentado e por esse motivo hoje ainda se encontra nas zonas inferiores. Agora, eu lhe pergunto: não acha que ele é um espírito digno de pena?

Alice, olhando pela longa alameda, respondeu:

– Tem razão, Leôncio. Desculpe-me, mas às vezes minha imperfeição fala mais alto.

Leôncio olhando com carinho para Alice falou:

– Querida, todos nós somos imperfeitos e temos muitas coisas a aprender, portanto isso é absolutamente normal.

Alice fitou Leôncio e, com amor, fez a seguinte revelação:

– Fui convidada a trabalhar com crianças em uma colônia próxima à nossa e acabei aceitando.

Leôncio, naquele momento, sentiu seu coração apertar.

– Mas quem a convidou para ir embora de nossa colônia?

– Fui convidada por Antonio Viana, o diretor dos cursos, e senti que não podia recusar um convite tão singelo.

Leôncio não gostou da ideia de ficar longe de Alice e, com um sorriso maroto, falou:

– Alice, farei o que for preciso para visitá-la. Eu e Teotônio lamentaremos sua ausência.

– Tem alguma notícia de Sarah? – perguntou Alice, que há tempos não sabia dela.

Leôncio respondeu:

– Fiquei sabendo que Sarah já é avó. Seu filho Maciel a brindara com um lindo netinho. Depois que se desfez da fazenda mudou-se definitivamente com o marido para a capital da província.

Alice, olhando nos olhos de Leôncio, falou:

– Não sabia que já era mãe de um homem feito.

– O tempo passa, minha querida...

– Tantas coisas aconteceram, tantas pessoas se encontraram e se perderam durante esse tempo, e em mim só fica uma indagação. – Leôncio, sem compreender, olhou surpreso para Alice, que continuou: – Por que as pessoas relutam em se perdoar, sendo que o perdão é que leva à verdadeira paz de espírito?

– Minha querida – respondeu Leôncio –, todas as pessoas podem desenvolver o milagre chamado perdão, que é o bálsamo para as aflições daqueles que ainda se encontram obcecados pela dor e pelo sofrimento.

Alice abraçou Leôncio e, com carinho, disse:

UM MILAGRE CHAMADO PERDÃO

– Se Deus permitir, gostaria de voltar todas as vezes à Terra a seu lado.

Os dois continuaram a caminhar pela longa alameda e, juntos, agradeceram a oportunidade de aprenderem sobre um milagre chamado perdão.

Fim

O que é o perdão? Alguns o classificam como sendo o esquecimento de ofensas, porém a vida tem nos ensinado que não se trata somente de esquecer as ofensas, pois o homem, sendo criatura inteligente e dona de uma mente privilegiada, não consegue esquecer o mal que alguém talvez tenha praticado contra ele.

O perdão é definido pela dor, e não pelo esquecimento, ou seja: só é consolidado quando a ofensa cometida não dói, assim como ocorre com uma grande cicatriz – embora fiquem as lembranças do ferimento, aquilo já não dói como doeu na época em que se foi ferido.

Certa feita, Jesus disse que o homem deveria perdoar 77 vezes sete vezes, isto é: deveríamos perdoar sempre os nossos ofensores ou algozes de outras vidas.

O perdão... Oh, perdão bendito, cujo bálsamo vem trazer luz à nossa senda e paz ao nosso espírito.

Pobre daquele que diz: *Eu morro e não perdoo...*

Essa pobre criatura não tem conhecimento de que a falta de perdão poderá levá-la a sofrimentos atrozes, além de uma perturbação estarrecedora, que maltratará ainda mais sua alma.

O homem de bem é aquele que procura perdoar sem nada cobrar e se predispõe a ajudar o ofensor ou algoz por meio do amor fraternal.

O perdão é a chave da felicidade, que nos auxilia a caminhar por nossa senda, por mais difícil que possa parecer.

O orgulho é a pior das chagas que tem tolhido da humanidade sofredora a alegria que somente o perdão pode proporcionar.

Avante, meus irmãos! Devemos perdoar, assim como nosso Pai e Criador tem nos perdoado todos os dias.

Deus, em seu potentado, ensinou por meio de Jesus que o perdão é o único meio que nos leva à redenção.

Portanto, meus irmãos, perdoem-se liberalmente para que Deus Nosso Pai possa da mesma forma nos perdoar liberalmente, sem esquecer que somente o perdão é a chave para a felicidade e os caminhos que nos levarão à perfeição tão almejada.

Margarida da Cunha

Leia os romances de Schellida
Psicografia de Eliana Machado Coelho

O RESGATE DE UMA VIDA

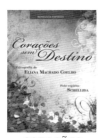
CORAÇÕES SEM DESTINO

O BRILHO DA VERDADE

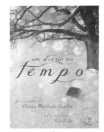
UM DIÁRIO NO TEMPO

DESPERTAR PARA A VIDA

O DIREITO DE SER FELIZ

SEM REGRAS PARA AMAR

UM MOTIVO PARA VIVER

O RETORNO

FORÇA PARA RECOMEÇAR

LIÇÕES QUE A VIDA OFERECE

PONTE DAS LEMBRANÇAS

MAIS FORTE DO QUE NUNCA

MOVIDA PELA AMBIÇÃO

MINHA IMAGEM

NÃO ESTAMOS ABANDONADOS

Leia estes envolventes romances do espírito Margarida da Cunha
Psicografia de Sulamita Santos

Doce Entardecer

Paulo e Renato eram como irmãos. O primeiro, pobre, um matuto trabalhador em seu pequeno sítio. O segundo, filho do coronel Donato, rico, era um doutor formado na capital que, mais tarde, assumiria os negócios do pai na fazenda. Amigos sinceros e verdadeiros, desde jovens trocavam muitas confidências. Foi Renato o responsável por levar Paulo a seu primeiro baile, na casa do doutor Silveira. Lá, o matuto iria conhecer Elvira, bela jovem que pertencia à alta sociedade da época. A moça corresponderia aos sentimentos de Paulo, dando início a um romance quase impossível, não fosse a ajuda do arguto amigo, Renato.

À Procura de um Culpado

Uma mansão, uma festa à beira da piscina, convidados, glamour e, de madrugada, um tiro. O empresário João Albuquerque de Lima estava morto. Quem o teria matado? Os espíritos vão ajudar a desvendar o mistério.

Desejo de Vingança

Numa pacata cidade perto de Sorocaba, no interior de São Paulo, o jovem Manoel apaixonou-se por Isabel, uma das meninas mais bonitas do município. Completamente cego de amor, Manoel, depois de muito insistir, consegue seu objetivo: casar-se com Isabel mesmo sabendo que ela não o amava. O que Manoel não sabia é que Isabel era uma mulher ardilosa, interesseira e orgulhosa. Ela já havia tentado destruir o segundo casamento do próprio pai com Naná, uma bondosa mulher, e, mais tarde, iria se envolver em um terrível caso de traição conjugal com desdobramentos inimagináveis para Manoel e os dois filhos, João Felipe e Janaína.

Laços que não se Rompem

Em idos de 1800, Jacob herda a fazenda de seu pai. Já casado com Eleonora, sonha em ter um herdeiro que possa dar continuidade a seus negócios e aos seus ideais. Margarida nasce e, já adolescente, conhece Rosalina, filha de escravos, e ambas passam a nutrir grande amizade, sem saber que são almas irmanadas pelo espírito. O amor fraternal que sentem, e que nem a morte é capaz de separar, é visível por todos. Um dia, a moça se apaixona por José, um escravo. E aí, começam suas maiores aflições.

Os Caminhos de Uma Mulher

Lucinda, uma moça simples, conhece Alberto, jovem rico e solteiro. Eles se apaixonam, mas para serem felizes terão de enfrentar Jacira, a mãe do rapaz. Conseguirão exercitar o perdão para o bem de todos? Um romance envolvente e cheio de emoções, que mostra que a vida ensina que perdoar é uma das melhores atitudes que podemos tomar para a nossa própria evolução.

O Passado Me Condena

Osmar Dias, viúvo, é um rico empresário da indústria plástica. Os filhos, João Vitor, casado, forte e independente, é o vice-diretor; e Lucas, o oposto do irmão, é um jovem, feliz, alegre e honesto. Por uma fatalidade, Osmar sofre um AVC e João Vitor tenta de todas as maneiras abreviar a vida dele. Contudo, depois de perder os seus bens mais preciosos, João se dá conta de que não há dinheiro que possa desculpar uma consciência ferida. E ele terá um grande desafio: perdoar-se sem olhar para os fios do passado.

GRÁFICA PAYM
Tel. [11] 4392-3344
paym@graficapaym.com.br